역경잡설

易經雜說, 南懷瑾 著

Copyright ⓒ Nan Huai Jin, 1994
All rights reserved.

Korean translation copyright ⓒ Bookie Publishing House Inc., 2013
This Korean edition is published by arrangement with The Lao Ku
Culture Foundation Inc., Taipei, Taiwan, Republic of China.

이 책의 한국어판 저작권은 대만 노고문화공사와의 독점 계약으로 부키(주)에 있습니다.
저작권법에 의해 한국 내에서 보호를 받는 저작물이므로 무단전재와 복제를 금합니다.

역경잡설

2013년 3월 18일 초판 1쇄 펴냄
2025년 10월 1일 초판 6쇄 펴냄

지은이 남회근
옮긴이 신원봉

펴낸곳 부키 (주)
펴낸이 박윤우
등록일 2012년 9월 27일
등록번호 제312-2012-000045호
주소 서울시 마포구 양화로 125 경남관광빌딩 7층
전화 02) 325-0846
팩스 02) 325-0841
홈페이지 www.bookie.co.kr
이메일 webmaster@bookie.co.kr
ISBN 978-89-6051-291-7 04150 978-89-6051-039-5 (세트)

잘못된 책은 구입하신 서점에서 바꿔 드립니다. 책값은 뒤표지에 있습니다.

역경잡설

남회근 지음 신원봉 옮김

부·키

일러두기
1. 이 책은 1994년 대만에서 나온『易經雜說』(6판)을 원본으로 하였다.
2.『역경』원문이나『십익』원문은 모두 원서(原書)의 내용과 문장 부호를 그대로 따랐다.
3. 중국 고유명사 표기와 관련하여 현행 맞춤법은 신해혁명 이전은 한자 발음대로, 그 이후는 중국어 원음대로 표기하도록 규정하고 있지만, 이 책에서는 시대에 관계없이 인명과 지명 모두 한자음대로 표기하였다.
4. 원문은 본문에 처음 나올 때는 음독과 함께 한자를 병기하였고 반복해서 나오는 경우에는 한자음만 표기하였다.

옮긴이 말

　이 책은 원래 대만에서는 『주역계사강의』(원제 易經繫傳別講) 이전에 출판된 것이다. 내용은 「계사전」에서부터 『십익』 전반에 걸쳐 있으며, 이 외에도 『역경』 연구를 위해 꼭 필요한 지식과 저자 자신이 체득한 이른바 노하우라 할 만한 것들이 세세히 소개되어 있다. 따라서 『주역계사강의』를 읽은 독자분이라면 이 책을 통해 보다 광범한 『역경』 이해가 가능하리라 생각한다.
　『역경잡설』은 남 선생이 1975년 겨울에 행한 강연 기록이다. 즉흥적인 강연이었기에 출판 준비를 하지 않았다가 『역경』 강연 기록에 대한 문의가 많아 원고를 손질해 출판한 것이다. 의외로 독자들의 성원이 커 재판을 거듭했는데 그럴 때마다 잘못된 곳이나 매끄럽지 않은 부분을 바로잡았다고 한다. 이 책은 1994년 대만에서 나온 『역경잡설』 6판을 옮긴 것이다. 『역경잡설』은 지금도 대만 및 중국에서 중판을 계속하고 있으며 선생의 저서 중에서도 특히 많은 독자들의 사랑을 받고 있는 책이다.
　이 책의 내용은 원저 부록으로 실려 있는 염수전(閻修篆) 선생의 "내가 본 남회근 선생의 『역경잡설』(이 책의 원저 서명)"이라는 글에서 잘 소개되어 있어 그 글을 직접 인용하는 것으로 옮긴이 말을 대신하고자 한다.

　『역경』은 참으로 난해한 책이다. 많은 사람들이 『역경』을 한번 배워 보려 하지만 어디서부터 시작해야 할지 모른다. 또 대부분의 사람들은 『역경』을 대단히 신비하고도 현묘한 책으로 여긴다.

『역경』에 대한 역대 현철(賢哲)의 저술은 대부분 필생의 정력을 쏟은 것으로 그 수는 실로 엄청나다. 그러나 아쉬운 점은 역대『주역』의 명가(名家)들이 자신의 노하우를 세상 사람들에게 전하지 않았다는 것이다. 이 때문에 사가들도 그들의 사적(事績)을 주로 기술했을 뿐 구체적인 방법은 생략했다. 그들이 남긴 문장에서 비결을 찾고자 한 사람들도 있었으나 아무리 거듭 읽어도 결국 오리무중에 빠지고 말았다. 사대부들의 역학이 일반 대중에게 큰 영향을 미치지 못한 이유도 여기에 있었다.

정묘년 봄, 노고문화공사(老古文化公司)에서 나온 남회근 교수의 『역경』 강의 원고를 처음으로 접했는데 참으로 예상 밖이었다. 마치 무슨 무협 소설이라도 보듯 단숨에 다 읽어 버린 것이다. 옛사람들이 말한 "창가에 한가로이 앉아 『주역』을 보니 언제 봄날이 다 지난지도 모르겠다"라는 경지를 생생히 체험했다.

이 책에 대한 내 인상은 다음과 같은 몇 가지로 정리할 수 있다.

사람을 황홀경으로 이끄는 책

『역경』은 원래 사람을 황홀경으로 이끄는 책이다. 그러나 이것은 먼저 그 속으로 들어갈 수 있어야 비로소 가능하다. 초학자가 읽고서도 마치 무협 소설 읽듯 빠져들 수 있는 책은 지금까지 수많은 역학 저술 중 처음이 아닌가 싶다. 『역경』의 "건으로써 쉽게 알고 곤으로써 간단히 행한다[乾以易知, 坤以簡能]"라는 말이 틀리지 않았다는 것을 입증한 셈이다. 진정으로 『역경』을 깨달은 사람만이 이처럼 심오한 내용을 알기 쉽게, 그리고 분명하면서도 전혀 억지스럽지 않게 설명해 낼 수 있을 것이다.

이 책이 사람을 황홀경으로 이끄는 것은, 역사 발전의 추세와 인간사 및 자연법칙을 하나로 꿰뚫어 보는 저자의 뛰어난 학식과 통찰력 때문이다. 남 선생은 엄밀한 학문적 태도와 넘치는 위트 그리고 어디서도 듣기 힘든 흥미진진한 이야기를 버무려 역의 비밀을 숨김 없이 보여 준다.

누구든 읽고 이해할 수 있는 책

주지하다시피 『역경』이 어려운 것은 상수(象數)가 전해 내려오지 않기 때문이다. 난삽한 구절과 뚜렷하지 못한 함의는 원래부터 후인들이 역을 배우는 데 큰 장애였는데, 여기에다 후세 연구자들의 서로 다른 여러 갈래의 견해까지 더해져 역은 점점 이해하기 힘든 것이 되고 말았다. 남 선생은 시대를 꿰뚫어 보는 탁견과 풍부한 인생 경험을 바탕으로 마치 한 편의 소설을 쓰듯 평이하게 풀어냄으로써 일반 대중이나 젊은 사람들에게 역학을 배우는 참신한 하나의 길을 제시하고 있다. 비록 이것으로 감히 세 성인의 심법(心法)을 다 드러냈다고 말할 수는 없을지라도 천고 이래의 미로를 파헤쳐 새로운 길을 제시한 것만은 틀림없다.

의리와 상수를 융합시킨 책

세상 사람들은 역을 이야기하면서 의리(義理)니 상수(象數)니 한다. 의

리란 인문적 관점에 치중한 것으로 진대(晉代)의 왕필(王弼)에서부터 시작된 것이다. 왕필은 "뜻을 취하고 상을 잊는다〔得意而忘象〕"라는 기치 하에 상(象)을 일소할 것을 주장했는데, 송대의 유학자들이 이 견해를 지지했기에 상수는 몇 세기 동안 빛을 보지 못했다. 상수는 오묘하고 신비한 것을 추구해 앞일을 미리 아는 것을 중시했다. 말하자면 요즘의 심령학이나 신비학의 유형에 속하는 것으로 그 영향력은 대단히 컸다. 의리가 사대부의 독점물이었다면 상수는 점차 시중으로 흘러들어 술사들의 밥벌이 수단으로 전락했다. 그 결과 상수의 원래 취지는 퇴색할 수밖에 없었다. 상수는 원래 자연의 원리를 역으로 표현하고자 한 것이다. "현상저명(懸象著明)"이라는 말에서 알 수 있듯이 사람들로 하여금 '상(象)'의 계시를 철저히 꿰뚫어 보게 함으로써 미래를 아는 경지에 이를 수 있게 한 것이다. 즉 사태의 회린(悔吝)을 사전에 명백히 살피도록 하여 일에 임해 허물이 없도록 하려는 것이었다.

그렇다면 구체적으로 어떻게 상을 미리 알아 위험을 피할 수 있을까? 이것이 가능하려면 반드시 어떤 특수한 방법에 통달해야 한다. 이 방법은 문파에 따라 다르다. 관로(管輅)와 우번(虞翻)의 방법이 있고 초공(焦贛)과 경방(京房)의 방법이 있으며 소강절(邵康節)의 방법이 있다. 그러나 이들의 기본 원리는 모두 한 가지 즉 상(象), 수(數), 이(理)를 종합하여 운용한 것일 뿐이다.

노자의 "사람은 땅을 본받고 땅은 하늘을 본받으며 하늘은 도를 본받고 도는 자연을 본받는다〔人法地, 地法天, 天法道, 道法自然〕"라는 언급은, 사실 「계사전」의 "천도가 있고 지도가 있으며 인도가 있다〔有天道焉, 有地道焉, 有人道焉〕"라는 말과 다르지 않다. 『역경』은 원래 우환의 원인을 밝혀 백성들이 활용하도록 하는 데 그 목적이 있다. 상수에 집착해 의리를 저버리는 것도 고인의 본래 의도에 어긋나며 상을 버리고 뜻을 얻는 것 역시 분명 『역경』의 "결정정미(潔靜精微)" 정신에 어긋난다 하겠다.

어떤 사람과도 관련이 있는 책

『역경』은 세상사를 해결하기 위한 것이다. 이런 점은 『역경』「계사전」에, "만물을 개발하여 인간 세상을 완성하는 것으로 천하의 도리 중에서 으뜸이다(開物成務, 冒天下之道)" "천하의 온갖 이치에 통하고 천하의 온갖 사업을 완수하며 천하의 온갖 의혹을 판단한다(以通天下之志, 以定天下之業, 以斷天下之疑)"라는 말로 이미 모든 것을 분명히 했다. 그러므로 비록 『역경』이 천지간의 일체 학문을 포괄한다 하더라도 세상사와 관련되지 않은 것이 없다. 옛날에는 역을 배우지 않으면 장상(將相)이 될 수 없다고 했다. 그뿐 아니라 『역경』은 일반 대중들과도 관련이 있다. 위로는 장상에서부터 아래로는 범부에 이르기까지 천지의 어떤 것도 『역경』과 무관하지 않다. 남 선생은 이 책에서 왜 효가 여섯 개밖에 되지 않는지를 명백히 설명한다. 인생의 역정 또한 이와 같다는 것이다. 어느 한 괘의 여섯 효는 한 인생의 여섯 단계를 나타낸다. 이 속에는 형통하거나 곤란이나 위험에 부딪치거나 다시 살아나는 등 수많은 현상과 계시가 포함되어 있다. 참으로 『역경』 육십사괘 삼백팔십사효 중 어느 하나 인간사와 무관한 것이 없다. 저자는 이 책에서 구태여 점을 치지 않아도 모든 인생을 살필 수 있다고 한다. 인생에는 각 시기와 단계마다 마땅히 따라야 할 법칙과 규범이 있기 때문이다.

역학을 배우는 첩경과 비결을 가르쳐 주는 책

　근대 과학은 '학습'의 방법에 대해 많은 연구를 해 왔으며 이런 연구의 결과는 기억력을 제고시키는 등 학습에 큰 도움이 되었다. 그러나 옛사람들은 이런 편리함을 향유할 수 없었다. 가르치는 사람은 구태의연한 방법으로 일관했고 배우는 사람 역시 전통적 방법을 그대로 답습했다. 총명한 사람은 이런 교육 속에서도 많은 어려움을 겪어 가며 적지 않은 과학적 방법과 기술을 터득해 냈다. 그러나 이들은 그 방법을 후세에 전하지 않았다. 그 결과 후인들은 옛사람들이 겪었던 과정을 똑같이 되풀이해야만 했다. 그들은 자기가 체득한 새로운 방법과 기술을 제자들에게 전하지 않고 전통적 방법에 입각해 스스로 체득하도록 한 것이었다.

　이런 교육 전통으로 인해 후세인들은 걷지 않아도 될 길을 수없이 우회했다. 옛날 소강절이 이정지(李挺之)에게 역을 배울 때도 상황은 마찬가지였다. 당시 소강절은 이정지에게 대략의 방향만이라도 가르쳐 달라고 청했다. 그러나 이정지가 일러 준 것은 1, 2, 3, 4의 몇 개 숫자뿐이었다. 이것으로써 소강절이 역학의 일가를 이루었으니 가히 중세기 말의 제일인자라 할 만하다.

　이 책에서는 처음부터 남 선생 자신이 역을 배우면서 고생했던 이야기를 상세히 언급한다. 더불어 선생이 체득한 방법과 내용을 숨기지 않고 그대로 밝힌다. 『역경』을 배우지 않는다면야 그만이지만 『역경』을 깊이 새겨 보고자 한다면 반드시 그에 대한 기본 지식, 예를 들면 괘의 이름이나 순서, 팔궁괘의 변화, 육십사괘 방원도 등을 숙지해야 한다. 이 책은 이런 것들에 대해 자세히 밝힌다. 그뿐 아니라 『역경』을 배우는 기교와 요령도 상세히 소개하고 있어 절반의 노력으로 몇 배의 성과를 거둘 수 있을 것이다.

천고의 비밀을 전하는 책

　세상 사람들에게 『역경』은 처음부터 끝까지 하나의 미로였다. 얼마나 많은 사람들이 여기에 빠져 길을 헤맸는지 모른다. 더욱이 역사상 이름을 떨친 역학의 대가들은 얼마나 많은 후세인의 마음을 사로잡았는지 모른다. 다들 잘 아는 제갈량, 이순풍(李淳風), 유백온(劉伯溫) 등은 말할 것도 없거니와 후한의 사마계주(司馬季主), 초연수와 경방, 진(晉)대의 우번(虞飜), 곽박(郭璞), 송대의 소강절 등 기인들도 동경의 대상이었다. 역사의 기록을 보면 이들은 모두 앞일을 내다보는 능력이 있었지만 그 방법은 실전되고 말았다. 비록 후세에 화주림(火珠林)이나 금전과(金錢課) 그리고 명나라 호굉(胡宏)이 지었다고 하는 황금책(黃金策) 등의 방법이 남아 있기는 하나 이미 이전처럼 그렇게 영험하지 못하다.

　이 책은 남 선생의 역학 연구 보고서이다. 그 속에는 오랜 세월 전해 내려오지 않은 수많은 비밀이 들어 있으며 또 선생의 독창적인 견해와 발명이 포함되어 있다. 비록 세 성현들의 열쇠를 손에 쥐었다고까지 말할 수는 없으나 『역경』을 우리의 삶과 한 걸음 더 접근시키고 있다는 점은 의심의 여지가 없다. 앞에서도 말했지만 『역경』은 모든 사람과 관련이 있다. 우리가 바라는 것도 이 책이 발간되어 『역경』이 보다 많은 사람들에게 도움이 되는 것이다. 정치가든 기업가든 어떤 사람이든 이 책이 성공의 길로 가는 데 큰 도움이 될 것이다.

차례

옮긴이 말 5

노크 19 | 순결하고 고요하며 정치하고 미세하다 20 | 삼역 22 | 『역경』의 세 원칙 23 | 이, 상, 수 26 | 갖고 놀다 보면 얻는 바가 있다 28 | 괘와 팔괘 29 | 선천팔괘 33 | 후천팔괘 41 | 감본 『역경』의 문제점 44 | 육십사괘는 어디서 왔는가 46 | 착종복잡 55 | 착종의 의미, 상대와 반대 56 | '복잡'의 이치 58 | 교호괘 59 | 육십사괘의 방원도 60 | 방도 61 | 원도 64 | 경방의 십육괘변 66 | 「계사전」의 관점에서 본 경방 십육괘변 70 | 경방 괘변과 인생 74 | 경방 괘변의 운용법 76 | 앞일을 내다보아 생기는 폐단 78 | 오행 사상의 기원 80 | 오행이란 무엇인가 83 | 오행의 생극 85 | 오행의 방위 87 | 천간과 오행 89 | 천간과 오행의 결합 91 | 천간의 음양 93 | 지지 95 | 지지와 황도십이궁 97 | 육십화갑과 역사적 증험 98 | 열두 가지 띠 101 | 지지와 명리 102 | 납갑과 역수 103 | 연못 속 물고기를 보는 자는 상서롭지 못하다 105 | 초연수와 경방, 곽박 106 | 금전괘 109 | 예지와 신통 및 현대 심령학 111 | 점치는 또 다른 방법 112 | 동효의 판단법 112 | 하도 낙서의 문화적 연원 114 | 천문학의

관점에서 본 하도 117 | 낙서와 우임금의 치수 120 | 전해 내려오지 않은 비결 121

「계사전」, 공자의 『역경』 연구 보고서 123 | 하늘은 존엄하고 땅은 가까워 건곤이 정해진다 125 | 동정에는 규칙이 있어 강유로써 변화를 판단한다 126 | 지역에 따라 종이 달라져 무리를 이룬다 128 | 강유가 마찰하고 팔괘가 서로 뒤바뀐다 130 | 때와 위치 135 | 해와 달이 운행하고 더위와 추위가 번갈아 온다 136 | 십이벽괘 137 | 양물과 음물에 대한 오해 139 | 음양과 강유 140 | 절기와 십이율려 144 | 십이벽괘의 응용 155 | 생명은 어디에서 오는가 158 | 지극히 간명하고 평범하다 164 | 괘를 설정해 그 상을 살피다 166 | 움직임을 신중히 하다 168 | 천변만화하니 나아가지 않으면 물러서는 것이다 170 | 생사는 낮밤의 이치와 같다 171 | 천지의 변화가 육에서 다하다 172 | 편안히 거처하다 173 | 움직임의 철학 175 | 모든 것이 자신의 학문과 수양에 달려 있다 176 | 허물을 잘 보완하다 177 | 인생철학의 다섯 가지 원칙 178 | 만사에 통하다 182 | 세 가지 중대한 문제 183 | 자기를 알고 천명을 안다 190 | 땅에 대한 애착과 사람에 대한 사랑 193 | 생명은 변화로부터 온다 194 | 구부러지면 온전하다 196 | 어떻게 잠들고 어떻게 깨어나는가 196 | 신에는 방이 없고 역에는 체가 없다 198 | 건은 우주의 본체로 원형이정하다 199 | 숨어 있는 용이니 사용하지 않는다 201 | 용이 대지에 출현하다 204 | 하루종일 조심조심

하다 205 | 혹 깊은 연못에서 뛰어오르다 207 | 용이 하늘을 날다 208 | 너무 높이 올라간 용은 불운하다 209 | 뭇 용의 우두머리가 없으니 길하다 210

단사, 공자의 역경에 대한 비평 213 | 우주 만물의 창조자 214 | 옥황상제의 여섯 마리 용마 215 | 몸과 마음이 평정하고 조화로워 길하고 이롭다 217 | 상사, 천행과 천도의 이치 219 | 「문언전」, 인문적 사상 체계 224 | 선과 아름다움을 다하는 인생 225 | 세속에 휩쓸리지 않고 믿는 바를 행하다 228 | 지도자의 수양과 풍모 230 | 때가 이르면 힘써 행하고 떠날 때는 미련없이 떠난다 231 | 산중의 재상 235 | 같은 소리는 서로 응하고 같은 기운은 서로 구한다 237 | 화려한 건물 최상층에는 오르지 않는다 240 | 천지는 만물을 창조하나 거두어들이지 않는다 241 | 성공하는 것과 이름을 떨치는 것 244 | 훌륭한 시작 247 | 성과 정 247 | 이와 의 248 | 심물일원 249 | 여섯 효의 작용으로 온갖 변화가 나타난다 250 | 이상과 현실 251 | 지도자의 조건과 수양 252 | 위기를 넘기다 253 | 가능한 것도 불가능한 것도 없다 254 | 대인의 경계 255 | 여섯 글자의 진언 257

곤괘의 연구 259 | 곤괘의 비밀을 파헤쳐 공개한 『참동계』 261 | 곤은 왜 유독 암말에게만 유리한가 265 | 대지의 문화 268 | 소강절의 보물 도자기 273 | 익

히지 않아도 불리할 것이 없다 275 | 이루지는 못하지만 좋은 결과를 남기다 276 | 주머니 속에 갈무리해 두니 허물이 없다 279 | 황상원길 280 | 극에 이르면 되돌아간다 281 | 용육은 영원히 좋다 282 | 음양 전도 283 | 공자의 인과관 285 | 속은 바르고 겉은 의로우며 사해를 일가처럼 여기다 289 | 가마를 메다 290 | 언행을 삼가다 292 | 황중통리, 지극히 높은 인생 경지 293 | 양이 없는 것을 싫어하다 294 | 둔괘 295 | 둔괘의 의미 296 | 둔괘의 창업 정신 299 | 서서 기다리다 기회 봐서 움직이다 304 | 앞길이 아득해 머뭇거리다 306 | 더 이상 쫓지 않고 기미를 보아 움직이다 311 | 풍운이 따르니 만사가 마음먹은 대로 풀리다 315 | 인정에 통달한 것과 융통성이 없는 것 316 | 피눈물이 끊이지 않으니 오래갈 수 없다 317 | 몽괘 319 | 종교로써 삶을 교화하다 321 | 동양 문화의 교육 정신 323 | 공이 있어야만 비로소 덕이라 할 수 있다 325 | 형법의 교육적 작용 327 | 역리의 평범함과 신비함 329 | 정부를 가진 아내 331 | 수괘 335 | 단사와 상사의 모순 337 | 수괘의 효사 338 | 역을 배우는 것과 역을 활용하는 것 343 | 「서괘전」, 육십사괘의 순서 문제 345 | 유물사관 347 | 공자가 말하는 창세기의 시작 349 | 몽괘로부터 사괘까지, 인간 세상의 첫 대란 350 | 비괘와 태괘 사이에서 번영하는 모습 353 | 비괘, 인류의 두 번째 분명 퇴조 355 | 동인과 대유, 인류 문명의 보다 높은 곳 356 | 고괘에서 박괘로, 인성의 타락 358 | 복괘로부터 리괘까지, 인생의 흥망성쇠 362 | 공자의 혼인관 365 | 공을 세워 이름을 떨치면 스스로 물러난다 367 | 영원히 그침이 없다 378 | 끊임없는 연구와 검증 379

역경
잡설

노크

우리는 일반적으로 『역경(易經)』이라 하면 팔괘(八卦)를 생각하고, 팔괘라 하면 경극(京劇)에서 팔괘를 새긴 도포 차림에 거위 털 부채를 든 사람을 연상합니다. 『역경』을 다 배우면 땅 위에 있는 것은 모두 알 수 있을 뿐 아니라 천상의 일도 대략은 알 수 있으리라 여깁니다. 과연 이 정도에 이를 수 있을까요? 이건 아주 중요한 문제입니다. 『역경』이 이처럼 많은 것들을 포함하고 있는지, 또 과거와 미래를 알 수 있는지 하는 것은 흥미로우면서도 아주 중대한 문제이기도 합니다.

방금 경극에 대해 언급했는데, 우리는 경극으로 만든 『삼국연의(三國演義)』에서도 『역경』에 대한 태도를 읽을 수 있습니다. 경극에서는 얼굴 화장과 복장을 아주 중시합니다. 무대 위의 팔괘 도포는 현대인에게는 다소 요사스럽게 보이겠지만 사실은 최고의 지혜를 대표합니다. 『역경』은 경전

중의 경전, 철학 중의 철학, 지혜 중의 지혜이기 때문입니다.

　이 외에 경극의 얼굴 화장에는 이마에다 태극도를 그리기도 하는데, 이것은 극중 인물이 아주 지혜롭다는 것을 상징합니다. 머리가 온통 지혜로 가득 차서 위로는 천문, 아래로는 지리에 통달했다는 뜻입니다. 경극의 이런 표현 방식에서도 『역경』이 그동안 얼마나 중시되어 왔는지를 알 수 있습니다. 물론 이것은 좋은 면입니다. 좋지 못한 측면도 있습니다. 『역경』이라는 말만 들어도 어떤 사람은 점쟁이나 풍수꾼을 연상합니다. 그러나 좋은 면이든 좋지 못한 면이든 모두 자기 문화에 대한 인식이 부족하다는 건 마찬가지입니다. 이제 우리는 『역경』 공부를 시작했습니다. 그렇지만 여러분은 대부분 아직 경험이 없어서 아마 어떤 길을 따라야 할지 알지 못할 것입니다. 그래서 여기서는 먼저 『역경』이라는 책을 어떻게 읽어야 하며, 또 어떻게 인식하고 이해해야 하는지부터 살펴보기로 하겠습니다. 더 깊이 들어가면 평생을 연구해도 명쾌하게 이해되지 않는 부분이 많습니다. 저도 물론 그렇습니다. 거의 반평생을 매달렸건만 이제 막 시작한 초보자들과 별 차이가 없는 것 같습니다. 사실 저는 이 경전을 강의하면서 아주 조심스럽습니다. 스스로 몹시 초라하게 느껴지기도 합니다. 제가 여러분들에게 소개하는 변변치 못한 생각들은 단지 문을 두드리는 노크에 불과할 것입니다.

순결하고 고요하며 정치하고 미세하다

　먼저 옛사람들이 얼마나 『역경』을 중시했는지를 살펴보도록 합시다.

『예기(禮記)』「오경해(五經解)」편에서는 『역경』에 대해 언급하면서, "역의 가르침은 순결하고 고요하며 정치하고도 미세하다〔潔靜精微, 易之敎也〕"라고 했습니다. 전하는 바에 따르면 이것은 공자가 『역경』을 정리하면서 내린 결론이자 평가라고 합니다. "결정정미(潔靜精微)"라는 네 글자는 보기에는 간단하지만 그 속에 포함된 의미는 결코 간단치 않습니다. '결정(潔靜)'은 종교적 철학적 의미를 내포한 말입니다. 『역경』이 심리적 정서적 측면에서 극히 정결하고 고요하다는 것입니다. '정미(精微)'라는 두 글자는 과학적입니다. 이런 까닭에 역을 배우는 사람은 머리가 아주 냉철해야 합니다. 저는 자주 젊은 사람들에게 저녁에는 『역경』을 읽지 말라고 말합니다. 그러나 그렇게 말해도 별로 대수롭지 않게 여기는 것 같습니다. 옛사람들은 요괴나 마귀가 모두 『역경』을 두려워한다고 생각하기도 했습니다. 중병에 걸리면 베갯머리에 『역경』을 놓아두는데 이는 귀신이 보고 도망가리라 믿었기 때문입니다. 또 『역경』을 읽으면 심지어 귀신이 불안해하기 때문에 밤에는 『역경』을 읽지 않는다고도 했습니다. 그렇지만 저는 한밤중에 『역경』 읽기를 꽤나 좋아했습니다. 그러나 한번 읽다가 낭패를 당하고서는 감히 한밤에 『역경』을 손에 잡지 않았습니다. 밤에 『역경』을 읽으면 밤새 잠 한숨 잘 수 없습니다. 읽으면 읽을수록 끝이 없습니다. 문제 하나를 해결하면 다시 새로운 문제가 떠오릅니다. 이렇게 계속 생각하다 보면 어느새 날이 밝아 버립니다. "창가에 한가로이 앉아 『주역』을 보니 언제 봄날이 다 지난지도 모르겠다〔閑坐小窓讀周易, 不知春去幾多時〕"라는 옛말을 깊이 절감합니다. 왜 시간이 흘러가는 것도 깨닫지 못할까요? 지극히 냉철하고도 정밀한 사고가 지속되기 때문입니다. 이 때문에 공자는 역이 "결정정미" 하다고 평가했습니다.

『예기』「오경해」 중에는 『역경』에 대한 비판도 있습니다. 어떤 비판일까요? 『역경』의 폐단에 관한 것으로 "잘못하면 망쳐 버린다[其失也, 賊]"라는 것입니다. 바로 이 '적(賊)' 자가 문제입니다. 『역경』을 배운 사람이 올바른 길을 걷지 않고 좌도 방문(左道旁門)에 빠진다면 온 몸에서 귀기(鬼氣)가 풍길 것입니다. 거위 털 부채를 들고 천문과 지리를 안다고 내세우는 사이 다른 사람이 몰려들어 결딴을 내고 말 겁니다. 역사에서 이처럼 뛰어난 『역경』에 대한 평가가 있을까요? '적(賊)'이라는 단 한 글자로 내린 평가는 참으로 오묘하기 짝이 없습니다.

한(漢)나라 왕봉(王鳳)이나 당나라 우세남(虞世南, 당태종 때의 재상으로서 창업 시 소위 '비서실장'이었으며 당태종과는 오랜 친구 사이였음) 같은 사람은 『역경』을 얼마나 높이 쳤던지, "역을 읽지 않은 사람은 장상이 될 수 없다[不讀易不可爲將相]"라고 했습니다.

이 책이 도대체 어떤 책이길래 이처럼 극찬한 것일까요? 그 속에 도대체 어떤 내용이 들어 있을까요? 무슨 살이 끼었다고 하면 팔괘 그림을 사서 문에다 붙이는데 과연 그 속에 무슨 작용이 있기는 있는 걸까요?

삼역

역학이 이처럼 중요하다면 우리는 앞으로 어떻게 연구해야 할까요? 다들 알아두어야 할 것은, 여러분이 지금 들고 있는 『역경집주(易經集注)』라는 책은 단지 역학의 일부분일 뿐이라는 사실입니다. 이 책은 『주역』이라 불리는 것으로, 주나라 문왕이 유리(羑里)에서 옥살이를 하면서 『역경』을 연구한 결과입니다. 유가와 도가 및 일체의 학문은 모두 『역경』으로부터 발전해 나온 것입니다. 제자백가의 학설도 모두 여기에 뿌리를 두고 있으며, 어떤 것은 『역경』의 괘 몇 개에 연원을 두기도 합니다.

『역경』에는 『주역』 외에도 두 종류가 더 있습니다. 하나는 『연산역(連山易)』이요 또 하나는 『귀장역(歸藏易)』입니다. 이것과 우리가 가지고 있는 『주역』을 합쳐 통칭 '삼역(三易)'이라 합니다. 『연산역』은 신농 시대의 역으로 팔괘의 위치가 『주역』과 일치하지 않습니다. 황제 시대의 역이 바로 『귀장역』인데, 『연산역』이 간(艮)괘로부터 시작하는 데 비해 『귀장역』은 곤(坤)괘로부터 시작합니다. 이것이 『주역』에 이르러 건(乾)괘로부터 시작되었습니다. 세 가지 역의 차이도 바로 여기에 있습니다. 현재 우리는 『역경』이라고 하면 곧 『주역』을 생각합니다. 『연산역』과 『귀장역』이 이미 사라졌다고 생각하기 때문입니다. 그런데 정말로 사라졌을까요? 이것 역시 중대한 문제입니다. 현재 시중에 나도는 의약(醫藥), 감여(堪輿) 등이나 도교 방면의 것들은 모두 『연산역』과 『귀장역』이 결합된 것이라 할 수 있습니다.

『역경』의 세 원칙

『연산역』, 『귀장역』과는 별도로 『주역』 자체에 역시 '삼역(三易)'이라 불리는 원칙이 있습니다. 『역경』에 세 가지 대원칙이 있다는 것입니다. 바로 변역(變易), 간역(簡易), 불역(不易)의 원칙입니다. 『역경』을 연구하기 위해서는 먼저 이 세 가지 원칙을 알아야 합니다.

(1) 변역

변역(變易)이란 세상의 어떤 것도 변하지 않는 게 없다는 것입니다. 어떤 일이든 어떤 물건이든 어떤 상황이든 어떤 생각이든 그것이 시공 속에 존재하는 한 변하지 않을 도리가 없습니다. 예를 들어 여기 있는 우리만 하더라도 잠깐 동안에 이미 변화되었습니다. 매 분초마다 상황은 시시각각 바뀌고 있습니다. 시간이 변하면 환경이 달라지고 정서도 달라지며 사고도 달라집니다. 만사만물은 시공에 따라 모두 변화합니다. 변하지 않는 것은 없습니다. 이 때문에 역을 배우는 사람은 먼저 '변화(變)'를 알아야 합니다. 지혜가 출중한 사람은 비단 변화를 알 뿐 아니라 그 변화에 적응할 수 있습니다. 역을 배우지 않으면 장상(將相)이 될 수 없다고 한 것도 이 때문입니다.

이것과 관련해서 우리가 짚고 넘어가야 할 것은 불교에서 말하는 이른바 '무상(無常)'이라는 개념입니다. 이 개념은 시대를 거듭하면서 불교도들에 의해 미신적 색채가 더해져 마침내 성황묘 속의 키 크고 여윈, 흰옷에 높은 모자를 쓰고 혀를 길게 내민 '백무상(白無常)'이라는 귀신이 되고 말았습니다. 이 '무상 귀신'이 나타나면 사람이 곧 사망합니다. 사실 '무상'이란 불교 이론 중의 하나입니다. 세상에 변하지 않고 계속 존재할 수 있는 것은 없다는 뜻입니다. 바로 『역경』 속 변역의 이치입니다. 우주의 어떤 것도 변하지 않는 것이 없습니다. 변하지 않는 것은 불가능합니다. 그렇기 때문에 이것은 대원칙입니다. 예를 들어 집을 한 채 새로 짓는다면 이 집은 장래 반드시 무너질 것이고, 사람이 태어나면 이 사람은 반드시 병들고 늙어 죽을 것입니다. 이렇게 변화하는 현상을 보고서 그것을 '무상'이라 한 것입니다.

(2) 간역

두 번째는 간역(簡易)입니다. 우주의 만사만물 중 인간의 지혜로는 도저히 이해할 수 없는 것이 허다합니다. 바로 여기에서 다분히 철학적인 문제 하나가 제기됩니다. 천지간에 "그 원리는 있되 구체적인 현상이 없다[有其理無其事]"라는 것은 우리의 경험이 아직 부족하거나 과학이 덜 발달한 것이요, "그 현상은 있되 그 원리를 알지 못한다[有其事不知其理]"라는 것은 우리의 지혜가 아직 부족하다는 말입니다. 달리 말해 우주의 어떤 사물도 현상이 있으면 반드시 그 원리가 있습니다. 어떤 일이 있으면 반드시 그 원리가 있지만 우리의 지혜가 부족하거나 경험이 충분하지 못해 원리를 찾아내지 못할 뿐입니다. 간역 역시 최고의 원칙입니다. 아무리 오묘한 것이라도 일단 그것을 이해하고 나면 평범한 것으로 변하고 맙니다. 경극에 나오는 제갈량은 손가락을 몇 번 짚으면 곧 과거와 미래를 압니다. 과연 이것이 가능할까요? 가능합니다. 방법이 있습니다. 옛사람들은 『역경』의 법칙과 우주의 사물을 이해하고서 팔괘를 손가락 마디마디에 배치했으며, 여기다 다시 시간적 공간적 변수를 공식화함으로써 어떤 상황을 추산할 수 있게 했습니다. 아주 복잡한 것이 간단하게 바뀐 것입니다. 그래서 이것을 간역이라 합니다. 사물은 시시각각 변화합니다. 그러나 아무리 변화가 복잡하더라도 우리가 일단 그 원리를 이해하고 나면 아주 간단한 것으로 변해 버립니다. 간역의 원칙이 말하는 바도 바로 이것입니다.

(3) 불역

세 번째 원칙은 불역(不易)입니다. 만사만물은 모두 시시각각 변하지만 그 중 영원히 불변하는 것이 있습니다. 만사만물을 변하게 하는 그것은 변하지 않습니다. 영원히 존재합니다. 그것은 어떤 것일까요? 종교인들은 그것을 '하느님'이니 '신'이니 '주재자'니 '부처'니 '보살'이니 부릅니다. 철학에서는 그것을 '본체'라고 합니다. 명칭이야 어떻든 그것이 존재하며 또 불변합니다. 만사만물을 능히 변화시킬 수 있는 그것 자체는 불변합니다.

이상이 여러분이 미리 알아두어야 할 세 원칙입니다.

이, 상, 수

세 원칙을 이해한 후 다시 세 법칙에 대해서도 알아두어야 합니다. 세 법칙이란 『역경』의 세 가지 함의라 할 수 있는 이(理), 상(象), 수(數)입니다. 이 기본 법칙을 알아야만 비로소 『역경』을 연구할 수 있습니다. 이제 이 세 법칙에 대해 살펴보기로 합시다.

『역경』의 관점에서 본다면 우주의 만사만물에는, 그것이 인생이라도 좋고 감정이라도 좋으며 생각이라도 좋습니다만, 모두 각각의 원칙과 이치가 있습니다. 요즘 말로 한다면 '이(理)'란 철학적 원리라 할 수 있습니다. 우주의 만사만물에는 모두 이(理)가 있으며, 그리고 반드시 그 이의 구체적 '현상〔象〕'이 있습니다. 또 우주의 모든 이(理)에는 반드시 거기에 해당하는 '수(數)'가 있습니다. 녹음 테이프를 예로 들어 봅시다. 이것은 녹음을 하기 위한 것인데 이 속에는 많은 원리〔理〕가 내재되어 있습니다. 녹음 테이프의 모양이나 크기, 소리를 낼 수 있는 것은 모두 현상입니다. 그리고 이 녹음 테이프의 녹음 시간이 얼마이며, 테이프 자체의 길이와 넓이는 얼마인가 하는 것은 바로 수(數)입니다. 이처럼 만사만물에는 모두 이,

상, 수가 있습니다.

　이 때문에 『역경』에 대해 어떤 사람은 이(理)로써 해석하며, 어떤 사람은 상(象)으로써 해석하며, 어떤 사람은 수(數)로써 해석합니다. 옛사람들은 손가락을 몇 번 짚어 만사를 미리 알곤 했는데 이것은 역의 수를 이해하고 있었기 때문입니다. 우주의 만사만물에는 모두 수가 있습니다. 이것은 필연적입니다. 예를 들어 여기 있는 찻잔을 좌우로 한 번 흔들었다고 합시다. 흔들리는 것은 현상입니다. 그리고 좌우로 몇 번이나 흔들었나, 또는 몇 초마다 한 번씩 흔들었나 하는 것은 수입니다. 그리고 왜 잔을 흔들었나, 또는 왜 잔이 흔들렸나 하는 것은 이입니다. 이처럼 『역경』의 어떤 괘나 효, 또는 어떤 곳에도 모두 이, 상, 수가 내재되어 있습니다. 사람은 세계와 관계를 맺고 살아가는데 이 관계는 계속 변화합니다. 관계가 변하면 그 속에 포함된 이, 상, 수 역시 변합니다. 만약 사물의 이, 상, 수를 이해할 수 있다면 그 사물의 변화를 알 수 있습니다. 모든 현상은 일정한 수에 이르면 반드시 변화합니다. 왜 변화할까요? 이치가 그렇기 때문입니다. 이것을 명백히 이해하면 만사에 통달하게 됩니다. 이(理), 상(象), 수(數)에 통하면 변(變), 통(通), 달(達)을 알아 만사를 사전에 대비할 수 있습니다.

　제가 늘 하는 말이지만 제일 좋은 것은 역을 공부하지 않는 것입니다. 일단 공부를 시작하면 저처럼 빠져나올 수 없습니다. 꼭 공부해야겠다면 방법은 반쯤만 하는 것입니다. 만약 『역경』을 배워 제대로 통한다면 세상사가 재미없습니다. 문밖에 나설 일이 있어도 나가면 다칠 것이 뻔하니 나가지 않습니다. 이렇게 사는 것이 무슨 재미가 있겠습니까. 그런데도 왜 이런 걸 배워야 할까요. 그래서 제가 반쯤 배우는 것이 좋다고 한 겁니다.

오묘하고 무궁무진하게 느껴지고 오리무중에서 눈앞이 조금씩 드러난다면 얼마나 재미있겠습니까? 그러나 밝은 대낮이라면 눈앞에 구덩이를 보고는 그쪽으로 가지 않을 것입니다. 『역경』을 배워 통하고 나면 이처럼 아무 재미도 없습니다. 이런 것을 구태여 왜 배워야 할까요? 그러나 말은 이렇게 하지만 역에 진정으로 통했다면 저도 여기까지 와서 『역경』 강의를 하고 있을 리 없겠지요. 제가 여기 서 있는 것만 봐도 아직 제대로 통하지 못한 것입니다. 제대로 통하지도 못한 사람이 여기서 허풍을 떠는 것은, 그래도 여러분들이 길을 찾는 데 조금은 도움이 되지 않을까 해서입니다. 어쩌면 진정으로 통달한 사람이라도 여기까지 와서 강의할 수는 있을 것입니다. 우리 같은 사람이 얼마나 맹목적이며 불쌍한지를 잘 알기 때문입니다. 자신은 앞을 볼 눈이 있기에 기꺼이 와서 길을 안내할지도 모릅니다.

이쯤해서 각설하고 다음은 팔괘에 대해 살펴봅시다.

갖고 놀다 보면 얻는 바가 있다

『역경』 공부를 시작하면서 알아두어야 할 또 한 가지 법칙이 있습니다. 이 법칙은 공자가 『역경』을 연구해 본 뒤에 말한 것인데 여러분의 책 속에 나옵니다. "갖고 놀다 보면 얻는 바가 있다(玩索而有得)"라는 것으로 아주 묘한 데가 있는 말입니다. 『역경』을 배우는 가장 좋은 방법은 마작처럼 갖고 노는 것입니다. 팔괘를 마작패 위에 새겨 갖고 논다면 재미가 무궁무진할 겁니다. 공자는 우리에게 다른 책을 읽을 때는 모두 엄숙한 태도를 요구합니다. 하지만 오직 역을 공부할 때는 "갖고 놀다 보면 얻는 바가 있다"고 했습니다. 제가 어려서 『역경』을 배울 때는 선생님이 모두 외우라고 했습니다. 정말 지긋지긋했지요. 그런데 억지로 암기하고 나서 그 구절들이 도대체 무슨 뜻인지 물어보면 선생님 역시 제대로 대답을 못했습니다. 글자는 알고 있으나 의미는 역시 잘 모르는 것 같았습니다. 후에 나이가 들어 천천히 이것저것 생각해 보고서 결국은 갖고 놀아야 한다는 것을 깨달았습니다. 처음에는 장기알 위에 팔괘를 이리저리 배열해 보다 뒤에는 마작을 이용했습니다. 지금은 컴퓨터를 한번 활용해 볼까 생각하고 있지만 아쉽게도 시간적 여유가 나지 않습니다. 가장 좋은 방법은 역시 갖고 노는 것입니다. 무엇을 갖고 논다는 것일까요? 괘를 가지고 노는 겁니다.

괘와 팔괘

무엇을 괘(卦)라 할까요? 옛사람들은 "괘란 매다는 것이다〔卦者掛也〕"라고 해석했습니다. 이건 사실 해석을 하지 않은 것과 마찬가지입니다. 실제로 괘란 매달아 놓은 현상입니다. 팔괘란 바로 우주의 여덟 가지 현상입니다. 여덟 가지 현상을 매달아 놓은 것이 바로 팔괘입니다. 우주는 한 권의 『역경』입니다. 우주의 현상이 모두 이 속에 걸려 있습니다. 우리는 먼저 그 원리를 이해해야 합니다.

건(乾 ☰)괘는 하늘을 나타냅니다. 우리가 머리를 쳐들면 거기엔 하늘이 있습니다. 우주 공간에 도착해 거꾸로 서 있어도 머리를 쳐들면 여전히 거기엔 하늘이 있을 겁니다. 하늘이란 이처럼 반드시 머리 위에 있는 것입니다.

곤(坤☷)괘는 땅입니다. 인류의 문화는 땅의 산물입니다. 땅이란 우리 발 밑에 있습니다. 바로 우리 발 밑에 걸려 있는 현상입니다.

건☰, 곤☷의 두 기호는 시간과 공간 즉 우주를 나타냅니다. 천지에 두 개의 큰 것이 있으니 하나는 태양이요 또 하나는 달입니다. 이 둘은 부단히 움직이고 있습니다. 그래서 리(離☲)괘는 태양을, 감(坎☵)괘는 달을 나타냅니다.

이 두 괘가 천지 사이에서 끊임없이 돌고 돌면서 네 개의 괘가 걸리게 된 것입니다. 또 다른 두 괘는 천둥(雷)과 바람(風)입니다.

진(震☳)괘는 천둥을 나타냅니다. 현대 과학의 관점에서 본다면 우주 속의 전기에너지가 서로 부딪혀 진동하는 것이 천둥이요, 진동하고 난 뒤 기류로 변한 것이 바람입니다.

손(巽☴)괘는 바람을 나타냅니다. 바람은 곧 기류로서, 기류가 격렬하게 진동하면 서로 마찰을 일으켜 다시 전기가 생깁니다. 원래의 전기에너지로 되돌아가는 것입니다. 이것을 "뇌풍상박(雷風相薄)"이라 하는데 바로 진괘와 손괘의 관계를 말한 것입니다.

또 다른 두 괘가 있습니다.

간(艮☶)괘는 높은 산 또는 육지를 나타내며, 태(兌☱)괘는 바다나 강을 나타냅니다.

우주에는 여덟 가지 큰 현상이 있을 뿐 아홉 번째 것은 찾을 수 없습니다. 물론 큰 것만 들어 말했을 뿐 작은 것은 말하지 않았습니다. 만약 작은 것까지 친다면 양복도 하나의 괘요 먼지도 하나의 괘로서, 이렇게 하다 보면 그 수가 너무도 많아 도무지 다 언급할 수 없습니다. 큰 현상은 단 여덟 개밖에 없습니다. 아홉 개도 일곱 개도 아닌 여덟 개로서, 이들은 각각 두 개씩 짝을 이룹니다. 이 여덟 개는 일단 변화하기 시작하면 무궁무진하여 그 변화를 이루 다 헤아릴 수 없습니다.

복희팔괘방위도는 다음과 같습니다.

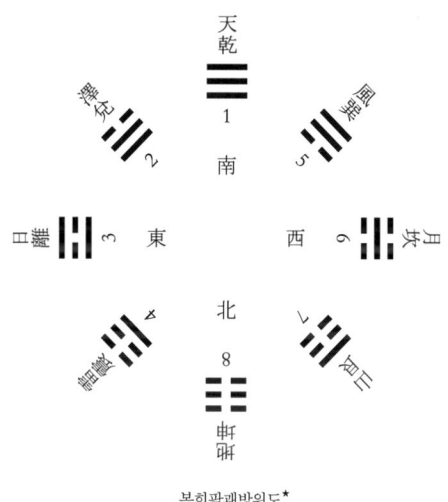

복희팔괘방위도★

이 괘 그림은 당송 이전에는 볼 수 없던 것으로 송 이후에야 비로소 나타났습니다. 과거에는 『역경』 연구가 대부분 『주역』에 머물렀고 또 연구자들은 자기가 이해한 것을 도안화하기 좋아했습니다. 그러다 송에 이르러 송나라 판본 『역경』에 이 도안이 실려 활용되기 시작함으로써 변화가 생겼습니다. "괘란 매다는 것"입니다. 이 이치가 이해된다면 『역경』의 괘

★ 이 '복희팔괘방위도'에 대한 「설괘전」의 설명은 다음과 같다.
"하늘과 땅의 위치가 정해지고, 산과 호수의 기운이 서로 통하며, 번개와 바람이 서로 견제하고, 물과 불이 서로 대립하면서 마주보는 두 괘끼리 서로 착괘를 이루고 있다[天地定位, 山澤通氣, 雷風相薄, 水火不相射, 八卦相錯]."

를 그렇게 엄중한 것으로 볼 필요가 없습니다. 그렇다고 해서 그렇게 단순한 것만도 아니기 때문에 일단 가벼운 마음으로 찬찬히 살펴볼 필요가 있습니다.

다음은 문왕팔괘방위도인데 여덟 괘의 배열과 위치가 복희팔괘방위도와 같지 않습니다. 복희팔괘방위도는 달리 선천팔괘라고도 하며, 문왕팔괘방위도는 달리 후천팔괘라고도 합니다.

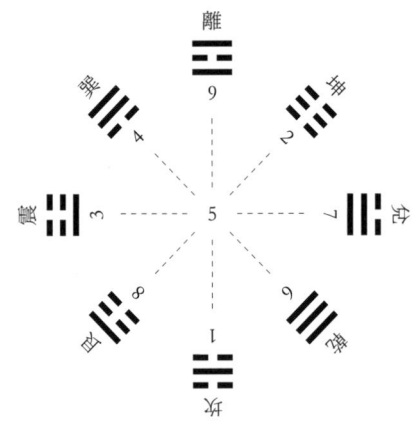

문왕팔괘방위도★

★ 이 '문왕팔괘방위도'에 대한 「설괘전」의 설명은 다음과 같다.
"하늘은 팔괘를 통해 자연의 조화를 행한다. 만물은 진에서 나오고, 손에서 가지런히 되고, 리에서 모두 드러나고, 곤에서 크게 자라고, 태에서 결실을 맺고, 건에서 다투고, 감에서 되돌아가고, 간에서 다시 시작한다[帝出乎震, 齊乎巽, 相見乎離, 致役乎坤, 說言乎兌, 戰乎乾, 勞乎坎, 成言乎艮]."
(해석은 고형高亨의 관점을 따랐음.)

선천팔괘

무엇을 선천이라 할까요? 우주 만물이 형성되기 이전이 선천(先天)이요, 우주 만물이 존재하기 시작한 뒤가 후천(後天)입니다. 저로 말하면 어머니가 저를 낳기 이전이 선천이요, 저를 낳은 뒤가 후천입니다. 어머니의 배 속이 선천이라면 배 속을 떠난 것이 후천입니다. 선천 후천이란 바로 이런 것입니다. 논리적으로 말한다면 선천과 후천은 하나의 정의(定義)에 불과한 것으로 단계나 범위를 나누기 위한 것입니다.

복희의 선천팔괘도는 얼핏 보기에는 별다른 이치가 없어 보입니다. 평면적으로 그려져 있기 때문입니다. 예를 들어 어떤 기계를 그리더라도 입체적으로 그릴 때 그 특성이 잘 드러나는 법입니다. 우리가 지금 보고 있는 그림은 일종의 기호에 불과합니다. 건괘를 예로 들어 봅시다. 건☰은 이전에는 다르게도 그렸습니다. 우리가 갑골문에서 볼 수 있는 ∴과 Ⅲ도 모두 건괘였습니다. 그렇기 때문에 여러분은 괘에 대해 어떤 고정관념을 가져서는 안 됩니다. 팔괘를 문 앞에다 걸어두면 귀신도 놀라 도망간다고들 하는데, 귀신이 도망가는 것은 팔괘가 대단해서가 아니라 우리 인간이 대단하기 때문입니다. 어쨌든 이제는 괘의 부호가 이미 확정되어 변할 수 없는 것이 되어 버렸습니다.

글자는 쓰여진 것이요 괘는 그려진 것입니다. 그래서 우리는 괘를 그린다고 말합니다. 원시 시대에는 문자가 없었습니다. 고대 중국의 원시 문자는 모두 그림이었습니다. 예를 들어 '조(鳥)' 자는 원래 새를 그린 것입니다. 일(日) 월(月) 산(山) 수(水) 주(舟) 거(車) 충(蟲) 어(魚) 등이 모두 그렇습니다. 이것을 보더라도 한자의 기원이 그림이라는 것을 알 수 있습니다. 모든 괘는 세 개의 획으로 되어 있는데 이것을 삼획괘라고 합니다. 괘 중의 한 획을 '효(爻)'라 부르는데, "효란 교이다[爻者交也]"라고 하여 '효'를 '교(交)'로 해석합니다. 그렇다면 왜 효를 교라고 할까요? 그것은 우주의 만사만물이 시시각각 교류[交]함으로써 끊임없이 변화하기 때문입니다.

건괘의 세 효는 모두 '─'인데 이것을 '양효'라고 합니다. (우리는 흔히 '음'이니 '양'이니 하는 말을 들으면 어떤 신비한 것을 연상하는데 사실 음양은 결코 신비한 것이 아닙니다. '음'이니 '양'이니 하는 것 역시 하나의 기호에 불과합니다.) 반대로 한 획의 가운데가 끊긴 '--'이 있는데 이것을 '음효'라고 합니다.

세 개가 모두 양효로만 구성된 것이 건괘인데 이것은 하늘을 나타냅니다. 그리고 세 개 모두 음효로 구성된 것은 곤괘로서 땅을 나타냅니다. 사람으로 치면 건괘는 남자를 곤괘는 여자를 대표합니다. 한 손에 국한시키면 손등은 건이요 손바닥은 곤입니다. 여기서도 알 수 있듯이 건이니 곤이니 하는 것은 고정된 것이 아니라 불특정한 어떤 것을 나타내는 기호입니다. 따라서 이 기호는 많은 곳에서 활용될 수 있습니다.

앞의 복희선천팔괘도를 보면 건은 하늘로서 위쪽에, 곤은 땅으로서 아래에 있습니다. 그러나 방위를 보면 위쪽이 남, 아래쪽이 북으로서 지금의 지도와 반대로 되어 있습니다. 그 둘을 비교하면 다음과 같습니다.

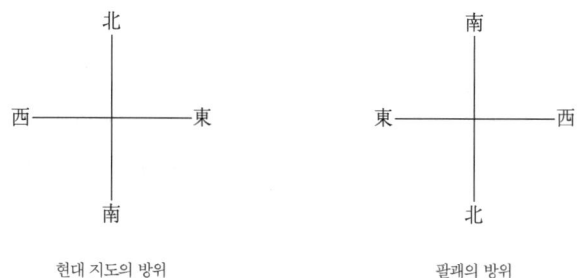

현대 지도의 방위   팔괘의 방위

이렇듯 방위가 서로 상반된 데에는 각자 그 나름의 이치가 있습니다.

방금 건괘와 곤괘에 대해 살펴보았는데 이제 다른 괘를 봅시다. 이 괘는 위아래가 양효이며 중간이 음효인 리괘☲입니다. 태양을 나타내며 방위로는 동쪽입니다. 리괘를 이렇게 그린 것을 보면 옛사람들도 태양 가운데 흑점이 있다는 것을 알고 있었는지 모릅니다. 리괘는 이 외에도 불이나 광명을 나타내기도 합니다.

리괘 맞은편에는 위아래가 음효이며 가운데가 양효인 감괘☵가 있는데, 이 괘는 달을 나타냅니다. 즉 태양이 동쪽에 떠 있다면 달은 서쪽에 걸려 있습니다. 옛사람들은 태양과 달이 무형의 자오선을 중심으로 회전한다고 생각했습니다. 오늘의 관점에서 비과학적인 것이라 생각할지 모르나 옛사람들은 지구를 중심으로 태양과 달을 관찰했습니다. 지구를 중심으로 생각한다면 태양과 달은 확실히 지구 주위를 돌고 있습니다. 옛사람들은 이것을 단순화시켜 팔괘로 나타냈으니 비과학적이라 말하기 어렵습니다. 태양을 중심으로 생각하면 지구가 태양 주위를 돌지만 지구를 중심으로 생각한다면 당연히 태양이 지구 주위를 돕니다. 각기 입장이 다를 뿐 어느 하나가 틀린 것은 아닙니다. 더구나 이것이 지금으로부터 대략 삼천여 년 전의 관점이라 생각한다면 옛사람들이 얼마나 과학적이었는지를 알 수 있습니다. 앞으로 일백 년 후 사람들도 지금의 우리를 보고서 마찬가지로 아주 비과학적이고 낙후한 시대였다고 평가할지도 모릅니다.

감괘는 달을 대표하며 또 물을 나타내기도 합니다.

어떤 사람은 『역경』의 과학성이 관찰로부터 온 것이라고 말합니다. 과학적 태도에 의거했다는 말입니다. 그러나 제가 볼 때 『역경』은 한 시대의 인류 문화가 아니라 빙하기 이전으로부터 존재했던 인류 문화인 것 같습니다. 문화가 최고도로 발달해 수많은 과학의 법칙들이 종합되고 또 종합되어 최후에 여덟 개의 간단한 기호에 이르렀을 것입니다. 우리 조상들이 우연히 이것을 발견하고 사용하게 되었다는 것입니다. 저는 우리 조상들이 『역경』을 창조해 낼 만큼 그렇게 지혜가 높지는 못했을 것이라 생각합니다. 『역경』의 법칙은 어디에 적용시키든 모두 통합니다. 화학에 적용시켜도 통하고 물리에 적용시켜도 역시 통합니다. 『역경』의 법칙은 참으로 인류 지혜의 결정물입니다.

건, 곤, 감, 리 네 괘를 살펴보았습니다. 이 네 괘가 저 멀리 걸려 있는 것을 이제는 여러분 모두 볼 수 있을 것입니다. 바로 하늘과 땅, 해와 달입니다.

진괘☳는 아래 한 효가 양효이며 나머지 둘은 음효로서 "진위뢰(震爲雷)" 즉 천둥이나 번개를 나타냅니다. 천둥이나 번개는 운동에너지를 발산하는 것으로 운동에너지 중에서도 최고의 것입니다. 팔괘도에서의 방향은 동북입니다.

진괘의 맞은편 즉 남서쪽에 위치한 괘는 제일 아래 효가 음효이며 나머지 두 효가 양효인 손괘☴로서, 우주의 기(氣) 즉 바람을 나타냅니다.

이 두 괘를 자세히 보면 진괘는 일종의 진동 현상입니다. 천둥 번개가 진동한 후 음은 양으로, 양은 음으로 변해 기류가 된다는 것을 알 수 있습니다. 이처럼 서로 마주 보는 위치에 있는 괘를 '대궁괘(對宮卦)'라고 합니다. 일반인들은 산명(算命)하는 사람이 무슨 '궁(宮)'이니 하면 얼핏 궁전을 연상하고는 자기가 무슨 황제나 황후라도 된 것처럼 느끼는데, 궁이란 그런 뜻이 아닙니다. 옛사람들이 말한 궁이란 위치나 방위를 말하는 것입니다. 진괘의 대궁괘는 손괘입니다. 천둥 번개가 진동하면 대기류가 발생하여 서로 마찰함으로써 다시 전기를 일으킵니다. 이렇게 해서 양자는 부단히 서로 변화합니다.

그림의 북서쪽에는 아래 두 효가 음효이고 위의 효가 양효인 간괘☶가 자리 잡고 있습니다. 간괘는 산을 나타내며, 그 대궁괘는 아래 두 효가 양효이고 위 효가 음효인 태괘☱입니다. 태괘는 택(澤)이라고도 하는데 바다나 강, 호수를 나타냅니다. 이것이 선천팔괘의 기본 관점입니다.

다음으로 주의해야 할 것은 선천팔괘도의 수(數)입니다. 이것은 팔괘 배열의 질서에 따라 생겨난 것입니다. 『역경』에서의 '수'는 참으로 기묘합니다. 사람들은 불의의 일을 당하면 왕왕 그 일이 이미 정해진 수에 따라 일어난 것이라 생각합니다. 주지하다시피 세계 과학사를 보면 천문학과 수학은 중국이 가장 먼저 발달했습니다. 『역경』의 시대에 이미 귀납적 수리에까지 이른 것입니다. 현대의 서양 수학은 모두 바깥으로 연역해 나가는 것으로 계산을 해 나갈수록 방법이 더욱 복잡해집니다. 반면에 중국의 문화는 귀납적인 방법을 중시해 많은 공식과 방법을 하나씩 종합해 최후에는 열 개의 숫자로 간략화했습니다. 그뿐 아니라 방법도 아주 간단히 "가감(加減)"만을 취했습니다. 철학적으로 말하자면 우주 만물은 증가 아니면 감소할 뿐입니다.

이제 선천팔괘도의 숫자 배열을 살펴봅시다. 숫자 배열은, 건1 태2 리3 진4 손5 감6 간7 곤8로 되어 있습니다. 이 여덟 개 숫자를 선으로 이어 보면 정남의 건으로부터 동남의 태와 동의 리를 거쳐 최후 동북의 진에 이르는데, 이것을 순(順)이라 합니다. 다른 하나의 선은 서남의 손괘로부터 시작해 서쪽의 감과 서북의 간을 거쳐 마지막으로 북의 곤에 이르는데, 이것을 역(逆)이라 합니다. 그리고 9는 중앙에 위치합니다. 이 선천괘의 수를 줄줄 외워야만 역수(易數)를 연구하면서 수시로 활용할 수 있습니다.

이 점을 특별히 주의해야 합니다.

　이 여덟 괘가 말하고 있는 것은 천지간의 변화는 이 여덟 가지 대현상의 변화라는 것입니다. 이 도안은 모두 서로 짝을 이루고 있습니다. 예를 들면 건괘는 완전한 양을 나타내는 것으로 완전한 음을 나타내는 맞은편의 곤괘와 짝을 이룹니다. 감괘는 리괘와 짝을 이루고, 진괘와 손괘, 간괘와 태괘가 모두 음양으로 짝을 이룹니다. 물리학의 예를 들어 봅시다. 여기 탁자에 수건과 접시가 놓여 있습니다. 접시는 동그랗고 수건은 노랗습니다. 여기에 대해서는 비록 우리 중에 원시도 있고 근시나 난시도 있지만 이것이 둥글고 노랗다는 것은 공통으로 느낍니다. 물체의 형체와 색깔이 다른 것은 물체를 구성하는 원자의 배열이 다르기 때문입니다. 다이아몬드와 석탄은 구성 원자가 동일하지만 원자의 배열이 달라 다이아몬드와 석탄으로 구별되는 것입니다. 현대 과학은 이처럼 물질의 이해에 많은 도움을 줍니다. 그런데 이러한 이치를 옛사람들도 이미 알고 있었던 듯합니다. 배열 방식이 다르면 현상도 달라지며 작용도 숫자도 효과도 역시 달라진다는 것입니다. 그리고 이것으로부터 인간사도 해석합니다. 리더십을 예로 들어 봅시다. 만약 세 사람이 한 조를 이루고 있다면 갑이 조장이 되고 나머지가 조원이 되는 경우와, 을이 조장이 되고 나머지가 조원이 되는 경우는 분명 달라집니다. 리더십의 방법이 변하면 작용도 변하고 효과 역시 변합니다. 이것도 마찬가지 이치입니다. 조합의 배열이 달라지면 전체가 모두 변합니다. "역을 잘 아는 사람은 점을 말하지 않는다〔善易者不言卜〕"라고 한 것도 이 때문입니다. 『역경』에 통하면 괘를 뽑을 필요도 없습니다. 현상을 한 번 보면 곧 파악합니다. 후에 이 방법은 '매화역수(梅花易數)'로 발전했습니다. 다른 사람이 말하는 것을 한 마디 듣기만 해도 곧 그 결과를 압니다. 이 방법은 시간과 공간 및 환경과 상대편의 신분, 그 외에 질문을 했을 때의 상황 등을 근거로 합니다. 『역경』의 수리로써 결과를 추산해 내는 것으로 아무것도 신기할 게 없습니다.

이제 선천팔괘 중 다시 나머지 네 괘에 대해 살펴보겠습니다.

아래에 두 개의 음효가 있고 제일 위가 양효인 간괘☶는 높은 산을 나타냅니다. 지구는 형성되던 초기에는 액체 상태였는데 점점 냉각되어 응고하면서 높은 산과 평지 그리고 바다가 만들어졌습니다.

이와 반대로 아래로 쑥 들어간 것이 바다인데 바다 밑은 암석으로서 양(陽)입니다. 이것이 높은 산과 짝을 이루는 태괘☱입니다. 간괘와 태괘의 관계는 진괘와 손괘의 관계와도 같습니다. 즉 번개가 쳐 기류가 진동하면 기류끼리 마찰해 다시 전기를 발생하는 관계와 마찬가지입니다.

이 도안을 선천팔괘 또는 복희팔괘라고 부릅니다. 우리의 옛 선조인 복희가 그렸다는 것입니다. 복희는 황제나 신농씨보다 이전 사람인데 이보다 더 이전에는 천황씨, 지황씨, 인황씨가 있었습니다. 이전의 설법에 따르면 우리 문화의 역사는 이백만 년도 넘습니다. 중국의 문화가 삼천 년이니 오천 년이니 하는 것은 모두 서양인들에게 하는 말로서 겸사(謙辭)입니다. 운이 이르지 않았으니 겸허할 수밖에요. 앞으로 좋은 시기가 오면 다시 중국의 역사는 이백만 년 이상으로 늘어날 것입니다. 그러므로 복희는 중국의 시조가 아니라 단지 팔괘 문화를 대표하는 인물입니다. 팔괘의 문화는 그로부터 시작되었습니다.

이제 중국의 지도를 앞에다 펼쳐 놓고 한번 봅시다. 그러면 더욱 기묘할 것입니다. 당시 괘를 그린 것은 중국을 기준으로 삼은 것입니다. 간, 태, 진, 손 네 괘의 위치를 예로 들어 봅시다. 간괘는 서북쪽인데 중국의 서북

지역은 고원으로서 높은 산이 자리 잡고 있습니다. 그래서 간괘는 산을 나타냅니다. 간괘로부터 일직선으로 맞은편 동남쪽으로 가면 태괘에 이르는데 동남쪽은 바로 바다입니다. 서남은 손괘로서 바람을 나타냅니다. 이것은 제가 이전에 운남(雲南) 지역에 갔을 때 이미 겪었던 일입니다. 저는 그때 하관(下關)을 거쳐 이해(洱海)로 가고 있었습니다. 이곳은 원래 바람으로 유명한 곳이지만 얼마나 바람이 거센지 대형 트럭의 기어를 중립에 놓고 바람의 힘으로 나아갈 수 있을 정도였습니다. 운남이 서남쪽에 있기에 이런 현상이 나타나는 것입니다. 이것은 마치 대만의 기륭(基隆)이나 의란(宜蘭) 일대에 비가 많은 것과도 같습니다. 곧 "금생려수(金生麗水)" 현상입니다. 이 일대에 금광이 많기 때문입니다. 지금까지 본 바로는 금광이 많은 지역은 모두 비가 많이 왔는데, 이 현상이 과연 이치에 닿는 것인지는 앞으로 연구 과제입니다. 서남쪽엔 바람이 심하고 동남쪽엔 바다나 호수 및 강이 많으며 동북엔 천둥 번개가 잦고 서북엔 높은 산이 즐비합니다. 팔괘도는 우주의 모든 현상을 나타냅니다. 또 그것이 중국을 기준으로 삼았기 때문에 중국의 지형을 나타내는 것이기도 합니다.

한 가지 예를 들어 보겠습니다. 저에게 역학을 배운 학생이 하루는 편지를 보내왔습니다. 그는 호주에서 살고 있는데, 집을 짓기 위해 나침반으로 방향을 측정해 봤더니 나침반이 자기가 알고 있는 방향과 맞지 않더라는 것입니다. 이런 경우는 한 번도 겪어 보지 못했다고 했습니다. 그도 그럴 것이 『역경』의 팔괘는 중국을 중심으로 한 것입니다. 오행(五行)의 방위도 남쪽이 화(火), 북쪽이 수(水)인데 호주의 경우는 적도 이남에 있는 국가로서 그 현상도 반대일 수밖에 없을 것입니다. 어쨌든 저는 이 질문을 받고서 잠시 멍해졌습니다. 이전의 『역경』에 대한 모든 저작에는 이런 언급이 전혀 없었습니다. 그러니 옛사람들한테 물어볼 수도 없었습니다. 그러다 곰곰이 생각해 보니 만물이 하나의 태극이라는 생각이 떠올랐습니다. 그래서 그에게 나침반을 거꾸로 들고 한번 해 보라고 했습니다. 나중에 편지가 왔습니다. 그렇게 해 보니 아주 잘 들어맞더라는 것입니다. 이것은 말하자면 감여학(堪輿學)에서의 "이형환보(移形換步)" 현상입니다. 가령 여기에 탁자가 있으면 자리를 옮겼을 때 나타나는 상황은 여기에 가만히 앉아서 보는 현상과 차이가 있다는 것입니다.

이상이 선천팔괘에 대한 초보적 소개이자 복희팔괘도의 대략이기도 합니다. 이어서 소개할 것은 후천팔괘도인데 문왕팔괘도라고도 합니다.

후천팔괘

후천팔괘의 괘 역시 건, 곤, 리, 감, 진, 간, 손, 태의 여덟 괘이나 그림에서의 위치는 완전히 다릅니다. 문왕팔괘의 배치가 왜 이렇게 되었는지에 대해서는 특별히 주의해야 합니다. 『역경』을 배운 후 어떤 곳에 응용하고자 한다면 특히 후천팔괘를 잘 알아야 합니다. 선천팔괘가 우주가 형성되는 대현상을 나타낸 것이라면 후천팔괘는 우주 내에서의 변화와 운용의 법칙을 보여 줍니다.

앞의 그림에서 볼 수 있듯이 후천팔괘의 위치는 감괘가 북쪽, 리괘가 남쪽, 진괘가 동쪽입니다. 그리고 진괘의 맞은편인 서쪽은 태괘, 동남쪽은 손괘, 동북은 간괘, 서남은 곤괘, 서북은 건괘입니다.

이쯤에서 팔괘의 운용에 대해 잠시 살펴봅시다. 먼저 후천팔괘를 다음

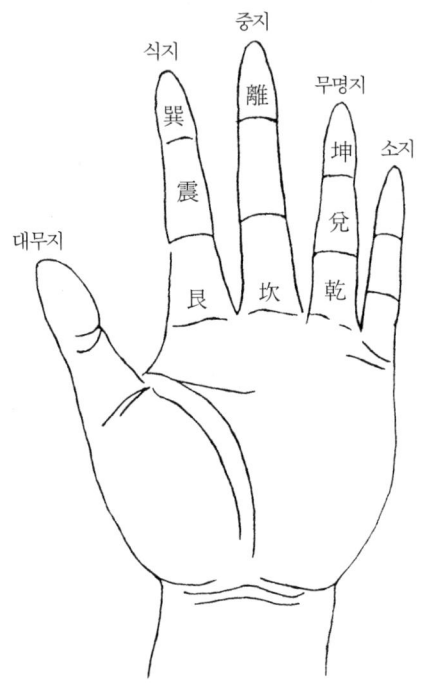

그림과 같이 여러분의 왼손 손가락 위에다 배치해 봅시다.

   손가락에 배치한 이 그림을 보고 누가 비과학적이라 할 수 있겠습니까? 대우주의 법칙을 손가락 몇 개 위에 배치해 주물럭거리니 얼마나 과학적입니까? 대단히 과학적입니다! 계측기를 몸에 지니고 다닌다면 얼마나 불편하겠습니까? 그러나 이처럼 손가락 몇 개로 간단히 계산해 낼 수 있으니 얼마나 편리합니까? 어떤 것도 이보다 더 고명할 수는 없을 것입니다. 팔괘를 비과학적이라고 비판하는 사람이야말로 정말 비과학적인 사람입니다. 진정한 과학자라면 이것이 과학적 방법임을 알아볼 수 있을 것입니다. 어떤 일이든 그 나름의 이치와 원인, 방법이 있는 법입니다. 자기가 이해하지 못한다고 해서 비과학적이라 말해서는 안 됩니다. 관점이 다르고 방식이 다를 뿐입니다. 옛사람들은 팔괘를 운용하면서 컴퓨터를 사용하지 않고 단지 이 방법만으로 계산해 낼 수 있었습니다. 얼마나 간편한 방법입니까? 과연 비과학적이라 말할 수 있겠습니까?

손가락 위의 후천팔괘 외에도 같이 확실히 기억해 두어야 할 것은 몇 개의 숫자입니다. 기억하기 쉽게 옛사람들은 다음과 같이 노래로 만들어 불렀습니다.

"1은 감이요 2는 곤, 3은 진이요 4는 손, 5는 가운데요 6은 건, 7은 태요 8은 간에 9는 리〔一數坎兮二數坤, 三震四巽數中分, 五寄中宮六乾是, 七兌八艮九離門〕."

이런 노래를 보면 옛사람들의 교육 방법이 상당히 고명했다는 것을 알 수 있습니다. 이처럼 복잡하고 기억하기 어려운 것을 노래 가사로 만들어 부르니 쉽게 기억할 수 있을 뿐 아니라 운용 또한 용이합니다.

그림의 숫자는 일견 혼란스러워 보이지만 자세히 살펴보면 조금도 어지럽지 않습니다. 팔괘도의 숫자를 다음과 같이 네모 칸에다 정리해 봅시다.

巽四	離九	坤二
震三	五	兌七
艮八	坎一	乾六

위의 그림을 보면 가운데 5를 중심으로 마주 보는 두 괘는 어떤 것도 합이 10이 됩니다. 여기에 가운데 5를 더하면 횡이든 종이든 어느 쪽으로든

합이 15가 됩니다. 이런 까닭에 중국인이든 인도인이든 천주교 신자든 모두 합장의 예를 취하는 것입니다. 합장이란 곧 합십(合十)입니다.

숫자란 과학적인 것입니다. 그 속에는 수많은 이치가 내재되어 있으며 결코 경시해서는 안 됩니다. 설사 팔괘를 고려하지 않더라도 위와 같은 숫자의 배열은 정치적 리더십이나 인사관리, 집안일 처리나 심지어 권투시합에까지도 응용될 수 있습니다. 팔괘는 그 이치를 운용하는 것으로서 결코 미신이 아닙니다.

감본『역경』의 문제점

『역경』이 왜 이렇게 이해하기 어려울까요? 상(象)과 수(數)에 대한 기본 지식이 없기 때문입니다. 이런 까닭에『역경』의 상(象)에 대해서는 반드시 명확히 이해해야 합니다.『역경』은 다른 책과는 달리 한 번 듣고 지나가 버리면 아무것도 남지 않습니다. 동시에 처음과 끝이 하나의 일관된 체계로 이어져 있습니다. 따라서 중간에 한 구절이 빠져 있다면 이후의 것은 연결되지 않습니다.『역경』을 배우다 보면 수많은 주해들과 접하게 되는데 이 중에는 잘못된 것이 더러 있습니다. 이런 주해는 참고해서는 안 됩니다. 특히 송대 주희의『역경』주해가 그러합니다. 그는 저보다 훨씬 고명했지만 평생을 읽었으나 통하지 못했습니다. 만약 그를 참고로 한다면 완전히 잘못된 길을 걷게 됩니다. 그뿐 아니라 송대 이후『역경』의 주해는 대부분 사물의 이치를 탐구하는 방향으로 가게 됩니다. 즉 유가 사상에 입각해『역경』을 해석합니다. 우리가 지금 가지고 있는『역경』은 과거에는 감본(監本)이라 했습니다. 바로 명대 이후의 국자감(國子監), 요즘으로 치면 국립대학의 교과서였습니다. 이 감본은 주희의 사상에 입각한 것입니다. 명청 이래 부각된 공맹의 문화는 대부분 주희의 사상으로 기울어졌습니다. 명나라가 주희를 떠받든 것은 당태종이 도가를 높인 것과 같은 맥락입니다. 노자의 성이 당태종과 같은 이씨였기 때문입니다. 명나라 황제의 성이 주씨였기 때문에 성이 주씨인 사람을 찾아 떠받들게 된 것입니다. 명나라 영락(永樂) 황제 이후에는 더욱 경직되어 국가고시를 치를 때 반드시 사서오경의 주자주(朱子註)를 근거로 하도록 했습니다. 이 때문에 수백 년 동안 입은 문화적 피해는 아주 심대합니다. 이들은 모두 유가 사서오경의 사상으로 『역경』의 이치를 강론했습니다. 『역경』에 관심을 갖고 오래 연구해 보면 알겠지만 『역경』의 이치에 대해 너무 왈가왈부할 필요가 없습니다. 그렇다고 그것이 중요하지 않다는 말은 아닙니다. 몇 년 동안 연구해 『역경』을 이해하고 나면 여러분도 모두 이(理)를 말할 것이기 때문입니다. 건괘를 예로 들면 주희가 그렇게 생각했다면 우리는 이렇게 생각할 수도 있습니다. 그러나 제각기 이치를 말할 수 있겠지만 바른 이치는 오직 하나요 잘못된 이치는 수천 갈래입니다. 이에 비한다면 역의 상(象)과 수(數)는 과학적입니다. 왜곡할 방법이 없습니다. 그러니 그 법칙을 배워 알지 못하면 『역경』을 이해할 수 없습니다. 그러나 천고 이래 『역경』과 관련된 책에서는 이 규칙에 대해 뚜렷하게 말하지 않습니다. 심지어 스승조차도 분명히 말하지 않으려 합니다. 이전에 미국으로 유학 간 사천(四川) 친구가 하나 있었는데, 이 친구는 상수에 대해 아주 많은 연구를 했음에도 다른 사람에게 쉽사리 가르쳐 주려 하지 않았습니다. 상황이 이렇기 때문에 우리는 상수에 대해 특별한 주의를 기울여야 합니다.

육십사괘는 어디서 왔는가

역의 상과 수를 배우기 위해서는 어떻게 시작하는 것이 좋을까요? 먼저 팔괘와 육십사괘를 익숙하게 암기하는 것이 중요하지만 이것은 사실 쉬운 일은 아닙니다. 그러나 매일 십 분이나 십오 분 정도만 투자한다면 버스나 지하철 안에서도 가능할 것이며, 이렇게 한다면 삼 주 정도면 충분히 외울 수 있습니다. 어떤 문장이든 논리적이고 구구절절 이치에 합당하면 쉽게 외울 수 있는 법입니다. 팔괘는 건삼련(乾三連), 곤육단(坤六斷), 진앙우(震仰盂), 간복완(艮覆碗), 이중허(離中虛), 감중만(坎中滿), 태상결(兌上缺), 손하단(巽下斷)입니다. 즉 건☰은 세 효가 모두 이어진 것이요 곤☷은 세 효가 모두 두 토막으로 잘린 것입니다. 진☳은 바르게 놓인 사발이요 간☶은 엎어진 주발이며, 이☲는 중간이 비어 있고 감☵은 중간이 차 있습니다. 태☱는 위가 뚫리고 손☴은 아래가 끊겼습니다. 이런 식으로 암기한다면 비교적 쉽게 외울 수 있습니다. 그다음 육십사괘는 어떻게 할까요? 당송 이전에는 궁(宮)을 나누어 괘상의 차례를 정한 것이 없어서 그저 『역경』을 배우면서 암기할 수밖에 없었습니다. 그러니 기억하기도 무척이나 어려웠을 것입니다. 그런데 송대에 이르면 궁을 나누어 차례를 정하는 방법이 나오기 시작합니다. 이 차례의 배열에는 일정한 규칙이 있습니다. 즉 모두 한 괘로부터 여덟 개의 괘가 나오며, 여덟 개의 괘로부터 육십사 개의 괘가 변화되어 나옵니다. 건괘를 예로 들어 보면 다음과 같습니다.

건위천(乾爲天)☰ 천풍구(天風姤)☰ 천산둔(天山遯)☰ 천지비(天地否)☰
풍지관(風地觀)☴ 산지박(山地剝)☶ 화지진(火地晉)☲ 화천대유(火天大有)☲

"건위천(乾爲天)"에서 건은 괘명인데 그 아래로 "천풍구"가 이어집니다. 왜 바로 다음에 "천풍구"가 이어질까요? 무슨 이치일까요? 이 문제 때문에 저는 한때 무척 고심했던 적이 있습니다. 선생님께 여쭈어 봤더니 먼저 외우기부터 하라고 해서 외우기는 했습니다만 입으로는 외우면서도 도대체 이유를 몰라 답답했던 기억이 납니다. 이제 여러분께 비결 하나를 알려 드리겠습니다. 이걸 먼저 이해하고 나서 암기하면 쉽게 외울 수 있을 겁니다.

건괘☰를 예로 들면 아래에서부터 위로 올라가면서 세 효로 되어 있는데, 이런 괘를 삼효괘라 합니다. 선천괘에서 괘를 그리는 방법이지요. 이 방법은 복희에게서 비롯되었으며 문자의 시작이자 중국 문화 사상의 근원이기도 합니다. 그 후 사회가 발전할수록 세상사가 더욱 복잡해져 삼효괘로는 더 이상 설명할 수 없어서 나온 것이 육효괘입니다. 위의 "건위천"☰과 같은 괘가 바로 육효괘입니다. 우리가 점을 칠 때 사용하는 것은 모두 육효괘입니다. 육효괘는 아주 정치하고 과학적입니다.

그런데 왜 하필 육효일까요? 그것은 지금에 이르도록 우주의 어떤 것도 여섯 단계를 초과하는 것이 없기 때문입니다. 일체의 변화는 모두 여섯 단계로 끝납니다. 일곱 번째 변화는 이전과는 다른 새로운 국면에서 시작됩니다. 현대 과학에서도 물리든 화학이든 전자든 원자든 모두 그 변화가 여섯 단계에 그친다는 것이 증명되었습니다. 오직 화학에서만 일곱 번째 변화가 존재합니다만 이 변화는 이미 죽은 것이나 마찬가지여서 아무 쓸모가 없습니다. 옛사람들은 우주의 일체 사물이 여섯 단계의 변화를 넘지 않는다는 사실을 어떻게 알았을까요? 오늘에 이르기까지 전 세계의 문화를 통틀어 봐도 이 범위를 초과하는 것은 없습니다. 이 때문에 후천괘에서 육효를 사용합니다. 이것은 물론 우리 현대인들의 해석입니다.

고대의 해석으로서 공자는 「계사전」에서 "육효의 움직임은 삼극의 도이다〔六爻之動, 三極之道也〕"라고 설명합니다. '삼극(三極)'이란 어떤 것일까요? 바로 천지인 삼재(三才)입니다. 이 중 사람의 경우 남녀 즉 음양이 존재하듯 삼재에도 역시 음양이 존재합니다. 그러니 삼극에 음양을 곱해 육이 됩니다. 이것은 공자가 체득한 것으로 그 후 수천 년이 지났지만 아직도 이 관점을 벗어나지 못하고 있습니다.

저는 이전에 이 문제 때문에 무척 애를 먹었습니다. 그래서 여러분이 저와 같은 전철을 밟지 않았으면 합니다. 저는 많은 시행착오를 겪은 후 초보자도 쉽게 따라올 수 있는 지름길을 찾았습니다. 이것을 활용하면 여러분도 짧은 시간에 역의 문턱을 넘어설 수 있으리라 생각합니다.

주의할 것은 팔괘는 아래에서부터 그린다는 사실입니다. 글을 쓰듯 위에서 아래로 내려가서는 안 됩니다. 예를 들어 기제괘☲☵ 같으면 초효는 양효, 이효는 음효, 삼효는 양효, 사효는 음효, 오효는 양효, 육효는 음효 하는 식으로 아래에서부터 위로 올라가면서 그립니다.

『역경』은 철학이자 과학이기도 합니다. 철학자나 과학자는 어떤 것에 대해서도 "왜 그런가?" 하는 의문을 갖습니다. 그렇다면 『역경』에서는 왜 이렇게 괘를 그릴까요? 첫 번째 이유로 들 수 있는 것은 천하의 모든 변화가 아래로부터 즉 기층으로부터 나타나기 때문입니다. 두 번째 이유는 우주 만물의 변화가 안에서부터 시작하기 때문입니다. 『역경』의 괘는 원래 삼효였는데 이후 육효로 발전된 것입니다. 이 중 아래 세 효를 내괘(內卦), 위의 세 효를 외괘(外卦)라 하는데 육효는 이처럼 내괘와 외괘가 서로 결합한 것입니다. 따라서 아래에서부터 괘를 그려 올라간다는 것은 우주 만물의 변화가 안에서부터 변하기 시작함을 설명하는 것입니다. 사람만 하더라도 변화가 시작될 때는 생각이 먼저 변하며, 어떤 집단에 문제가 있을 때는 반드시 그 내부에서 문제가 생기는 법입니다. "스스로 썩은 뒤에야 벌레가 생긴다"라는 속담도 바로 이 이치를 말합니다. 어떤 것도 먼저 내부에서부터 변하기 시작합니다. 이 때문에 괘를 그릴 때는 아래에서 위로 즉 안에서부터 바깥으로 그려 나가는 것입니다.

이런 이치가 이해된다면 이제는 괘를 암기하는 방법에 대해 말씀드릴까 합니다. 이 방법은 제가 애를 먹고 난 뒤 발견한 것입니다. 여러분들이 다시 그런 수고를 겪는 것이 안쓰러워 말씀드립니다. 암기할 때 이런 이치를 생각한다면 좀 더 쉽게 외울 수 있을 것입니다.

다음에 있는 분궁괘상표(分宮卦象表)를 보시기 바랍니다.

분궁괘상표의 제일 첫 줄에 있는 여덟 개 괘 즉 건위천, 천풍구, 천산둔, 천지비, 풍지관, 산지박, 화지진, 화천대유괘부터 보기로 합시다.

먼저 건괘☰를 봅시다. 이미 말씀드린 적이 있지만 『역경』은 천지의 변화 법칙을 표현한 것입니다. 우주의 사물은 어떤 것이든 변하지 않는 것이 없습니다. 현재 이 건괘의 첫 효가 변화를 시작하려 합니다. 양이 극에 이르면 음이 생깁니다. 어떤 일이든 극에 이르면 다시 내리막길을 걸어야 합니다. 동양의 인생철학에서 어떤 것에도 일말의 여지를 남겨두는 것은 바로 이 때문입니다. 언덕을 오를 때처럼 정상에 이르면 그다음 반드시 내려와야 합니다. 건괘는 양이 극에 이른 것으로 양이 극에 이르면 음으로 변합니다. 먼저 초효가 변합니다. 초효가 음으로 변했으니 내괘는 손괘☴ 즉 손위풍(巽爲風)이 되며 외괘는 건괘☰ 그대로입니다.

이렇게 해서 천풍구(天風姤)괘☰가 생깁니다.

이어서 이효가 변합니다. 그러면 외괘는 건괘 그대로이며 내괘는 간

乾爲天	天風姤	天山遯	天地否	風地觀	山地剝	火地晉	火天大有
坎爲水	水澤節	水雷屯	水火既濟	澤火革	雷火豐	地火明夷	地水師
艮爲山	山火賁	山天大畜	山澤損	火澤睽	天澤履	風澤中孚	風山漸
震爲雷	雷地豫	雷水解	雷風恆	地風升	水風井	澤風大過	澤雷隨
巽爲風	風天小畜	風火家人	風雷益	天雷无妄	火雷噬嗑	山雷頤	山風蠱
離爲火	火山旅	火風鼎	火水未濟	山水蒙	風水渙	天水訟	天火同人
坤爲地	地雷復	地澤臨	地天泰	雷天大壯	澤天夬	水天需	水地比
兌爲澤	澤水困	澤地萃	澤山咸	水山蹇	地山謙	雷山小過	雷澤歸妹

문공괘상의 차례

(건감간진은 양의 4궁, 손리곤태는 음의 4궁이며 매궁에는 음양팔괘가 있음.)

괘☷가 됩니다. 간(艮)은 산을 나타내므로 천산둔(天山遯)괘☶가 됩니다.

계속해서 아래가 변해 외괘는 건괘 그대로이고 내괘는 삼효가 변해 곤괘☷가 됩니다. 곤(坤)은 지(地)를 나타내므로 천지비(天地否)괘☷가 됩니다.

이처럼 얼핏 보기에도 아주 질서가 정연합니다. 이 이치를 이해하면 쉽게 외울 수 있습니다.

아마 어떤 사람은 아직 잘 이해가 되지 않거나 또는 만족스럽지 못하다고 생각할지 모르겠습니다. 그래서 내친 김에 구(姤)괘와 둔(遯)괘의 이치를 좀 더 부연 설명해 보도록 하겠습니다.

천풍구괘☴에서 외괘는 건괘로서 우주를 나타내며 내괘는 손괘로서 바람(風) 즉 기류를 나타냅니다. 지질학이나 지구물리학을 배운 적이 있는 사람이라면 더욱 옛사람들의 지혜가 뛰어나다는 것을 알 수 있을 겁니다. 우주란 원래 무한히 넓습니다. 이 우주를 숫자로 표시하면 '0'입니다. 『역경』의 수는 서양의 수 이론에 못지 않으며 오히려 그보다 뛰어난 점이 있습니다. 현대의 분석적 응용수학의 측면에서 말한다면 물론 문제는 달라지겠지요. 『역경』에서는 오래전부터 우주에는 단 하나의 수 즉 '1'밖에 없다고 했습니다. 그렇다면 '2'란 무엇일까요? 2는 '1'에다 '1'을 더한 것입니다. 다시 '1'을 더하면 '3'이 되고 다시 '1'을 더하면 '4'가 됩니다. 모두 '1'을 더해서 생긴 것입니다. 그렇다면 '1'은 어디에서 온 것일까요? '0'에서 왔습니다. '0'은 없는 것을 나타내고 본체를 대표하며 숫자가 없는 것 또는 무궁한 수를 나타냅니다. 이 속에는 수없이 많은 것들이 포함되어 있습니다. 예를 들어 봅시다. 지금 여기 빈집이 하나 있다고 합시다. 그 속에는 어떤 물건도 들어 있지 않습니다. 아무 쓸모도 없다고 할 수 있겠지만 한편으로는 그 가치가 무한하다고도 할 수 있습니다. 극장이나 디스코텍, 강의실이나 다른 어떤 것으로도 사용될 수 있기 때문입니다. 그러므로 '0'은 없는 것을 나타내면서도 한편으로는 무궁한 것, 천체나 우주 공간과 같은 것을 나타내기도 합니다. 우주 공간 중 제일 먼저 생긴 현상은 아마도 기체의 유동일 것입니다. 기류가 끊임없이 서로 부딪히면서 서서히 응결되어 갔을 것입니다. 기류가 서로 부딪히면 전기와 열에너지가 발생하고 먼지 덩어리 같은 것이 만들어져 마침내 높은 산이 생겨납니다. 천풍구(天風姤)로부터 천산둔(天山遯)이 생기는 것입니다. 둔(遯)은 도피한다는 뜻입니다. 즉 물질이 형성된 후 최초의 기능이 점차 쇠퇴한다는 것입니다. 마치 건물 하나가 완성되면 그것을 사용하는 순간 쇠퇴하기 시작하는 것과 같습니다. 바로 그때부터 '둔(遯)'이 시작되는 것입니다.

가장 기묘한 것은 삼효가 변하여 외괘는 건괘 그대로인데 내괘가 곤괘로 되는 경우입니다. 건괘는 하늘을 나타내고 곤괘는 땅을 나타내어 천지비(天地否)가 되는데 이렇게 되면 엉망진창이 됩니다. 참으로 옛사람들의 철학은 묘한 데가 있습니다. 천지가 개벽되었으니 얼마나 좋은 일입니까? 서양의 종교에서는 하느님이 천지를 개벽하고 만물을 창조한 뒤 자신의 모습을 본떠 사람을 만들었다고 합니다. 얼마나 좋은 일입니까? 그러나 『역경』은 다릅니다. 이것을 잘못되고 아름답지도 못하다고 봅니다. 우주가 없다면 인생도 없을 것이니 여러분은 번뇌할 필요가 없습니다. 모든 것이 텅 비어 있으니 좋지 않은가요? 이러다 천지 우주라도 생기는 날이면 정말 재수 없겠지요. 지지리도 가난한 아이라면 내일 먹을 빵 한 조각만 있다면 그날 밤은 편안히 잘 수 있을 것입니다. 그러나 이 아이 주머니에 몇백만 원의 현금이 들어 있다고 합시다. 만약 그렇다면 도리어 밤새 잠을 이루지 못할 것입니다.

안으로부터 변화하기 시작해 삼효에 이른 것은, 마치 속으로 어떤 생각을 갖고 있다가 그것을 점점 더 구체화시켜 바깥으로 행하려는 것과 같습니다. 이렇게 되면 내괘의 영향이 외괘로 미칩니다. 내부의 변화가 외부로 영향을 미치게 되는 것입니다. 이렇게 해서 외괘의 초효가 변화하기 시작하면 곧 풍지관(風地觀)괘☰☷가 됩니다.

여기서 다시 오효가 변하면 산지박(山地剝)괘☶☷가 됩니다. 여기에 이르면 이제는 단 하나의 양(陽)밖에 남지 않았습니다. 이른바 "큼직한 열매 하나만 달랑 달려 있는[碩果僅存]" 형국입니다. 양(陽)이 조금씩 제거되어 이제는 마지막 한 줌의 생기밖에 남아 있지 않습니다. 이것이 바로 박(剝)입니다.

건괘의 본괘로부터 시작해 박괘까지 이미 여섯 개의 괘가 출현했습니다. 여기서 다시 변하면 일곱 번째 괘가 됩니다. 그러나 고인들의 법칙에 따르면 위로만 계속 변할 수 없습니다. 만약 다시 위가 변한다면 너무 간단하게 바로 곤괘☷☷가 되고 맙니다. 양이 극에 이르러 음이 되는 것입니다. 그러나 이런 이치만 따르면 인생에는 무슨 별다른 의미가 있을 수 없습니다. 태어났다가 다시 죽는 두 단계밖에 없으니까요. 잠들었다가 깨어났다가 할 뿐 더 이상의 변화는 불가능합니다. 그러나 이 일곱 번째 변화는 이전과는 다릅니다. 이 괘를 유혼괘(游魂卦)라 합니다. 노인네들은 흔히 자신이 얼마 살지 못하리라는 것을 "혼이 빈 무덤 사이를 떠돈다[魂游虛墓之間]"라고 표현하곤 합니다. 살아 있기는 하지만 영혼은 이미 무덤 속으로 들어갔다는 말이지요. 유혼(游魂)이란 바로 이런 경계입니다. 지금 우리는 건괘의 변화를 살펴보고 있습니다. 첫째가 건위천, 둘째가 천풍구, 셋째가 천산둔, 넷째가 천지비, 다섯째가 풍지관, 여섯째가 산지박이었고, 일곱째 변화에 이르러 더 이상 위로만 변화할 수 없기에 방향을 바꾸어 외괘의 초효부터 다시 변합니다. 이것이 일곱째 괘입니다.

산지박(山地剝)괘☷☶의 외괘는 간괘☶로서, 간괘의 초효는 산지박괘의 사효가 되니 이 효가 변하면 화지진(火地晉)괘☲☷가 됩니다. 진(晉)이란 진보한다는 뜻의 진(進)입니다. 이 일곱째 괘를 유혼괘라 하는데 대략 다음과 같은 것입니다. 즉 내적인 생각의 변화가 행동으로 나타나 이 행동으로 인해 외부의 환경이 변하며, 이제 다시 외부 환경이 자신의 내적 생각에 변화를 강요합니다. 유혼이란 이처럼 다시 돌아오는 것입니다. 이어서 나타나는 여덟째 변화를 귀혼괘(歸魂卦)라 하는데, 이것은 다시 본래 자리로 되돌아온 것을 말합니다. 내괘가 원래대로 변하니 화천대유(火天大有)괘☲☰가 됩니다.

건궁(乾宮)의 여덟 괘는 이렇게 변화합니다. 간단히 요약해 보면 분궁괘상의 순서는 다음과 같습니다. ①본체괘 ②초효가 변함 ③이효가 변함 ④삼효가 변함 ⑤사효가 변함 ⑥오효가 변함 ⑦사효가 원래 효로 되돌아감 ⑧내괘가 본체괘의 내괘로 되돌아감. 이 이치를 이해한다면 보다 쉽게 암기할 수 있을 것입니다.

이제 다시 감괘☵를 살펴보기로 합시다.

감위수(坎爲水)☵☵의 초효가 변하면 내괘는 태괘☱가 됩니다. 태괘는 연못[澤]으로 이렇게 되면 수택절(水澤節)괘☵☱가 됩니다.

이효가 다시 변하면 내괘는 진괘☳가 되고 진(震)은 천둥[雷]이므로 수뢰둔(水雷屯)괘☵☳가 됩니다.

이런 식으로 계속 변화하면 다음은 수화기제(水火旣濟)☵☲, 택화혁(澤火革)☱☲, 뇌화풍(雷火豐)☳☲, 지화명이(地火明夷)☷☲, 지수사(地水師)☷☵가

될 것입니다. 이 규칙을 이해하면 이하 간, 진, 손, 리, 곤, 태의 여섯 괘도 모두 마찬가지이기 때문에 일일이 설명할 필요가 없습니다. 여러분 스스로 변화시켜 볼 수 있고 또 기억할 수도 있을 것입니다.

착종복잡

다음으로 알아야 할 것은 "착종복잡(錯綜複雜)"입니다. 흔히 어떤 일이 마구 뒤얽혀 복잡한 것을 일러 착종복잡하다고 하는데, 이 말은 원래 『역경』에서 유래한 것입니다. 『역경』의 범위는 너무도 광대해 정말로 "착, 종, 복, 잡" 하다고 말할 수 있습니다. 이 네 글자는 모두 괘의 변화〔卦變〕를 가리키는 말입니다. 우리는 흔히, "저 사람 변괘(變卦, 사람이 바뀌었다 또는 변심했다는 뜻임—옮긴이) 했군, 변괘했어!"라고 하는데, 여기서 변괘란 괘변(卦變)을 도치한 말입니다. 이처럼 우리가 평소에 쓰는 말 중에서도 『역경』에서 유래한 것이 적지 않습니다. "불삼불사(不三不四, 변변치 못하다는 뜻임—옮긴이)"라는 말만 해도 그런데, 왜 "불오불육(不五不六)" 또는 "불일불이(不一不二)"라 하지 않고 "불삼불사"라고 했을까요? "불삼불사"란 말은 『역경』에서 나왔습니다. 『역경』에서는 삼효와 사효가 괘의 한가운데 있어 가장 중시되고 중심을 차지하기도 합니다. 따라서 이 말은 어떤 사람의 꼴이 말이 아닐 때 흔히 사용합니다. 이 외에 "난칠팔조(亂七八糟, 엉망진창이라는 뜻임—옮긴이)"라는 말도 있는데 이것은 유혼괘와 귀혼괘로부터 유래한 것입니다. 이처럼 우리는 곳곳에서 『역경』을 끌어들여 말합니다. 단지 우리가 잘 모르고 사용할 뿐입니다.

착종의 의미, 상대와 반대

괘의 "착종복잡"이란 무슨 뜻일까요? 먼저 종괘(綜卦)부터 살펴보기로 합시다. 여러분의 편의를 위해 역시 건괘를 예로 들어 설명해 보겠습니다.

건괘☰의 초효가 변하면 구(姤)괘☴가 됩니다. 그런데 만약 이 괘를 위아래로 뒤집어 놓고 보거나 혹은 테이블 위에 이 괘를 놓고 맞은편에서 본다면 쾌(夬)괘☱가 되는데, 이것이 바로 구괘의 종괘입니다. 종괘는 서로 대칭이 되는〔相對〕 괘로서, 육십사괘 전체 중 여덟 괘를 제외하고는 모두 대칭인 괘를 갖습니다. 이것이 종괘의 상(象)입니다. 종괘의 이치는 우리에게 만사를 객관적으로 보라는 것을 가르치고 있습니다. 처지가 달라지면 생각하는 것도 완전히 달라지기 때문입니다. 대칭이 되는 괘가 없는 여덟 개 괘는 이쪽에서 보든 저쪽에서 보든, 바로 보든 뒤집어 놓고 보든 똑같은 모양이 됩니다. 이 여덟 개 괘 중에서 건괘☰는 하늘을 대표하는 것으로 하늘은 어떻게 보든 똑같이 하늘일 뿐입니다. 곤괘☷는 땅을 나타냅니다. 땅은 모든 것이 되돌아가는 곳으로 역시 대칭되는 것이 없습니다. 감괘☵와 리괘☲도 마찬가지요. 기타 대과☱, 소과☳, 이☲, 중부☴ 역시 마찬가지입니다. 이 외에 오십여섯 개 괘는 모두 상대적인 괘로서, 우주의 사물이 모두 상대적임을 말해 주고 있습니다. 이것이 바로 종괘의 이치입니다.

착괘(錯卦)란 음양이 서로 뒤바뀐 것입니다. 착괘의 이치는, 처지가 같고 목표도 일치하나 문제를 보는 각도가 서로 다른 것을 말합니다. 예를 들어 봅시다.

천풍구괘☴는 초효가 음효이며 나머지 다섯 효는 모두 양효입니다. 만약 음양이 모두 뒤바뀐다면 ☷이 될 것입니다. 이 괘의 외괘는 곤으로서 지(地)이며, 내괘는 진으로서 뇌(雷) 즉 지뢰복(地雷復)괘입니다. 천풍구괘의 착괘는 지뢰복괘인 것입니다. 모든 괘에는 이처럼 착괘가 존재합니다. 이 이치에 입각해 인생을 본다면 일거일동(一擧一動)에 모두 상대적인 것이나 정반대의 것이 있습니다. 득의만만한 것이 있으면 실의에 찬 것이 있고, 찬성하는 사람이 있으면 반대하는 사람도 있습니다. 사람이든 사물이든 마찬가지입니다. 어느 것도 우주의 법칙을 벗어날 수 없습니다.

어떤 사람은 『역경』의 법칙이 헤겔의 변증법과도 일치한다고 주장하는데 그렇게 생각해서는 안 됩니다. 동양 사람들은 참으로 불쌍합니다. 자기 문화를 말하면서도 서양과 비교해 가며 말해야 합니다. 아인슈타인이 말한 것과 같다느니 하는 식입니다. 왜 아인슈타인의 말이 우리가 말한 것과 다를 바 없다고 말하지 못할까요? 할아버지를 끌고 와 손자와 비교하고서 정말 기막히게 닮았다고 한다면 말이 되겠습니까? 이런 법은 없습니다. 왜 이렇게 비교해야 할까요? 헤겔의 변증법이 삼단논법이라면 『역경』은 팔단논법입니다. 『역경』은 사물을 사면팔방에서 투철히 파악합니다. 우리는 이미 사면에서부터 보는 것을 살펴보았습니다. 천풍구괘☰를 예로 들면 종괘는 택천쾌(澤天夬)☰요 착괘는 지뢰복(地雷復)☷인데, 착괘인 지뢰복에도 종괘가 있으니 바로 산지박(山地剝)☷입니다. 이러니 어찌 사면에서 살피는 것이 아니라 하겠습니까? 『역경』적 사고방식에 입각한다면 어떤 일이 발생하면 이를 처리하면서 사면뿐 아니라 팔방까지도 투철히 살펴 대응할 것입니다.

'복잡'의 이치

『역경』에는 또 하나의 이치가 있으니 바로 '복잡(複雜)'으로서 이것은 교호괘(交互卦)의 이치입니다. 우리는 모두 상호부조(互助)를 강조하는데, 이 호(互)의 상(象) 역시 『역경』에서 나온 것입니다. 무엇을 교호(交互)라 할까요? 교호란 육효 내부의 변화입니다. 이효부터 사효까지 올라가면서 세 효를 괘로 취하는 것을 '호(互)'라 하고, 오효부터 아래로 삼효까지 세 효를 취해 괘를 삼는 것을 '교(交)'라 합니다. 각 괘의 내부에는 모두 이런 교호의 변화가 발생하여 괘가 만들어집니다. 이것이 우리에게 말하는 바가 무엇이겠습니까? 어떤 상황을 접할 때 어느 한 단면에 집착해서는 안 된다는 것입니다. 정면에서 보고 반대편에서 보며, 옆에서 보고 다시 그 반대편에서도 보아야 합니다. 이렇게 사면에서 온갖 주의를 기울여도 이것만으로 부족합니다. 내부에서도 변화가 일어나고 있기 때문입니다. 건곤 양 괘를 제외하고는 어떤 괘에서도 내부의 변화가 발생해 교호괘가 생깁니다. 이 교호괘에도 물론 종괘와 착괘가 있습니다. 그렇기 때문에 사물을 팔방에서 살핀다고 하는 것입니다. 여기에 다시 위아래를 더하면 십이 되니, 고인들은 이처럼 십면에서 사물을 관찰했습니다. 이것을 헤겔과 비교하고 있으니 고인들이 얼마나 억울하겠습니까?

당나라 우세남(虞世南)은 역을 배우지 않은 사람은 장상(將相)이 될 수 없다고 했습니다. 왜 그랬을까요? 우리는 이제까지 괘를 암기하는 방법과 착종복잡의 이치를 살펴보았는데, 이것을 통해 『역경』이 얼마나 엄밀한 것인지 알 수 있었습니다. 『역경』은 우리에게 어떤 상황을 접하더라도 치밀하고 냉정하게 대처할 것을 말하고 있습니다. 이것이 이해된다면 우세남이 한 말이 무슨 뜻인지 명확해질 것입니다.

교호괘

이제 교호괘에 대해 살펴보기로 합시다. 화뢰서합(火雷噬嗑)괘☲☳로 설명해 보겠습니다.

화뢰서합괘☲☳의 이효부터 삼효, 사효를 취해 괘를 만들면 산(山)을 의미하는 간괘☶가 되는데, 이것이 서합괘의 호괘입니다. 다시 서합괘의 삼효, 사효, 오효를 취하면 수(水)를 의미하는 감괘☵가 되는데, 이것이 서합괘의 교괘입니다. 다음으로 서합괘의 교괘와 호괘를 중첩시키면 수산건(水山蹇)괘☵☶가 되는데, 이것이 서합괘의 교호괘입니다. 정리해 보면 다음과 같습니다.

본 괘 　☲☳　 화뢰서합
교호괘 　☵☶　 수산건

'복잡'이라고 할 때, '복(複)'은 중복의 뜻이며 '잡(雜)'은 상호관계를 가리킵니다. 육십사괘는 이처럼 서로 관련되어 있기 때문에 한 괘에 자극을 주더라도 나머지 전체 괘에 영향을 미칠 수 있습니다.

흥미로운 사실 하나를 말씀드릴까 합니다. 육십사괘 중 팔궁괘의 마지막 괘는 뇌택귀매(雷澤歸妹)괘☳☱이고 『주역』의 차례에 따르면 마지막 괘는 화수미제(火水未濟)괘☲☵인데, 이것은 우주가 시작된 이래 인생은 최후까지 영원히 미제(未濟)라는 것을 말하고 있습니다. 시작은 있으나 끝이 없으며 결론도 없습니다. 역사에는 결론이 없으며 인생에도 결론이 없습니다. 우주에도 역시 결론이 없지요. 이것이 이해된다면『역경』을 연구하는 이치도 드러날 것입니다.

『주역』육십사괘의 배열은 팔궁괘에서의 차례가 아닙니다. 그 배열과 순서는 문왕이『역경』을 연구해서 정리해 놓은 하나의 사상 체계입니다. 우리가『역경』을 이해하고 운용할 수 있다면 위로는 천문을 알고 아래로는 지리를 알아 모든 일을 점을 치지 않고 미리 알 수 있을 것입니다. 이를 위해서는 앞에서 살펴본 팔궁괘의 순서를 막힘없이 외우는 것이 매우 중요합니다.『역경』의 활용이 바로 거기에 달려 있습니다. 초학자들이라면 외우기가 쉽지 않을 것입니다. 그렇지만『역경』을 배우기 위해서는 외우지 않을 방법이 없습니다.

육십사괘의 방원도

이제 두 번째 단계로 들어서게 되는데, 이 단계는 더 힘들 것입니다. 바로 육십사괘의 방원도(方圓圖)에 대한 연구입니다. 방원도는 아주 묘합니다. 이전에 우리가 이 두 그림을 배울 때는 아무도 일러 주지 않아 무척 고생을 했습니다. 그렇지만 이제 저는 여러분이 쉽게 배울 수 있도록 알려드리겠습니다. 다음에 있는 복희선천괘의 방원도는 아주 중요합니다.

이 방원도에서 둥근 그림은 우주의 시간을 관장합니다. 우주의 운행 법칙 또는 태양계의 시간 운행의 법칙이나 원리를 나타낸 것입니다. 그리고

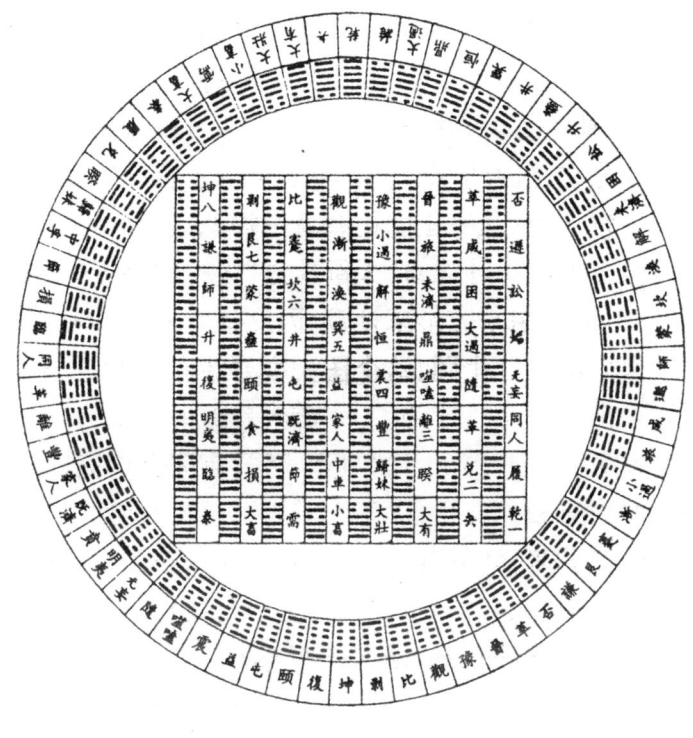

복희선천괘의 방원도

네모진 그림은 공간을 관장합니다. 방위나 방향을 나타내는 것으로 이전 사람들은 이것을 비결로 활용했습니다.

방도

먼저 방도(方圖)를 살펴보도록 합시다. 오른쪽 제일 아래에 건괘☰가 있는데 여기서부터 위로 살펴봅시다. 그런데 왜 아래에서부터 보아야 할까요? 팔괘의 괘 모두가 아래에서부터 위로 효를 그려 올라가기 때문입니다. 건괘 위에 있는 두 번째 괘는 천택리(天澤履)☰, 세 번째는 천화동인(天火同人)☰, 네 번째는 천뢰무망(天雷无妄)☰, 다섯 번째는 천풍구(天風姤)☰, 여섯 번째는 천수송(天水訟)☰, 일곱 번째는 천산둔(天山遯)☰, 여덟 번째는 천지비(天地否)☰입니다. 만약 시간이 충분하다면 한 줄 한 줄, 한 괘 한 괘씩 검토해 보겠지만 지금은 단지 여러분에게 하나의 방법만 말해 줄 수 있을 뿐입니다.

앞에서 이미 선천괘의 수에 대해 살펴보았습니다. 건1, 태2, 리3, 진4, 손5, 감6, 간7, 곤8이 바로 그것입니다. 그렇다면 이제 제일 아래줄에서부터 살펴보기로 합시다. 아래줄 건괘로부터 그 위로 리, 동인, 무망, 구, 송, 둔, 비 등 여덟 개 중괘가 배열되어 있습니다. 그런데 자세히 보면 이 중 각 괘의 상괘 즉 외괘는 모두 건괘로 되어 있고, 각 괘의 하괘 즉 내괘는 선천괘의 순서(건, 태, 리, 진, 손, 감, 간, 곤)에 따라 차례로 배열되어 있다는 것을 알 수 있습니다.

그러면 이제 맨 아래줄 건괘로부터 시작해 왼쪽으로 가 봅시다. 중괘의 차례는 건으로부터 쾌, 대유, 대장, 소축, 수, 대축, 태인데 역시 자세히 살펴보면 이들 중괘 중 내괘는 모두 건괘이며 외괘는 건괘로부터 차례대로 건, 태, 리, 진, 손, 감, 간, 곤의 선천괘 순서로 되어 있다는 것을 알 수 있습니다.

만약 이것을 선천괘의 수로 표시해 본다면 건은 (1, 1), 리는 (1, 2), 동인은 (1, 3), 무망은 (1, 4), 구는 (1, 5), 송은 (1, 6), 둔은 (1, 7), 비는 (1, 8)이 될 것입니다. 그리고 횡으로는 건(1, 1), 쾌(2, 1), 대유(3, 1), 대장(4, 1), 소축(5, 1), 수(6, 1), 대축(7, 1), 태(8, 1)가 될 것입니다. 이를

8 8	7 8	6 8	5 8	4 8	3 8	2 8	1 8
8 7	7 7	6 7	5 7	4 7	3 7	2 7	1 7
8 6	7 6	6 6	5 6	4 6	3 6	2 6	1 6
8 5	7 5	6 5	5 5	4 5	3 5	2 5	1 5
8 4	7 4	6 4	5 4	4 4	3 4	2 4	1 4
8 3	7 3	6 3	5 3	4 3	3 3	2 3	1 3
8 2	7 2	6 2	5 2	4 2	3 2	2 2	1 2
8 1	7 1	6 1	5 1	4 1	3 1	2 1	1 1
坤 8	艮 7	坎 6	巽 5	震 4	離 3	兌 2	乾 1

육십사괘 방도 숫자도

표로 나타내 보면 위와 같습니다.

 이 육십사괘 방도는 변화가 무궁합니다. 옛사람들은 곤란한 상황에 닥쳤을 때, 예를 들면 사방이 포위되어 다른 방법이 없을 때 이 방도를 이용해 괘를 뽑았고 유리한 방위를 찾아 안전하게 탈출하곤 했습니다. 이런 일들은 역사상 아주 많습니다. 단지 그 이유가 어디에 있는지 말하지 못할 따름입니다. 예를 들면 지금 우리가 있는 방만 하더라도 육십사괘로 나누어 특정 시간에 자신이 어떤 방위에 있는 것이 가장 유리한지 알아볼 수 있습니다. 어떤 곳이든 모두 하나의 태극이 있습니다. 심지어 녹음기 하나, 책 한 권에도 모두 태극이 있습니다. 만약 이 책 같으면 어느 때 어떤 부분이 좋지 않게 될지도 알 수 있습니다. 어떤 숫자나 현상에다 시간과 공간적 요소를 덧붙임으로써 결과를 예측할 수 있는 것입니다. 이것을 보면 고대의 예측은 아주 정밀한 계산법에 의지했다는 것을 알 수 있습니다. 그렇지만 그 결과의 정확도는 사람에 따라 달라질 수밖에 없습니다.

　방도의 숫자는 이처럼 종횡으로 배치되어 위로 올라가면서 착종복잡한 관계가 구성됩니다. 그러나 방도는 우리에게 우주 만사가 보기에는 이처럼 복잡하지만 일단 『역경』을 이해하고 나면 아무리 어지러운 것이라도 그 속에서 일정한 법칙을 찾아낼 수 있다는 것을 동시에 알려 줍니다. 『역경』의 원리를 이해하고 나면 사람을 대하거나 일을 처리할 때 아무리 복잡한 문제라도 핵심 관건을 찾아내어 수월하게 문제를 풀어나갈 수 있습니다. 이 원리를 이해하지 못하면 하면 할수록 엉망이 될 뿐입니다.

원도

　방도를 에워싸고 있는 원도(圓圖) 역시 육십사괘입니다. 이 원도는 어디에서부터 시작되는 것일까요? 마치 나침반처럼 생긴 데다 곳곳에 팔괘가 있어 어디가 어딘지 알기 힘듭니다. 그러나 여기에도 하나의 법칙이 있습니다. 원도는 시간을 대표하여 공간을 나타내는 방도와 한 짝이 됩니다.

하나의 공간은 하나의 시간과 결합됨으로써 작용이 일어납니다. 예를 들어 봅시다. 어떤 공장에서 하루에 술잔을 만 개씩 생산한다고 합시다. 그중 하나는 어떤 지방으로 팔려가 마침 그 지방을 방문한 국가 원수의 술잔이 되었고, 또 하나는 다른 지방으로 팔려가 어느 지저분한 화장실에서 재떨이로 사용된다고 합시다. 똑같은 것이지만 하나는 무척 귀한 것으로, 또 하나는 천한 것이 되고 말았습니다. 왜 그렇게 되었을까요? 여기에 대해서는 딱 부러지게 말하기 힘들 것 같지만 사실 이 속에도 정해진 법칙이 있습니다.

그렇다면 원도의 육십사괘는 어떤 식으로 배열된 것일까요? 우리는 원도의 가장 윗부분에서 왼쪽으로 약간 비켜 있는 건괘▤를 볼 수 있고, 다시 가장 아래쪽에서 오른쪽으로 약간 비켜 있는 곤괘▤를 볼 수 있습니다. 이 건괘와 곤괘 사이를 선으로 잇는다면 이 선은 밤하늘의 은하수를 나타내는 것일 수도 있고, 또 남북극을 이은 선이라고 할 수도 있습니다. 이렇게 선으로 잇고서 다시 그 배열을 관찰해 봅시다. 먼저 방도에서 가장 아래줄에 횡으로 배열되어 있는 건, 쾌, 대유, 대장, 소축, 수, 대축, 태의 여덟 개 괘가 원도의 맨 위로부터 왼쪽으로 나아가면서 차례로 배열되어 있다는 것을 알 수 있습니다. 그다음은 방도의 아래에서 두 번째 줄에 있는 리, 태, 규, 귀매, 중부, 절, 손, 임의 여덟 개 괘가 태괘를 이어 차례대로 배열되어 있으며 그다음도 마찬가지로 세 번째, 네 번째 술의 여덟 개 괘가 각각 순서대로 배열되어 있습니다. 이것이 원도 왼쪽 반원의 배열 방법입니다.

다음은 오른쪽 배열을 살펴보도록 합시다. 오른쪽은 왼쪽과 다릅니다. 어떻게 배열되어 있을까요? 왼쪽의 배열은 방도의 밑에서 다섯 번째 횡렬

이 아니라 여덟 번째 횡렬이, 그것도 역순으로 즉 곤, 박, 비, 관, 예, 진, 췌, 비의 순으로 복괘를 이어 오른쪽으로 나아가면서 배열되어 있습니다. 단 여기서 특별히 주의할 것은 괘를 그릴 때 반드시 외괘가 원의 내부로, 내괘는 원의 바깥을 향하도록 해야 한다는 것입니다. 여덟 번째 횡렬 이후는 다시 일곱 번째 횡렬이 여덟 번째와 마찬가지 방법으로 배열됩니다. 즉 비괘에 이어 겸, 간, 건, 점, 소과, 여, 함, 둔이 이어집니다. 마찬가지로 여섯 번째 횡과 다섯 번째 횡도 이런 방법으로 이어져 오른쪽 반원의 배열이 완성됩니다. 이전에 가르치던 사람들은 이런 방법을 말해 주지 않았습니다. 혹자는 그들 자신도 몰랐을 수 있습니다. 결국 배우는 사람들이 그만큼 고생할 수밖에 없었습니다. 이제 여러분께 일목요연하게 다 말씀드렸는데, 이 법칙을 이해하면 장래 우주 만상에 대해서도 『역경』의 법칙을 활용할 수 있을 것입니다. 그러나 이전에 『역경』을 가르치던 방법으로는 평생을 애써도 곤란을 벗어나기 어려우며 아무리 열심히 해도 운용 방법을 찾을 수 없습니다.

경방의 십육괘변

이제 괘의 변화 방법에 대해 살펴보기로 합시다. 이 방법은 점 치는 데 사용하는 것으로, 가장 빠른 것으로는 한대의 경초역(京焦易)이 있습니다. 경초역은 초공(焦贛)에서 경방(京房)으로 전해진 것으로, 후대의 여러 점법이 여기서부터 유래했습니다. 그런데 이 경초역 역시 공자로부터 나온 것입니다. 공자는 『주역』 「계사전」 등 『십익(十翼)』을 저술한 외에도 『역경』을 다시 상구(商瞿)에게 전했습니다. 『사기』에는 상구가 노나라 사람으로 나와 있지만 사천(四川)에서는 그가 사천 사람이라 주장합니다. 그리고 이를 근거로 사천 사람들은 "역학이 사천에 있다"라고 주장합니다. 공자가 죽은 뒤 자하(子夏)는 황하 서쪽에서 학생들을 가르쳤는데 『역경』도 강의했습니다. 그러나 당시 사람들은 그가 공자의 도를 얻지 못했다고 생각했습니다. 역의 이치를 말하는 것이야 그럴듯하지만 운용의 측면이 미숙하기 때문에 그의 강의를 탐탁치 않게 생각했습니다. 그렇긴 해도 자하는 강의를 계속했고 또 별다른 잘못은 없었습니다. 그러나 주위 사람들이 다음 날 날씨를 물을 때, 자하가 맑을 거라고 하면 마치 요즘의 일기예보처럼 다음 날에는 비가 쏟아지곤 했으니 역의 전인(傳人)은 역시 상구라 할 수 있습니다. 기록에 의하면 상구는 마흔이 넘어서도 아이가 없어 모친의 걱정이 이만저만이 아니었던 모양입니다. 하루는 모친이 공자를 찾아가서 물으니 공자는 걱정할 것 없다고 했습니다. 마흔이 넘어 상구에게 훌륭한 아들이 셋이나 생길 것이라 했습니다. 과연 공자의 말 그대로였습니다. 그런 까닭에 공자가 상구에게 전한 『역경』의 운용은 계속 이어져 한대에 이르러 경방의 계통으로 나타났습니다. 그러나 경방 역시 공자처럼 그렇게 고명하지는 못했습니다. 이제 경방이 주장하는 역의 변화에 대해 소개해 볼까 합니다. 경방이 주장하는 역의 변화는 십육괘변이라 불리는데, 후세 사람들이 그 내용을 다음과 같은 네 구절로 요약했습니다.

초효에서 오효까지 변하면 더 이상 변하지 않고
다시 아래로 사효부터 초효까지 하나씩 변하며
다시 이효부터 위로 오효, 사효부터 아래로 초효까지 변해 본래 괘로 돌아가니

이것이 곧 십육변괘의 예이다

自初至五不動復　下飛四往伏用飛

上飛下飛復本體　便是十六變卦例

이제 건괘를 가지고 설명해 보겠습니다.

건괘의 초효가 변하면 천풍구(天風姤)☰, 이효가 변하면 천산둔(天山遯)☰, 삼효가 변하면 천지비(天地否)☰, 다시 사효가 변하면 풍지관(風地觀)☰, 오효가 변하면 산지박(山地剝)☰이 되며, 육효는 더 이상 변할 수 없습니다. 만약 육효가 변해 곤괘가 되면 그걸로 모든 변화가 끝나 버리기 때문입니다. 이 때문에 제육효는 운용의 측면에서는 움직이지 않습니다. 이 움직이지 않는 육효는 종묘(宗廟)가 됩니다. 말하자면 고대 종법사회에서 조상들을 모신 사당과 같은 것으로 최고의 근원은 움직일 수 없습니다. 풍수를 보는 데도 이 점은 역시 어려운 부분입니다. 일반적으로 좌청룡(左靑龍), 우백호(右白虎), 전주작(前朱雀), 후현무(後玄武)는 쉽게 정할 수 있으리라 생각하지만 사실 그렇게 간단하지가 않습니다. 풍수의 원시 조종(祖宗)이 어디 있는지를 알려면 산세와 지세의 내원 이른바 시조(始祖), 고조(高祖), 증조(曾祖)라 불리는 것들이 있는지를 따져 본 뒤에야 가능합니다. 괘변 중의 종묘의 이치도 바로 그렇습니다. 이 때문에 변화는 오효에 이르러 그치며 육효는 더 이상 변하지 않습니다. 『주역』의 팔궁괘에 의하면 산지박(山地剝) 다음은 화지진(火地晉)☰입니다. 화지진은 제사효, 그러니까 외괘의 초효가 다시 변한 것입니다. 이런 변괘 현상에 대해서는 앞에서 설명한 바 있지만 일반적으로 이것을 유혼괘라 합니다. 그런데 경방역에서는 이 효가 움직이는 것을 "하비(下飛)"라고 합니다. 이렇게만 설명해도 여러분은 아마 대번에 알 수 있을 것입니다. 그러나 이런 설명이 없다면 책에 나오는 "하비"라는 것이 무언지 알 수 없습니다. "상비(上飛)"니 "하비(下飛)"니 하는 것이 도대체 어디에서부터 어디로 날아간다는 것인지 알 도리가 없지요. 『역경』 방면의 고서를 볼 때는 이처럼 각 가(家)가 쓰고 있는 상이한 용어에 주의해야 합니다. 여기에 유의하지 않으면 무슨 뜻인지 몰라 막혀 버리고 맙니다. 예를 들어 "하비"라면 일반적으로는 초효가 움직이는 것이라 생각합니다. 어떻게 사효까지 올라간 것이라 생각할 수 있겠습니까? 어쨌든 "하비사왕(下飛四往)"은 방향을 바꿔 아래로 제사효가 변한 것으로 곧 화지진(火地晉)이 됩니다. 이점에 대해서는 공자가 「계사전」에서 언급하고 있는 다음과 같은 역리(易理)를 참조할 필요가 있습니다. "역이라고 하는 책은 멀리할 수 없으니 도는 수시로 변한다. 한곳에 머무르지 않고 계속 변화하고 움직이면서 상하 사방을 돌아다닌다. 상하가 고정되지 않고 강유가 서로 바뀌며 고정된 틀이 없이 오직 변화하면서 움직인다〔易之爲書也不可遠, 爲道也屢遷, 變動不居, 周流六虛, 上下無常, 剛柔相易, 不可爲典要, 唯變所適〕." (하편 제8장) 공자는 『역경』이라는 책은 우리 인생에서 언제 어디서나 사용할 수 있는 것으로 결코 멀리할 수 없다고 합니다. 그렇긴 하더라도 그 법칙은 시시각각 변하기 때문에 어떤 고정된 선입견으로 접근한다면 아무리 해도 이해가 되지 않으리라는 것입니다. 역은 살아 있습니다. 그러니 비록 역의 법칙을 이해했다 하더라도 거기에 속박당해서는 안 됩니다.

이제 경방역을 공부하면서도 반드시 경방역의 방법을 따라야 하는 것은 아닙니다. 경방이 새롭게 만들었듯이 우리도 새롭게 만들 수 있습니다. 어찌 점만 그렇겠습니까? 모든 방면이 다 그러합니다. 그러니 변화를 알아야 합니다. 변하지 못하면 아무 쓸모가 없습니다. 지혜란 대단히 영활(靈活)한 것입니다. 『역경』의 법칙은 운용상에서는 "변동불거(變動不居)"해야 합니다. 고지식하게 한곳을 고집해서는 안 됩니다. 한 번 움직이면 이 움직임이 어떻게 변할 것인지 지켜보면서 연구해야 합니다. 세상사 어떤 일도 변화가 시작되면 그 원인과 결과를 알아낼 수 있어야 합니다. 세상 일이든 사회든 영원히 변하지 않는 것이 없습니다. "주류육허(周流六虛)", '육허(六虛)'란 곧 육효이자 동서남북과 상하의 여섯 개 방위이기도 합니다. 인간사 일체의 변동은 모두 시공간과 관계가 있습니다. "상하무상(上下無常)", 고정된 것이 없습니다. 강한 것과 부드러운 것 역시 서로 뒤섞여 바뀝니다. 정해진 법칙도 없고 이것이 아니면 안 된다는 것도 없습니다. 오로지 변화뿐이라는 것을 이해할 때 비로소 『역경』을 제대로 운용할 수 있습니다.

「계사전」의 관점에서 본 경방 십육괘변

경방의 괘변과 관련해서는 「계사전」 중 다음과 같은 단서를 볼 수 있습니다. "그 출입에는 일정한 법도가 있고 내외는 두려움을 알게 하며 또 우환의 원인을 명확히 한다. 스승이 도와줄 수 없으니 부모를 모시듯 그렇게 공경하고 조심해야 한다. 그 사를 보기만 해도 방향을 짐작할 수 있으니 이미 변하지 않는 상도가 있다. 올바른 사람이 아니라면 이 도를 제대로 행할 수 없다〔其出入以度, 外內使知懼, 又明於憂患與故. 无有師保, 如臨父母, 初率其辭而揆其方, 旣有典常, 苟非其人, 道不虛行〕."(하편 제8장) 이 구절은 경방역의 변괘와 아주 중요한 관련이 있습니다. 나갔다 들어갔다 하는 것이 아주 엄격한 법도에 따릅니다. 비록 계속 변하지만 그 변화 속에 불변하는 법도가 있습니다. 외변(外變)과 내변(內變)은 사람들로 하여금 두려움을 알게 합니다. 인생이란 늘 조심하고 근신하는 것입니다. 어떤 종교적 가르침도 세상을 조심스럽게 살아갈 것을 가르칩니다. 삶은 늘 우환과 두려움 속에 있습니다. 그렇다면 왜 허다한 일들이 일단 시작되면 고통과 우환을 초래하게 될까요?『역경』을 이해한다면 왜 그런지 곧 알 수 있습니다. "무유사보(无有師保)", 누구도 여러분을 도울 수 없습니다. "여림부모(如臨父母)", 자신만이 스스로를 보호하고 도울 수 있기에 늘 조심해야 합니다. 시간과 공간이 항상 변화한다는 것을 알아서 일체의 일에 마치 종교인들이 신을 마주 대하듯 그렇게 엄숙하고 조심스러워야 합니다.『역경』은 미신이 아니지만 마치 종교처럼 그렇게 엄숙해야 합니다. 어떻게 점을 치지 않고도 미리 알 수 있을까요? 괘를 뽑아 볼 필요도 없이 일의 원인과 결과를 어떻게 일목요연하게 파악할 수 있을까요? "그 사를 보기만 해도 방향을 짐작할 수 있으니 이미 변하지 않는 상도가 있다. 올바른 사람이 아니라면 이 도를 제대로 행할 수 없다〔初率其辭而揆其方, 旣有典常, 苟非其人, 道不虛行〕." 우리는『역경』의 이 구절을 처음에는 그냥 가볍게 읽고 지나가 버립니다. 그러나 이 구절은 문왕이나 주공, 공자가 오랫동안 연구한 결론을 우리에게 말해 주고 있는 것입니다. 그러므로 먼저 이 구절의 의미를 이해해야 합니다. 그런 다음에 한 걸음 더 나아가 그들의 의도나 방법을 추리해 보아야 합니다. 모든 것은 부단히 변화하는 가운데 존재하며, 일체의 변화는 아무렇게나 변하는 것이 아니라 일정한 법칙을 따른다는 것을 알아야 합니다. 이런 일정한 법칙을 찾아내는 것은 각자의 지혜에 달려 있습니다. 지혜로운 자는 점을 치지 않고 미리 알 수 있습니다. 도는 헛되이 흐르지 않기 때문입니다.

경방역의 변화 예를 설명하면서 우리는 「계사전」 하편 제8장의 내용을 언급했습니다. 이것은 변화가 아무 근거없이 제멋대로 이루어지지 않는다는 것을 말하기 위해서였습니다.

계속 괘변에 대해 살펴보기로 하겠습니다. 사효가 하비(下飛)하여 유혼괘 화지진(火地晉)☷☲으로 변한 뒤에는 팔궁괘의 변화법에 의하여 여덟 번째 변화가 일어납니다. 즉 내괘의 세 효가 전부 바뀌어 화천대유(火天大有)괘 ☰☲가 됩니다. 그러나 경방 십육괘변의 변화법은 이와 다릅니다. 유혼괘에 이른 후 다시 삼효가 하비(下飛)하여 화산여(火山旅)괘☶☲로 변합니다. 이것을 외재(外在)괘라 합니다. 방금 살펴본 「계사전」의 내용에서 "외내는 두려움을 알게 한다〔外內使知懼〕"라고 했는데, 바로 외재괘를 말한 것입니다. 외재의 이치란 이런 것입니다. 예를 들어 늘 조심하며 사업을 하다가 성패의 갈림길에 이르렀다고 합시다. 이럴 때 어떤 경우는 내부에 문제가 생겨 변화할 수 있고 어떤 경우는 외부에서 문제가 생겨 변화할 수 있습니다. 이 중 후자의 경우가 바로 외재에 해당합니다. 삼효가 하비하여 변하는 것을 외재괘라 하는데, 그 후 다시 이효가 하비하여 변하면 화풍정(火風鼎)괘☴☲가 됩니다. 이것을 내재괘라 합니다. 여기서 다시 초효가 하비하여 변하면 팔궁괘에서의 귀혼괘인 화천대유(火天大有)괘☰☲가 됩니다. 이것이 제1차의 변화입니다. 그렇지만 실제로는 제2차 변화라 할 수 있습니다. 팔궁괘 자체도 하나의 변화이기 때문입니다. 팔궁괘가 변해 유혼괘에 이르면 다시 외재괘, 내재괘를 거쳐 귀혼괘에 이르는데 건괘는 여기에서 일단 변화를 멈춥니다. 그러나 여기서도 다시 변화해야 합니다. 왜 변화해야 할까요? 아직 본래의 자리로 되돌아가지 못했기 때문입니다.

다음의 변화는 방향을 바꾸어 위로 올라가면서 변합니다. 이렇게 이효가 다시 변한 괘를 절명(絶命)괘라 합니다. 예를 들어 점을 쳐서 건괘를 뽑았는데 이효와 오효가 동효(動爻)라면 이것은 리괘로 변해 절명괘가 됩니다. 매우 위험한 상태입니다. 건괘는 본래 좋은 괘이나 안팎에서 큰 변동이 일어나 철저히 실패할 것입니다. 그러나 실패할 것이라 해서 포기하는 것은 『역경』을 배운 사람의 태도가 아닙니다. 앞에서 언급한 「계사전」에서 공자는 "도불허행(道不虛行)"이라 하여 모든 것이 사람에 달려 있다고 했습니다. 『역경』은 우리에게 실패가 극한 상태에 이르더라도 결코 길이 없지 않다고 말합니다. 어떻게 지혜롭게 헤쳐 나가느냐에 달린 것입니다. 절명괘란 단지 위험을 경고하는 것입니다. 다시 위로 삼효가 변하면 화뢰서합(火雷噬嗑)괘☲☳인데, 일명 혈맥(血脈)괘라 합니다. 후세 점술인들이, "후대 자손에게 혈맥이 전해져 끊이지 않고 변화 발전한다"라고 말하는 것이 바로 이것입니다. 말하자면 경방의 괘변은 건괘의 혈맥이 유전하는 것이라 할 수 있습니다. 다시 위로 사효가 변하면 산뢰이(山雷頤)괘☶☳인데, 일명 기육(肌肉)괘입니다. 다시 위로 오효가 변하면 풍뢰익(風雷益)괘☴☳로서 해골(骸骨)괘입니다. 여기서 다시 하비(下飛)하여 사효부터 변하기 시작합니다. 사효가 변하면 천뢰무망(天雷无妄)괘☰☳로서 관곽(棺槨)괘이고, 다시 하비하여 삼효가 변하면 천화동인(天火同人)괘☰☲로서 묘고(墓庫)괘가 됩니다. 후세 점술가들이 흔히 '묘고운(墓庫運)'이라는 말을 사용하는데 모두 여기서 유래한 것입니다. 다시 하비하여 이효가 변하면 원래의 건괘로 되돌아갑니다. 이렇게 열여섯 번 변하는 것을 비복(飛

復)이라 합니다. 여기서 비(飛)란 마치 전화벨이 울리듯이 어떤 돌연한 현상이 발생했다는 것을 알려 주는 것입니다.

이상 건괘의 열여섯 가지 변화를 정리해 보면 표와 같습니다.

경방 괘변과 인생

경방의 십육괘변은 하나의 이치 즉 유혼(游魂)으로부터 외재(外在)와 내재(內在)를 거쳐 귀혼(歸魂)으로 가는 단계를 설명합니다. 말하자면 인생의 단계라 할 수 있습니다. 건괘를 인생에 비유한다면 열 살에서 스무 살까지는 천풍구(天風姤)로서 아주 좋습니다. 스물에서 서른까지는 천산둔(天山遯)으로서 사업은 순풍에 돛단 듯하며 한 걸음 한 걸음 중년으로 들어갑니다. 서른에서부터 마흔까지는 천지비(天地否)로서 눈도 침침해지는 것 같고 등허리도 예전처럼 그렇게 가볍지 않습니다. 마흔에서부터 쉰까지는 변화가 더욱 심합니다. 그러다 예순에 이르면 산지박(山地剝)이 됩니다. 예순 이후는 유혼괘로서 후천적인 정좌나 태극권, 요가 또는 보약으로 버티는 것이지 본래 타고난 명(命)의 힘은 아닙니다. 유혼괘에서 잘못되면 곧 화천대유(火天大有) 즉 귀혼괘로 들어갑니다. 만약 유혼괘에서도 조리(調理)를 잘한다면 중간에 외괘와 내괘로도 변할 수 있습니다. 그런 까닭에 이 단계에 이르면 외적 요인과 내적 요인들을 잘 파악하고 있어야 합니다. 이것도 모르고 자기가 아직도 천풍구의 단계에 있다고 착각한다면 곧 무덤 속으로 들어가고 맙니다. 최후에 본래 자리로 되돌아와 종묘에 진입할 때쯤이면 아마도 사당의 위패가 되어 있을지 모릅니다. 여기서

䷀ 건	
䷫ 구	초효가 변하면 천풍구.
䷠ 둔	제이효가 변하면 천산둔.
䷋ 비	제삼효가 변하면 천지비.
䷓ 관	제사효가 변하면 풍지관.
䷖ 박	제오효가 변하면 산지박, 제육효는 종묘로서 불변.
䷢ 진	외괘 초효가 다시 변하면 화지진으로 일명 유혼괘가 되는데, 경씨는 이를 하비 즉 "하비사왕(下飛四往)"이라 부름.
䷷ 여	삼효가 하비하여 변하면 화산여 일명 외재괘(팔궁괘라면 여기에 이르러 화천대유가 됨).
䷱ 정	이효가 하비하여 변하면 화풍정 일명 내재괘.
䷍ 대유	초효가 하비하여 변하면 화천대유 일명 귀혼괘(팔궁괘는 여기에 이르러 변화를 그침). 이하의 변화는 다시 위를 향해 방향을 돌림.
䷝ 리	"불변상비" 즉 이효가 변하여 리괘 일명 절명괘가 됨.
䷔ 서합	다시 위로 삼효가 변하면 화뢰서합 일명 혈맥괘. 즉 경씨의 혈맥이 유전됨.
䷚ 이	다시 위로 사효가 변하면 산뢰이 일명 기육괘.
䷩ 익	다시 위로 오효가 변하면 풍뢰익 일명 해골괘.
䷘ 무망	다시 하비하여 제사효가 변하면 천뢰무망 일명 관삭괘.
䷌ 동인	다시 하비하여 제삼효가 변하면 천화동인 일명 묘고괘.
䷀ 건	다시 하비하여 제이효가 변하면 원래의 건괘로 되돌아감.

경방 십육괘변표
(기타 감, 간, 진, 손, 리, 곤, 태 등 십육괘변은 모두 건괘와 동일하다.)

독특한 인생철학을 볼 수 있습니다. 비록 완전히 절명하더라도 뒤에 남은 것, 혈맥이나 기육(肌肉), 해골 등으로 계속 이어져 마침내는 원래 자리로 되돌아간다는 것입니다. 아주 재미있는 관점으로 인생철학을 명확히 설명하는 것이기도 합니다. 동양 문화에서는 죽음을 그렇게 무겁게 보지 않습니다. 이런 까닭으로 동양에서는 스승이 제자에게 법을 전하는 제도가 생겼습니다. 과거에는 훌륭한 제자를 찾으면 스승은 그가 아는 모든 것을 제자에게 전해 주었습니다. 그래야만 스승은 기쁠 수 있었습니다. 그 제자가 바로 미래의 자기라 생각했기 때문입니다. 제자의 성공은 곧 자신의 성공입니다. 서양 문화에서는 이런 정신이 없습니다. 이처럼 혈맥이 후손에게 이어진다는 생각이 있었기에 동양 문화가 아직 죽지 않고 이어지고 있습니다.

경방 괘변의 운용법

이상에서 소개한 경방 십육괘변은 어떻게 운용할 수 있을까요? 그 개요는 이렇습니다.

점을 쳤을 때 변괘가 본궁괘가 되면 재앙이나 복도 최대한이 되고, 외계괘가 되면 길흉이 외부로부터 생기며, 내계괘가 되면 화와 복이 내부에서 발생한다. 해골괘가 되면 살아 있더라도 병이 들어 바싹 마르며, 죽어서는 묻힐 곳이 없다. 관곽괘가 되면 병이 들어 반드시 사망하며, 혈맥괘가 되면 피를 흘리게 되고, 절명괘가 되면 아무리 열심히 일해도 만족스럽지 않고 또 고독해서 다른 사람과 어울리지 못한다. 유혼괘나 기육괘가 되면 정신이 몽롱해 바보처럼 얼이 빠지고, 귀혼괘나 총묘괘가 되면 아무것도 되는 일이 없어 차라리 무덤에 들어가는 것이 낫다〔占者遇: 變入本宮卦者, 災福應十分. 外戒卦: 吉凶從外來. 內戒卦: 禍福從內起. 骸骨卦: 生則羸瘦, 死不葬埋. 棺槨卦: 病必死亡. 血脈卦: 主血疾漏下. 絶命卦: 事多反覆, 爲人孤獨, 不諧於俗. 游魂, 肌肉卦: 精神恍惚, 如夢如痴. 歸魂, 冢墓卦: 墳墓吉, 而無事可成也〕.

이것이 경방역 십육괘변의 운용법입니다. 진심으로 하는 말입니다만 저는 이런 유의 것을 좋아하지 않습니다. 비록 알고는 있지만 평생 사용한 적이 없습니다. 저는 인류의 지혜가 이런 외부 힘을 빌리지 않아도 될 만큼 신령스럽다고 믿습니다. 저는 여러분이 이것을 활용하는 것에 반대합니다. 거듭 당부합니다만 미신에 빠져서는 안 됩니다. 그렇지만 자주 질문을 하기 때문에 지나가는 길에 경방역의 대원칙을 잠시 소개할까 합니다. 물론 활용할 때는 이렇게 고지식할 필요가 없습니다.

하나의 변괘가 본궁으로 들어가면 재앙이나 복도 최대한이 됩니다. 즉 십육변괘에서 최후의 동효가 변하면 건괘가 되어 본궁괘로 진입하는 것인데, 이렇게 되면 나쁠 때는 극도로 나쁘고 좋을 때는 극도로 좋습니다.

외계괘(外戒卦)는 그렇지 않습니다. 이 괘는 길흉이 바깥으로부터 들어옵니다. 예를 들어 어떤 건물에 대해 점을 쳐서 좋은 외계괘가 나왔다면 이는 바깥으로부터 생각지 못한 운이 들어오는 것입니다. 만약 좋지 않다면 비행기라도 지나가다가 떨어져 건물이 박살날 수 있습니다. 건물 자체의 문제가 아니라 외부로부터 문제가 발생합니다.

내계괘(內戒卦)는 화복이 안에서부터 생깁니다. 자기 집안이나 회사 내부에서 발생하는 문제입니다. 해골괘(骸骨卦)는 설사 살아 있더라도 병이 들어 바싹 마릅니다. 이것을 '이수(羸瘦)'라고 합니다. 죽어서는 묻힐 수가 없습니다. 시체를 눕힐 땅도 얻지 못하는 것입니다. 만약 병이 들어 점을 쳤는데 관곽괘(棺槨卦)가 나왔다면 병이 나을 생각은 아예 하지 않는 것이 좋습니다. 혈맥괘(血脈卦)는 병이 생겼다면 수술을 하게 됩니다. 혹은 외상을 당하거나 피를 보게 됩니다. 절명괘(絶命卦)는 아무리 반복해도 도대체 만족스럽지 못합니다. 일생이 고독으로 점철해 다른 사람과 화합할 수 없습니다. 만약 유혼괘(游魂卦)나 기육괘(肌肉卦)라면 한평생 의식이 흐릿하거나 몽롱하여 꿈을 꾸는 듯할 것입니다. 점을 쳐서 귀혼괘(歸魂卦)나 총묘괘(冢墓卦)가 나왔다면 죽어서 편안히 묻히는 것 외에 다른 것을 언급할 필요가 없습니다. 모두 좋지 않습니다. 무덤으로 들어갈 운이라면 좋을 것이 무엇이 있겠습니까?

이상이 경방식의 점치는 방법으로서 다른 학파와는 다릅니다. 무릇 경방으로부터 나온 것이면 저는 모두 좋아했습니다. 그러나 좋아서 공부는 했지만 종래 그것을 사용한 적은 없습니다. 역에 능한 사람은 점을 치지 않는다고 했습니다. 물론 저의 역 공부가 그렇게 깊다는 뜻은 아닙니다. 다만 개인적으로 이런 것을 원래 좋아하지 않았다는 말입니다.

앞일을 내다보아 생기는 폐단

이 십육괘변을 기억해 두면 이후 옛날 책을 보다가도 이 부분 때문에 애를 먹지는 않을 겁니다. 이렇게 소개하다 보니 별 대수롭지 않은 것처럼 생각할지 모르지만 직접 부딪혀 스스로 해결하고자 하면 얼마나 까다롭고 귀찮은지 모릅니다. 옛사람들의 『역경』 연구에는 하나의 큰 폐단이 있었습니다. 그것은 자기가 아는 것을 뚜렷하게 밝히려 하지 않았다는 것입니다. 이 점은 아마 현대인들도 마찬가지일지 모르겠습니다. 오랫동안 연구를 해 드디어 확연히 알게 되면 그동안 고생해서 알아낸 것을 선뜻 다른 사람에게 알려 주고 싶지 않을 겁니다. 그러나 이렇게 은밀히 전해지다 보면 곧 조악해져 버립니다. 혹자는 고의로 새로운 이름을 갖다 붙이거나 모양을 바꾸어서 다른 사람이 알지 못하게 하나, 그렇게 해 봐야 결국 좋은 결과를 얻지 못합니다.

여러분이 존경하는 소강절(邵康節) 선생만 해도 그렇습니다. 저는 평소 소강절 선생이 사람들을 속였다고 비판하곤 합니다. 그가 예측한 역사의 운명은 정말 정확했습니다. 어떻게 예측했을까요? 그 방법은 찾을 도리가 없습니다. 그가 비결을 감추어 버렸기 때문입니다. 만약 그것을 공개했다면 그리 신기한 것도 아니었을 겁니다. 그렇지만 그는 또 다른 측면에서 충분히 존경받을 만합니다. 소강절은 공자 이후 고인들의 각종 법칙을 융회 관통하여 하나의 체계화된 법칙으로 제시했습니다. 이 점은 확실히 훌륭합니다. 그러나 저는 단지 『역경』을 즐기고 싶을 뿐 깊이 파고들 생각은 없습니다. 그러다가 소강절처럼 되면 곤란하기 때문입니다. 그는 쉰아홉의 나이로 죽었는데 일 년 내내 병에 걸려 있다시피 했습니다. 바람만 휙 불어도 병에 걸리니 여름에 외출할 때도 마차 바깥에 장막을 치고 모자까지 써야 했습니다. 사철 어느 때든 날씨가 좋지 않은 날은 감히 외출할 엄두를 못 냈습니다. 두뇌를 지나치게 혹사한 때문입니다. 역사상 그의 전기는 고사(高士)의 행렬에 들어 있습니다. 황제가 재상을 맡아 달라고 여러 번 청했음에도 그는, "하필 관리가 될 필요가 있겠습니까? 지금은 천하가 태평하고 훌륭한 황제와 재상이 있는데 이런 시대에 제가 나간들 무엇하겠습니까?"라며 사양했습니다. 이러니 설사 제가 열심히 공부해서 소강절의 경지에 이르러 미래를 다 꿰뚫어 안다 한들 무엇하겠습니까? 그래서 저는 파고들지 않는다는 것입니다. 여러분도 유의할 것은 진정으로 역에 통하면 그렇게 할 필요가 없다는 것입니다. 사람들이 불법을 배우는 것은 자재(自在)롭기 위함입니다. 도를 배우는 것 역시 장자가 말한 소요(逍遙)를 위한 것입니다. 그러니 소요도 아니고 자재롭지도 못한 일을 왜 하겠습니까? 인생이란 소요와 자재를 구하는 것입니다. 몸 불편한 데 없이 즐겁게 살다가 때가 되면 자식에게도 폐를 끼치지 않고 훌쩍 떠나가야 합니다. 소강절과 같은 삶이라면 얼마나 고달프겠습니까? 전기상에서야 그렇게 맑고 고아하게 묘사되어 있지만 제가 볼 때는 정말 괴로운 생활이었을 것입니다. 역사상 앞날을 내다볼 수 있었던 사람들은 모두 건강하지 못했습니다. 『역경』을 배워 통하려면 머리가 맑고 지혜로워야 합니다. 그렇지 않으면 차츰 달팽이처럼 스스로 갇혀 버리고 맙니다.

오행 사상의 기원

『역경』「계사전」에서는 "강유가 서로 밀어 변화가 생긴다(剛柔相推而生變化)"라고 했습니다. 이 구절을 심층적으로 이해하기 위해서는 다른 하나를 먼저 알아야 합니다. 중국 학술사의 관점에서 말한다면 사실 오행과

『역경』은 서로 아무런 관련이 없습니다. 그러나 이제는 『역경』의 법칙을 이해하기 위해서는 오행을 몰라서는 안 됩니다. 특히 점복(占卜)의 측면에서 오행은 『역경』과 밀접한 관계가 있습니다. 점복 등 술수 방면에서는 팔괘나 오행 및 간지(干支)를 서로 결합시켜 추산합니다. 지금 우리가 보는 『역경』은 진시황의 분서 사건 때 불타지 않은 책 중의 하나입니다. 기록에 따르면 『역경』은 점치는 책, 즉 사원 같은 데서 대나무 쪽을 뽑으면 그것과 관련된 시가 따라 나오듯이 사상과는 무관한 것들을 모아 놓은 책으로 받아들여졌기에 불타지 않았다고 합니다. 이 때문에 오경 중 그 내용이나 형식에서 옛 모습을 가장 많이 간직하고 있습니다. 그런데도 이 책의 내용에는 오행에 대해 언급한 것이 없습니다. 단지 『서경(書經)』의 「홍범(洪範)」편에 조금 언급되어 있을 뿐입니다. 이것도 후세의 설법과는 많은 차이가 있습니다.

근대 이래 중국 문화에 대해 회의를 드러내는 학자들은 오행이 한나라 때, 더 거슬러 올라가더라도 진한 이후 사람에 의해 가탁(假託)된 것이라 봅니다. 이것은 중국 문화사를 보는 한 관점이 되었습니다. 음양과 오행의 관계를 알기 위해 우리는 전국 시대 유명한 학자였던 음양가(陰陽家) 추연(鄒衍)을 살펴볼 필요가 있습니다. 그의 학문은 참으로 대단해 당시 맹자나 제자백가 누구보다도 위풍이 당당했습니다. 맹자를 한번 보십시오. 그가 제나라로 가서 양혜왕을 만나는 장면을 보면 정말 불쌍한 생각이 듭니다. 왕이 말합니다. "영감님, 천리를 멀다 않고 쫓아왔으니 뭔가 내 나라에 유익한 것이 있겠군요?(王曰: 叟, 不遠千里而來, 亦將有以利吾國乎)" 맹자를 대하는 양혜왕의 태도에는 깔보는 기색이 배어 있습니다. 요즈음으로 치면 입을 열자마자, "영감! 뭣하러 날 찾았소?"라고 묻는 것이나 진배없습니다. 그러나 추연이 제나라에 갔다면 상황은 완전히 달랐을 것입니다. 추연이 어느 나라에 가더라도 국가 대신이나 왕이 친히 나와 모시지 않은 적이 없었습니다. 요즘으로 치면 국제적으로 명망 높은 대과학자 정도라고 할까요? 어떤 나라에 가든 예외 없이 환대를 받았습니다. 우리는 『사기』를 읽으면서도 이런 부분을 흘려 넘겨서는 안 됩니다. 그래야 사태를 제대로 파악할 수 있습니다.

후세인들의 역사에는 이런 중점이나 강조가 없습니다. 이렇게 하면 자칫 착각을 불러일으킬 수 있습니다. 역사의 기록을 보면 추연은 어떤 나라에 갔을 때에도 예외 없이 큰 환영을 받았고 또 많은 사람을 수행하고 있었습니다. 공자 역시 열국(列國)을 주유할 때 수많은 제자들을 수행하고 있었지만 어떤 때는 심지어 끼니조차 잇지 못해 전전긍긍했던 적이 있습니다. 그렇지만 추연의 경우는 달랐습니다. 어떤 나라에 도착하든 다 먹기에도 힘들 정도로 연회가 이어졌습니다. 이를 보면 당시 추연의 영향력이 어느 정도였는지를 잘 알 수 있습니다.

추연은 도가이자 음양가였습니다. 그런 그가 각 나라를 돌아다니면서 과연 어떤 설법을 했을까요? 이 부분에 대해서는 역사의 기록이 없습니다. 그렇지만 한 가지가 남아 있습니다. 그는 당시 천하에 구주(九洲)가 있으며 중국은 그중 하나인 신주(神洲)에 속한다고 했습니다. 이런 설법은 어디서 온 것일까요? 비행기를 타고 지구를 한 바퀴 돌아보지는 않았을 텐데 말입니다. 우리는 현대에 이르러서야 지구에 팔대주가 있다는 것을 알게 되었습니다. 그런데 그는 당시에 이미 알고 있었던 것입니다. 그의 사상과 학설이 당시 각 나라에 큰 반향을 불러일으켰던 것도 당연하겠지요. 그는 과학적 이론에 입각해 정치적 원칙을 이끌었습니다. 사상사의 측면에서도 이 점을 가볍게 보아 넘겨서는 안 됩니다.

그렇지만 당시 역사에서 오행에 관한 자료는 찾기 힘듭니다. 되돌아와 근년에 발견된 갑골문을 보더라도 오행이란 말은 나오지 않습니다. 제가 보기에는 이렇습니다. 『역경』의 문화는 상고 시대의 중원(中原) 문화, 즉 산서(山西)와 하남(河南) 일대의 문화가 발전한 것입니다. 상고 시대에는 문자와 언어가 아직 통일되지 않았습니다. 당시는 진한 이후의 국가와는 달리 각 지역, 각 민족마다 자기 문화가 따로 있었습니다. 장강 이남인 초나라에는 초나라 문화가 있었고 공자는 노나라 문화를 계승했으며 도가는 제나라 문화를 이은 것입니다. 이렇게 볼 때 음양오행의 문화는 중원 문화인 『역경』 문화에 비해 더 오래된 문화라 할 수 있습니다. 아마도 황제(黃帝)나 복희 시대 문화와 마찬가지로 황하 하류인 북경이나 하북(河北) 일대의 문화가 아닌가 생각합니다. 이것을 보더라도 상고 시대 문화사나 사상사를 연구한다는 것이 얼마나 어려운지 알 수 있습니다. 수천 년 이래 수많은 학자들이 심혈을 기울였고 오늘에 이르도록 어떤 연구자는 반평생을 바쳤지만 아직 뚜렷하지 못한 점이 많습니다. 물론 이것은 제 개인적 관점입니다. 그러나 만약 이런 점을 생각하지 않고서 상고 문화를 이리저리 끌어다 붙인다면 그 폐단이 적지 않을 것입니다.

오행이란 무엇인가

오행이란 금(金), 목(木), 수(水), 화(火), 토(土)입니다. 오행을 연구하는 데 한 가지 주의할 점은 오행의 '행(行)'이 결코 우리가 걸어다니는

'길'의 뜻이 아니라는 사실입니다. 『역경』의 건괘에 "천행건(天行健)"이란 구절이 있습니다. 이 '행(行)'은 운동을 뜻하는 것으로 말하자면 '기능'이라 할 수 있습니다. 즉 우주 내 물질 간의 상호관계가 이 기능 속에 들어 있습니다. 이 '기능'에는 금, 목, 수, 화, 토로 대표되는 다섯 가지가 있습니다. 괘와 마찬가지로 이런 전통적 기호에 대해서도 너무 엄격히 보려 해서는 안 됩니다. '금'이란 반드시 황금인 것은 아니요, '수'라고 해서 반드시 컵 속에 든 그런 물인 것만은 아닙니다. 오행을 다섯 종류의 물질이라 생각해서는 절대 안 됩니다. 상고 문화에서의 오행은 우리와 밀접한 관계가 있는 지구 바깥에 있는 다섯 개의 별이기도 했습니다. 먼저 이 다섯 글자의 뜻부터 해석해 보기로 합시다.

금: 무릇 견고하거나 응고된 것은 모두 금입니다. 상고의 분류는 오늘처럼 그렇게 과학적이지 못했습니다. 당시의 물질세계에서 견고한 성질이 있는 것을 모두 금이라 했습니다.

목: 수목이나 풀을 나타내며 생명의 작용이나 그 근원을 대표합니다. 초목은 도끼로 찍어 뿌리만 남기더라도 다음 해 다시 생장합니다. 백거이(白居易)는 시에서, "드문드문 난 초원의 풀, 해마다 자라났다 마르니, 불로도 다 태울 수 없어, 봄바람만 불면 다시 살아난다〔離離原上草, 一歲一枯榮, 野火燒不盡, 春風吹又生〕"라고 했습니다. 이것이 바로 목의 작용입니다. 생장력이 아주 강하고 또 빠릅니다. 목은 곧 생장과 발육의 생명 작용을 나타냅니다.

수: 유동성이나 끊임없이 두루 흐르는 작용을 나타냅니다.

화: 열에너지를 나타냅니다.

토: 지구 그 자체를 나타냅니다.

이들을 오행이라 하는 것은, 이 다섯 가지가 서로 영향을 미치면서 변하기 때문입니다. 이들 변화는 아주 격렬한데 그것을 생극이라 합니다.

오행의 생극

생(生)과 극(克)이란 마치 『역경』의 종괘처럼 세상의 사물에는 예외 없이 두 가지 상반되는 역량이 존재한다는 것을 말합니다. 생극을 음양 방면에서 말한다면 화복이 서로 의지하는〔禍福相倚〕것입니다. 정과 반, 시와 비, 성과 패, 이와 해, 선과 악은 모두 상대적인 것으로 서로 생극합니다. 강태공으로부터 전해진 『음부경(陰府經)』에는 "은혜가 해로부터 생긴다〔恩生於害〕"라는 구절이 있습니다. 아버지가 아들을 때리면 얻어맞은 아들은 몹시 아플 것입니다. 그러나 이 '해(害)'는 아들을 사람으로 만드는 데 목적이 있습니다. 곧 "해로부터 은혜가 생기는" 것입니다. 우두머리와 부하의 관계도 그렇습니다. 이 구절의 의미는 매우 깊습니다. 시골에는 아직 이런 속담이 남아 있습니다. "쌀 한 됫박을 주는 사람은 은인이요, 쌀 한 자루를 주는 사람은 원수다"라는 말입니다. 친구를 돕더라도 정작 곤경에 처했을 때 도우면 영원히 잊지 않지만 너무 지나치게 도우면 영원히 만족할 줄 모릅니다. 많은 은혜를 베풀어도 결국 바로 그 사람이 자기를 반대합니다. 남을 지도하는 사람이라면 이 점을 특히 유의해야 합니다. 사람이 실패하는 것은 왕왕 가장 신임하는 가까운 사람 때문입니다. 이런 예는 역사에도 수없이 많습니다. 나폴레옹이라 하더라도 적어도 두 사람 눈에는 영웅 같지 않을 것입니다. 하나는 부인이요 또 하나는 오랜 친구입니다. 이들은 너무 친근하고 또 너무 오랜 시간을 같이했기 때문에 다른 사람과 생각이 다를 수밖에 없습니다. 이 생각으로부터 자기도 의식하지 못하는 사이에 해로운 일이 생깁니다. 은혜와 해는 이처럼 왕왕 서로 인과관계를 맺게 됩니다. 이 원리 역시 생극의 법칙으로부터 온 것입니다. 사람을 생하는 자는 동시에 사람을 극합니다. 은혜와 해는 항상 대립하며 어느 일방이 절대적일 수 없습니다. 연애를 해 본 사람은 알 겁니다. 사랑이 깊어질수록 원망 역시 깊어 갑니다. 이것 역시 "은혜가 해로부터 생기는" 원리로서 생극의 법칙입니다. 오행의 생극 이치에 대해서는 다음과 같은 그림으로 표현해 볼 수 있습니다.

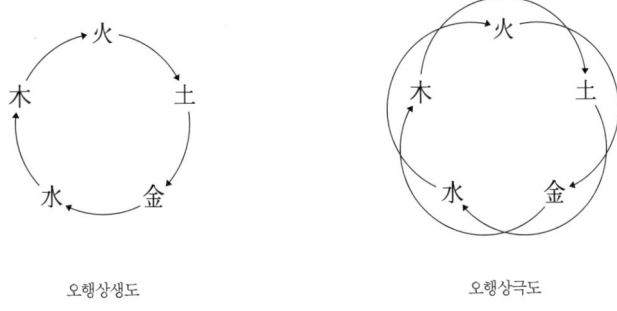

오행상생도   오행상극도

　상생도의 화살표는 서로 생하는 것을 나타냅니다. 시계 방향으로 돌아가면서 차례대로 목은 화를, 화는 토를, 토는 금을, 금은 수를 생합니다.
　상극도의 화살표는 서로 극하는 것을 나타냅니다. 오행의 위치가 상생도와 같고 방향 또한 같지만, 다른 것은 화살표가 바로 앞이 아니라 하나를 건너뛰어 이어진다는 것입니다. 이렇게 해서 차례대로 목은 토를, 화는 금을, 토는 수를, 금은 목을, 수는 화를 각각 극합니다.

오행의 방위

위의 두 그림은 오행의 생극 관계를 쉽게 설명할 수 있기 때문에 사용한 것이지 실제로 오행의 방위가 이와 같다는 것은 아닙니다. 오행의 정확한 방위는 다음과 같습니다.

火
(南)

木　　土　　金
(東)　　　　(西)

水
(北)

오행방위도

위의 오행방위도는 『역경』의 방위를 기준으로 한 것으로 지금 우리가 지도를 그릴 때 사용하는 방위와는 다릅니다. 목은 동이요, 금은 서, 수는 북, 화는 남, 그리고 토는 중앙입니다. 이 방위도는 매우 이치에 닿는 것으로 꼭 기억해 두어야 합니다. 중국에서는 명나라 때부터 광산을 채굴했습니다. 당시는 지질학이란 것도 없었을 텐데 어디에 어떤 광물이 있다는 것을 어떻게 알았을까요? 물론 그 중 일부는 당지 거주민들이 발견한 것이지만 대다수는 팔괘와 오행의 이치를 근거로 했습니다. 서방은 금입니다. 실제로 서장(西藏)에는 서쪽으로 갈수록 더 많은 금이 매장되어 있습니다. 동방은 목입니다. 실제로 동방에는 식물이 쉽게 성장하고 발육할 수 있습니다. 빛과 열에너지를 더 빨리 받을 수 있기 때문입니다. 남방은 화입니다. 실제로 기후가 매우 뜨겁습니다. 북방은 수입니다. 얼음과 눈이 가장 많습니다. 얼핏 보면 오행의 방위는 아무런 질서도 없어 보이나 자세히 관찰하면 그 나름의 이치가 내재되어 있습니다. 옛사람들은 이 법칙을 어떻게 발견했을까요? 금을 예로 들어 보겠습니다.

금은 수를 생합니다. 주지하다시피 『천자문(千字文)』은 천 개의 다른 글자를 이어 문장을 만든 것으로 천문, 지리, 물리, 정치 등 포함되지 않은 분야가 없습니다. 제가 어릴 때는 이것을 읽고도 그 속에서 별다른 의미를 찾아낼 수 없었지만 사실 이것은 아주 위대한 저작입니다. 『천자문』에는 "금생려수(金生麗水)"라는 구절이 있는데, 여기서 '여수(麗水)'라는 것은 절강성에 있는 여수현이 아니라 물이 많은 것을 형용한 것입니다. 무릇 금이 매장된 곳은 반드시 비가 많이 내리는 지대입니다. 제가 대만에 처음 도착했을 때입니다. 광산국 사람으로부터 금이 생산되는 곳이 금산(金山)과 서방(瑞芳) 일대라는 말을 듣고 그곳에는 반드시 비가 많이 올 거라고 말한 적이 있었는데, 과연 기륭(基隆)과 금산, 서방 일대는 늘 비가 내렸습니다. 이것이 바로 "금생려수"로서, 금이 묻힌 곳에는 반드시 비가 많이 내립니다.

금은 목을 극합니다. 나무를 자르기 위해 톱 같은 철기가 필요한 것은 당연합니다. 신기할 것도 없지요. 옛날에는 문 앞에 큰 나무가 있으면 풍수에 좋지 않다고 해서 없애 버렸습니다. 그런데 큰 나무를 베어 내기가 힘들므로 나무를 고사시키는 방법을 택했습니다. 말하자면 큰 쇠못 하나를 나무 중심까지 닿도록 박는 것입니다. 이렇게 하면 이 나무는 얼마 지나지 않아 고사해 버립니다. 바로 금이 목을 극하는 현상입니다.

이 외에도 하나의 이치가 내재되어 있습니다. 예를 들어 "금생수(金生

水)"에 대해 옛날에는 "수는 금의 아들"이라고도 했습니다. 수가 금의 아들이라면 목은 수의 아들, 화는 목의 아들, 토는 화의 아들, 금은 토의 아들이 될 것입니다.

극의 경우는 대(代)를 건너뛰어 서로 극합니다. 이런 우스갯소리가 있습니다. 어떤 할아버지가 손자를 때리니 아들이 그것을 보고 있다가 갑자기 자기 따귀를 때리는 겁니다. 할아버지가 놀라서 왜 그러느냐고 물었답니다. 그러자 아들이, "아버지가 내 아들을 때리는데 나라고 왜 아버지 아들을 못 때리겠습니까?"라고 했답니다. 대를 격해서 극하니 삼대에 이르면 반드시 변화합니다. 이것은 일종의 법칙입니다. 이런 생극 가운데 해로부터 은혜가 생기고 은혜로부터 해가 생깁니다. 일차대전이 일어난 후 도리어 인류의 문명은 진보할 수 있었습니다. 이렇게 본다면 전쟁이라고 해서 꼭 해롭거나 두려운 것만은 아니라고 할 수 있습니다. 군사학 분야에서도 오행 생극의 법칙으로 설명하면 많은 부분을 조리 있게 설명해 낼 수 있습니다. 물리 법칙 또한 그러합니다. 어떤 시기에 이르러서는 반드시 한 번 정리를 한 뒤에야 보다 새로운 것을 창출해 낼 수 있습니다. 이것은 우주의 법칙입니다. 오행의 방위는 물리학 연구에도 많은 도움을 줄 수 있습니다. 반드시 기억해 두시기 바랍니다.

천간과 오행

오행 외에도 간지를 추가해야 합니다. 『역경』으로 점을 치려면 오행 외 다른 비결이라 할 만한 것이 없습니다. 이 경우 중점은 팔괘가 아니라 오행에 있습니다. 오직 괘만으로도 상황을 판단할 수 있습니다. 하지만 이렇게 하면 이는 오행과는 전혀 무관한 하나의 체계가 됩니다. 엄격히 말하면 오행과 팔괘의 체계는 전혀 다른 것입니다. 그렇지만 수천 년을 내려오면서 이 둘은 서로 뒤섞여 버렸습니다.

이제 소개하려는 것은 천간(天干)의 문화입니다. 이 문화 역시 아주 오래되었습니다. 역학사나 문화사를 연구해 보면 알겠지만 천간 문화는 『주역』보다도 훨씬 오래된 것입니다. 천간과 지지는 갑골문에서도 찾을 수 있을 만큼 그 연원이 깊습니다. 중국 문화에서 가장 먼저 발전한 것이 천문(天文)이었는데, 발전이 최고도에 이르렀을 때 그것을 종합해서 열 개의 기호로 만든 것입니다. 이 열 개의 기호를 '천간(天干)' 또는 '천간(天幹)'이라고 했는데, 사실 '천간(天干)'은 한대 이후 사용된 용어로 원래는 '천간(天幹)'이었습니다. 천간은 곧 오행의 법칙으로서, 그 의미는 태양계에서 지구와 그것을 둘러싼 별들 간에 서로 간섭을 한다는 것입니다. 다시 말해 지구와 각 행성들 간에 상호 인력이 작용함으로써 서로 영향을 주고받는다는 것입니다. 예를 들어 태양에너지가 방사되면 이 에너지가 지구의 인류에게 미치는 영향은 아주 큽니다. 중국에서는 오래전부터 이런 천체의 운동이나 물리 세계의 운동을 이해하여 그것을 목, 화, 토, 금, 수의 오행이나 상생상극의 이치로써 설명하고자 했습니다. 그러나 인류 문화가 진보하면서 오행의 생극 법칙만으로는 충분하지 못해 그것을 열 개의 기호, 즉 갑(甲) 을(乙) 병(丙) 정(丁) 무(戊) 기(己) 경(庚) 신(辛) 임(壬) 계(癸)로써 나타내고자 했던 것입니다. 이것을 오행의 위치에 배열해 보면 다음과 같습니다.

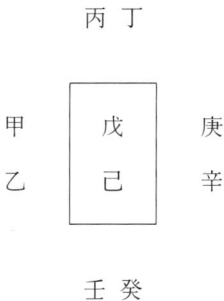

천간과 오행의 결합

위의 그림을 보면 알 수 있지만 동방은 갑을 목, 남방은 병정 화, 서방은 경신 금, 북방은 임계 수, 중앙은 무기 토입니다.

여기에 의문이 하나 제기됩니다. 동방 목은 모두 같은 방위이자 작용인데도 왜 이것을 갑과 을 두 기호로 나타내고자 했을까요? 여기에는 점을 치는데 자주 사용하는 하나의 법칙이 내재되어 있습니다. 저는 점치는 것에는 찬성하지 않습니다만 점을 치는 여러 방법에는 수많은 과학적 철학적 이치가 담겨 있다는 점을 간과해서는 안 됩니다. 아쉬운 것은 고대의 정치사상이 과학의 발전을 선호하지 않았기 때문에 이런 방법들이 점을 치는 쪽으로만 발전될 수밖에 없었다는 사실입니다. 어떤 사람은 점치는 것을 미신이라 단정합니다. 그런 사람에게 과연 점에 대해 알고 있는지를 물어보면 잘 모른다고 대답합니다. 자기가 모르는 것에 대해 마음대로 미신이니 사람을 속이는 것이니 하는 죄명을 씌우는 일은 참으로 무서운 전횡입니다. 이러한 일련의 법칙을 진정으로 연구한 사람은 수천 년에 걸친 제일류의 인물들이었습니다. 사천 년 동안 제일류의 인물들이 점을 연구해 왔으니, 만약 그것이 사람을 속이는 일이라면 적어도 그 속에는 사람을 속이는 기막힌 이치라도 들어 있을 것입니다. 우리가 만약 이것을 비판하고자 한다면 먼저 그런 속이는 방법을 연구해야 할 것입니다. 연구를 끝내고서 그것이 미신이라 한다면 그건 정말 하나의 결론이 될 수 있습니다. 연구해 보지도 않고 이해하지도 못하면서 사람을 속이는 미신이라 한다면 그것이야말로 진정한 미신입니다. 그러나 아쉽게도 현재는 이 부분에 대한 대규모 투자가 이루어지지 않습니다. 충분한 실험 설비도 장소도 없습니다. 만약 조건이 갖추어진다면 이들 법칙 속에서도 많은 과학적 이치를 도출해 낼 수 있을 것입니다.

비행기를 예로 들어 볼까요? 중국에는 전국 시대에 이미 비행기가 있었습니다. 비록 나무로 만든 무인 비행기이기는 했지만요. 진(晉)나라 때에는 어떤 사람이 새 한 마리를 만들었는데, 이 새를 바깥에 놓아 두면 사람이 조종하지 않는데도 공중으로 날아오르며 일정한 시간이 지나 다시 원래 장소로 되돌아왔다고 합니다. 이것은 모두 역사에 기록되어 있는 사실입니다. 지금까지 보존되어 온 악기나 일부 생활 용기들, 예를 들면 동호(銅壺)나 적루(滴漏) 등은 모두 이 법칙에 따라 제조된 것들입니다. 당시는 현대적인 과학 공식 같은 것이 없었습니다. 이런 법칙들을 과학적인 방면으로 활용하려 들지 않았던 것입니다. 왜 그랬을까요? 이것 역시 그 나름의 이치가 있습니다. 물질문명이 발달할수록 사람의 욕망 또한 커지며 욕망이 커질수록 사회는 더욱 혼란해진다고 생각했기 때문입니다. 이것이 바로 고대의 인문 사상이었습니다.

천간의 음양

　이 법칙들이 과학으로부터 유래된 것이라면 동방 목의 경우 왜 갑과 을 두 가지로 나눌까요? 이렇게 되면 갑목과 을목 두 가지로 나누어지지 않을까요? 그렇습니다. 갑목이 생장의 근원적인 요인이라면 을목은 갑목이 생장하여 구체적인 형태를 갖춘 것입니다. 다시 말해 갑목이 생장하고 발육하는 사물의 이치를 나타낸 것이라면 을목은 구체적인 형태를 갖춘 물질을 나타냅니다. 병정 또한 마찬가지입니다. 병이 불의 근원이라면 정은 형태를 갖춘 구체적인 불입니다. 무기, 경신, 임계 또한 이와 같습니다. 이들 사이에서도 다시 음양(陰陽)이 나누어집니다. 예를 들면 갑목은 양목, 을목은 음목입니다. 마찬가지로 병은 양화요 정은 음화, 경은 양금이요 신은 음금, 임은 양수요 계는 음수, 무는 양토요 기는 음토입니다. 의학서인 『황제내경(黃帝內經)』에서는 여성의 첫 월경을 설명하면서 우회적으로, "여자가 십사 세가 되면 천계가 이른다〔女子十四而天癸至〕"라고 말합니다. 왜 '천임(天壬)'이라 하지 않았을까요? 월경은 이미 물(物)의 형체를 갖춘 것이며 동시에 여성은 음에 속하므로 '천계'라 한 것입니다. 이런 것들을 보더라도 이것이 상당히 과학적임을 알 수 있습니다. 이런 과학이 중국 문화 속에서 그처럼 긴 세월을 끊이지 않고 이어졌던 것입니다.

　이야기가 '천계'에 이르니 말이 나온 김에 중국 의학에 대해 좀 말씀드리고자 합니다. 현재 가장 유행하고 있는 것이 침구(針灸)입니다. 이 침과 뜸을 다룬 책으로는 『갑을경(甲乙經)』이 있습니다. 이 책에 대해서는 아마 여러분들이 들어 보지 못했을 것입니다. 한의학에서는 인체의 각 부위를 오행으로 설명합니다. 즉 목은 간, 화는 심장, 금은 폐, 수는 신장, 토는 비장을 나타낸다고 봅니다. 내장과 오행의 관계가 이렇다면, 금이 수를 생하므로 폐에 문제가 있으면 반드시 신장에 영향을 끼칠 것입니다. 폐병에 걸린 사람은 얼굴이 붉어지는데, 이것은 신수(腎水)가 부족해 화기가 상승하기 때문입니다. 폐병의 증세가 심각해지면 신우(腎盂)가 부풀어 오르는데 이것은 신장의 기능에 결정적으로 문제가 생겼기 때문입니다. 한의학이 어려운 이유는 내장의 개별 기능뿐 아니라 이처럼 생리적인 상호작용까지도 터득해야 하기 때문입니다. 이것 역시 생극의 이치입니다. 서양 의학에서는 머리가 아프면 머리를 다리가 아프면 다리를 치료합니다. 그러나 두통은 병의 현상이지 원인이 아닙니다. 생극의 관점에서 본다면 내장의 어떤 문제도 모두 두통을 일으킬 수 있습니다. 이 때문에 고명한 한의학자들은 기화(氣化)를 강조합니다. 예를 들어 당뇨병을 앓는 환자라면 당뇨가 신수(腎水)의 병이기 때문에 반드시 심화(心火)와 관계가 있어 심장 역시 문제가 생깁니다. 이것이 바로 오행 생극의 이치입니다. (여기서 한 가지 보완해서 설명할 것은, 오행의 생극에서 각각의 한 '행'은 모두 나머지 네 '행'과 관계가 있다는 것입니다. 예를 들어 토의 경우라면 금을 생하기도 하고 수를 극하기도 하며, 또 화가 토를 생하기도 하고 목이 토를 극하기도 합니다.) 따라서 한의학 이론에서는 위에 병이 있으면 아래를 다스리고 아래에 병이 있으면 위를 다스립니다. 왼쪽에 있으면 오른쪽을, 오른쪽에 있으면 왼쪽을, 바깥에 있으면 속을, 속에 있으면 바깥을 다스립니다. 예를 들면 한의학에서는 "간이 왼쪽에서 생긴다〔肝生於左〕"라고 합니다. 이런 말에 대해 서양 의학자들은 잘못된 것이라 지적하지만 사실 한의학의 관점에서는 전혀 틀린 데가 없습니다. 한의학에서는 물질이 아니라 기화에 중점을 두기 때문입니다. 한의학에서 간이 왼쪽에서 생긴다고 하는 것은, 간이 목에 속하며 목은 동방이자 왼쪽에 있기 때문입니다. 이런 관점에서 본다면 간이 왼쪽에서 생긴다는 말은 올바른 것입니다. 여기서도 알 수 있지만 우리는 반드시 『황제내경』을 읽어야 합니다. 이것을 이해해야만 양생의 도를 알 수 있고 또 어떻게 수도해야 하는지도 깨닫게 됩니다.

지지

오행과 천간의 결합은 이처럼 많은 것을 내포하고 있습니다. 여기에서는 다시 지지(地支)와 결합시켜 보겠습니다. 지지는 자(子) 축(丑) 인(寅) 묘(卯) 진(辰) 사(巳) 오(午) 미(未) 신(申) 유(酉) 술(戌) 해(亥)의 열두 개입니다. 지지(地支)를 어떤 사람은 지지(地枝)라고도 하는데 마치 가지[枝]처럼 나누어졌다는 것입니다. 그러나 이것은 사실 지지한다는 뜻의 '지(支)'와 다른 것이 아닙니다. 지구 본래의 작용 및 태양계에서의 지구와 달의 작용과 절기의 관계에 대해서는 뒤에서 다시 상술할 것입니다.

먼저 여기서 소개할 것은 중국 고대 의학에 양대 파(派)가 있었다는 사실입니다. 양생의 방법으로서 한 파는 위와 장을 중시했고 다른 파는 신장을 중시했습니다. 모든 병은 대부분 위나 장에서 비롯됩니다. 제 경험에 의하면 남방의 의사는 위를 중시하는데 특히 나이가 많은 사람은 위와 장에 신경 써야 합니다. 북방의 의사는 신장을 중시하는데 젊은 사람들은 신장을 보양하는 데 신경 써야 합니다. 젊어서 신장이 허하면 중년에 접어들어 만병이 다 드러납니다. 성에 관한 지식이나 교육이 날로 개방되면서 갈수록 많은 젊은이들이 병에 시달리고 있습니다. 그 원인은 신장이 허한 데 있습니다. 반드시 보양에 신경 써야만 합니다.

『주역』을 학술적 측면에서 연구하는 경우라면 지지에 대해 알 필요가 없습니다. 그러나 수천 년 동안 사용되어 온 『역경』의 팔괘와 천문, 지리 등의 관계를 알기 위해서는 오행과 간지에 대해 반드시 알아야 합니다. 과학자 한 분이 해외에서 편지를 보내온 적이 있습니다. 최근에 책 한 권이 나왔는데, 그 책에 따르면 지구 남북극에는 동굴이 있고 그 속에는 다른 세계가 하나 있을 뿐 아니라 인류도 살고 있으며 비행접시도 바로 그곳에서 나온다는 것입니다. 이것은 모두 『역경』과 관련 있는 문제입니다. 저는 그분에게 그런 사실이 그렇게 이상할 것까지는 없다고 했습니다. 옛사람들은 이미 오래전부터 지구가 살아서 움직인다고 생각했습니다. 지구 중심에 인류가 살고 있는지 없는지 하는 것은 물론 또 다른 문제입니다. 지구 중간으로 남북극이 서로 통한다는 것에 대해서는 도교가 수천 년 전에 이미 그렇게 말했습니다. 그뿐 아니라 지구 속으로 해서 지구의 각 지역이 모두 통해 있다고도 했습니다. 이런 주장들이 모두 책에 기록되어 있지만 사람들이 여기에 주의를 기울이지 않았던 것입니다. 또 다른 일설에 따르면 황제(黃帝)의 무덤 뒤에 동굴이 하나 있어 남경까지 통한다고도 합니다. 서양에서는 인류가 모두 외계로부터 왔다고 주장하는 사람도 있습니다. 중국에도 고대에 이런 설법이 있었습니다. 도교에서 하는 말입니다만 반고(盤古) 역시 하늘에서부터 내려왔다고 합니다. 불교 역시 이렇게 말합니다. 도교의 이런 학설들은 모두 『도장(道藏)』에서 찾을 수 있습니다.

이런 이야기들은 모두 오행과 간지의 사상이 고대의 천문학 및 지구물리학과 절대적인 상관관계가 있음을 설명합니다. 아쉬운 점은 후에 이것이 단지 사주를 보거나 점을 치는 쪽으로만 발전하였다는 것입니다. 이는 물론 과거 중국 문화가 과학을 선호하지 않았다는 데 그 원인이 있습니다.

앞에서 이미 천간을 소개했기 때문에 여기서는 지지에 대해 설명드릴까 합니다. 지지는 앞에서 말했듯이 자, 축, 인, 묘, 진, 사, 오. 미, 신, 유, 술, 해의 열두 개입니다. 지지란 어떤 것일까요? 현대적 관점에서 설명한다면 이렇습니다. 태양계를 운행하는 지구는 다른 행성과 서로 간섭하며 영향을 주고받는데, 이 가운데 아무 형체도 없지만 지구를 지지해 주는 어떤 에너지가 존재합니다. 이것이 바로 지지입니다.

우리는 천간이 열 개인 것이 오행의 양극(兩極), 즉 오행의 음양 변화 때문이라는 걸 알고 있습니다. 지(支) 역시 여섯 개이지만 음양의 변화로 인해 열두 개가 됩니다. 지지라는 말의 유래는 『주역』과는 별로 관계가 없습니다. 이것은 앞에서도 언급했지만 고대 문화 중 다른 하나의 계통에서 나온 것입니다. 천간, 지지의 각각의 글자에 대해서는 해석이 구구합니다. 이 중 어느 것이 올바른지 단정하기는 실로 어렵습니다. 자(子)는 만물이 발생하는 현상이며 축(丑)은 중심축을 뜻한다는 주장에서부터, 천간이 고대의 무기를 나타낸 것이라는 주장, 예를 들면 갑(甲)은 나무 막대 끝에 날카로운 것을 붙인 무기요 을(乙)은 한 자루 칼이라는 등의 다양한 주장이 있지만 이 중 어떤 것이 정확한지는 누구도 단정하기 힘듭니다.

지지와 황도십이궁

십이지지는 십이 개월을 나타냅니다. 지지란 실제로 어떤 것일까요? 바로 천문학상에서 말하는 황도십이궁입니다. '궁(宮)'이란 어떤 '부위'를 가리키며, '황도(黃道)'란 태양이 동쪽에서 떠올라 서쪽으로 지기까지 그리는 하나의 궤적으로서 이것을 황도면(黃道面)이라고도 합니다. 황도면은 다달이 달라집니다. 저녁에 하늘을 관찰해 보면 각각의 별자리가 모두 동쪽에서 솟아오르는데 모두 스물여덟 개입니다. 이 스물여덟 개 별자리는 황도면 위에서 매달 위치가 달라진다는 것을 알 수 있습니다. 이 현상을 열두 개 부위로 종합해 추상적인 글자로 표현한 것이 바로 십이지지입니다. 이런 천문 현상이 추상적 형태로 변형되어 후세에 사주를 보는 데 활용된 것입니다. 이 학문은 얼핏 보기는 간단할지 모르나 제대로 연구하자면 그 속에 수많은 이치가 내재되어 있습니다. 이것을 보더라도 상고 시대 인류의 지혜가 지극히 뛰어났으며 과학과 철학의 발달 역시 극치에 이르렀다는 것을 알 수 있습니다. 과학적 숫자는 그것이 너무도 크고 복잡해 보통 사람의 머리로는 도저히 수용할 수 없었을 겁니다. 이 때문에 그것을 오행과 천간 지지로써 간단히 하여 사람들로 하여금 쉽게 이해할 수 있도록 했으니, 이런 단순화 작업은 문화가 최고도에 이르지 않으면 불가능한 일입니다. 그렇지만 문제는 후세인들이 단지 운용만 할 수 있을 뿐 그렇게 된 원인을 모른다는 것입니다. 이 추상적 명사 속에 많은 의미가 포함되어 있고 그 속에 포괄된 학문도 대단히 광범하지만 아쉽게도 후세인들은 그것들을 단지 사주나 점 쪽으로만 활용하고 있습니다.

육십화갑과 역사적 증험

　육십화갑(六十花甲)이란 것도 바로 간지에 근거한 것입니다. 갑자, 을 축, 병인, 정묘 하는 식으로 천간과 지지를 결합해 나가면 태양계의 천체와 지구가 만들어 내는 온갖 변화를 모두 표현할 수 있습니다. 이 변화 중에서도 기상의 변화가 가장 크고 뚜렷해 쉽게 파악할 수 있습니다. 온갖 변화는 참으로 다양해 모두가 다 다릅니다. 그래서 간지를 서로 결합해 가령 천간의 양(陽)은 지지의 양과, 천간의 음은 지지의 음과 조화시킵니다. 즉 양은 양끼리 음은 음끼리 순서대로 결합해 육십 개의 결합으로써 한 주기를 삼습니다. 이것이 갑자로부터 시작되기 때문에 육십화갑이라고 하는 것입니다.

육십화갑의 결합은 현대에는 이미 잘 사용되지 않지만 과연 그것이 사용할 만한 것일까요? 앞으로 보게 되겠지만 아주 훌륭한 것입니다. 천체 운행을 육십 년을 하나의 큰 주기로 삼아 세차(歲差)와 무관하게 육십화갑으로 계산해 내니, 아무리 긴 세월이 흐르더라도 조금도 차이가 생기지 않습니다. 참으로 위대한 법칙입니다. 중국의 역사만 보아도 그렇습니다. 각 왕조와 황제 그리고 연호가 바뀌었지만 육십화갑의 순서는 고정불변하여 육십 년이 되면 어김없이 다시 순환하곤 했습니다.

만약 이 법칙을 확대한다면 용도는 아주 많을 것입니다. 예를 들어 당요(唐堯, 요임금—옮긴이)가 황제에 취임했던 날은 갑진(甲辰)년이었는데, 후에 소강절의 계산법 및 기타 일반의 계산법이 모두 이 간지를 표준으로 삼았습니다. 이것은 역사적으로도 비교적 신뢰할 만합니다. 요가 왕세에 취임할 때 오성(五星)인 금 목 수 화 토가 한 줄로 주욱 늘어섰는데, 이때가 되면 이런 일정한 현상이 반드시 나타납니다. 이 첫 번째 육십 년간을 상원(上元)갑자, 두 번째 육십 년을 중원(中元)갑자, 세 번째 육십 년을 하원(下元)갑자라 하는데, 이들을 모두 합하면 백팔십 년이 됩니다. 다시 확대하면 첫 번째 백팔십 년을 상원(上元), 두 번째 백팔십 년을 중원(中元), 세 번째 백팔십 년을 하원(下元)이라고 합니다. 이 갑자의 법칙이 다시 『역경』과 결합되면 역사나 사회 인류의 현상이 얼마만에 한 번씩 변화하며 또 어떻게 변화하는지를 알 수 있습니다. 이것을 다시 천문학과 조합하면 어떤 인물이 나올지도 계산해 낼 수 있습니다. 옛사람들이 발견한 아주 기묘한 법칙입니다. 공맹 사상에서 말하는 소위 '천인합일(天人合一)'이라고도 할 수 있습니다. 『역경』의 이치에 입각한다면 이것은 필연적입니다. 우주의 모든 상황은 어느 시기에 이르면 반드시 변화합니다. 어떻게 변화할까요? 모든 것이 변한다는 대원칙을 이해하면 괘 속에서 다시 어떤 현상으로 변화될지 알 수 있습니다. 그러나 이것을 간파한 사람들은 대부분 입을 닫아 버립니다. 천기를 누설할까 두렵기 때문입니다. "깊은 못 물고기를 보는 자는 상서롭지 못하다〔察見淵魚者不祥〕"라고 합니다. 눈이 날카로워 물 속에 물고기가 몇 마리 있는지까지 죄다 알 수 있다면 절대 이롭지 못합니다. 이런 사람은 단명하지 않으면 백내장이라도 앓을 것입니다. 안력을 너무 과도히 사용했기 때문입니다. 만사를 미리 아는 것은 절대 이롭지 못합니다. 고도의 수양을 거쳐 진정으로 만사를 미리 알게 되면 도리어 무지한 것처럼 변해 버립니다. 절정의 지혜는 어리석음으로 변합니다. 이것은 소수 수양한 사람들이 도달할 수 있는 경지이지 일반인들은 접근하기 어려울 것입니다.

  이제 다시 지지를 살펴봅시다. 이것을 그림으로 나타내면 다음 그림처럼 하나의 원이 됩니다.

  왜 원으로 그렸을까요? 지구와 천체가 모두 원이기 때문입니다.

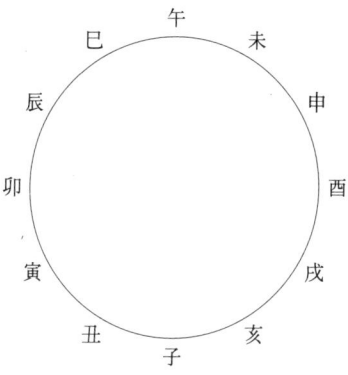

열두 가지 띠

열두 가지 띠는 다음과 같습니다. 자(子)는 쥐, 축(丑)은 소, 인(寅)은 호랑이, 묘(卯)는 토끼, 진(辰)은 용, 사(巳)는 뱀, 오(午)는 말, 미(未)는 양, 신(申)은 원숭이, 유(酉)는 닭, 술(戌)은 개, 해(亥)는 돼지입니다. 이 열두 가지 띠는 제가 연구한 바에 따르면 한나라 때 인도로부터 들어온 것입니다. 당시 인도의 열두 가지 띠는 지금과 동일한 것이 아니었습니다. 추상적인 기호나 동물로써 나타낸 것이었습니다. 이것이 후에 중국 문화의 해석을 거치게 된 것입니다. 예를 들면 이렇습니다. 자는 쥐로서 쥐는 발톱이 다섯 개인데, 다섯은 홀수로서 양입니다. 이런 식으로 축은 소로서 발굽이 둘로 나누어져 음이며, 인은 호랑이로서 역시 발톱이 다섯 개라 양이며, 묘는 토끼로서 토끼는 입술이 둘로 갈라져 음이라는 것입니다. 여기에도 분명 정확한 근거가 있긴 할 테지만 지금으로서는 찾기 힘듭니다. 또 다른 설명으로서 『고금도서집성(古今圖書集成)』 간지부(干支部)에서는,

"이십팔수의 각종 동물을 하늘에 배열시켜 열두 시진으로 삼았으니, 이것이 열두 가지 띠의 시작이다〔以二十八宿之天禽地曜, 分直於天, 以紀十二辰, 此十二生肖之所始〕"라고 했습니다. 근년에 출토된 서한의 청동기나 한대의 별 모양이 새겨진 비석 등을 보면 이것 역시 충분히 가능한 설명임을 알 수 있습니다.

지지와 명리

이 대법칙이 점차 변해 마침내 사주나 관상을 보는 지엽적인 학문이 되고 말았습니다. 『세원록(洗冤錄)』도 바로 이런 유의 학문입니다. 지지(地支)에는 여섯 개의 충(沖)이 있습니다. 앞의 둥근 원 그림에서 서로 마주보는 위치에 있는 것이 충입니다. 예를 들면 자(子)와 오(午), 축(丑)과 미(未), 인(寅)과 신(申), 묘(卯)와 유(酉), 진(辰)과 술(戌), 사(巳)와 해(亥)가 서로 충(沖)이 됩니다. 충이라고 해서 반드시 좋지 않은 것은 아닙니다. 어떤 때는 충이 아니면 안 되는 경우도 있습니다. 서로 상대되는 것이 충이라는 점에서 이것은 『역경』의 착괘와도 같습니다. 이 외 원도상에서 입장이 동일한 것은 서로 합(合)이 됩니다. 예를 들면 자와 축, 인과 해, 묘와 술, 진과 유, 사와 신은 서로 합이 됩니다. 그리고 오는 태양, 미는 달의 육합으로서 십이지지 중에는 이 외 삼합도 있습니다. 여기서 알 수 있듯이 이십팔수 중 황도십이궁의 위치에서 태양의 궤도와 서로 대립하는 것이 충이 된다는 것입니다. 충이라 해서 듣기 거북한 말은 아닙니다. 이것은 '장애'를 의미합니다.

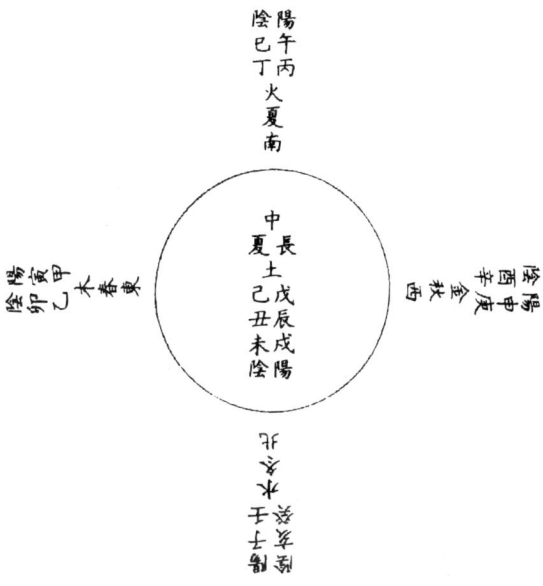

다시 천간과 지지를 결합해 하나의 그림으로 나타내 봅시다. 이것을 납갑(納甲)이라 합니다.

납갑과 역수

위의 그림과 같이 결합하면 천간의 위치는 동방이 갑을 목, 남방이 병정 화, 서방이 경신 금, 북방이 임계 수, 중앙이 무기 토가 되는데, 이것과 지지를 서로 합한 것을 납갑(納甲)이라 합니다. 말하자면 오행과 팔괘, 천간과 지지를 하나로 종합한 것입니다.

앞의 원 그림에 다시 팔괘를 배치시켜 봅시다. 복희선천팔괘도의 위치를 기준으로 삼으면 건괘는 갑, 곤괘는 을, 간괘는 병, 태괘는 정, 무기(戊己)는 중앙, 진괘는 경, 손괘는 신, 리괘는 임, 감괘는 계가 됩니다.

이제 다시 열두 달의 작용을 나타내는 육음 육양의 십이벽괘를 살펴봅시다. 여기에 납갑하면 또 다른 공식이 하나 나옵니다. 『역경』의 상수를 공부하기 위해서는 이런 몇 가지 상이한 공식들을 기억하고 있어야 합니다. 그런데 이 공식들을 이해하기 전에 먼저 숫자의 음양을 알아야 합니다. 숫자는 음수와 양수 또는 짝수와 홀수로 나누어집니다. 예를 들면 1 3 5 7 9는 양수 또는 홀수[奇數]이며, 2 4 6 8 10은 음수 또는 짝수[偶數]입니다. 양수로서 최고의 수는 9입니다. 문천상(文天祥)의 「정기가(正氣歌)」를 보면, "아! 내가 양구(陽九)를 만났구나"라는 구절이 나옵니다. 길이 끊어졌다는 의미입니다. 9는 양의 극한수로서 양이 극에 이르니 길이 끊어진 것입니다. 10 또한 마찬가지입니다. 『역경』의 수리는 영원히 하나의 '1'입니다. '1'에 1을 더해 2가 되며 한자리 수로는 9가 극한이 됩니다. 그래서 『역경』에서는 9로써 양효를 대표합니다. 건괘는 여섯 효가 모두 양효이므로 초구, 구이, 구삼, 구사, 구오, 상구로 부릅니다. 음수는 반대로 거꾸로 10부터 8 6 4 2로 세어 나갑니다. 음양은 서로 뒤집힌 것이기 때문입니다. 음수의 다섯 짝수 중에는 6이 중간입니다. 따라서 이 중간을 취해 6으로써 음효를 대표합니다. 따라서 곤괘라면 초육, 육이, 육삼, 육사, 육오, 상육이라 하는 것입니다.

이상의 이치를 보아도 알겠지만 진정으로 『역경』에 통할 수 있다면 손가락 몇 개만으로도 모든 사태를 바로 파악할 수 있습니다. 『역경』의 수리를 이해한다면 컴퓨터를 배우기도 훨씬 쉽습니다. 이 말은 사실입니다. 이것을 보아도 고대 『역경』의 수리가 얼마나 고명한 것인지 알 수 있습니다.

우주의 이치란 늘었다 줄었다 하는 것으로 아주 간단합니다. 마치 접시저울과 같습니다. 한쪽이 높으면 다른 쪽이 내려가고 저쪽이 높으면 이쪽이 내려갑니다. 따라서 오로지 가감만으로 모든 것이 해결됩니다. 그 속에 승제가 이미 포함되어 있습니다.

사람의 지혜가 극도로 발달하면 이처럼 간단하게 됩니다. 단지 열 개의 숫자만으로 우주의 법칙을 종합합니다. 단지 하나 하나 더하고 빼는 것만으로 모든 것을 이해합니다. 『역경』의 수리철학은 기초도 아니요 시작도 아닙니다. 모든 것을 종합해 간단히 만든 최고 경지의 것입니다. 우리는 단지 열 개의 숫자만으로 천지 만물의 이치를 파악합니다. 천지의 이치를 손바닥 안에 장악할 수 있는 것입니다. 도교에서는 흔히, "우주가 손바닥 안에 있고 만 가지 변화가 모두 마음에서부터 나온다〔宇宙在手, 萬化由心〕"라고 큰소리치는데, 『역경』을 배운 사람이 바로 그렇습니다. 이처럼 『역경』은 우리 문화의 결정입니다.

연못 속 물고기를 보는 자는 상서롭지 못하다

앞에서 점치는 방법에 관해 살펴보았는데, 원래 저는 신기한 것이 있으면 그냥 넘기지 않고 꼭 그 이치를 알고자 했습니다. 그러나 일단 이해하고 난 뒤에는 탐닉하지 않습니다. 위의 법칙들도 깊이 새겨 볼 수 있습니다. 그렇지만 한 가지 원칙은 지켜야 합니다. 미신에 빠져서는 안 된다는 것입니다. 미신에 빠지지 말라는 것은 이 법칙에만 전적으로 매달리지 말라는 뜻입니다. 이 법칙을 활용하고 참고로 삼는 것이야 무방하지만 여기에 마음을 뺏겨서는 안 됩니다. 어떤 때는 이 법칙이 참으로 영험한 데가 있기 때문입니다. 종교적인 심리도 아마 이런 것일 겁니다. 하나 더 강조하고 싶은 것은, "역에 통한 사람은 점을 치지 않는다〔善易者不卜〕"라는 사실입니다. 진정으로 『역경』에 통했다면 괘를 뽑지 않습니다. 어떤 상황이 발생하면 곧 그 법칙을 파악하여 따로 계산해 볼 필요도 없이 득실과 성패를 이미 마음속으로 헤아립니다. 그러나 설사 괘를 뽑지 않고 미리 알 수 있다 하더라도 역시 좋지 못합니다. 깊은 물 속 물고기를 볼 수 있는 자는 상서롭지 못합니다.

사람의 도리 역시 이와 같습니다. 너무 정확하고 밝아서는 안 됩니다. 특히 지도자라면 때로는 작은 일에 대해 보고도 못 본 척 대충 넘겨야 합니다. 욕을 좀 듣더라도 말입니다. 깊은 연못 바닥에서 노는 물고기가 몇 마리나 되며 또 어떻게 놀고 있는지까지도 생생히 알고 있다고 해서 자기가 모든 것을 훤히 안다고 생각해서는 안 됩니다. 이것은 아주 불길합니다. 아마 일찍 죽을지도 모릅니다. 정신을 너무 혹사시켰기 때문입니다. 이런 점들은 여러분이 반드시 염두에 두어야 합니다. 그래야만 편안해질 수 있습니다.

초연수와 경방, 곽박

이제 이야기가 점치는 방법에 이르렀습니다. 사실 『역경』의 전통에서는 점을 치는 것이 그 주요한 방향 중의 하나였습니다. 『역경』은 고대에는 점을 치기 위한 책이었습니다. 그러다 공자에 이르러 이것이 인문 문화적 측면에 활용되기 시작했습니다. 『역경』의 팔괘는 당연한 말이지만 원시 시대에 점을 치기 위해 만든 것입니다. 사실 점은 중국에만 한정된 것이 아닙니다. 세계 어느 민족도 모두 점을 쳤습니다. 그리고 그 방법은 민족에 따라 각각 다를 수밖에 없었습니다. 그렇지만 어떤 방법도 중국의 것만큼 그렇게 고명하지 못했습니다. 그렇다면 인류가 왜 점을 치기 시작했을까요? 여기에는 인류의 지혜에 관한 하나의 철학적 문제가 내재되어 있습니다. 과거든 현재든 또는 미래도 마찬가지겠지만 인류에게는 알 도리가 없는 많은 것이 존재합니다. 가령 내일은 어떻게 될까요? 내일 나는 어떨까요? 이런 문제에 대해서는 누구도 답을 알 수 없습니다. 설사 앞으로 몇 초 후의 일이라 하더라도 미리 알 수 없습니다. 그러나 사람들은 이것을 알려고 합니다. 바로 이런 것들 때문에 점이라는 것이 생겼습니다.

『역경』으로 점을 치기 시작한 지 수천 년이 흐르면서 적지 않은 학파들이 생겼는데, 여기에 대해 여러분께 잠시 말씀드리고자 합니다. 옛사람들 대부분은 『역경』을 연구하면서 역학의 어떤 법칙에 사로잡혀 역에는 일정한 법칙이 없다는 것을 간과했습니다. 어떤 사람은 역을 이해하고 난 후 자기가 새로운 법칙을 만들어 내기도 했습니다. 한대에 이름을 떨쳤던 경초역(京焦易)이 바로 그러합니다. 경초역이란 두 사람의 이름을 합친 것입니다. 경(京)이란 경방(京房)을 가리키고, 초(焦)란 초연수(焦延壽) 즉 초공(焦贛)을 가리킵니다. 경방은 초공의 제자로서 초공은 『역림(易林)』, 일명 『초씨역(焦氏易)』을 지었습니다. 『역림』에서는 육십사괘로부터 변화되어 나간 모든 괘를 해석했는데, 이 해석에서는 『주역』의 효사를 전혀 사용하지 않고 자기만의 독창적인 용어로 설명합니다. 그는 『역경』에 통달하고 난 뒤 본래의 것에 매달리지 않고 마치 사원에서 대나무 쪽을 하나 뽑으면 거기에 해당하는 짤막한 시구가 나오듯이 모든 괘에다 상이한 시구

하나씩을 붙였습니다. 초공의 점치는 방법은 이처럼 『주역』과는 완전히 다릅니다. 하나의 혁명이라 할 수 있습니다. 그가 역을 이해할 수 있었고 또 지혜가 뛰어났기에 비로소 그 나름의 점치는 방법을 창시할 수 있었습니다. 초공은 이것을 경방에게 전했습니다. 경방은 동한(東漢) 시대에 이름을 떨쳤는데 말만 하면 반드시 적중시키는 것으로 유명했습니다. 황제도 무슨 일만 있으면 그를 찾아 묻곤 했습니다. 그러나 초공은, 경방이 자신의 역학을 배워 통하기는 했으나 장차 역학 때문에 죽음을 당할 것이라 했는데 과연 경방은 목이 잘리고 말았습니다.

풍수지리 혹은 감여학은 진(晉)나라 곽박(郭璞)으로부터 시작되었습니다. 그 역시 『역경』에 통달해 만사를 미리 알고 있었습니다. 진나라 때 대장군 왕돈(王敦)이 반란을 일으켜 황제 자리를 찬탈하고자 했는데, 곽박이 동의하지 않을까 두려워 그를 찾아 넌지시 협박했습니다. 그래도 곽박이 동의하지 않자 왕돈은 안색을 바꾸며 곽박에게 자신의 운명도 미리 알 수 있느냐고 물었습니다. 곽박은 오늘 이 순간 당신이 나를 죽일 것이라 대답했습니다. 결과는 말 그대로였습니다. 그는 당시의 위험으로부터 벗어날 수 없다는 것을 잘 알고 있었습니다. 물론 이리저리 발뺌을 해 가며 죽음을 피할 수는 있었겠지요. 그러나 그는 그렇게 하지 않았습니다. 여기서 우리는 『역경』을 배운 사람이라면 흉한 일이 있다는 것을 알면서도 피하지 않는다는 것을 알 수 있습니다. 이른바 "피할 수 없는 수〔數不可逃〕" 입니다. 아무리 수(數)라 하더라도 피할 수 없는 것이 있겠습니까? 그렇지만 충군 애국의 마음을 평소에 꾸준히 길러 온 지식인이라면 눈앞에서 반란을 도모하는 것을 보고 설사 목숨을 잃더라도 그것을 못 본 척하지는 않을 것입니다.

금전괘

　송대 소강절에 이르면 다시 『역경』에 근거한 새로운 법칙이 만들어지는데, 이 해석 또한 독창적입니다. 그리고 명대 이후의 태을수(太乙數) 역시 독창적입니다. 『역경』의 발전사를 이야기하면서는 마치 수천 년 동안 아무 변화도 없었던 것처럼 말하지만 사실 변화는 무척 많습니다. 동전 세 개로 점을 치는 방법은 초경역 계통으로부터 유래한 것인데, 사회가 진보하고 세상사가 나날이 복잡해지면서 방법 또한 바뀌고 확충되었습니다. 그리고 원래 사용되던 목, 화, 토, 금, 수의 오행도 더욱 복잡해진 세상사를 다 나타내기 힘들게 되었습니다. 예를 들어 볼까요? 가령 지금 손안에 금반지 하나를 쥐고 있다면 오행으로도 충분히 나타낼 수 있습니다. 그러나 만약 플라스틱 라이터라면 어떨까요? 훨씬 복잡하겠지요? 오행만으로 나타내기가 힘들 것입니다. 이 때문에 간지(干支)니 오귀(五鬼)니 육친(六親) 등으로 확대된 것입니다. 그렇지만 방법상에서는 대를 거듭할수록 더욱 간단하게 변했습니다. 지금은 바깥이 둥글고 안이 네모진 동전을 구하기 쉽지 않을 것입니다. 그럴 경우 현재의 동전으로도 가능합니다. 동전에는 앞면과 뒷면이 있습니다. 임의로 한 면을 양, 다른 면을 음이라 상정하고 동전 세 개를 한 차례 흔든 뒤 바닥에 던집니다. 만약 그 중 두 개가 음이고 한 개가 양이라면 양을 위주로 하여 '•'라 기록합니다. 이 표시는 양효를 의미합니다. 『역경』의 이치에 따르면 "양괘에는 음이 많기〔陽卦多陰〕" 때문입니다. 이 외에도 일반적으로 "적은 것이 귀한 것"입니다. 예를 들어 천풍구(天風姤)☰라면 음효를 위주로 삼는 것과 같습니다. 보통의 경우라 하더라도 여섯 사람 중 다섯 사람이 남자이고 한 사람이 여자라면 이 여자가 왕이 될 것입니다. 다섯 남자가 모두 이 여자 말을 들을 것입니다. 이것이 사물의 이치입니다. 만약 동전을 던져 두 개가 양이고 한 개가 음이라면 이것은 음효로서 'ㆍㆍ'라 표기합니다. 만약 세 개의 동전 모두가 양이라면 'ㅇ'라 표기하는데 이것은 동효(動爻)입니다. 곧 음으로 변하려고 하는 것입니다. 양이 극에 이르면 음으로 변하기 때문입니다. 만약 세 개가 모두 음이라면 'ㅡ'라 표기합니다. 음에서 양으로 변하려는 동효입니다. 이렇게 계속 여섯 번을 행하면 육효가 완성됩니다. 괘는 아래에서부터 위로 올라가며 그립니다. 제일 처음으로 만들어진 효가 초효, 그다음이 이효, 그다음이 삼효 하는 식입니다.

  동전으로 괘를 뽑는 이 방식은 진한(秦漢) 이후에 시작된 것입니다. 점으로 밥 벌어먹는 사람들은 고의로 신비롭게 하여 더 영험한 것처럼 하지만 사실 스스로 활용해 보면 더 간단하고도 영험한 방법을 찾을 수 있습니다. 그러나 이것이 과연 착오 없이 제대로 들어맞을 수 있는가 하는 문제는 심령학과 연계된 부분입니다. 좀 더 간단한 방법으로서 숫자 세 개만 있으면 점을 칠 수 있습니다. 만약 그것이 "1, 2, 3" 세 숫자라면 1은 건(乾), 2는 태(兌)로서, 건은 천(天)으로 위에, 태는 택(澤)으로 아래에 위치해 천택리(天澤履)괘가 될 것입니다. 세 번째 숫자 '3'은 천택리괘의 제삼효가 동효라는 것을 말합니다. 만약 세 숫자가 "1, 2, 4"라면 천택리괘의 제사효가 동효가 되겠지요. 점에서는 주로 동효를 봅니다. 어떤 일이 아무 변화없이 지속된다면 물어볼 필요도 없습니다. 그러나 일단 움직이기 시작하면 길흉회린의 결과가 나타납니다. 이 때문에 동효상에서 그 길흉을 보는 것입니다.

예지와 신통 및 현대 심령학

　점이 과연 영험한가 하는 문제는 또 다른 영역과 관련 있습니다. 만약 이 방향으로만 연구해 들어가도 수많은 학문이 파생될 것입니다. 불교에서는 신통을 다섯 종류로 나눕니다. 첫째는 '보통(報通)'이요 둘째는 '수통(修通)'입니다. 수통은 정좌나 연공(練功), 최면술이나 요가 등을 닦아서 이룬 것입니다. 어떤 나라에서는 이런 훈련 과정을 아주 중시해 최고의 국방 기밀로 삼기도 합니다. 많은 돈을 투자해 초능력을 가진 사람을 양성하고 그 사람을 이용해 다른 나라의 정보를 빼냅니다. 이것 역시 수통에 해당합니다. 그런데 이 국가가 잘못된 정보를 얻기 시작하면서부터 다른 경쟁국 역시 이런 종류의 '심령학' 연구에 이미 성공을 거둔 것으로 판단했습니다. 여기서 말하는 '심령학'이란 사실 수통을 조금 과학적으로 설명한 것에 불과합니다. 장자가 "조삼모사(朝三暮四)"라고 비유했듯이 이름만 바꾼 것인데도 뭔가 색다른 것인 양 착각하는 것입니다. 후에 이 나라는 다른 나라가 자기 나라의 많은 기밀을 알고 있다는 것을 파악하고 다시 적지 않은 돈을 투자하여 이 방면의 연구를 전담하는 새 기구를 만들었는데, 그 성취 또한 적지 않았습니다. 사실 상대 국가는 원래 이런 데 관심이 없었지만 그들의 극비 자료가 새어나가기 시작하자 매우 쓸모 있다는 것을 느끼고 연구하기 시작했던 것입니다. 지금은 이들 모두가 연구에 몰두하고 있습니다. 셋째는 '귀통(鬼通)'이요 넷째는 '요통(妖通)' 그리고 다섯째는 '의통(依通)'입니다. 사주를 보거나 점을 치는 것 등은 모두 의통에 속합니다. 의통이란 어떤 사물에 의존하는 것입니다. 어떤 수리나 숫자, 빛에 의존하기도 하고 어두운 곳을 이용하기도 하며, 혹은 인간의 뇌파를 이용해 특정 광도나 음향에서 상당한 정도에 도달하기도 하는데, 이들이 모두 의통입니다.

점치는 또 다른 방법

점치는 방법은 아주 많습니다. 만약 그 원리를 알지 못하고 단지 신비한 것으로만 생각한다면 평생 가야 감히 그 방법을 바꾸려 하지 못할 것입니다. 이제 점을 즐기는 젊은 사람들을 위해 열두 가지 숫자를 이용하는 새로운 방법을 알려 드릴까 합니다. 열두 개의 숫자 중 먼저 임의로 하나를 선택하면(선천괘의 괘수 즉 건1, 태2, 리3, 진4, 손5, 감6, 간7, 곤8이 활용됨) 이것이 외괘가 됩니다. 마찬가지로 두 번째 숫자는 내괘가 되며 세 번째 숫자는 동효가 됩니다. 예를 들어 세 개의 숫자가 '1, 2, 3'이라면 외괘는 건1, 내괘는 태2가 되어 천택리(天澤履)괘가 되며 제삼효가 동효입니다. 또 숫자가 '1, 2, 6'이라면 천택리괘의 상효가 동효입니다. 만약 마지막 숫자가 6을 초과하면 어떻게 될까요? 9는 여섯 효가 모두 동하는 것이요 10은 여섯 효가 모두 동하지 않는 것이며, 7은 세 개의 효가, 11은 다섯 개의 효가, 12는 네 개의 효가 동하는 것을 나타냅니다.

동효의 판단법

동효의 판단법은 이렇습니다.

여섯 효가 모두 움직이지 않을 때는 본괘의 괘사로써 판단합니다.

한 효가 동하면 동효의 효사로써 판단합니다.

두 효가 동하면 음효의 효사로써 판단합니다. 대개 "양은 과거를 주로 하고 음은 미래를 주로 하기〔陽主過去, 陰主未來〕" 때문입니다. 만약 천풍구(天風姤)☴의 초육과 구오의 두 효가 동한다면 초육효로써 판단하고 구오효는 참고로 삼습니다. "양은 과거를 주로 하고 음은 미래를 주로 한다"라는 이 말 속에 큰 학문이 들어 있습니다.

움직이는 두 효가 모두 양효이거나 음효라면 위의 효로써 판단합니다. 만약 기제괘☵의 초구와 구오 두 효가 움직인다면 구오효의 효사로써 판단합니다.

세 효가 동하면 동하는 세 효의 중간 효로써 판단합니다. 만약 건괘☰의 구이, 구사, 구오효가 모두 동한다면 구사효의 효사로써 판단합니다.

네 효가 동한다면 아래에 있는 정효(靜爻)로써 판단합니다. 예를 들어 화수미제괘☲에서 구이, 육삼, 구사, 육오의 네 효가 모두 동한다면 초육효의 효사로써 판단합니다. 만약 ☷ 초육, 육삼, 구사, 육오의 네 효가 동한다면 구이효의 효사로써 판단합니다.

다섯 효가 동할 때는 정효의 효사로써 판단합니다.

여섯 효가 모두 동할 때, 만약 그 괘가 건 또는 곤이라면 '용구(用九)' 혹은 '용육(用六)'의 사(辭)로써 판단합니다. 예를 들어 건괘의 여섯 효가 모두 동한다면 "뭇 용의 머리가 없으니 길하다〔群龍無首, 吉〕"라는 용구의 사(辭)로써 판단하는 것입니다.

건곤 양 괘 외 기타 괘에서 여섯 효가 모두 동할 때는 그것이 속한 팔궁괘의 단사(彖辭)로써 판단합니다. 예를 들어 천풍구괘☴에서 여섯 효가 모두 동한다면 건괘의 단사로써 판단합니다. 구괘는 팔궁괘의 건궁에 속하며 건괘로부터 변해 온 것이기 때문입니다.

옛사람들은 의심스러운 것이 있으면 점을 치고 의심스러운 것이 없으면 점을 치지 않는다고 했습니다. 어떤 일이 동쪽으로 가도 옳을 것 같고 서쪽으로 가도 옳을 것 같은데 어느 한쪽을 선택해야 할 경우라면 상당히 난감할 것입니다. 이럴 경우에 비로소 점을 칩니다. 만약 자신의 지혜로써 해결할 수 있는 문제라면 마땅히 지혜로써 해결합니다. 그럴 때는 점을 칠 필요가 없습니다.

이상에서 말한 것은 점치는 방법 중 하나입니다. 동전 등 점을 칠 도구가 전혀 없는 상태에서 단지 열두 개 숫자만으로 점을 칠 수 있다는 것입니다. 그러나 이것을 장난처럼 생각해서는 안 됩니다. 자기에게 신심이 없는 경우는 영험하지 않습니다. 이것은 정신에 관련된 문제로서 종교철학의 영역이라 할 수 있습니다. 사람은 진정으로 어려운 난관에 봉착했을 때에야 자신의 지혜나 잠재 에너지가 발휘되어 나옵니다. 이것은 신앙의 문제가 아니라 일종의 지혜의 학문입니다. 결코 미신에 빠져서는 안 됩니다.

하도 낙서의 문화적 연원

동그란 점으로 그려진 다음 두 그림이 바로 하도(河圖)와 낙서(洛書)입니다. 이들은 마작이나 장기 또는 바둑의 선조라 할 수 있습니다. 마작이나 장기, 바둑이 비록 작은 도(道)이긴 해도 모두 이 두 그림과 관계가 있습니다.

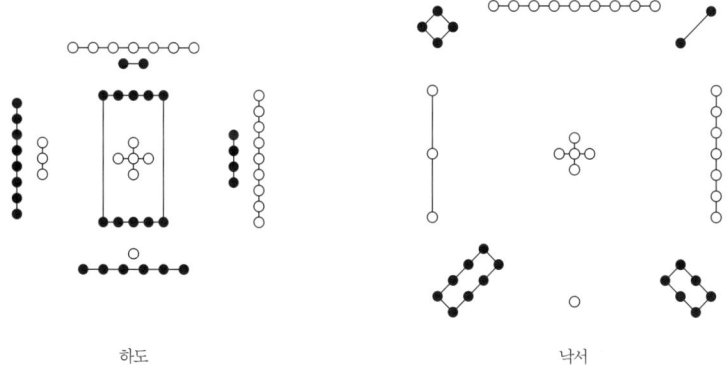

하도   낙서

하도와 낙서는 동양 사상 중에서도 신화적인 부분에 속합니다. 전설에 따르면 우임금은 물을 다스리는 과정에서 많은 어려움에 봉착했습니다. 그런데 황하 상류의 물 속에서 말 한 필이 나왔습니다. 고인들은 이 말에 신비적 색채를 보태 용마(龍馬)라 불렀습니다. 용마의 등에는 그림이 있었는데 동그란 점으로만 이루어져 있었습니다. 그래서 이 그림을 하도라 했습니다. 이 그림으로부터 수학적 방법과 관념이 나왔습니다. 그렇지만 고대의 신화는 일반 학설의 이치와는 전혀 다릅니다. 신화에서는 우임금이 이 하도를 얻음으로써 귀신을 부릴 수 있게 되어 치수 문제를 완전히 해결할 수 있었다고 합니다. 그 후 또 낙수에서 한 마리 검은 거북이가 나왔습니다. 그 거북이의 등에는 또 다른 그림이 새겨져 있었는데 이 그림을 낙서라 합니다. 이 두 그림이 결합되면서 수리철학과 그 응용 학설이 나왔습니다. 이것이 전통적인 견해입니다. 그러나 당송 이후 일반 학자들은 모두 이런 설법에 회의적인 태도를 취했습니다. 현대에 이르러 이 태도는 더욱 강화되어 이들 두 그림이 아무 의미도 없는 조작된 신화일 것이라 생각하게 되었습니다. 그렇다면 현대 학자들은 무엇을 근거로 이 두 그림을 아무 의미도 없다고 주장하는 것일까요? 그것 역시 근거를 대기 힘든 것입니다. 단지 이런 유의 견해를 믿지 못하겠다는 것일 뿐입니다.

주지하다시피 중국 문화는 대략 춘추 전국 시대까지만 하더라도 통일되지 못했습니다. 비단 언어뿐 아니라 문자나 교통, 경제 및 각 지역의 사회 형태까지도 통일되지 못했습니다. 주나라의 통치 체제 즉 중앙은 천자가 다스리고 각지에 제후를 봉해 나누어 다스리는 방식 역시 통일되지 못했습니다. 진한(秦漢) 이후의 통일 국면과는 사뭇 달랐던 것입니다. 흔히 우리가 역사를 연구하면서 후세의 정치 형태와 사회 형태에 입각해 고대인들을 평가하나 이건 잘못되어도 한참 잘못되었습니다. 공자가 정리한 사서오경을 보아도 요임금 이전의 역사에 대한 문자 자료는 대단히 구하기 어려웠다는 것을 알 수 있습니다. 문자에 의거할 수 있었던 시기는 요임금 이후였기 때문에 이것을 정리하여 『상서(尙書)』라는 책을 남겼던 것입니다. 이 자료에 따르더라도 요순우 3대는 문화 구역이 서로 달랐다는 것을 알 수 있습니다. 이들보다 훨씬 이전에 살았던 황제의 그 유명한 탁록(涿鹿) 전투도 바로 황하 상류의 북부 곧 하북(河北)의 북부 지역에서 일어났습니다. 이때는 북방 문화로서 후에 주나라 문화에 이르러서야 대략 황하 이남에까지 이르게 되었습니다. 중국의 문화는 북으로부터 남으로 이동해 왔습니다. 크게는 서북에서부터 동남으로 이동되었고 지엽적으로는 북에서부터 남으로 이동되었습니다. 예를 들어 강남(江南)의 문화라면 진(晉)나라 이후 북방으로부터 서서히 이동해 왔습니다. 어느 역사에서든 진정으로 한 시대를 융성하게 할 수 있었던 통치자는 모두 북방에서 일어난 이들입니다. 그리고 그 중에서도 도시 지역 출신은 아주 적으며 대다수는 시골 출신들입니다. 이것은 철학적 문제와도 깊은 관계가 있습니다.

우리는 이제 중국 문화가 황하 상류로부터 발전되어 왔다는 것을 알았습니다. 이렇게 볼 때 우리는 하도와 낙서의 두 문화 계통이 서로 다른 지역에서 발생했다는 것을 뚜렷이 알 수 있습니다. 하나는 북방으로서 황하 상류요, 또 하나는 남방으로서 황하 남단인 낙양(洛陽) 일대입니다.

천문학의 관점에서 본 하도

이 두 그림을 연구하는 것이 무슨 의미가 있을까요? 여기에 반대하는 사람들은 이 두 그림이 마치 어린애들 그림처럼 아무 이치가 들어 있지 않다고 생각합니다. 그렇지만 과연 아무 이치도 없는 그림이 수천 년 동안 사람을 속일 수 있었을까요? 그것도 아주 뛰어난 사람들만을요? 만약 그렇다면 그 고명한 속임수 역시 연구 대상이 될 만합니다. 하나의 가설입니다만 저는 이 그림이 아주 간략화된 과거의 천문도(天文圖)가 아닌가 생각합니다. 그렇다면 어떤 별자리를 가리키는 것일까요? 주지하다시피 천문학에도 몇 가지 영역이 있습니다. 성상학(星象學) 역시 천문학의 한 분야입니다. 성상학은 다시 두 종류로 나뉘는데, 하나는 하늘의 별자리를 논하는 것이요 다른 하나는 말하자면 '추상적 성상학'이라 할 수 있는 것입니다. 고대의 이집트나 인도, 중국 및 대서양 일대의 문화, 그리고 현재 새롭게 밝혀지고 있는 남미 일대의 별자리 문화가 모두 이 추상적 성상학의 영역에 속합니다. 추상적 성상학은 천문의 성상(星象)을 인체와 연관시켜 연구했습니다. 이것이 나중에 점성술로 발전했습니다. 과거에는 이것을 연구하는 사람들을 '성상가(星象家)'라 칭했습니다. 이는 인간의 운명을 판단하는 원리가 모두 별의 모습[星象]으로부터 온다는 것을 말하고 있습니다. 지금은 미국에도 성상학이란 신흥 학문이 생겼습니다. 칠팔 개 대학에서 이미 점성술에 관한 강좌를 개설해서 세계 각국의 점 문화에 대해 정식으로 연구하기 시작했습니다. 아직은 정식 학위가 없지만 이미 각국에서 이 영역의 전문가들을 초빙하여 강의를 시작했습니다. 가설입니다만 우리가 살펴보고 있는 하도와 낙서도 고대인들이 단순화하고 종합화한 성상도(星象圖)입니다. 만약 이 방면으로 연구한다면 그 속에서 많은 이치를 발견할 수 있을 것입니다. 『역경』의 상수 방면에서 이 그림을 해석하는 것과는 사뭇 다를 수 있습니다.

상수 방면에서의 해석도 대단히 현묘합니다. 이 현묘한 방법으로부터도 많은 것을 도출해 낼 수 있습니다. 예를 들면 하도의 아래쪽을 "천 일은 수를 낳고 지 육은 그것을 완성한다[天一生水, 地六成之]"라고 하고, 맞은편 그러니까 위쪽을 "지 이는 화를 낳고 천 칠은 그것을 완성한다[地二生火, 天七成之]", 왼쪽을 "천 삼은 목을 낳고 지 팔은 그것을 완성한다[天三生木, 地八成之]", 오른쪽을 "지 사는 금을 낳고 천 구는 그것을 완성한다[地四生金, 天九成之]", 중앙을 "천 오는 토를 낳고 지 십은 그것을 완성한다[天五生土, 地十成之]"라고 하는데, 우리는 이전에 단지 이 구절을 외우기만 했을 뿐 어떤 원리인지는 도대체 알 수 없었습니다. 이것을 과학이나 철학의 측면에서 연구하자면 실로 방대한 문제가 아닐 수 없습니다. 예를 들어 봅시다. 전 세계의 문화는 종교를 제외하고는 우주의 시작에 대해 두 가지 관점을 벗어나지 않습니다. 하나는 유심적 관점이요 또 하나는 유물적 관점입니다. 유물적 관점은 지구의 형성이나 우주의 시작에서 최초의 물질을 물이라 생각합니다. 이후 지질학자들은 완전히 물리학적 관점에 입각해서 지구의 형성을 설명합니다. 즉 처음 우주 가운데 한 방울의 진흙탕 같은 물이 있어서 수없이 긴 시간을 회전하면서 점차 응결되어 커졌다는 것입니다. 『역경』에서 말하는 "천일생수 지육성지(天一生水, 地六成之)"란 설명도 마찬가지 이치입니다. 물이란 첫 시작이며 지구가 형성된 후에는 지육(地六)으로써 그것을 완성합니다.

춘추 시대 이전에는 시간과 공간에 대한 관념이 서양과는 달랐습니다. 당시 서양에서는 사방(四方)을, 그리고 인도에서는 십방(十方)을 공간의 방위로 삼았습니다. 중국에서는 춘추 시대 이전 육방(六方)을 공간의 방위로 삼았습니다. 이것은 장자로부터 나온 것으로 동서남북에다 상하를 합친 것입니다. 이것을 알고서 하도와 낙서를 살펴보면 결코 아무렇게나 한 말이 아니라는 것을 알 수 있습니다. "천일생수 지육성지"는 결코 미신이 아닙니다. 이것은 우주의 첫 시작이 물이며, 지구가 형성된 이후는 공간이 사방과 상하로 이루어진다는 것입니다. 그렇지만 물론 이것은 추론이지 확정적인 것은 아닙니다. 고대 과학에 대해 말이 나온 김에 하는 말입니다만 고대 과학은 대부분 도가 사상 속에 들어 있었습니다. 주지하다시피 뉴턴이 만유인력을 발견한 뒤 세계 과학이 한 번 바뀌었고, 아인슈타인이 상대성 이론을 정립한 후 뉴턴 역학이 수정됨으로써 현대의 문화가 나타났습니다. 우리가 비록 지구를 떠나 우주 속으로 간다 하더라도 뉴턴의 만유인력 법칙은 여전히 존재합니다. 사실 어느 별이든 모두 인력이 있기 때문에 서로 균형을 유지하며 제자리에서 회전할 수 있습니다. 우주 공간 속의 수많은 별들은 마치 무대 위에서 재주를 부리는 사람이 던지는 많은 공과 같아서 시간과 속도뿐 아니라 위치와 힘이 모두 적절히 조절됨으로써 서로 부딪히지 않습니다. 그렇다면 우주 속의 별들은 누가 이렇게 던

진 것일까요? 이 문제에 대한 답은 아직 인류가 찾지 못했습니다. 지금 막 찾고 있는 중입니다. 이런 자료들을 모아 다시 하도 낙서를 연구한다면 그 속에 많은 이치가 내재되어 있음을 알 수 있습니다.

왜 "지이생화 천칠성지(地二生火, 天七成之)"라고 했을까요? 그림의 아래쪽에 검은 점이 두 개 있는데 검은 점은 음입니다. 음이란 이미 물질을 이룬 것이며 양은 아직 물질을 이루지 못한, 다시 말해 현대 과학에서 말하는 에너지 상태와 같은 것입니다. 작용은 있지만 볼 수 없는 것입니다. 이것이 그림에서는 흰 점으로 표시되어 있습니다. "지이생화(地二生火)", 고대에도 역시 땅 속에 불이 있다고 생각할 수 있었겠지요. 당시에도 화산폭발 현상이 존재했기 때문입니다. "지이생화"라 한 것도 이 때문입니다. 그러나 이 해석은 그럴듯하긴 하나 사실과는 다릅니다. 이런 해석은 한 시대 이전의 것으로 이미 낡았습니다. "지이생화"란 지구가 형성된 후 회전하고 마찰함으로써 발생한 전기에너지를 말합니다. 그런 후에 "천칠성지(天七成之)"합니다. 이것은 우주에서의 지구의 위치가 북두칠성, 이른바 큰곰자리와 연관성 있는 것과 관련 있습니다. 고대의 천문지리는 북두칠성과 분리해서 생각할 수 없습니다. 그래서 고대인들은 북두칠성을 황제의 별자리라고 생각했습니다. 이 속에는 정치철학과 과학 그리고 천문학 등과 관련된 또 다른 이치가 내재되어 있습니다.

낙서와 우임금의 치수

낙서는 낙수에서 떠올랐다고 하는 검은 거북이 등에 그려진 그림입니다. 전하는 바에 따르면 우임금이 하도와 낙서를 보고 영감을 얻어 중국의 물난리를 해결할 수 있었다고 합니다. 중국 문화의 발전 과정에서 가장 공로가 컸던 사람이 바로 우임금입니다. 그가 물난리를 해결한 뒤 중국은 비로소 농업 국가로서 터전을 닦아 이후 수천 년을 내려올 수 있었습니다. 우임금의 치수 작업은 그야말로 시대에 획을 긋는 작업이었습니다. 그런데 이 획기적 작업의 아이디어가 바로 하도 낙서의 계시로부터 나왔던 것입니다. 낙서의 그림은 바로 거북 등껍질 모양입니다. 고대에는 "구를 머리에 쓰고 일을 밟으며, 왼쪽은 삼 오른쪽은 칠, 이와 사는 두 어깨죽지가 되고, 육과 팔은 두 다리가 된다〔戴九履一, 左三右七, 二四爲肩, 六八爲足〕"라는 노래로써 그림 중의 점들을 설명하곤 했습니다. 머리 위는 구요 아래는 일이며, 왼쪽은 삼이요 오른쪽은 칠로서, 이들은 모두 양수로서 사방을 점하고 있으며 흰 점으로 표시되어 있습니다. 또 다른 사각형이 하나 있는데, 위쪽 오른쪽이 두 점이요, 왼쪽이 네 점으로서 마치 어깨죽지와 같고, 아래쪽 오른쪽이 여섯 점, 왼쪽이 여덟 점으로 마치 두 다리와 같습니다. 이들은 모두 음수로서 검은 점으로 표시되어 있습니다. 그리고 오는 한가운데 위치합니다. 이것이 낙서의 숫자입니다. 낙서의 숫자 배열은 후천의 용(用)이며, 하도의 수리는 선천의 체(體)입니다.

전해 내려오지 않은 비결

이 두 그림의 숫자와 방위를 숙지하고 난 후 다시 낙서를 문왕의 후천팔괘도와 비교해 보면, 앞에서 언급했던 "1은 감이요 2는 곤, 3은 진이요 4

는 손, 5는 가운데요 6은 건, 7은 태요 8은 간에 9는 리〔一數坎兮二數坤, 三震四巽數中分, 五寄中宮六乾是, 七兌八艮九離門〕"의 이치를 곧 알 수 있을 것입니다. 이전에 역수(易數)로 점을 치던 사람들은 그 비결을 사람들에게 알리려 하지 않았습니다. 그러나 솔직히 말해 이런 비결을 전해 받은 사람들도 그것을 제대로 이해할 수 없었던 것입니다. 책에서는 그렇게 말하고 있지만 왜 그렇게 말하는지 전혀 알 수가 없었을 것입니다. 문제는 팔괘의 사용에 있습니다. 팔괘는 문왕의 후천팔괘를 사용합니다. 낙서의 숫자를 후천괘의 방위와 결합하여 점복(占卜)에서 그것이 옳은지 그른지만을 보았던 것입니다.

어떤 사람들은 『역경』 연구가 아주 어렵다고 하는데 그것은 『역경』의 기호에 너무 빠져 버렸기 때문입니다. 더욱이 이전에는 오랫동안 연구해 얻은 성과를 다른 사람에게 전하려 하지 않았습니다. 감추어 두고 즐기려 했기 때문입니다. 이렇게 하다 보니 어렵게 습득한 방법들이 없어져 버려 후인들은 다시 심혈을 기울여 그것을 찾아야만 했습니다. 이렇게 해서 얻은 것들을 다시 감추고 하는 식으로 수천 년을 내려왔습니다. 제가 생각하기에 『역경』은 과학입니다. 과학상의 최고 원리입니다. 이것을 점이나 풍수를 보는 데 국한할 것이 아니라 우주의 법칙으로서 활용해야 합니다. 『역경』을 배워 통한다면 우주공학 등 새 학문에도 많은 기여를 할 수 있을 것입니다.

「계사전」, 공자의 『역경』 연구 보고서

「계사전」 상하 두 권은 공자가 지은 것으로 전해지고 있습니다. 여러분이 유의해야 할 것은, 공자가 오십 세가 되어서야 비로소 『역경』을 공부하기 시작했다는 점입니다. 그래서 그는 "오십에 이르러 천명을 알게 되고, 육십에 이르러 아무것도 귀에 거슬리지 않았으며, 칠십에 이르러 마음 내키는 대로 해도 법도에 어긋남이 없었다〔五十而知天命, 六十而耳順, 七十而從心所欲不踰矩〕"라고 한 것입니다. 심혈을 기울여 『역경』을 이십여 년 공부한 결과 마침내 도를 얻었다는 것입니다. 어떤 사람들은 「계사전」이 공자의 저술이 아니라는 것을 고증하려고 합니다. 저는 고증을 무척 중시하긴 하지만 여기에 매달리지는 않습니다. 고증을 통해 시비를 판단하기가 여간 어렵지 않기 때문입니다. 저는 이런 생각을 갖고 있습니다. 예를 들어 어제 제가 직접 행한 일이라도 오늘 그것을 말하고자 하면 다소 모호한 데가 있는 법입니다. 한 덩이 진흙을 가지고 수천 년 전의 상황을 고증한다면 무슨 소리를 하든 상관없을 겁니다. 누가 그것을 틀렸다고 자신 있게 말할 수 있겠습니까? 「계사전」이 공자의 것이다 아니다 하는 것은 사실 부차적인 문제입니다. 중요한 것은 그 내용입니다. 그리고 한 가지 유의해야 할 것은 「계사전」의 문장이 지극히 아름답다는 사실입니다. 옛사람들은 이것을 공자가 직접 쓴 것으로 생각해 왔습니다. 문장이 간결하고 핵심을 찌르면서도 아주 아름답습니다. 한 자 한 자가 많은 의미를 담고 있으면서도 읽기가 아주 매끄럽습니다.

하늘은 존엄하고 땅은 가까우니 건과 곤이 정해진다. 가깝고 존엄한 것이 위아래로 배열되니 귀하고 천함이 생긴다. 동과 정에는 변하지 않는 규칙이 있어 강함과 부드러움이 확연히 구별된다. 지역에 따라 종이 달라지며, 다양한 종들이 각기 다른 사회를 이룸으로써 길흉이 생겨난다. 하늘에는 천체의 현상이, 땅에는 구체적인 형질이 나타남으로써 그 사이에서 변화가 드러난다.

天尊地卑, 乾坤定矣; 卑高以陳, 貴賤位矣; 動靜有常, 剛柔斷矣; 方以類聚, 物以群分, 吉凶生矣; 在天成象, 在地成形, 變化見矣.

위의 문장은 아름다울 뿐 아니라 내포된 의미도 아주 깊습니다. 제자들이 쓴 『논어(論語)』 문장과 비교해도 상당한 차이가 있습니다. 공자의 「계사전」은 노자의 『도덕경(道德經)』과 마찬가지로 문학적으로 아름다울 뿐 아니라 수많은 철학적 과학적 이치가 내재되어 있습니다.

하늘은 존엄하고 땅은 가까워 건곤이 정해진다

첫 이치는 "하늘은 존엄하고 땅은 가까우니 건과 곤이 정해진다〔天尊地卑, 乾坤定矣〕"라는 것입니다. 존(尊)과 비(卑)는 서로 대립하는 개념이지만, 존이라고 해서 권력이나 부를 말하는 것이 아니요 비라고 해서 비천한 것을 의미하지도 않습니다. 이것은 알 수 없는 우주에 대한 인간의 감정이나 생각을 가리킵니다. 옛사람들은 하늘이 아주 존귀하다고 생각했습니다. 이는 마치 등산가들이 높은 산을 정복하고서 내뱉는 찬탄과도 같습니다. 이것이 '존(尊)'의 진정한 의미입니다. 멀고 클수록, 그리고 파악하기 힘들수록 우리는 더욱 그것을 존귀하게 여깁니다. 우리는 잠시라도 땅을 떠날 수 없습니다. 그렇기 때문에 땅은 우리와 아주 가깝고 친근합니다. '비(卑)'란 이처럼 아주 친근하고 가깝다는 뜻입니다. 이 속에는 많은 이치가 내포되어 있습니다. 사람의 심리란 멀거나 파악하기 어려운 것, 눈에 잘 보이지 않는 것을 좋은 것이라 생각합니다. 이상이 영원히 아름다운 것도 이 때문입니다. 희소할수록 또 얻기 어려울수록 사람들은 그것을 더욱 높게 칩니다. 아주 흔한 것은 대수롭지 않게 생각합니다. 남녀관계만 해도 그렇습니다. 손에 넣기 힘든 여자는 영원히 아름답고 좋아 보입니다. 그러나 일단 결혼이라도 하면 상황은 달라집니다. 이것은 인지상정입니다.

"건곤정의(乾坤定矣)", 옛날에는 사람들이 결혼을 축하하면서 이 말을 했습니다. 이전에는 결혼할 때 신랑 신부의 사주를 적어 점쟁이에게 보냈는데 잘 맞으면 "건곤정의"라고 했던 것입니다. 그러나 이 말은 잘못 사용된 것입니다. '건(乾)'과 '곤(坤)'은 엄밀하게 말하면 두 괘의 이름으로서 건은 높고도 먼 하늘을, 곤은 친근하고도 가까운 땅을 나타냅니다. 이처럼

"천존지비 건곤정의"란 『역경』에서의 학리적 설명일 뿐입니다. 그런데도 옛사람들은 마치 복희씨가 역을 그린 이후 천지가 시작된 것처럼 착각했습니다. 이 점은 서양 종교에서도 마찬가지입니다. 서양에서는 하느님이 세계를 창조했다고 하는데, 이것은 마치 반고(盤古)가 한 획을 주욱 긋자 천지가 나누어졌다는 말과 다를 바 없습니다. 진정한 의미는 건곤 양 괘가 하늘과 땅이라는 두 자연현상을 대표하고 있다는 것입니다. 왜 이렇게 해석해야 할까요? 이어서 "비고이진 귀천위의(卑高以陳, 貴賤位矣)"라는 구절이 나오기 때문입니다. 이것은 앞 구절을 부연 해석한 것입니다. '비(卑)'란 지구처럼 그렇게 친근한 것이고 '고(高)'란 멀고도 먼 우주와 같은 것입니다. '이진(以陳)', 이렇게 높고 먼 것과 가까운 것이 우리의 눈앞에 펼쳐짐으로써 사람들의 마음속에는 멀고 파악하기 어려운 것을 귀하게 여기고 친근한 것을 대수롭지 않게 여기게 되었다는 것입니다. 또 이로 인해 건곤 양 괘가 서로 다른 위치에 자리 잡게 되었다는 것입니다. 이치는 바로 여기에 있습니다.

동정에는 규칙이 있어 강유로써 변화를 판단한다

동과 정에는 변하지 않는 규칙이 있어 강함과 부드러움이 확연히 구별된다.
動靜有常, 剛柔斷矣.

장래 『역경』의 상수를 연구하려면 반드시 동정(動靜)과 강유(剛柔)라는 네 글자를 머릿속에 기억하고 있어야 합니다. '동정(動靜)'이란 음양입니다. 즉 동은 양이고 정은 음입니다. '강유(剛柔)'란 눈으로 볼 수 있는 것입니다. 입술과 치아를 예로 든다면 치아는 단단한 것으로 강(剛)이며, 입술은 부드러운 것으로 유(柔)입니다. 실제로 동정과 강유에는 두 층차의 이치가 포함되어 있습니다. 동정은 지구가 형성되기 이전, 즉 물질이 형성되기 이전의 세계에서 움직였다 멈췄다 하는 현상입니다. 두 개의 상반된 역량이 서로 뒤섞여 있습니다. 그러다 구체적인 물질세계에 이르면 강유가 됩니다. 이른바 "동정유상(動靜有常)"이라는 것은, 우주의 어떤 법칙도 태양과 지구와 달과 같은 우주의 운동이거나, 인류의 사상이나 감정의 변화이거나, 또는 국가대사의 추세라 할지라도 결코 맹목적으로 진행되지 않는다는 것입니다. 따라서 우리가 미래에 대해 전혀 알 수 없는 것은 『역경』을 이해하지 못하기 때문입니다. 만약 『역경』을 이해한다면 미래의 대강은 알 수 있습니다. "동정유상(動靜有常)", 어떤 하나의 원칙을 벗어나지 않기 때문입니다. 예를 들면 아이가 자랄 때 아무리 빨리 자라더라도 하루에 한 살씩 먹을 수는 없는 것과 같습니다. "동정유상"이란 물질 이전 세계의 동정에 일정한 틀이 있다는 것을 말합니다. 과학을 배운 사람은 잘 알겠지만 원자의 변화에는 일정한 규칙이 있습니다. 배열되는 방식에 따라 다른 현상이 나타납니다. 일정한 시간이 경과하면 일정한 변화가 발생합니다. 이런 정해진 궤적은 어길 수 없습니다. "강유단의(剛柔斷矣)"의 '단(斷)'이란 '절단'의 '단'이 아니라 단정, 판단, 결단이라 할 때의 '단'입니다. 즉 강유가 있으면 물질세계 일체의 변화를 판단해 낼 수 있다는 것입니다.

지역에 따라 종이 달라져 무리를 이룬다

지역에 따라 종이 달라지며, 다양한 종들이 각기 다른 사회를 이룸으로써 길흉이 생겨난다.

方以類聚, 物以群分, 吉凶生矣.

이 '방(方)' 자에 대해서는 여러 해석이 있습니다. 고대의 방 자는 마치 원숭이가 쭈그리고 앉아 있는 듯한 모습이었습니다. 그래서 어떤 사람은 "방이유취(方以類聚)"를 해석하면서 마치 원숭이처럼 여기저기 한 무리씩 모여 있는 것이라고도 했습니다. 이것은 물론 "방이유취"의 진정한 의미는 아닙니다. '방(方)'은 공간이나 방위를 가리킵니다. 역학을 공부할 때는 시간과 공간에 대해 주의를 기울여야 합니다. 이것은 오늘의 과학적 정신이기도 합니다. 과거에는 공간을 '위(位)'라 했습니다. 이 위 자는 '공간'에 비해 훨씬 좋습니다. 『역경』을 이해하고 난 뒤 어떤 일을 처리하고자 하면 도처에 '위'의 요소가 있음을 알 수 있을 것입니다. 예를 들어 지금 우리가 있는 이 땅을 한번 생각해 봅시다. 오십여 년 전 이 땅은 거의 황무지나 다를 바 없었습니다. 그러나 오십 년이 지난 지금 이 땅은 비록 금싸라기라 할 수는 없어도 은싸라기 정도가 되기에는 충분할 것입니다. 바로 위(位)의 작용입니다. 어떤 사정이든 설사 아주 훌륭한 계획이라 할지라도 너무 이르거나 늦으면 실현될 수 없습니다. 반드시 적합한 시기에 나와야만 실현될 수 있습니다.

그뿐 아니라 시간적인 요소 외에도 위치가 있습니다. "방이유취", 같은 방위의 사람은 개성이나 정서가 다른 곳과는 다릅니다. 사람뿐 아니라 동

식물도 그러합니다. 대만의 고산에서 자라는 식물은 대륙의 비슷한 기온에서 자라는 식물과 생김새는 비슷할지 몰라도 맛은 전혀 다릅니다. 방위가 다르기 때문입니다. 이것이 바로 "방이유취"입니다. "물이군분(物以群分)"이란 한 무리 한 무리 나누어지는 현상입니다. 여기에서 길흉이 생깁니다. 『역경』을 공부한 사람이라면 알 것입니다. 세상의 미래는 오직 두 가지밖에 없습니다. 길하지 않으면 흉합니다. 좋지 않으면 나쁩니다. 일 년 내내 사업을 하면서 한 푼도 손해 보지 않으면서 한 푼도 벌지 않았다는 것은 있을 수 없습니다. 옛날 어떤 사람이 바깥 대문 문턱에 걸터앉아 점치는 사람에게 자기가 문 안으로 들어갈 것인지 아니면 나갈 것인지 맞춰 보라고 했습니다. 점치는 사람을 골려 주려는 것이었습니다. 그러나 저 같으면 자신 있게 대답하겠습니다. 들어가지 않으면 나갈 것이라고요. 우스갯소리 같지만 이 속에는 그 나름의 이치가 있습니다. 길흉이란 모두 사람의 심리에서 나옵니다. 왜 그러냐고요? "방이유취 물이군분(方以類聚, 物以群分)", 한 무리의 사람과 다른 무리의 사람 간에 이익이 충돌할 때 길흉이 드러나기 때문입니다. 여기에 이르러 『역경』의 운용 원칙이 드러납니다. 그렇다면 과거와 미래를 과연 어떻게 알 수 있을까요?

> 하늘에는 천체의 현상이, 땅에는 구체적인 형질이 나타남으로써 그 사이에서 변화가 드러난다.
>
> 在天成象, 在地成形, 變化見矣.

과거와 미래를 아는 것은 아주 간단합니다. 모든 사람이 다 배워서 알 수 있습니다. 태양과 행성의 운행 법칙만 관찰하면 됩니다. 그 원리를 이해하면 지상의 형체 있는 모든 것을 한눈에 꿰뚫어 볼 수 있습니다. 변화의 법칙과 원리를 이해한다면 과거와 미래의 것을 모두 알 수 있습니다.

강유가 마찰하고 팔괘가 서로 뒤바뀐다

> 이 때문에 강한 것과 부드러운 것이 서로 마찰하고, 팔괘가 서로 그네를 타듯 오락가락한다. 천둥과 번개로써 팽창되고, 바람과 비로써 윤택해지며, 해와 달의 운행으로써 추위와 더위가 번갈아 갈마든다……
>
> 是故剛柔相摩, 八卦相盪, 鼓之以雷霆, 潤之以風雨, 日月運行, 一寒一暑, ……

이 구절은 앞 구절과 이어집니다. 『역경』 팔괘의 이치를 연구하는 데 가장 중요한 부분이기도 합니다. 이것은 우리가 현재 위치해 있는 태양계와 거기에 속한 모든 행성 내에서 통용되는 물리법칙입니다. 좀 더 확대한다면 우주 운행의 법칙이라고도 할 수 있습니다. 우주 운행의 법칙을 이해하면 자연 인간사를 이해할 수 있습니다. 바로 유가가 표방하는 '천인합일'의 이치입니다. 만약 이 법칙을 다른 하나의 태양계에 적용시킨다면 어떨까요? 서로 통할까요? 아마도 서로 통할 겁니다.

"강유상마 팔괘상탕(剛柔相摩, 八卦相盪)", 우리가 거주하는 태양계에서의 모든 물리법칙은 강유 또는 음양이 서로 마찰함으로써 생긴다는 말입니다. 이것이 '마(摩)'입니다. "팔괘상탕(八卦相盪)", 앞에서 우리는 이미 팔괘를 그려 보았습니다. 설명의 편의상 여기서 먼저 『역경』의 기본 지식을 잠시 소개해 드릴까 합니다.

무엇이 『역경』일까요? 앞에서도 살펴보았지만 역에는 변역, 불역, 간역의 세 원칙이 있습니다. 이것은 한대 유학자들의 해석입니다. 이 해석이 옳은지 그른지는 또 다른 문제입니다. 문제는 왜 『역경』이라 부르게 되었느냐 하는 것입니다. 여기에 대해서는 한대의 도인(道人) 위백양(魏伯陽), 달리 화룡진인(火龍眞人)이라 불리던 사람의 견해가 가장 정확합니다. 그는 유명한 『참동계(參同契)』라는 책을 지었는데, 이 책에 대해서는 주희조차 감히 다 통했다고 말하지 못했습니다. 이 책은 역리에 근거한 수도 방법을 논한 것으로서 이른바 중국 도교의 비조(鼻祖)라 할 수 있습니다. 이 책에는 "일월위역 강유상당(日月爲易, 剛柔相當)"이라는 구절이 나옵니다. '역(易)' 자를 보면 위는 '일(日)' 자요 아래는 '월(月)' 자와 유사한 형태로서, 위아래의 일월(日月)이 합쳐 '역(易)' 자가 되었다는 것입니다. 말하자면 『역경』이란 일월이 운행하는 대법칙을 서술한 것입니다. 『역경』의 이름에 대한 해설 중 위백양의 이 해석이 가장 정확합니다. 그렇지만 송대로부터 청대에 이르기까지의 몇백 년간 많은 사람들이 이 해석에 대해 의문을 제기했습니다. 특히 일본인들의 해석은 아주 묘한 데가 있습니다. 그들은 역(易)이 도마뱀의 일종이라 주장합니다. 몸체가 자주 변하기 때문입니다. 도마뱀은 녹색의 나뭇잎에서 살면 녹색으로 변하고, 붉은 꽃 위에 서식하면 붉게 변합니다. 일본은 동양 문화를 때로는 심하게 왜곡하지만 어떤 때는 아주 웃기는 경우도 있습니다. 그들은 이 견해를 옹호하기 위해 『역경』에 등장하는 용이니 코끼리니 말이니 하는 많은 동물의 예를 듭니다. 역이란 것도 바로 수시로 몸 색깔을 바꾸는 도마뱀이라는 것입니다. 수십 년 전에는 중국의 학자들조차 일본인을 따라 이런 주장을 하곤 했습니다. 참으로 웃기는 일이 아닐 수 없습니다. 심지어 우임금도 한 마리 도

마뱀이었을 뿐 애초 그런 사람이 존재하지 않았다고 했습니다. 이런 견해들은 모두 잘못된 것입니다. 무엇을 『역경』이라 할까요? 현재까지 여러 각도에서 연구한 결과에 따르면 아직 위백양의 해석만큼 정확한 것이 없습니다. 후에 출토된 갑골문에서도 『역경』의 '역(易)' 자를 태양과 달의 상형자를 위아래로 결합해 사용하고 있기 때문입니다. 『역경』의 문화에 의거한다면 우리의 역사는 응당 이백만 년 이전까지 거슬러올라 가야 합니다. 지금은 단지 오천여 년의 역사를 말하고 있지만 사실 이것은 너무 겸손한 이야기입니다. 이백만 년 전의 문화인 역은 바로 해와 달입니다. "강유상마 팔괘상탕"은 곧 해와 달의 우주 법칙입니다.

위의 내용을 명백히 하고 나서 이제 다시 "팔괘상탕(八卦相蕩)"의 문제를 검토해 봅시다. 이른바 '탕(蕩)'이란 그네를 타듯 왔다 갔다 하는 것입니다. 육십사괘란 바로 팔괘가 왔다 갔다 하면서 서로 뒤바뀐 것입니다. 건괘를 기준으로 삼는다면 건괘가 '탕'하여 태괘와 하나가 되면 천택리(天澤履)괘가 되고, 반대로 태괘가 '탕'하여 건괘와 하나가 되면 택천쾌(澤天夬)괘가 됩니다. 이번에는 건괘가 다른 쪽의 손괘와 결합하면 천풍구(天風姤)괘가 됩니다. 어떤 괘를 기준으로 하든 모두 마찬가지입니다.

"강유상마(剛柔相摩)"란 딱딱한 것과 부드러운 것이 서로 마찰한다는 것입니다. 노자는 이 세상에서 가장 부드러운 것이 물이라 생각했습니다. 노자든 공자든 제자백가든 그 사상은 모두 『역경』으로부터 유래했습니다. 『역경』으로부터 나오지 않은 사상은 없습니다. 새옹지마와 같은 말도 모두 『역경』에서 나왔습니다. 노자가 "복은 화가 의지하는 곳이요 화는 복이 엎드리는 곳이다〔福者禍之所倚, 禍者福之所伏〕"라고 말한 것도 바로 『역경』에서 유래한 것입니다. 우리가 『역경』을 연구하고서 다시 노자나 공자사상을 살펴보면 아주 쉽게 이해할 수 있습니다.

천지에는 절대적인 것이 없습니다. 노자는 세상에서 가장 부드러운 것이 물이라 생각했는데 물은 아무리 강한 것이라도 극복할 수 있습니다. 한 방울 한 방울 떨어지는 물은 아주 미약해 바람이라도 불면 모두 말라 버릴 정도이지만, 이것이 계속되면 아무리 강한 철판이라도 뚫어 냅니다. 노자는 물이 가장 부드러운 것이라 했지만 실제로 『역경』의 관점에서 볼 때는 물이 가장 부드럽다고 하기는 어렵습니다. 물은 이미 형체를 갖춘 것이기 때문입니다. 가장 부드러운 것은 형체조차 없는 것입니다. 바로 공간이요 허공입니다. 이 허공 속에는 무엇이 들어 있을까요? 보통 허공에는 아무것도 없다고 말합니다. 그러나 『역경』은 현대 과학의 관점과 마찬가지로 허공 속에도 무엇인가가 가득 차 있다고 봅니다. 허공에 손을 한 번 휘두르면 그 속의 것이 움직여 작용을 일으키며, 이로 인해 우주가 영향을 받는다는 것입니다. 조그만 돌멩이를 강물에 집어던지면 처음에는 작은 파문을 일으킬 뿐이지만 이것이 수만 년에 걸쳐 서서히 확대된다면 주위에 엄청난 영향을 미칠 것입니다. 이처럼 어떤 작은 움직임 하나로도 모두 큰 영향을 일으킬 수 있습니다. 빈 것은 부드럽지만 강한 것도 이 빈 것에 의해 마찰이 일어납니다. '강유'란 이처럼 서로 마찰합니다.

『역경』의 이치는 마치 저울과도 같습니다. 한쪽이 가벼우면 가벼운 쪽이 올라가고, 다른 쪽이 가벼우면 다시 그쪽이 올라갑니다. 그러다 보면 균형 잡힐 시간은 거의 없습니다. 균형 잡힌 것이 가장 좋지만 이것은 극히 드뭅니다. 심신 역시 마찬가지입니다. 우리의 생각은 잠시도 균형이 잡히지 못합니다. 마음이 편하지 않아서가 아니라 생각이 혼란하기 때문입니다. 도를 닦는다고 말하는데 과연 무엇이 도일까요? 늘 심신의 균형을 유지할 수 있는 것이 바로 도입니다. 정좌를 하면서 눈을 감거나 가부좌를 하는 것도 바로 이것을 위해서입니다. 정좌의 목적은 심신의 균형을 얻는 데 있으므로 만약 심신에 균형이 잡히지 않는다면 정좌는 아무 소용없습니다. 여러분들은 대부분 수십 년에 걸친 경험이 있을 겁니다. 그렇지만 매일 정서가 불안하거나 몸 어딘가가 불편할 것입니다. 과도하게 기뻐하는 것 역시 균형 상태가 아닙니다. 몸에 조금도 이상이 없고 마음도 절대적으로 평화로운 그런 경지는 백 년을 산다 해도 열흘 이상이 되기 어려울 것입니다.

이처럼 강유는 시시각각 서로 마찰합니다. 이 때문에 대우주에서는 팔괘가 서로 '탕'하는 이치가 나왔습니다. 이 이치를 인간사에 적용하면 사람과 사람의 관계는 그것이 가정이든 사회단체든 영원히 마찰이 없을 수 없다는 것입니다. "강유상마 팔괘상탕"은 우주의 법칙입니다. 서로 다른 두 현상은 모순되고 마찰을 일으킴으로써 비로소 많은 다른 현상을 낳을 수 있습니다. 일체의 세상사도 모두 이 이치를 벗어나지 않습니다. 『역경』의 장점은 세상사를 처리하는 데에도 좋은 원칙을 제공한다는 것입니다. 예를 들어 상대방이 벌컥 화를 내면 화를 좀 풀라고 타이른 뒤 한참 기다렸다 다시 말합니다. 한 효가 변해 괘가 바뀌기를 기다리는 것입니다. 화가 풀리고 나서 이야기하면 이것은 다른 괘가 됩니다. 『역경』에 통한 사람이라면 상대방이 화를 내더라도 별 대수롭지 않게 생각합니다. 그의 화가 하늘에 찰 정도라면 '화천대유(火天大有)' 괘가 됩니다. 그를 타일러 안정시킨 뒤라면 괘가 뒤집어져 '천화동인(天火同人)' 괘가 됩니다. 에잇 그만 둡시다! 떠들어 봐야 뭐 합니까? 이러면서 두 사람은 형제처럼 되어 버립니다. 『역경』을 세상사에 활용하면 어디에서든 걸림이 없습니다.

때와 위치

『역경』은 우리에게 두 가지 중점을 부각시킵니다. 과학이든 철학이든 인사든 어떤 일이라도 두 가지 즉 '시(時)'와 '위(位)', 다시 말해 시간과 공간을 주의해야 한다는 것입니다. 『역경』은 태반이 이 문제를 다루고 있습니다. 아주 좋은 것, 아주 뛰어난 인재라도 때를 만나지 못하면 아무 소용없습니다. 때를 만나면 보기에는 아주 나쁜 것이라도 큰 가치를 발휘할 때가 있습니다. 이 밖에도 또 '위(位)'가 있습니다. 아무리 귀하고 이름난 것일지라도 필요 없는 곳에 놓여 있다면 쓸모가 없습니다. 아름다운 옥으로 된 화병이라도 화장실에 놓여 있다면 위치가 잘못된 것입니다. 이처럼 '시'와 '위'는 아주 중요합니다. 때를 얻고 위치를 얻었다면 아무것도 문제될 것이 없습니다. 반대로 때를 얻지 못하고 위치도 얻지 못했을 때는 정말 답답할 것입니다. 노자가 공자에게 말했습니다. "군자가 때를 만나면 가마를 타지만 때를 만나지 못하면 머리에 물건을 이고 지나간다〔君子乘時則駕, 不得其時, 則蓬累以行〕"라고요. 기회가 왔다면 한번 해 볼 만하지만 때가 아니라면 지킬 것 지키면서 조용히 있으라는 겁니다. 맹자도 비슷한 말을 했습니다. 즉, "궁하면 자신의 몸이나 닦고 때가 이르면 천하를 다스린다〔窮則獨善其身, 達則兼善天下〕"라는 것입니다. 이것 역시 때와 위치의 문제입니다. 때가 아니면 움직이지 않고 가만히 있다가 때가 이르면 나아가 활동하라는 것입니다. "팔괘상탕"은 이런 많은 이치를 내포하고 있습니다.

해와 달이 운행하고 더위와 추위가 번갈아 온다

이제 계속 살펴보기로 합시다.

> 천둥과 번개로써 팽창되고, 바람과 비로써 윤택해지며, 해와 달의 운행으로써 추위와 더위가 번갈아 갈마든다.
>
> 鼓之以雷霆, 潤之以風雨, 日月運行, 一寒一暑.

사람은 천체의 변화와 기후의 영향을 받는데 그 중 가장 유의해야 하는 것이 풍한서습(風寒暑濕)입니다. 이들은 외부로부터 들어오는 것으로 쉽게 병을 일으킬 수 있습니다. 이것은 모두 『역경』에서 말하는 해와 달의 법칙입니다. 이런 자연현상은 모두 사랑스럽습니다. 여기서도 우리는 공자의 문장 구사가 얼마나 고명한지 알 수 있습니다. 이미 말한 바 있지만 「계사전」의 문장은 문학적 측면에서 『도덕경』이나 『장자(莊子)』보다 더 아름답습니다. 읽어 가면 운율이 절로 느껴집니다. "고지이뇌정(鼓之以雷霆)"의 '고(鼓)'는 두들긴다는 뜻도 아니요 벼락소리 같은 것도 아닙니다. 바람을 불어넣어 부풀리는 것이 '고'입니다. 우주의 자연법칙에는 벼락과 같은 진동이 반드시 있어야 합니다. 그래야만 우주 만물의 균형적 발전이 가능합니다. 『역경』의 이치에서 보면 폭풍이나 홍수라도 반드시 나쁜 것이 아닙니다. 예를 들어 태풍이 불어 농작물과 집이 파괴되면 우리에게야 두말할 필요 없이 나쁘지만, 대자연으로 말하자면 꼭 필요한 것일 수도 있습니다. 만약 이것이 없다면 자연계의 각종 생명에 생각지도 못한 문제가 일어날 수 있습니다. 우주에는 반드시 이런 진동이 있어야만 합니다. 그래서 "고지이뇌정"이 필요하다는 것입니다.

그렇지만 우주가 영원히 벼락만 친다면 역시 엉망진창이 되고 맙니다. 너무 건조해서는 안 됩니다. 그래서 "윤지이풍우(潤之以風雨)"입니다. 바람 불고 비 내리고 흐렸다 맑았다 하는 자연현상 중 어느 하나도 없어서는 안 됩니다. 태양과 달의 운행은 추웠다 더웠다 계속 반복합니다. 여기서 유의할 것은 『역경』에서 춘추(春秋)를 말하지 않고 한서(寒暑)를 말하고 있다는 것입니다. 우주에는 단지 찬 것과 뜨거운 것, 두 종류밖에 없습니다. 사람들은 춘추가 춥지도 덥지도 않아 쾌적하다고 느끼지만 『역경』의 관점에서 볼 때 가을은 추위의 시작이요 봄은 여름의 시작입니다. 이 때문에 『역경』에서는 단지 한서만을 말하는 것입니다. 여름은 더위의 정점이요 겨울은 추위의 정점입니다. 이렇게 한 번 춥고 한 번 더운 가운데 오색찬란한 세계가 전개됩니다.

십이벽괘

이야기가 여기에 이르렀으니 이제 다음에 나오는 표를 유의해서 봐 주시기 바랍니다.

이 표의 가운데는 비어 있는데, 여기에 대해서는 잠시 접어 두고 이후 다시 검토하기로 합니다. 사실 이 가운데가 가장 중요합니다. 이것은 태극 또는 본체를 나타내는 것으로 아무것도 없이 비어 있습니다. 그다음은 열두 개의 괘가 배열되어 있는데 이것이 바로 '십이벽괘(十二辟卦)'입니다. 여기서 '벽(辟)'이란 '벽(闢)'으로 개벽이나 개시의 뜻입니다. 또 십이벽괘

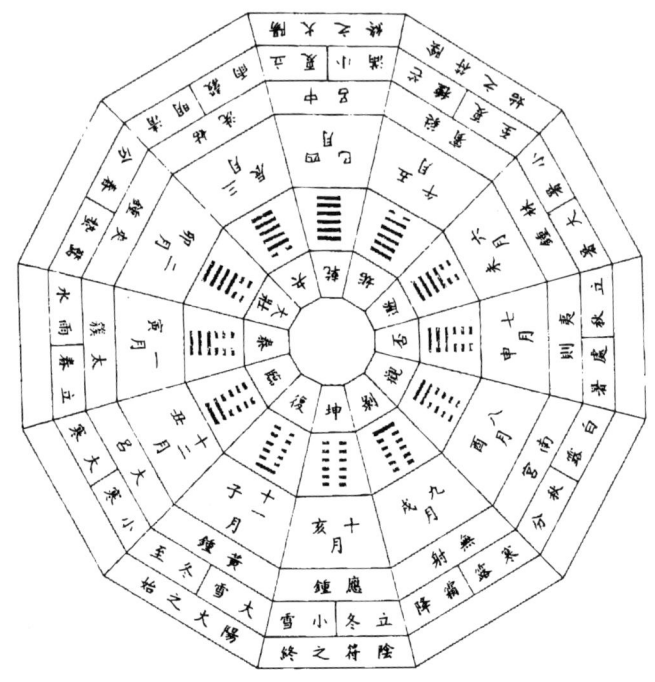

일 년 열두 달의 육음 육양의 상

를 후괘(侯卦)라고도 하는데 제후의 괘라는 뜻입니다. 이 점에 대해서는 다소 주의해야 합니다. 일종의 미신이지만 이전에는 점을 쳐서 십이벽괘가 나오면 운이 아주 좋을 것이라 생각했습니다. 제후의 괘이기 때문입니다. 그러나 이런 것들을 곧이곧대로 믿어서는 안 됩니다. 절대 그런 뜻이 아니기 때문입니다. '후괘'란 하나의 명칭일 뿐입니다. 역은 고대의 정치제도로 곧잘 비유합니다. 중앙에 천자가 있고 주위는 제후가 자리 잡습니다. 제후가 열두 방향을 지키기 때문에 '후괘'라 한 것입니다. 다시 말해 고대의 정치제도를 예로 들어 십이벽괘의 위치와 성질을 설명한 것이지

점을 쳐서 이들 괘를 얻으면 제후가 된다는 의미는 아닙니다. 공자도 말한 적이 있지만 『역경』을 제대로 배우면 "결정정미(潔靜精微)"합니다. 이것은 확실히 훌륭하지만 제대로 배우지 못하면 '적(賊)', 즉 미신에 빠져 버리고 맙니다. 실제로 십이벽괘란 명칭은 「계사전」 하편 제6장의 "건곤은 역의 문이다(乾坤其易之門邪)"라는 구절에서 유래했습니다. 공자는 『역경』을 연구하는 첫걸음으로서 먼저 건곤 양 괘를 이해할 것을 강조합니다. 건곤 양 괘를 이해하면 『역경』으로 들어가는 문이 열린 것으로, 이후 본격적인 『역경』 공부를 시작할 수 있습니다.

양물과 음물에 대한 오해

내친 김에 계속 이 장을 검토해 보겠습니다.

> 건은 양물이요 곤은 음물이다. 음양이 덕을 합치면 강유가 체를 갖게 되어 천지의 길러냄을 체득하고 신명의 덕에 통할 수 있다.
> 乾, 陽物也, 坤, 陰物也, 陰陽合德, 而剛柔有體, 以體天地之撰, 以通神明之德.

공자가 건곤 양 괘를 높이 친 것은 확실히 탁월한 견해였습니다. 그렇지만 한 가지 주의할 점이 있습니다. 최근 육칠십 년 이래 동양 문화는 혼란에 빠졌습니다. 아주 저명한 학자 몇 명과 일부 대학 교수들, 여기다 일본인들까지 가세해서 하는 소리가 『역경』의 음양이 남녀의 생식기를 뜻한다는 것입니다. 양은 남성의 생식기를, 음은 여성의 생식기를 나타낸다는 말입니다. 그들은 그 근거를 공자의, "건 양물야 곤 음물야(乾, 陽物也, 坤, 陰物也)"라는 말에서 찾았습니다. 사실 당송 이후에야 남성의 생식기를 양물이라 부르기 시작했지 그 이전에는 '세(勢)'라는 말은 있어도 양물이라는 말은 쓰지 않았습니다. 공자가 여기서 "건 양물야(乾, 陽物也)"라고 한 것은 양(陽)적인 모든 것을 뜻하는 말이지 남성의 생식기가 아닙니다. 고문에 나오는 말을 오늘의 용법으로 그대로 해석하고 있으니 이런 억지가 어디 있습니까? 진한 이전 사람들은 '물(物)' 자를 후세의 물질과 같은 개념으로 쓰지 않았습니다. 진한 이전의 '물' 개념은 오늘의 용법으로 본다면 어떤 추상적인 대상을 나타낼 때 쓰는 '것'과도 같습니다. 앞으로 천 년 후 사람들은 아마도 오늘의 이 '것'이 무슨 뜻으로 쓰였는지 다시 고증해야 할 것입니다. "1990년대 '것'의 용법"이라는 논문으로 박사 학위를 받는 사람도 있을지 모릅니다. 옛사람들의 '물' 자는 이처럼 물질만을 가리키는 것이 아니었기에 공자를 유물론자로 보아서도 안 됩니다. 여기서 공자가 말하는 것은, 건은 양성적인 것을 곤은 음성적인 것을 나타낸다는 말로 뜻이 아주 명확합니다. 이런 견해가 비록 무미건조하다고 생각할지 모르지만 그렇다고 말도 안 되는 내용을 방대한 저술로 펴내 다음 세대를 잘못 가르쳐서는 안 됩니다. 이것은 반드시 바로잡아야 할 부분입니다. 공자와 노자를 그렇게 참담하게 왜곡하는 일은 막아야 합니다.

음양과 강유

이어서 다음 구절을 검토해 봅시다.

음양이 덕을 합치면 강유가 체를 갖게 되어 천지의 길러냄을 체득하고 신명의 덕에 통할 수 있다.

陰陽合德, 而剛柔有體, 以體天地之撰, 以通神明之德.

이 구절은 건곤의 이치를 뚜렷이 이해한다면 천지를 꿰뚫어 볼 수 있다는 뜻입니다. 우리는 먼저 건곤 양 괘의 변화부터 뚜렷이 파악해야 합니다. 앞의 표에서 가운데서 바깥쪽으로 두 번째 칸에 괘상이 있고 다음은 지지(地支)인데 이것은 달을 나타냅니다. 예를 들어 오늘이 음력 시월이라면 해(亥)월입니다. 이미 날씨는 차가워졌지만 그래도 며칠간은 따뜻합니다. 그래서 '소양춘(小陽春)'입니다. 십일월은 자(子)월, 십이월은 축(丑)월 하는 식으로 순서대로 배열되어 있고, 그 바깥에 응종(應鍾), 황종(黃鍾), 대려(大呂) 등의 음악 용어가 나옵니다. 이 열두 개 음악 용어를 통칭 율려(律呂)라고 하는데 역시 기후의 변화를 나타냅니다. 최근 어떤 잡지에 모 음악 교수가 율려를 비판하는 글을 실었는데, 사실 그 자신도 율려가 무엇인지 이해하지 못하고 있는 것 같았습니다. 다른 저명한 학자 한 분도 외국 음악에는 단 일곱 개 음계가 있는 데 비해 중국에는 열두 개 율려가 있다고 했는데 이것 역시 잘못된 것입니다. 또 어떤 노교수가 역시 율려 문제를 언급했는데 그럴듯하지만 역시 잘못되어 있었습니다. 중국 문화를 연구하기 위해서는 이들을 모두 이해해야 합니다.

다음은 이십사절기인데 장래 『역경』의 상수 방면, 즉 과학적 측면을 연구하려면 반드시 십이벽괘를 기억해 두어야 합니다. 일 년은 열두 달로서 그중 반은 양이고 반은 음입니다. 하루를 보더라도 역시 반은 양이요 반은 음입니다. 매일 자 축 인 묘 진 사의 여섯 시진, 그러니까 밤 열한 시부터 다음 날 오전 열한 시까지가 양이며, 오 미 신 유 술 해의 여섯 시진 즉 오전 열한 시부터 밤 열한 시까지는 음입니다. 이것은 고대의 과학이라 할 수 있습니다. 지금은 서양인들도 침술에 대해 현대 과학으로 그 이치를 증명하고 있어 더 이상 과학적이지 않다고 말할 수 없게 되었습니다. 중국의 이 역법은 하우(夏禹)의 역법으로서 하력 또는 음력이라고도 합니다. 달을 기준으로 삼기 때문입니다. 달은 매월 십오 일이면 둥그렇게 되어 동쪽에서 떠오릅니다. 이것을 기준으로 하여 각 지역의 조수의 기복과 농사 시기 등을 알아낼 수 있습니다. 중국에서는 아직도 구정쇠기를 즐겨합니다. 정월은 인(寅)월인데, 십이지지는 자(子)로부터 시작되니까 하력의 자월은 십일월이고 절기(節氣)로는 대설과 동지가 됩니다. 한 달에는 두 개의 절기가 있습니다. 그중의 하나가 '절(節)'이고 다른 하나가 '기(氣)'입니다. 즉 대설은 '절'이고 동지는 '기'입니다. 이때가 바로 복(復)괘입니다. 옛사람들은 지구 바깥을 태양과 달 그리고 금 목 수 화 토의 오대 행성이 에워싸고 있으며, 달은 원래 빛을 발하지 못하지만 태양의 빛을 받아 반사하고 반달일 때는 나머지 반이 그림자에 가려져 있다는 것도 알고 있었습니다. 지금처럼 어떤 실험을 하거나 또는 우주로 직접 가 보고 안 것은 아니지만, 각 행성이 모두 에너지를 방사하고 있으며 지구 또한 이들 에너지를 흡수하면서 한편으로 에너지를 방사해 서로 영향을 주고받는다는 사실을 알고 있었습니다. 이 내용은 고서상에 모두 기록되어 있습니다. 옛사람들도 우주과학에 상당히 밝았다는 것을 알 수 있습니다. 지구는 태양과 우주의 에너지를 흡수합니다. 하지에 일음(一陰)이 생긴 뒤 우주 에너지를 동지에 이르도록 지심(地心)으로 흡수합니다. 옛날에는 이것을 양기가 지심까지 하강한다고 했습니다. 그 후 동지에 이르러 비로소 점점 바깥으로 내뿜기 시작합니다. 옛사람들은 또 양기가 방사되면 위로 구만육천여장(丈)이나 올라간다고 했는데 이것 역시 비과학적이라 말할 수 없습니다. 수천 년 전에 그들은 이미 지구의 방사가 우주의 기타 행성에까지 작용을 미친다는 것을 알고 있었으며, 지금 우리가 말하는 전자층처럼 각 행성에도 그 한계가 있다는 것까지 알고 있었습니다. 지구는 겨울이 되면 양의 에너지 즉 태양의 방사 에너지를 지심으로까지 흡수합니다. 우리는 우물물로도 이런 상황을 알 수 있습니다. 여름철의 우물물은 차지만 겨울철은 따뜻합니다. 바로 지하에 있는 양기 때문입니다. 옛사람들은 음식을 먹는 것도 이런 우주의 법칙에 따랐습니다. 예를 들면 아이스크림을 먹더라도 겨울에 먹는 것은 괜찮습니다. 위에 양기가 비축되어 있기 때문입니다. 그러나 여름은 양기가 바깥으로 방사되기 때문에 속이 찹니다. 따라서 찬 음식은 먹지 않는 것이 좋습니다. 옛사람들은 또 공복이나 식사 후에는 과일을 먹지 않았습니다. 더웠다 갑자기 차가워지면 비록 금방 탈이 나는 것은 아니더라도 서서히 문제가 생길 수 있다고 생각했습니다. 요즘이야 식사 후 과일을 먹는 것이 도리어 과학이라 생각하지만요.

　십일월이 되면 양기가 되살아납니다. 동지가 되면 몸을 보신하는 것도 이 때문입니다. 이때는 소화력도 아주 강해 영양이 쉽게 흡수됩니다. 지구도 마찬가지입니다. 동지가 되면 일양(一陽)이 생기는데 바로 십일월부터 시작됩니다. 괘상으로는 복(復)괘☳☷입니다. 위쪽은 모두 음효로서 한랭하지만 아래로부터 일양이 새로 생깁니다.

　고서를 보면 "동지에 일양이 생기고 하지에 일음이 생긴다〔冬至一陽生, 夏至一陰生〕"라고 했습니다. 이것은 지구물리를 설명한 것입니다. 『역경』

은 많은 학문을 포괄하고 있습니다. 만약 의학을 공부하는 사람이라면 먼저 『역경』을 철저히 연구할 필요가 있습니다. 인체 내부에도 일양이 발생하기 때문입니다. 노쇠한 사람도 두려워할 필요 없습니다. 인체 내에는 수시로 일양이 생겨나기 때문입니다. 처음 일양이 생길 때 이것을 붙들어 적절히 조섭(調攝)만 할 수 있다면 건강에 아주 도움이 됩니다. 어떤 사람은 도저히 잠을 이루지 못합니다. 마치 불면증에라도 걸린 것 같습니다. 이것은 체력이 소진되어 아직 회복되지 않았기 때문입니다. 정신이 또렷해 전혀 잠 생각이 나지 않을 수도 있으나 주의할 것은 그것이 양기가 아니라 음기 때문이라는 사실입니다. 이 단계를 지나면 잠이 쏟아집니다. 일양이 발생하는 현상입니다. 이것이 바로 복괘입니다.

절기와 십이율려

무엇이 황종(黃鍾)일까요? 바로 율려(律呂)입니다. 십이율려는 중국인이 발명한 것입니다. 우리는 음악을 공부하면서 늘 석(石), 토(土), 관(管), 현(弦)을 이야기하지만 사실 이들은 모두 후에 생긴 말입니다. 가장 앞선 것은 관(管) 즉 관악기입니다. 현(弦)이란 명주실입니다. 명주실을 타서 소리를 내는 것으로 이른바 현악기입니다. 중국의 음악이 서양 음악과 다른 점은 소리가 가늘고 섬세하다는 것입니다. 이것은 중국이 수천 년 동안 농업 사회였다는 데 그 원인이 있습니다. 나라를 세우자마자 바로 공업 사회로 접어들어 집단생활을 한 미국과는 다릅니다. 서양 사람들은 운동을 하면서도 모두 함께 합니다. 이에 비해 중국인들의 운동은 무술과 같이 각자가 하는 것입니다. 음악 방면에서 중국인이 악기를 연주하는 것은 자기가 듣기 위해서입니다. 그러나 서양은 집단적 성격으로 인해 예술의 표현 역시 다른 사람의 감상을 위한 것이지 자기가 즐기기 위한 것이 아닙니다. 음악의 발전 역시 중국과 다릅니다. 중국의 음악은 불규칙적입니다. 불규칙적이기 때문에 음악의 경지는 아주 깊습니다. 이에 비해 서양의 음악은 규칙적이어서 표면상 듣기는 좋아도 깊이에 차이가 있습니다. 그러나 중국의 음악은 너무 깊어 사람들이 이해하고 즐기기가 어렵습니다. 옛부터 전해 오는 이런 우스갯소리가 있습니다. 평생 공후(箜篌)를 연주해 온 사람이 하루는 연주회를 가졌는데 연주회장이 사람들로 가득 찼습니다. 그런데 그가 채 반도 연주하지 못했을 때 사람들이 슬슬 빠져나가기 시작하더니 마침내 노파 한 사람밖에 남지 않았습니다. 노파는 연신 눈물을 흘리며 연주를 듣고 있었는데 그것을 본 연주자는 몹시 기뻤습니다. 음악을 아는 사람을 드디어 발견한 것입니다. 그런데 연주자가 나중에 물어보니 그 노파는 딩 딩 하는 소리를 듣고 옛날 솜을 타던 영감 생각이 나서 그렇게 울었다는 것입니다. 이 이야기에서도 중국의 음악을 감상하는 일이 그리 쉽지 않으며, 율려의 이치 또한 쉽게 이해할 수 있는 것이 아님을 알 수 있습니다.

    율려는 중국의 서북 지방에서 발명되었습니다. 섬서(陝西)와 하남(河南) 변경에는 일종의 여관(呂管)과 같은 것이 있는데, 전하는 바에 따르면 대나무같이 생겼으나 대나무는 아니라고 합니다. 길이와 굵기에는 일정한 표준이 있어 모두 열두 종류이며 이것을 땅 속에 묻습니다. 전설에 따르면 천산(天山)의 응달진 곳에 묻는다고 합니다. 이 열두 종의 관은 길이가 모두 다르기 때문에 위쪽을 나란히 두면 지하에 묻히는 깊이도 각기 달라집니다. 이 관에다 갈대 태운 재를 가득 채우고 입구를 얇은 대나무 속으로 가볍게 봉합니다. 동지가 되어 일양이 산생하면 제일 긴 관 속에 있던 재가 양기 상승의 영향을 받아 관 밖으로 분출되면서 '웅' 하는 소리를 내는데, 이 소리가 바로 황종의 음입니다. 그 후 한 달이 지날 때마다 다음 관의 재가 분출되어 나오면서 소리가 나는데, 이렇게 해서 황종(黃鍾)으로부터 대려(大呂), 태족(太簇), 협종(夾鍾), 고세(姑洗), 중려(中呂)의 육양(六陽)이 생기고, 이어서 유빈(蕤賓), 임종(林鍾), 이칙(夷則), 남궁(南宮), 무사(無射), 응종(應鍾)의 육음(六陰)이 생깁니다.

이처럼 음양이 다른 것은 중국의 음운학 역시 마찬가지입니다. 중국에는 『시운(詩韻)』이란 책이 있는데 일동(一東), 이동(二冬), 삼강(三江), 사지(四支) 등으로 나누어져 있습니다. 이 중 '동(東)'과 '동(冬)'은 모두 평성(平聲)이지만 세분하면 그 발음이 다시 음평(陰平)과 양평(陽平)으로 나누어집니다. 즉 '동(東)'은 양평이요 '동(冬)'은 음평입니다. 후에 소강절은 『역경』을 연구해 어떤 소리의 진동이든 대략 팔만육천 번의 진동이 있으며, 이 진동이 어떤 단계에 이르면 사람을 죽일 수도 살릴 수도 있다는 것을 알았습니다. 이런 이론은 근세에 이르러 서양에서 이미 증명된 바 있습니다. 이것을 훨씬 이전에 이미 알고 있었으니 어찌 옛사람들이 비과학적이었다고 말할 수 있겠습니까? 아쉬운 것은 우리 후손들이 무관심해 이런 과학을 더 발전시키지 못한 것입니다. 어쩌면 관심이 너무 컸는지도 모릅니다. 이런 이치를 훤히 알고도 더 이상 물질 방면으로 운용하지 않으려 했는지도 모릅니다.

이제 다시 돌아가 살펴봅시다. 황종은 십일월이자 자(子)월로서 일양이 처음 생겨 나오는 시기입니다. 괘로는 복괘입니다. 십이월이 되면 양(陽)

의 에너지가 좀 더 상승해 초효에서 이효까지 모두 양이 됩니다. 그러면 내괘는 태괘가 되는데, 태괘는 택(澤)으로서 결국 지택임(地澤臨)괘가 됩니다. 절기상으로는 소한이 절이요, 대한이 기입니다. 정월이 되면 인(寅)월로서 지천태(地天泰)괘가 됩니다. 율려는 태족(太簇)이며 절은 입춘, 기는 우수입니다. 이월은 묘(卯)월로서 내괘는 건괘, 외괘는 진괘로서 뇌천대장(雷天大壯)괘가 됩니다. 이때 대륙에서는 연을 날리면 높이 날아오를 수 있습니다. 이월의 경칩은 아주 중요한 절기입니다. 입동 이후에는 뱀이나 개구리가 눈에 띄지 않는데 진흙을 한 입 물고 땅 속으로 들어가 먹지도 않고 움직이지도 않는 반사 상태로 들어가기 때문입니다. 이것을 현대 과학에서는 동면이라 하는데 옛날에는 '칩(蟄)' 혹은 '칩복(蟄伏)'이라 했습니다. 그런데 이월의 뇌천대장의 시기가 되어 첫 벼락소리가 울리면 잠자던 뱀과 개구리 등이 입 속에 물고 있던 진흙을 내뱉고 땅 위로 올라옵니다. 이것을 경칩이라 합니다. 과거 농부들은 경칩이 지난 다음에야 밭을 경작했는데, 밭을 갈면서도 뱀이 내뱉은 진흙을 밟을까 봐 조심하곤 했습니다. 잘못 밟기라도 하면 뱀독 때문에 발이 퉁퉁 부어올랐기 때문입니다. 대륙에서는 경칩이 지나지 않으면 밭에다 씨앗을 뿌려도 발아가 되지 않습니다. 반드시 경칩이 지나서 첫 벼락소리가 난 후에야 싹이 틉니다. 이 과학적 이치에 대해서는 거의 관심을 가지지 않는 것 같습니다.

  몇 년 전 미국의 한 농화학 교수가 대만대학교 농학원에 와서 강의를 한 적이 있었습니다. 그도 『역경』을 연구했기에 어떤 사람의 소개로 저를 찾아왔습니다. 그가 말하기를 이제는 미국인들도 벼락과 생물의 관계를 알게 되었다고 합니다. 그들의 연구에 따르면 벼락소리가 한 번 울리면 지면에 팔십만 톤의 자연 비료가 생성된다는 것입니다. 저는 그에게 중국에서는 옛부터 벼락의 작용을 알고 있었다고 했습니다. 『역경』에서 말하기를 벼락에는 수뢰둔(水雷屯), 택뢰수(澤雷隨), 풍뢰익(風雷益), 천뢰무망(天雷无妄), 화뢰서합(火雷噬嗑), 산뢰이(山雷頤), 지뢰복(地雷復), 진위뢰(震爲雷) 등 여덟 종류가 있는데, 그중에서도 지뢰복의 비료가 가장 많다고 했습니다. 이처럼 『역경』에는 수많은 학문이 포함되어 있습니다.

한의학 역시 『역경』에서 온 것입니다. 신체의 변화 역시 우주 법칙과 동일하기 때문에 『역경』을 제대로 연구하지 않고서는 진맥을 해도 별다른 결과를 얻어 내지 못할 것입니다. 한의학에서는 망(望), 문(聞), 문(問), 절(切)을 중시합니다. 먼저 눈으로 병자의 안색이 어떤지를 봅니다. 신기(神氣)를 한 번 훑어 보면 환자의 병을 반 정도는 알아챕니다. 그러고는 다시 병자의 숨소리나 말하는 소리를 듣습니다. 그러면 대체로 어떤 증상인지 알 수 있습니다. 세 번째는 서양 의학과 마찬가지입니다. 병자의 연령과 고향, 직업 등을 묻습니다. 운동선수인지 사무직 노동자인지에 따라 병의 상태는 달라지며, 또 동일한 병에 동일한 약을 처방해도 어떤 사람에게는 약효가 떨어지거나 아예 약효가 나지 않습니다. 이 때문에 아주 세세히 묻습니다.

이런 고사가 있습니다. 당나라 때 어떤 사람이 머리가 하도 아파 신의(神醫)라 소문난 손사막(孫思邈)을 찾아갔습니다. 손사막이 진맥을 해 보니 환자의 몸에는 병이 없었습니다. 그래서 환자의 거처로 가 보니 자면서 머리를 두는 쪽 벽에 금이 가 있어서 침대를 이동하게 했더니 두통이 없어졌다는 것입니다. 여기서도 알 수 있듯 평소에 앉아 있는 위치에 대해서도 주의를 기울여야 합니다. 미세한 바람 한 줄기가 사람을 병들게 할 수 있습니다. 그러나 큰 바람이 불 때는 도리어 문제가 없습니다. 큰 바람에는 맞설 준비가 되어 있기 때문입니다.

친구 하나가 갑자기 반신불수가 되었습니다. 한의학에서도 다른 방법이 없었습니다. 저는 그에게 빨리 치과로 가서 치아를 한번 검사해 보라고 했습니다. 치과에 갔더니 치아 하나가 썩어 있었고 그것을 뽑아 내자 몸이 회복되었답니다. 이전에는 치과 의사가 가장 공부하기 어려웠습니다. 칠 년을 공부하고서야 비로소 졸업할 수 있었습니다. 의사들 몇이 모여 대진(對診)을 할 때는 언제나 치과 의사가 수석에 앉았습니다. 그만큼 중요했던 것입니다.

저는 한때 국방의과대학에서 강의를 한 적이 있었습니다. 그때 저는 의사가 없어도 병을 고칠 수 있다고 했습니다. 만약 의사가 병을 잘 고친다면 죽는 사람이 없어야 할 텐데 여전히 사람들은 죽어 가고 있습니다. 중국 속담에 "죽을병에는 의사도 소용없고 부처도 인연이 있어야 사람을 구제할 수 있다"라는 말이 있습니다. 어떤 병에는 한의학도 서양 의학도 모두 소용없습니다. 어떤 병일까요? 바로 '죽을병'입니다. 저는 또 지금 의학을 배우고자 하는 사람은 동기가 아주 불순하다고 말했습니다. 모두 떼돈 벌 생각으로 의학을 배우니 의학의 이치는 공부하지 않고 손쉬운 기술만 배우려 합니다. 그러다 보니 의학이 날로 퇴보하는 것입니다. 의학을 배우려면 마땅히 그 이치를 배워야 합니다. 독일에는 의학 이론가가 따로 있다고 하니 그들이 의학을 얼마나 중시하는지 알 수 있습니다.

제가 이런 이야기를 하는 것은 『역경』에 포함되지 않는 학문이 없다는 것을 설명하기 위해서입니다.

삼월이면 봄입니다. 절기는 청명과 곡우입니다. 대륙의 기후는 청명 때 가장 쾌적합니다. 정말로 상쾌하고 따사롭습니다. 다른 하나는 이와 상대되는 추분입니다. 공자가 『춘추(春秋)』를 쓴 것도 춘분과 추분은 모두 균형이 잡힌 것이기 때문입니다. 기후는 춥지도 덥지도 않습니다. 이때가 바로 『역경』의 괘로 말하자면 쾌괘입니다. 즉 외괘가 태괘이고 내괘가 건괘인 택천쾌(澤天夬)괘입니다. 이처럼 지구의 기상과 우리 인류의 생활은 밀접하게 연계되어 있습니다. 양의 에너지는 이제 제일 위까지 올라오려고 합니다.

사월은 건괘로서 양이 극에 이른 형태입니다. 실제로 해마다 가장 견디기 힘든 때가 사월입니다. 이어서 오월이 되면 이 괘의 육효에서 양기가 감소하기 시작합니다. 매년 열두 달도 그렇지만 매일 열두 시진 역시 마찬가지입니다. 밤을 새 본 사람은 알 것입니다. 저 역시 이런 경험이 적지 않습니다만 밤 열두 시가 되면 졸리든 졸리지 않든 눈을 감고 한 차례 휴식을 취해야 합니다. 십 분이나 이십 분 정도면 됩니다. 이 단계를 지나면 계속 밤을 샐 수 있는데 정작 가장 졸리는 때는 새벽 네다섯 시쯤입니다. 그러나 이때 잠을 자면 안 됩니다. 만약 잠이 들면 하루종일 머리가 멍합니다. 인(寅)시와 묘(卯)시를 지나서 잠을 자야만 자고 나서 가뿐합니다. 인체 내부의 생리 작용 역시 우주 법칙과 완전히 일치합니다. 이 이치를 이해한다면 양생의 도가 내 손에 있음을 알게 될 것입니다.

사월은 양의 에너지 방사가 극에 이르며 이어 오월 하지가 되면 일음이 생겨 나옵니다. 동지에 일양이 생겨 났다가 하지에 이르러 다시 하나씩 회수되는 것입니다. 지구물리학의 관점에서 말한다면 지구가 다시 태양의 방사 에너지를 흡수해 들이기 시작하는 것입니다. 지구도 사람과 마찬가지로 숨을 쉬어야 합니다. 중국은 한대(漢代)에 이미 석탄이 매장된 것을 발견했지만 그것을 파지 못하도록 했습니다. 지구를 파헤쳐서는 안 되기 때문입니다. 지금은 과학이 발달하면서 곳곳에서 석탄, 석유 및 각종 광물을 파헤쳐 꺼내 쓰고 있습니다. 마치 어린애가 조그만 숟가락으로 사과 속을 파먹는 것과 같습니다. 이렇게 날마다 파먹으면 겉보기는 멀쩡하지만 속은 텅 비게 됩니다. 이렇게 썩기 시작하면 벌레 역시 훨씬 많이 생깁니다. 지구의 인간처럼 벌레가 자꾸 많아지면 나중에는 속수무책이 될 것입니다. 이것이 도교의 관점입니다. 옛사람들은 지구가 살아 있는 생명체라 생각했습니다. 미국인들은 최근 십이 년간 지구 속을 파들어 가며 연구 조사하고 있습니다. 중국인들은 수천 년 전에 이미 땅 속이 통해 있다는 것을 알고 있었습니다.

여러분은 도교의 「오악진형(五岳眞形)」이라는 그림을 본 적이 있는지 모르겠습니다. 아마 보았다고 해도 도무지 무슨 뜻인지 알 수 없었을 것입니다. 얼핏 보기에도 기기묘묘합니다. 동쪽에 동굴이 있고 서쪽에도 동굴이 있으며 이들 동굴은 지하에서 모두 통해 있습니다. 도교에서는 이렇게도 말합니다. 섬서(陝西)의 황릉(黃陵) 후면에 폐쇄된 동굴이 하나 있는데 이 동굴이 남경(南京)까지 통해 있다는 것입니다. 많은 동굴들이 모두 통해 있는데 지구는 서북의 신강(新疆)에서 호흡을 한다고 합니다.

청대의 한 책에는 작자가 직접 보았다고 하는 사건이 기록되어 있습니다. 탑리목(塔里木)이라는 곳에 동굴이 하나 있는데, 매년 청명 때가 되면 정해진 시간에 마치 사람이 탄식하는 듯한 소리가 나면서 동굴로부터 바람이 뿜어져 나온다는 것입니다. 그리고 사람이든 가축이든 이 바람을 쐬기만 하면 흔적도 없이 사라져 버린다는 것입니다. 이 바람은 동굴로부터 나와 시베리아 등지를 거쳐 스물네 시간 후 다시 돌아오는데, 마치 사람이 숨을 들이쉬는 것처럼 빨려들어간 뒤에는 다시 평온해져 아무렇지도 않다는 것입니다.

사막 지대에는 사람들이 수초(水草)를 따라다니며 사는데 물이 스스로 이동할 수 있다고 합니다. 물이 이동할 때는 아주 기묘해서 저수지 물이 마치 두부 덩어리처럼 소용돌이치며 움직인다고 합니다. 그리고 그것이 지나간 자리에는 물고기나 새우 같은 수중 생물이 떨어져 있다는 것입니다. 이 이야기는 청해(靑海) 출신의 몽고족 친구로부터 들은 것인데 자기가 직접 겪은 일이라 합니다. 믿거나 말거나입니다. 이 때문에 만 권의 책을 읽고 만 리의 길을 가야 한다는 것입니다.

우리 인류의 지식은 매우 유한합니다. 그러니 어떤 일은 믿지 않을 수가 없습니다. 이전에 "대괴희기(大塊噫氣)"란 지구를 가리키는 것으로 말하자면 지구가 탄식한다는 뜻입니다. 도교에서는 이처럼 시종 지구를 살아 있는 생명체로 인식해 왔습니다. 인류가 지구 위에서 살고 있는 것은 비유하자면 벼룩이 사람 몸에 기생하고 있는 것과도 같습니다. 사람이 자기 몸에 벼룩이 뛰어다니는 것을 보면 질겁을 하듯 지구 역시 사람이 아주 징그러울 것입니다. 온몸 구석구석을 헤집고 그것도 모자라 대형 트럭을 타고 요란스럽게 설치고 다니니 마치 옴이라도 걸린 듯 무척 견디기 힘들 것입니다.

『역경』의 관점에서 보면 지구와 우주 그리고 인류의 생명은 모두 하나의 유기체로서 똑같은 생명 법칙이 작용합니다. 오월 하지에 일음이 산생되는 것도 이 때문입니다. 일음의 산생은 우리의 생활 속에서도 찾아볼 수 있습니다. 지금은 냉난방이 잘 되니까 도시에서는 뚜렷하지 않겠지만 시골로 한번 가 보십시오. 흙으로 만든 집이라면 하지가 지난 뒤 벽에 갑자기 곰팡이가 생긴다는 것을 알 수 있습니다. 이것은 습기 즉 음기가 다가 오고 있다는 것을 나타냅니다. 이때가 되면 건강에도 신경을 써야 합니다. 만약 선풍기 바람을 많이 쏘이거나 거기다 아이스크림까지 곁들인다면 병이 생기지 않을 도리가 없습니다. 이때 병을 앓는 사람이 특히 많은 것도 그런 이유입니다. 일음이 산생되는 시기이기 때문입니다.

유월의 절기는 소서와 대서입니다. 이른바 삼복(三伏)의 시기입니다. 이때가 되면 고약을 붙여 가며 병을 치료하는 사람을 흔히 볼 수 있습니다. 양기가 서서히 물러나서 숨는[退伏] 때로서 '복(伏)'이라 부르는 것도 이런 이유 때문입니다. 매 십 일이 하나의 '복'이니까 삼복은 삼십 일이 됩니다. 여름에는 바깥이 아주 뜨겁게 느껴지는데 이것은 몸속 양의 에너지가 바깥으로 방사되어 몸속이 차가워지기 때문입니다. 그래서 여름철은 소화력이 겨울철보다 떨어지게 마련입니다. 의학적으로 말하면 여름철에는 비타민 B가 더 많이 소모됩니다. 대만과 같이 더운 곳이라면 특히 그렇습니다. 밀가루로 한번 실험해 보십시오. 여름에는 밀가루 속의 비타민 B가 더 빨리 사라져 버린다는 것을 알 수 있습니다. 어떤 때 우리는 이유 없이 정신이 몽롱하고 마음이 울적할 때가 있는데 사실 이것은 비타민 B가 부족하기 때문에 나타난 현상입니다. 이럴 때는 빨리 보충해야 합니다. 어떤 지방에서는 무엇이 특히 필요한가에 대해서도 주의해야 합니다. 대만의 임산부라면 마유계(麻油鷄, 대만식 삼계탕-옮긴이)를 먹어야 하고, 대륙의 어떤 지방이라면 홍탕(紅糖)과 노강계탕(老薑鷄湯, 닭고기와 묵은 생강으로 만든 닭고기탕-옮긴이)을 먹어야 합니다.

우리가 어렸을 때는 공부하러 외지에 나가게 되면 할머니가 책보따리 속에 진흙을 한 줌 집어넣어 주곤 했습니다. 왜 그랬을까요? 먼저 향토심입니다. 할머니는 어떤 경우든 자기가 어디 사람인지 잊지 말기를 바랐던 것입니다. 또 하나는 실용적 효과입니다. 외지에서 병이 걸려 약을 써도 잘 낫지 않을 때는 고향의 흙을 물에 타서 마시면 병이 나을 수도 있습니다. 저도 이런 경험을 해 본 적이 있습니다. 오래전입니다만 서강(西康)의 변경 지대에서입니다. 하루는 몸이 몹시 불편했는데 아무리 생각해 봐도 병이 날 만한 이유가 없었습니다. 의사를 찾아봐도 아무 병이 없다고 했습니다. 그러다 명의로 소문난 노스님을 찾아갔는데 그분 역시 진맥을 해 보더니 아무 병이 없다고 했습니다. 그러나 스님은 거기서 그치지 않고 고향이 어디냐고 물었습니다. 제가 절강(浙江)의 해안가 사람이라 하자 향토병이라고 결론을 내리고는, 저더러 고향에서 나는 말린 생선을 구해다 먹어 보라고 했습니다. 저도 의서깨나 읽어 보았기에 일리가 있다 싶어 얼른 구해다 먹었더니 과연 병세가 깨끗이 나았습니다.

앞의 그림에서 십이지지의 순서에 따라 한 달 한 달이 지나면 마지막은 해(亥)월 즉 음력 시월이 됩니다. 괘상으로는 곤괘입니다. 순음이지요. 그렇지만 시월에는 소양춘(小陽春)이 있습니다. 음이 극한에 이르면 양이 생깁니다. 이때가 되면 다시 며칠 동안 도리어 기온이 상승합니다. 제갈량이 동풍을 빌린 것도 바로 이 시기를 이용한 것입니다. 조조는 당시 전선(戰船)을 모두 하나로 묶어 놓았는데 이렇게 한 것은 그도 천문을 알아 기후의 변화를 읽고 있었기 때문입니다. 전선을 한데 묶어 놓으면 유일한 결점은 화공(火攻)에 약하다는 것입니다. 그러나 자신의 진은 장강 상류 즉 서북방에 있고 동오(東吳)의 전선은 하류 즉 동남쪽에 있으며 시기적으로는 한겨울입니다. 한겨울에는 서북풍만 부니 동오는 생각이 있어도 화공을 행할 수 없습니다. 제갈량과 주유 역시 화공을 생각했습니다. 그렇지만 주유는 동남풍의 도움 없이는 화공이 불가능하다는 것을 알고 괴로워했습니다. 제갈량이 동풍을 빌린 것은 바로 이런 상황에서였습니다. 사실 이 부분은 완전히 제갈량의 손에 놀아난 장면입니다. 제갈량인들 어찌 동풍을 빌릴 수 있었겠습니까? 진정한 원인은 그가 『역경』을 잘 이해하고 있었으며 또 천문에 대해서도 밝았다는 데 있습니다. 그는 어떤 한 기후를 중심으로 앞으로 삼 일, 뒤로 삼 일 동안 동남풍으로 바뀐다는 것을 잘 알고 있었습니다. 그는 이 시점을 추산했던 것입니다. 이렇게 해서 제단을 차려 놓고 동풍을 빌린 양 꾸며 조조군을 대파했습니다.

조조는 대패한 후 낙양으로 되돌아갔는데 거기서 『역경』을 펼쳐 보고는 자기도 모르게 큰소리로 웃고 말았습니다. 이상하게 생각한 부하들이 물어보았습니다. 이렇게 비참하게 당하고도 웃음이 나오냐고요. 조조가 대답했습니다. 나는 그렇게 큰 대가를 치르고서야 오늘 비로소 『역경』의 이 구절을 알게 되었다고요. 이것이 바로 시월의 기후 변화입니다. 앞의 그림은 반드시 숙지해야 합니다. 그리고 육십사괘 역시 반드시 익숙하게 암기할 수 있어야 앞으로 사용할 때 편리할 것입니다.

십이벽괘의 응용

『역경』의 육십사괘를 익숙히 암기하고 있다면 그것을 활용할 곳도 아주 많습니다. 그 중에서도 큰 활용처는 언젠가 시간이 나서 팔괘를 파고들려고 할 때일 것입니다. 이 속에 포함된 세계는 매우 커서 그 재미가 끝이 없을 것입니다. 앞에서 이미 십이벽괘에 대해 말씀드렸는데, 이제부터는 강의 때마다 『역경』 공부를 위해 반드시 갖추어야 할 기본 지식에 대해 설명할까 합니다. 이미 살펴본 십이벽괘는 과거 천문학을 귀납시켜 놓은 것입니다. 십이벽괘는 매년 열두 달을 나타낸 것으로 이 열두 개의 기호 속에는 아주 많은 것이 포함되어 있습니다. 이 외 육십사괘 방원도에 대해서도 주의를 기울여야 합니다.

원도의 배열 방법은 이미 설명했습니다. 육십사괘가 하나의 원처럼 배열된 것은 고대의 기상이나 천상(天象)에 대한 관측이 천문학의 이론으로 진입해 들어갔다는 것을 말합니다. 이 육십사괘는 일 년을 나타냅니다. 앞에서 살펴보았지만 일 년 열두 달에는 스물네 개의 절기가 있으며 절기는 다시 '기후(氣候)'로 나누어집니다. 오 일이 일 후이니 일 년은 칠십이 후가 되지요. 천상이나 기후는 오 일 혹은 육 일이면 한 차례 변화합니다. 좀 더 정확하게 하기 위해서는 괘의 수리로써 계산해야 합니다. 과학이 아직 발달하지 못했을 때는 『역경』의 법칙을 이용해 기상을 예측했는데, 아주 정확했으며 또 반 달 이후의 것도 예측할 수 있었습니다. 집을 나설 때는 날씨가 어떻고 목적지에 도착하면 날씨가 어떠하리라는 것을 사전에 모두 예측할 수 있었습니다. 물론 어떤 때는 요즘 일기예보처럼 맞지 않는 경우도 있었지만 대부분은 아주 정확했습니다.

여기서의 원도는 오 일을 일 후로 삼은 배열 방식입니다. 이 외에도 여러 가지 계산 방법이 있습니다. 대부분은 육 일을 한 괘로 계산합니다. 육십 괘면 삼백육십 일인데, 여기서 건곤감리 네 괘는 상하좌우에 배열하되 계산은 하지 않습니다. 따라서 건곤감리를 제외한 육십 괘가 접하는 시간이나 일수는 어떤 경우는 약간 많아지기도 하고 어떤 때는 약간 적어지기도 합니다. 이것 역시 계산의 한 방법입니다. 보다 고급의 방법은 여기에 평달과 윤달을 넣어 계산하는 것입니다. 이것은 일 년을 단위로 계산한 것입니다.

여기서 좀 더 범위를 확대하면 국가의 역사적 운명을 계산해 낼 수도 있습니다. 소강절이 역사적 운명을 계산한 법법도 바로 십이벽괘를 확대한 것입니다. 즉 우주의 탄생으로부터 소멸까지를 십이벽괘로 나타냅니다. 예를 들어 봅시다. "하늘은 자에서 열리고 땅은 축에서 형성되며 사람은 인에서 생긴다〔天開於子, 地闢於丑, 人生於寅〕"라는 말처럼 우주의 개벽은 자회(子會)로 나타납니다. 십이벽괘 중 복괘인데 이 단계가 일만여 년입니다. 그다음 지구가 형성됩니다. 바로 축회(丑會)입니다. 십이벽괘로는 지택임(地澤臨)괘인데, 일 년으로 치면 십이월의 혹한인 셈입니다. 이것은 현대 지구물리학의 관점과도 동일합니다. 이때는 지구 기온이 떨어져 서서히 얼어붙으면서 튀어나온 것은 산이 되고 움푹 들어간 곳은 바다가 됩니다. 이것이 축회입니다. 지구상에 인류가 생겨날 때쯤이면 이미 십이벽괘의 태괘로 진입하는데, 이것이 인회(寅會)입니다. 이 오래된 계산법에 따르면 우주는 십이만 년에 한 번씩 새로운 인문 문화가 전개됩니다. 요즈음 용어로 표현한다면 십이만 년마다 한 번의 빙하기가 도래한다는 것입니다. 현재 우리는 오회(午會)에 처해 있습니다. 이것은 요임금이 갑진(甲辰)년 임금 자리에 오른 때부터 계산한 것입니다. 이런 식으로 오늘에 이르기까지 이어져 내려오면서 국가의 역사적 운명을 추산합니다.

시중에 나돌고 있는 『소병가(燒餅歌)』나 『주배도(推背圖)』와 같은 것도 국가 운명을 예측한 책들입니다. 이들은 모두 소강절의 『황극경세(皇極經世)』에 근거를 두었습니다. 이들도 그 나름의 계통이 있습니다. 십이벽괘와 방원도에 익숙해진 뒤라면 이들의 계산 방법을 어렵지 않게 이해할 수 있을 것입니다. 일반인들은 『황극경세』를 최고로 치지만 사실 어떻게 추산했는지에 대해서는 잘 알지 못합니다. 이 때문에 많은 저작들에서는 소강절의 계산법이 뚜렷하지 않아 믿을 만한 것이 못된다고 주장하기도 합니다. 그러나 사실『역경』에 숙달된 뒤 그 방법을 안다면 여러분도 추산해 낼 수 있습니다. 그렇지만 반드시 십이벽괘와 방원도를 잘 이해한 뒤에야 가능합니다. 이 점을 특별히 유의해야 합니다.

이제 다시 「계사전」 즉 공자의『역경』연구 보고서로 되돌아가기로 합시다.『역경』에는 이(理), 상(象), 수(數)의 세 부분이 있는데 여기서 공자가 설하고 있는 것은 '이(理)' 즉 원리 부분입니다. 말하자면 철학적 측면인 셈입니다. 그리고 앞에서 살펴본 십이벽괘나 방원도는 상수 부분, 오늘의 용어로는 과학적 부분이라 할 수 있습니다.

생명은 어디서 오는가

「계사전」 제1장을 살펴보기로 합시다.

> 건은 남성이 되고 곤은 여성이 되며, 형이상적 건에서부터 시작되어 곤에서 물로 구체화된다.
> 乾道成男, 坤道成女, 乾知大始, 坤作成物.

먼저 괘를 너무 엄중한 것으로 보아서는 안 됩니다. 단지 하나의 기호에 지나지 않습니다. 말하자면 요즘의 기호 논리에 해당하는 것입니다. 그렇다고『역경』을 기호 논리라 생각해서는 안 됩니다. 그것은 서양의 신흥 학문일 뿐입니다. 신흥 학문의 용어를 잠시 빌려 설명하는 것이야 무방하겠지만 『역경』의 학문을 그렇게 끌어내려서는 안 됩니다. 건곤 양 괘에 대해 이전에는 건은 남자, 곤은 여자를 대표하는 것으로 생각했습니다. 과거의 혼인 문서에는 남자의 팔자(八字)를 '건조(乾造)', 여자의 팔자를 '곤조(坤造)'라 하여 건곤 양 괘로 나타내기도 했습니다. 『역경』을 읽어 보지 못한 사람이라면 점쟁이들끼리 쓰는 은어쯤으로 생각하겠지만, 사실 중국 문화에서는 수천 년 동안 사용되어 왔던 것입니다. "건도성남 곤도성녀(乾道成男, 坤道成女)"라는 이 두 구절은 고대 의학의 생리적 측면을 말하는 것이기도 합니다. 또 건은 양을, 곤은 음을 나타냅니다. 남자는 양이요 여자는 음입니다. "건지대시 곤작성물(乾知大始, 坤作成物)", 건곤 양 괘는 또 우주의 물리적 형성을 보여 주기도 하는데 건괘는 본체를 나타냅니다.

　우주는 어떻게 시작되었을까요? 서양에서는 우주가 주재자에 의해 창조되었으며 인류와 만물 역시 주재자가 창조한 것이라 합니다. 그러나 동양 문화에는 이런 견해가 없습니다. 단지 사람은 하늘로부터 명(命)을 받았다고만 합니다. 『중용(中庸)』에서는 "하늘이 명한 것을 성이라 하고, 성을 따르는 것을 도라 하며, 도를 닦는 것을 교라 한다[天命之謂性, 率性之爲道, 修道之爲敎]"라고 합니다. 사람의 명(命)은 천(天)으로 귀결되지만, 이 '천'은 결코 종교적 천이 아니라 형이상학적 기호입니다. 『역경』에는 종교적인 신비한 관념은 존재하지 않습니다. 생명에는 내원이 있습니다. 철학에서는 이것을 본체라 하며 종교에서는 이것을 주재자, 신, 하느님, 부처, 도 등으로 부릅니다. 그러나 『역경』에서는 이것을 '건(乾)'이라 합니다. 우주의 만물은 모두 이 건의 작용으로부터 나온 것입니다. 곤이라는 기호는 물질세계가 형성된 이후를 나타냅니다. 물질세계가 형성되기 이전에는 하늘도 땅도 여자도 남자도 없는 하나의 본체였을 뿐입니다. 이 본체라는 말도 서양 철학으로부터 온 것이지만 이것이 가리키는 바는 물질세계가 형성되기 이전의 단계입니다. 이것이 바로 건입니다. 그 후 만물을 갖춘 세계가 형성되었는데 이것이 바로 곤입니다. '곤작(坤作)'이란 곤의 작용에 의해 만물이 형성되었다는 것입니다.

「계사전」을 읽어 보면 문장이 매우 아름답다는 것을 알 수 있습니다. 비록 고문이지만 그리 어렵게 느껴지지 않습니다. 그러나 이것을 읽을 때는 깊은 사고가 필요합니다. 한 구절 한 구절이 앞뒤로 이어지면서 아주 많은 내용을 포괄합니다. 고문에는 이처럼 많은 내용이 함축되어 있습니다. 공자가 「계사전」을 쓸 때만 해도 종이나 붓 같은 것이 없어서 오늘날처럼 그렇게 많은 글자를 써낼 수 없었습니다. 일일이 칼로 대나무 조각에 새겨야 했으니 얼마나 번거로웠겠습니까? 이 때문에 한 글자가 하나의 관념을 나타내게 하여 글자 수를 줄였습니다. 이것이 후세의 이른바 고문입니다. 문(文)이라고 하는 것은 언어와 사상이 결합되어 있는 것입니다. 우리는 고문이 이해하기 힘들다고 투덜대지만 사실 그 속에 포함된 많은 과학적 철학적 이치는 우리가 애써 배워야 할 가치가 충분합니다.

"건도성남 곤도성녀", 이 두 구절은 후에 도교에서 이렇게 해석하기도 했습니다. 즉 남자의 몸은 모두 음(陰)이지만 단지 한 점만이 진양(眞陽)이며, 여자의 몸은 모두 양(陽)이지만 단지 한 점만이 진음(眞陰)이라는 것입니다. 양 속에 음이 있고 음 속에 양이 있다는 이치를 말하고 있습니다. 어떤 젊은 학생 하나는, 자기는 도대체 이런 이야기를 믿을 수 없다고 했습니다. 그렇지만 믿지 않을 수 없습니다. 예를 들어 볼까요? 체격도 좋고 기개도 넘치는 훤출한 남자라 할지라도 왕왕 여성스런 정감과 태도를 지닐 때가 있습니다. 반대로 보기에는 아주 온순한 여자라 할지라도 왕왕 심리적으로는 남성에 가까울 수 있습니다. 이런 예는 드물지 않습니다. 옛날에는, "살모사의 이빨보다 왕벌의 침보다 더 무서운 것이 여자의 독기"라는 말이 있었습니다. 새로운 문화가 유입되고 나서 우리는 이런 유의 남존여비적 관점을 나무랍니다. 그러나 자세히 들여다보면 상당히 일리가 있음을 알 수 있습니다. 여성의 성격은 원래 따뜻하고 부드럽지만 결심을 내릴 때는 그 과단성이 남성보다 훨씬 더합니다. 남성의 성격은 아주 격하지만 어떤 때는 도리어 우유부단하기도 합니다. 여성도 어떤 때는 남성보다 총명합니다. 천부적인 민감성 이른바 직관 때문입니다. 전반적으로 말한다면 남성이 더 뛰어날 수 있습니다. 그러나 남성은 어떤 측면에서 아주 어리숙합니다. 이 어리석음이 일을 실패로 내몰기도 합니다. 음 속의 양, 양 속의 음의 이치는 이처럼 심리적 측면에서도 찾아볼 수 있습니다.

"건도성남 곤도성녀"라는 구절은 의학 방면에서 보아도 아주 깊고 풍부한 의미가 있습니다. 남녀의 갱년기는 여자가 사십구 세 전후이고 남자가 오십육 세 전후인데, 어떤 여성은 갱년기가 되면 생리뿐 아니라 성격에도 변화가 생깁니다. 이전엔 말수가 없었는데 수다스럽게 변하거나, 원래는 이야기를 잘하던 사람이 말이 없어지고 침울해지는 경우도 있습니다. 원래 보수적이던 사람이 자유분방하게 변하기도 합니다. 이때가 되면 젊은 이들보다도 오히려 더 부부관계나 가정생활에서 많은 문제를 일으키기도 합니다. 생리적 심리적 변화가 나타나기 때문입니다. 이것 역시 십이벽괘의 이치입니다. 생명의 변화 법칙이라 말할 수 있습니다. 십이벽괘로 설명하면 다음과 같습니다. 인류의 생명 과정에서 본다면 건괘☰는 모친의 임신에서부터 출산까지의 완전한 하나의 생명을 나타냅니다. 이것이 변화하면 천풍구(天風姤)괘☴가 되는데 내괘 제일효가 음으로 변한 것입니다. 인생 역정으로 말하면 2×7=14, 십사 세의 여성에 해당합니다. 여성은 십사 세가 되면 생리상 아주 뚜렷한 변화가 나타납니다. 남성은 8을 한 단위로 계산하니까 16이 됩니다. 남성도 십육 세가 되면 변화가 나타나지만 여성처럼 그렇게 명확하지는 않습니다. 여기서도 남성이 어떤 점에서 여성보다 못하다는 것이 드러납니다. 중국에는 『황제내경』이라는 고서가 있는데 인간의 생명학이라 부를 수 있습니다. 여기에는 여자 나이 십사 세가 되면 천계(天癸)가 이른다고 기술되어 있습니다. 이에 대해서는 앞에서 언급한 바 있지만 이른바 '계(癸)'란 '임계수(壬癸水)'로서 음수(陰水)입니다. '천계'란 월경으로서 처음 월경이 시작되는 것을 말합니다. 후천에 이르러 생명이 서서히 파괴되는 현상입니다. 물론 현대에 이르러서는 상황이 약간 달라집니다. 사람에 따라 십이 세 또는 십삼 세에 '천계'가 이르기도 합니다. 이것 역시 『역경』의 이치입니다. 인류는 시대가 흐를수록 더 일찍 결혼하게 되고 사람도 훨씬 총명해지지만 생명 또한 짧아집니다. 남성은 십육 세 이전까지는 아직 후천에 진입하지 않았기 때문에 완전합니다. 그러나 십육 세가 되면 젖꼭지가 며칠간 부어오릅니다. 이것은 여성의 '천계'와 동일한 현상입니다. 여성을 표준으로 한다면 3×7=21, 이십일 세에는 다시 일음이 나타나 천산둔(天山遯)괘☶가 되며, 이십팔 세에는 천지비(天地否)괘☷가 됩니다. 이처럼 칠 세씩 증가할수록 괘가 변해 사십구 세가 되면 생명이 다시 한 번 바뀌는 갱년기가 됩니다. 남성은 7×8=56, 오십육 세가 되면 갱년기가 됩니다. 현대 의학에서도 역시 남녀의 갱년기를 이렇게 봅니다. 갱년기가 되면 병을 진단하는 것도 세심해야 하며 필요한 경우 호르몬을 투여해 신체의 기능을 돕기도 해야 합니다. 사람의 나이는 대체로 이와 같은 몇 단계로 나누어 볼 수 있습니다. 나이가 어느 단계에 이르면 그 단계에 해당하는 생리적 심리적 상태 및 증상이 나타납니다.

청소년 문제만 해도 그렇습니다. 청소년은 대략 십사 세부터 이십 세에 걸치는 세대로서, 이들 문제가 결코 현대에 이르러 처음 나타나기 시작한 현상은 아닙니다. 현대 사회가 개방되었기 때문에 이들에 대한 자료 역시 더 쉽게 드러나는 것일 뿐입니다. 이전에도 이런 문제는 있었습니다. 초효가 변하기 시작하면 생명의 작용 역시 변하기 마련입니다. 지도자나 관리자라면 이런 생명의 법칙을 잘 이해하고 있어야만 합니다. 어떤 때는 오랜 친구 사이에도 오륙십 세에 이르러 원수가 되기도 합니다. 늘 하는 말입니다만 이런 경우는 양쪽 다 병적인 상태입니다. 생리적인 영향 때문에 그런 것입니다. 생리 변화는 눈에서 가장 쉽게 나타납니다. 눈이 노화되기 시작하는 것은 대략 마흔두세 살 때쯤입니다. 따라서 이 나이가 되어 눈이 좀 불편하거나 쉽게 피로해지면 꾸물거리지 말고 안과의사를 찾아야 합니다. 그리고 신(腎)을 보해야 합니다. 한의학에서 말하는 '신(腎)'이란 단지 신장만을 가리키는 것이 아닙니다. 한의학에서는 신을 다시 둘로 나눕니다. 왼쪽 신은 양(陽)이고 오른쪽 신은 음(陰)으로서 왼쪽은 생명을 관장하고 오른쪽은 배설을 관장합니다. 한의학에서 말하는 '신'은 내분비와 호르몬 계통을 모두 포함한 것입니다. 마흔두세 살이 되면 신 계통뿐 아니라 산노 보양해야 합니다. 이때가 되면 간에 문제가 생기기 쉽습니다. 간염에 걸릴 수도 있으며, 간의 화기(火氣)가 쉽게 동해 화를 잘 냄으로써 인간관계에서 문제를 일으킬 수도 있습니다. 한의학에서는 코끝이 발갛게 되면 위에 문제가 있다고 판단합니다. 『역경』의 법칙에 따르면 이런 신체적 장애가

장래 어느 해 어느 계절에 나타나리라는 것까지 알 수 있습니다.

이제 우리는 『역경』이 도대체 어떤 학문인가 하는 또 다른 문제에 직면했습니다. 『역경』은 과학의 한 종류이자 기호 논리입니다. 수리(數理) 또는 우주나 개인의 생명 작용을 나타냅니다. 『역경』에서 처세와 처사의 이치까지 다룬 최초의 사람은 주나라 문왕이었습니다. 두 번째는 그의 아들 주공이었고, 이를 다시 이은 사람이 공자입니다. 이것은 자연법칙으로써 인생의 이치와 처세의 도리를 말한 것입니다. 우리는 앞에서 과학적 측면을 살펴보았는데 앞으로는 인사(人事) 방면에 대해 살펴보기로 하겠습니다. 이것은 곧 유가 문화에 대한 검토입니다.

지극히 간명하고 평범하다

건으로써 쉽게 알고 곤으로써 간단히 행한다. 평범하므로 쉽게 알 수 있고 간명하므로 쉽게 따를 수 있다. 쉽게 알 수 있기 때문에 친근하고 쉽게 따를 수 있기 때문에 이룸이 있다. 친근하기 때문에 오래갈 수 있으며 이룸이 있기 때문에 클 수 있다. 오래갈 수 있는 것은 현인의 덕이며 클 수 있는 것은 현인의 업적이다. 평범하고 간명하기에 천하의 이치를 모두 갖추며, 천하의 이치를 갖추니 그 가운데에 자리 잡을 수 있다.

乾以易知, 坤以簡能, 易則易知, 簡則易從; 易知則有親, 易從則有功; 有親則可久, 有功則可大; 可久則賢人之德, 可大則賢人之業; 易簡而天下之理得矣, 天下之理得, 而成位乎其中矣.

"건이이지 곤이간능(乾以易知, 坤以簡能)", 이 여덟 글자에서 '이(以)' 자를 빼 버리면 실제로 여섯 글자밖에 되지 않습니다. 그렇지만 막상 해석하자면 그리 만만치 않습니다. 예를 들면 '易知'의 '易'가(이)『역경』의 '역'이겠습니까 아니면 '쉽다'의 '이'겠습니까? 이 구절이 건괘의 작용 즉 우주의 작용을 설명한 것이라면 어떻게 이해해야 할까요? 건괘를 알면『역경』을 이해할 수 있다고 새길 수 있습니다. 두 번째 해석은 우주의 작용을 쉽게 이해할 수 있다는 것입니다. 이 중 두 번째 해석이 옳습니다. 왜냐하면 아래의 "곤이간능(坤以簡能)"의 '간(簡)' 역시 두 가지 의미가 있기 때문입니다. 하나는 간단하다는 뜻이요 또 하나는 선택한다는 뜻입니다. 황제가 흠차대신(欽差大臣)을 파견하는 것을 간선(簡選)이라고도 했는데 이것은 특별히 선발해서 보낸다는 뜻입니다. 그러니 '정선(精選)'이라 해도 무방할 것입니다. 그런데 여기서 "곤이간능"의 '간'은 간단하고 평범하다는 뜻입니다. 『역경』의 법칙은 간단 평범한 것으로 너무 어렵게 생각할 필요가 없다는 것입니다. 자고이래로 『역경』은 신비한 것으로만 치부했는데 이는 잘못된 것입니다. 진정으로『역경』에 통하면 신비할 것은 전혀 없습니다. 최고의 이치는 역시 지극히 평범한 것이기도 합니다. 위의 두 구절은『역경』이 제일 평범하다는 것을 말하고 있습니다.

"이즉이지 간즉이종 이지즉유친 이종즉유공 유친즉가구 유공즉가대 가구즉현인지덕 가대즉현인지업(易則易知, 簡則易從; 易知則有親, 易從則有功; 有親則可久, 有功則可大; 可久則賢人之德, 可大則賢人之業)", 이 구절은 그리 어려운 곳도 없기에 한 자 한 자 따로 해석할 필요가 없습니다. 이 몇 구절의 문장은 참으로 아름답습니다. 인문 문화를 연구하면서 한 가지 유의해야 할 점은, 유가나 도가 및 제자백가의 사상이 모두『역경』으로부터 나왔다는 사실입니다. 위의 구절에서도 볼 수 있듯이 공자는 『역경』을 인문적 관점에서 풀이합니다. 공자는 이어서 말합니다. "이간이천하지리득의 천하지리득 이성위호기중의(易簡而天下之理得矣, 天下之理得, 而成位乎其中矣)", 여기서 공자는 우리에게 가장 심오한 것이 가장 평범하다는 이치를 분명하게 말하고 있습니다. 어떤 것이 심오해서 이해가 안 된다고 생각하는 것은 우리의 지혜가 부족하기 때문이라는 것입니다. 천하의 이치는 어디에 있을까요? 바로 "성위호기중(成位乎其中)"입니다. '성위(成位)'라는 것은 현대어로는 "인생의 본래 자리" 혹은 "생명의 가치"라 할 수 있습니다. 생명의 법칙이나 의의도 모두 이 속에서 찾아낼 수 있습니다.

이어서 「계사전」 제2장이 이어집니다.

괘를 설정해 그 상을 살피다

성인은 괘를 설정해 상을 살펴 계사로써 길흉을 분명히 했다.
聖人設卦觀象, 繫辭焉而明吉凶.

먼저 주의할 것은 무엇이 '계사(繫辭)'인가 하는 점입니다. 상고 시대 사람들은 괘를 그렸는데 이것이 바로 문자의 시작입니다. 옛사람들이 그린 그림은 단지 하나의 기호에 지나지 않았습니다. 그래서 후에 이 기호가 과연 무엇을 의미하는지를 문자로써 그 밑에다 부가했는데 이것이 바로 '계사'입니다. 이것이 문왕과 주공 그리고 공자 세 사람의 노력으로 완성되어 오늘 우리 손에 있는 이런 책이 된 것입니다. 따라서 책 속에 있는 모든 문자는 다 계사라 할 수 있습니다. 위의 구절에 있는 '계사'란 바로 이런 뜻입니다. 후에 일반인들은 『역경』의 팔괘를 대단히 엄중한 것으로 생각하게 되었지만 실제로 그럴 필요는 없습니다. 공자는 우리에게 그렇게 엄중하게 생각하지 말라고 합니다. 그는 연구 태도로서 '가지고 놀기〔玩〕'를 권장합니다. 왜 그럴까요? "설괘관상(設卦觀象)", 각 괘가 대표하는 것은 모두 가설에 불과하기 때문입니다. 일종의 기호 논리일 뿐입니다. 이것을 어떤 것으로 고정해 생각해서는 안 됩니다. 예를 들어 건괘라 해서 이것이 언제나 하늘을 가리키는 것은 아닙니다. 인체로 말하면 건(乾)은 머리, 곤(坤)은 배, 손(巽)은 코, 감(坎)은 귀, 리(離)는 눈, 간(艮)은 등, 진(震)은 심장, 태(泰)는 폐를 나타내는 데서도 알 수 있듯이 하나의 기호에 불과합니다. 고대의 의서(醫書)는 모두 괘로서 설명했습니다. 옛날 의서에 진괘가 나온다면 이것은 심장을 나타내는 것이라 보아야 합니다. 『역경』 중 인체를 나타내는 괘가 모두 동일하지는 않습니다. 이것이 바로 괘를 설정한 이치입니다. 『역경』을 공부할 때 "설괘관상"이라는 네 글자에 주의해야 합니다. 여러분이 만약 미래의 상황, 미래의 세계, 내년의 국가 대사에 대해 알고 싶다면 마음속으로 괘를 하나 골라 보면 됩니다. 즉 괘를 하나 설정하여〔設卦〕 그 현상을 관찰〔觀象〕하는 것입니다. '관상'에는 두 가지 의미가 있습니다. 하나는 괘의 현상을 보는 것이요 또 하나는 눈앞에 전개되는 현실을 보는 것입니다. 눈앞의 현실과 괘상 그리고 문자적 해석을 결합해 어떤 일의 좋고 나쁨을 명백하게 하는 것입니다.

강유가 서로 밀어 변화가 생긴다.

剛柔相推, 而生變化.

『역경』의 이치란 상상하는 만큼 그렇게 많지는 않습니다. 세상사란 단지 길흉 두 가지 결과밖에 없습니다. 좋지 않으면 나쁘며 중간의 것은 존재하지 않습니다. 진보하지 않으면 퇴보할 뿐 중간에 머물러 있는 것은 없습니다. 육체로 말하면 더 건강해지지 않았다면 노쇠한 것입니다. 왜 단지 길흉만을 말할까요? 인생이란 단지 음양의 변화일 뿐이기 때문입니다.

움직임을 신중히 하다

이제 다시 돌아가서 길흉을 점치는 데도 하나의 철학적 원리가 있다는 것을 알아야 합니다. 이것이 바로 「계사전」 제2장에서 말하는 것입니다. 계속해서 살펴보기로 합시다.

> 이런 까닭에 길흉은 득실의 상이요 회린은 근심의 상이며, 변화는 진퇴의 상이고 강유는 주야의 상이다.
>
> 是故, 吉凶者, 失得之象也; 悔吝者, 憂虞之象也; 變化者, 進退之象也; 剛柔者, 晝夜之象也.

여기서 인류 문화에 대한 철학적 해석을 시도합니다. 인류가 생각하는 길흉이나 좋고 나쁜 것은 사실 절대적인 것이 아니라 인류의 이해관계와 상관이 있습니다. 우리는 어떤 것을 얻으면 길하고 잃으면 흉하다고 생각하나 이것은 절대적인 것이 아닙니다. 얻고 잃는 것이 절대적이 아니라는 것은 "병을 얻었다"고 말하는 데서도 알 수 있습니다. 인생에서 득의만만한 것이 반드시 좋은 것만도 아닙니다. 마찬가지로 실의에 빠졌다고 해서 그것이 반드시 좋지 않은 것만은 아닙니다. 고문을 읽을 때는 문자 그대로 표면적으로 읽어서는 안 됩니다. 그 문자 이면의 깊은 곳에는 아주 큰 철학적 지혜가 담겨 있다는 것을 알아야 합니다. 이로부터 '길흉(吉凶)'이 개인의 생각에 따라 달라질 수 있다는 것을 알 수 있습니다. '회린(悔吝)'이란 근심스런 상입니다. '우(虞)'란 생각한다는 뜻입니다. 앞에서 언급한 바 있지만 점을 친 결과는 길흉회린 네 글자밖에 없습니다. 더 간단히 말하면 길흉 즉 좋으냐 나쁘냐 하는 두 글자밖에 없습니다. 회린이란 여기에 부수적으로 덧붙여진 것에 불과합니다. '회린'이란 근심스런 생각이기 때문입니다.

인생 일체의 것을 『역경』은 단지 길흉회린이라는 네 각도에서만 바라봅니다. 그렇다면 이 길흉회린은 어디서 온 것일까요? 하편(下篇)에는 "길흉회린은 움직임에서 나오는 것이다〔吉凶悔吝者, 生乎動者也〕"라는 구절이 있습니다. 인생에서는 어떤 것이든 일단 움직이면 좋은 것과 좋지 못한 것이 나타납니다. 거기다 어떻게 움직이든 나쁜 쪽이 사분의 삼이요 좋은 쪽은 단지 사분의 일에 불과합니다. 그래서 옛부터 움직이는 것이 가만히 있는 것만 못하다는 속담이 있었습니다. 어떤 일이든 일단 움직이기 시작하면 좋은 것보다 나쁜 것이 훨씬 많습니다. 비단 우주나 인생뿐 아니라 사업도 마찬가지입니다. 이 때문에 유가에서는 움직임을 신중히 하라고 했습니다. 움직임이란 일종의 혁명으로서 기존의 것을 바꾸는 것입니다. 창업을 하거나 새롭게 만들어 내는 것과도 같습니다. 이런 변동이 불가하다는 것이 아니라 이 변동에 지혜와 신중한 고려가 필요하다는 뜻입니다. 이 때문에 『역경』을 배운 사람은 점을 치지 않습니다. 현상만 보고도 그 이치를 명백히 파악할 수 있기 때문입니다.

천변만화하니 나아가지 않으면 물러서는 것이다

"변화자 진퇴지상야. 강유자 주야지상야(變化者, 進退之象也. 剛柔者, 晝夜之象也)."

고문은 간단하고도 아름답습니다. 옛사람들의 문학적 경지가 이렇게 높기에 어떤 때는 도리어 우리의 사고를 저해합니다. 이 두 구절은 많은 의미를 포함하고 있습니다. "변화(變化)", 『역경』은 우리에게 우주의 어떤 현상이든 어떤 사정이든 수시로 변하지 않는 것이 없다고 말합니다. 육십사괘에는 음효와 양효라는 단 두 종류의 효밖에 없습니다. 한 번 변화할 때마다 다른 괘상이 나타납니다. 변화란 무엇일까요? "진퇴지상(進退之象)"입니다. '진퇴(進退)'란 양이 하나라도 많다면 양이 자라고 음이 퇴조하는 것이며, 음이 하나라도 많다면 음이 자라고 양이 퇴조하는 것입니다. 이렇게 자라고 퇴조하는 사이에 변화가 생겨 나타납니다.

그렇다면 왜 '다소(多少)'라는 말을 쓰지 않고 '진퇴(進退)'라는 말을 썼을까요? 우리가 고서를 볼 때는 이런 곳에 주의해야 합니다. 예를 들어 '다소'란 말을 쓴다면 의미가 달라집니다. '진퇴'라 할 때보다 심각하지 않습니다. '진퇴'는 대원칙이자 동태적인 것입니다. 더욱이 인문적 관점에서 본다면 모든 것은 일진일퇴의 현상으로서 변화란 단지 진퇴일 뿐입니다. 나아가지 않으면 물러서는 것입니다. 우리는 흔히 역사가 진보한다고 생각하지만 엄격히 말하면 그렇지 않습니다. 이 시대는 과연 진보하고 있을까요? 알 수 없습니다. 동양 문화나 인문적 관점에서 말한다면, 또는 고금의 서적이나 저작을 비교해 본다면 문화는 분명 타락하고 있습니다. 역사는 결코 진보하지 않으며 타락하고 있습니다. 그렇지만 물질문명의 측면에서 말한다면 역사는 진보하고 있습니다. 이 때문에 시대와 역사가 정말 진보하고 있는지 혹은 퇴보하고 있는지는 단정짓기 어려운 문제입니다. 그러므로 진퇴의 사이에서, 어떤 범위나 표준 또는 입장에서 말하는 것인지 주의해서 보아야 합니다. 『역경』을 배우려면 괘의 착종복잡을 알아야 합니다. 어떤 괘 어떤 효를 말하더라도 그것의 착종복잡을 알아야 합니다.

생사는 낮밤의 이치와 같다

두 번째 관점은 "강유자 주야지상야(剛柔者, 晝夜之象也)"입니다. 앞에서 『역경』의 동정, 강유에 대해 살펴본 적이 있습니다. '동정(動靜)'은 물리세계의 법칙이요 '강유(剛柔)'는 물질세계의 법칙입니다. 그렇지만 여기서의 강유는 낮과 밤을 나타냅니다. 공자는 「계사전」에서 다시 "낮과 밤의 이치를 명확히 꿰뚫어 보면 곧 알 수 있다[明乎晝夜之道則知]"라고 하는데, 이것은 동양 문화에서만 나타나는 특이한 관점이며 또 위대한 점이기도 합니다. 세계 어떤 종교든 모두 생사 문제를 중시합니다. 그러나 유가와 도가에서는 생사를 그다지 문제삼지 않습니다. 이런 관점은 모두 『역경』으로부터 유래한 것입니다. 『역경』은 생사를 문제삼지 않습니다. "명호주야지도즉지(明乎晝夜之道則知)"에 생사(生死)라는 두 글자를 추가하면 이런 뜻이 됩니다. 사람이 살아 있을 때는 마치 대낮과 같이 밝으나 죽으면 해가 떨어져 휴식을 취할 때처럼 어둡게 된다는 것입니다. 분명 생명의 연속을 인정한 것입니다. 마치 불교의 윤회적 관점과도 같습니다. 사람은 결국 죽습니다. 그렇지만 이것이 생명의 끝은 아닙니다. 한 차례 휴식에 불과합니다. 어둡다가도 다음 날 다시 밝아지는 것과 같습니다. 우(禹) 왕은, "삶은 잠시 머무는 것이요 죽음은 다시 돌아가는 것이다[生者寄也, 死者歸也]"라고 했습니다. 후에 도가에서도 사람이 살아 있다는 것은 이 세상에 잠시 머무는 것이라 생각했습니다. 백 년을 산다는 것은, 가죽과 뼈 그리고 피와 근육으로 된 몸속에서 백 년을 머물다가 다시 돌아간다는 것입니다. 서양에서는 생사 문제를 대단히 엄중하게 다루었지만 동양은 그렇지 않습니다. 『역경』은 근본적으로 죽음을 문제삼지 않습니다. 생사는 낮과 밤처럼 단지 강유의 사이에 나타나는 하나의 현상에 불과합니다.

천지의 변화가 육에서 다하다

> 육효의 움직임은 삼극의 도이다.
>
> 六爻之動, 三極之道也.

'육효(六爻)'란 중괘(重卦)의 여섯 효를 말합니다. 왜 여섯 효를 그렸는지에 대해서는 이미 말씀드렸지만 선조들이 어떻게 그런 지혜를 지니고 있었는지 정말 알 수 없습니다. 수천 년 전 이미 우주의 모든 변화가 여섯 단계를 초과할 수 없음을 안 것입니다. 이것은 현대 과학의 해석과 동일합니다. 여기서 주의해야 할 것은 '동(動)'자입니다. 언제든 움직이며 움직이면 변화합니다. 잠잘 때나 정좌할 때에도 늘 움직이며 변화합니다. 혈액은 여전히 순환하고 있으며 무의식 또한 쉬지 않고 활동하기 때문입니다. 움직이면 반드시 변화합니다. '삼극(三極)'이란 천지인을 말합니다. 삼극 역시 음양이 있습니다. 천에도 지에도 인에도 역시 음양이 있습니다. 왜 여섯 효를 사용해야 하느냐에 대한 공자의 대답은 바로 삼극의 도이기 때문이라는 것입니다. 이때 '도(道)'라고 하는 것은 '수도'한다고 할 때의 '도'가 아니라 '법칙'이라는 뜻입니다. 이 때문에 팔괘에는 육효가 있어야 합니다. 육효는 천지인 삼극의 음양 변화 법칙이기 때문입니다. 여기서 볼 수 있듯이 역의 대원칙은 상수 즉 과학으로부터 온 것입니다. 그러나 이것이 주공 특히 공자의 「계사전」에 이르면 인문학으로 전환되어 유학 사상의 원천이 됩니다. 과학 특히 천문 방면의 대원칙이 이후 인문 사상으로 대체된 것입니다.

편안히 거처하다

> 이런 까닭에 군자가 편안히 거처하는 것이 역의 순서이고, 즐기면서 가지고 노는 것은 효의 사이다.
>
> 是故君子所居而安者, 易之序也; 所樂而玩者, 爻之辭也.

이제 인생철학에 이르렀습니다. 우리가 『역경』을 공부하는 것은 자신을 알고 인생을 이해하기 위해서입니다. 이로 인해 군자의 일상생활은 편안할 수 있습니다. 선종에서 늘 말하는 '안심(安心)'의 경지에 이를 수 있습니다. 이 경지는 사실 아주 어렵습니다. 여기에 이른 사람은 거의 없었다고 해도 과언이 아닙니다. 마음이 편안해 모든 것에 만족한다는 것은 어쩌면 불가능한 일일지도 모릅니다. 마음이 편안하기도 어렵지만 몸이 편안하기도 역시 어렵습니다. 생활을 편안하게 한다는 것은 더욱 어렵습니다. 사실 이들은 모두 마음의 작용입니다. 공자는 말합니다. 진정으로 『역경』을 이해했다면 일상생활에서 마음의 편안함을 얻을 수 있을 것이니, 단지 『역경』의 변화 순서만 보아도 충분하다는 겁니다. 왜 그럴까요? 『역경』에는 일정한 순서가 있어 괘의 변화를 읽을 수 있기 때문입니다. 우주의 만사만물은 수시로 변화하지만 모두 『역경』의 법칙에 따라 움직이는 것이지 마음대로 변하는 것이 아닙니다. 마음대로 변할 수가 없습니다. 일정한 순서를 따라 변화하는 것입니다. 이런 까닭에 『역경』을 이해하면 인생 일체의 변화에 대해 진정으로 안빈낙도하면서 보낼 수 있습니다.

인생이나 만물에는 하나의 불변의 진리가 있습니다. 어떤 것이든 반드시 변화한다는 것입니다. 사람들은 흔히 자신이 한평생 변하지 않았으면 하고 생각합니다. 만약 영원히 젊음을 유지하면서 불로장생할 수 있다면 가능합니다. 그러나 이것은 절대로 불가능합니다. 또 『역경』을 이해하면 변화에 하나의 질서와 원칙이 있다는 것을 알게 됩니다. 그러므로 우리는 사업을 하든 다른 일을 하든 먼저 자기가 어떻게 바뀌어야 하는지를 알아야 하며, 다음으로는 변화의 정도가 어디에 이를 것인지도 알아야 합니다. 점을 칠 필요가 없습니다. 『역경』의 변화 순서에 통하면 우주의 대법칙에도 통하게 됩니다. 변화 과정에서는 한 번 변하면 움직이고 움직이면 다시 변합니다. 이런 변동의 결과는 좋지 않으면 나쁩니다. 즉 길하지 않으면 흉합니다. 여기서 길흉이란 주지하다시피 인위적 관념입니다. 즉 인위적인 이해득실에서 온 것입니다. 그렇다면 득실에 무슨 궁극적 의미가 있을까요? "소락이완자 효지사야(所樂而玩者, 爻之辭也)", 문왕이 지은 『주역』에는 각 괘 아래 그 이치에 대한 설명 즉 괘사가 덧붙여 있습니다. 만약 이 이치를 투철히 이해한다면 매우 즐거울 것입니다.

움직임의 철학

> 이런 까닭에 군자는 그가 처한 상황을 상으로 살펴 그 사로써 음미하고, 움직일 때는 그 변화를 관찰하면서 그 점으로써 음미한다.
> 是故君子所居則觀其象而玩其辭, 動則觀其變而玩其占.

『역경』을 이해한 후에야 현상을 살피는 것이지 현상부터 관찰하여『역경』을 연구하는 것이 아닙니다. 여기서 현상[象]이라는 것은 우리의 생활, 우리의 생명, 그리고 우리 자신과 가정 국가 및 세계와의 관계 등을 말합니다. 이런 큰 현상이 바로 팔괘의 법칙에 따라 변화하는 한 권의『역경』입니다. 평상시 이런 큰 환경 속에 거처하면서 그 현상을 관찰하면 그 변화의 원인과 결과를 모두 알게 될 겁니다. 그리고 나서 다시 문왕의 연구 결과를 한번 보십시오. 문왕이 말했다 해서 모두 곧이곧대로 받아들일 것이 아니라 "그 사로써 음미하는[玩其辭]" 것입니다. 말하자면 문왕을 통해 자신의 사상을 만들어 내는 것입니다. 이렇게 한다면 왕씨라면 '왕역'을, 이씨라면 '이역'을 저술할 수도 있을 겁니다.

인생은 반드시 움직입니다. "동즉관기변이완기점(動則觀其變而玩其

占)", 우리는 어떤 때 움직인 뒤에 생길 변화를 관찰하고자 점을 치기도 합니다. 사실 점(占)과 복(卜), 서(筮)는 서로 다릅니다. 고대에는 뼈를 사용해 점을 쳤는데 뼈를 불에 태운 후 갈라진 모양을 관찰했습니다. 이것이 '복(卜)'입니다. 복의 방법은 아주 다양합니다. '점(占)'이란 수리를 이용해 결과를 추리하는 것입니다. 그리고 '서(筮)'는 『주역』 이후의 점치는 방식입니다. 서초(筮草)의 정해진 숫자로써 점을 쳤습니다. 말하자면 요즘의 사원 같은 데에서 행하는, 대나무 쪽을 뽑아 점을 치는 방식과 유사합니다. 역사적으로 풍각술(風角術)이나 이로부터 발전한 매화역수 등은 모두 점복(占卜)에 속합니다. 매화역수는 소강절이 발명한 것이라 전해지고 있습니다.

모든 것이 자신의 학문과 수양에 달려 있다

> 이로써 하늘이 스스로 보우하니 이롭지 않음이 없다.
> 是以自天佑之, 吉无不利.

이것이 바로 동양 문화와 서양 문화의 차이점입니다. 동양 문화에는 근본적으로 미신이 존재하지 않습니다. 인조(人助), 천조(天助)를 말하면서도 반드시 스스로에게 달려 있다고 합니다. 위의 구절은, 이러한 『역경』의 이치를 이해한다면 하늘이 그를 도울 수 있다는 것입니다. 하늘이 어떻게 도울 수 있을까요? 천인합일의 경지에 이르면 됩니다. 즉 스스로 『역경』의 이치에 따라 정리(情理)에 맞도록 행한다면 천인합일의 경지에 도달할 수 있습니다. 엄격히 말하면 이 '천(天)'이라는 것이 결코 별개의 어떤 힘이 아닙니다. 단지 자기 마음일 뿐입니다. 『역경』의 이 이치를 이해하고서 그것으로 자기 몸을 닦고 생활에서 실천한다면 반드시 일체가 크게 길하고 이롭습니다. 모든 것이 자신의 학문과 수양에 달린 것입니다. 이 때문에 『역경』을 경전 중의 경전이요 지혜 중의 지혜라 하는 것입니다. 이 속에는 과학, 철학, 종교 등 모든 것이 다 포함되어 있습니다.

이상이 제2장입니다. 이어서 제3장을 살펴봅시다.

단이란 상을 말하고 효란 변화를 말한다.

彖者, 言乎象者也, 爻者, 言乎變者也.

'단(彖)'이란 쇳덩어리도 물어 끊어 버린다는 맹수의 일종입니다. 『역경』의 각 괘 아래에 '단왈(彖曰)'이라는 구절이 나오는데 이것은 단정적인 말을 의미합니다. 이 구절은 단사가 현상을 해설한 것임을 설명합니다. 말하자면 단사는 어떤 현상에 근거해 결론을 내린 것입니다. 또 각 효마다 그 아래 해석이 붙어 있는데 이것이 효사입니다. 전체 괘의 아래에 붙어 있는 해석은 괘사이며 효사는 변화의 이치를 설명합니다.

허물을 잘 보완하다

길흉은 득실을 말하고 회린은 작은 결함을 말한다. 결함이 없다는 것은 허물을 잘 보완하는 것이다.

吉凶者, 言乎其失得也. 悔吝者, 言乎其小疵也. 无咎者, 善補過也.

앞으로 『역경』을 연구하다 보면 괘의 뒷부분에 길이니 흉이니 회린이니 무구니 하는 말들을 자주 볼 수 있습니다. 길흉회린에 대해서는 앞에서 언급한 적이 있습니다. "무구(无咎)"란 잘못이 없다는 뜻으로 결코 좋다는 말이 아닙니다. 진퇴의 사이에서 주의가 필요합니다. 달리 말하면 "무구"란 크게 잘못한 것도 또 좋을 것도 없다는 말입니다. 여기서도 『역경』의 철학을 읽을 수 있습니다. 공자는, "허물을 잘 보완하는 것〔善補過也〕"이라 말합니다. 이 점을 특히 주의해야 합니다. 사람은 잘못이 없을 수 없습니다. 수시로 잘못을 저지릅니다. 자신의 과오를 잘 반성해 바로잡을 수 있어야만 진정으로 무구에 이를 수 있습니다. 어떤 일을 하든 우리는 철저히 겸허해야 합니다. 절대 잘못이 없을 것이라는 생각은 자기 바람에 불과합니다. 조심조심 반성하며 잘못을 고쳐 나가는 것, 이것이 최고의 철학입니다.

인생철학의 다섯 가지 원칙

이상의 이치가 이해되면 다시 다음 구절로 가 봅시다.

그런 까닭에 귀천을 열거하는 것은 위에 있고 크고 작은 것을 가지런히 정돈하는 것은 괘에 있으며 길흉을 변별하는 것은 사에 있고 회린을 근심하는 것은 개인에 있으며 허물을 떨쳐 없애는 것은 뉘우침에 있다.

是故列貴賤者存乎位, 齊小大者存乎卦, 辨吉凶者存乎辭, 憂悔吝者存乎介,震无咎者存乎悔.

　이상 다섯 가지는 점을 칠 때 사용하는 것으로 인생철학의 대원칙이기도 합니다. "열귀천자존호위(列貴賤者存乎位)", 고귀한 것과 비천한 것은 '위(位)'에 달려 있습니다. '위'란 요즈음 말로 하면 공간이라 할 수 있습니다. 인생 역시 마찬가지입니다. 어떤 위치에 이르면 귀하고 그렇지 못하면 천합니다. 점을 쳤을 때 어떤 괘가 좋고 어떤 괘가 나쁠까요? 정해진 것이 없습니다. 아주 좋은 괘라도 장소가 바뀌면 상황은 달라집니다. 사원에 가서 커다란 신상(神象) 앞에 서면 왠지 숙연한 느낌이 드는 것도 마찬가지입니다. 한 개의 바위, 하나의 나무토막, 또는 한 덩이 시멘트일 뿐인데 이것을 조각해 사원에 갖다 놓으니까 사람들이 모두 무릎을 꿇고 절을 하는 것입니다. 왜 고귀합니까? "존호위(存乎位)", 그 자리가 귀하기 때문입니다. 많은 일들이 모두 이렇습니다. 사람 역시 마찬가지입니다. 따라서 『역경』을 공부하면서 반드시 알아야 할 것은, 괘 자체에는 좋고 나쁜 것이 없으며 시간과 위치에 따라 좋고 나쁜 것이 결정된다는 사실입니다.

　산명(算命) 역시 마찬가지입니다. 어떤 사람은 팔자도 좋고 명(命)도 귀하게 타고났지만 평생 좋은 운을 만나지 못합니다. 때를 만나지 못하면 귀해 봐야 아무 소용없습니다. 아무리 좋고 가치 있는 물건이라도 몇십 년째 팔리지 않고 있다면 달리 무슨 방법이 있겠습니까? 어떤 사람은 학문이 아주 깊어도 평생 이름을 떨치지 못합니다. 반대로 어떤 사람은 학문이 시원치 않는데도 이름을 떨칩니다. 역사를 보더라도 마찬가지입니다. 역대 이래 제갈량만 한 학문을 갖춘 사람이 과연 몇이나 되겠습니까? 그러나 『삼국연의』란 소설이 없었다면 과연 그의 이름이 아직 세상에 남아 있었겠습니까? 손오공은 애초 사람도 아니지만 소설 덕택에 아직도 잘 나가고 있습니다. 천하의 일이란 이런 것입니다. 이 이치를 이해하면 세상의 명리가 별것 아님을 알 수 있습니다. 때를 얻지 못하더라도 마음을 편안히 가질 수 있어야 합니다. 마음이 편안해야 이치를 깨닫습니다. "복이 이르면 마음이 영활해진다〔福至心靈〕"라는 말이 있는데, 아주 이치에 닿는 이야기입니다. 어떤 사람이 어느 위치에 이르면, 즉 복이 이르면 머리 또한 아주 영민해집니다.

"제소대자존호괘(齊小大者存乎卦)", '제(齊)'란 평등한 것을 말합니다. 건곤감리의 네 괘를 대괘(大卦)라 합니다. 나머지 육십 괘는 모두 대괘로부터 발전되어 나온 것으로서 소괘(小卦)입니다. 괘란 현상입니다. 큰 현상이기도 하고 작은 현상이기도 합니다. 현상에도 대소가 있으며, 사람의 성공과 실패에도 대소가 있습니다. 같이 돈을 벌더라도 갑은 적게 벌고 을은 많이 벌었다면 이것 역시 대소입니다. 그렇지만 이들의 처지는 평등합니다. 큰 괘든 작은 괘든 모두 괘이며 또 하나의 현상입니다.

장자는 제물(齊物)을 이야기하는데, 무엇이 제물일까요? 만물은 똑같을 수 없습니다. 평등이란 있을 수 없습니다. 인간의 지혜나 학문 또는 체력은 모두 불평등합니다. 그렇지만 장자가 제시했던 것은 이런 평등이 아니라 본체의 평등입니다. 우주가 평등하다 하더라도 그 속에 있는 만물은 평등할 수 없습니다. 그래서 장자는 이것을 "바람이 불면 온갖 것이 모두 다른 소리를 낸다〔吹萬不同〕"라고 했는데 매우 뛰어난 표현입니다. 공자는 『역경』의 연구 방법으로서 '완(玩)'을 부각했는데 이와 유사한 것이 '취(吹)'라 할 수 있습니다. 장자는 바람에 비유합니다. 바람이 불면 온갖 것이 여기에 부딪혀 각기 다른 소리를 낸다는 것입니다. 바람은 평등하게 불지만 바람을 맞아서 내는 소리는 만물이 모두 다릅니다. "변길흉자존호사(辨吉凶者存乎辭)", 무엇이 길흉회린인가요? "존호사(存乎辭)", 문자를 보아야 한다는 것입니다. 문자는 사람의 생각을 대신합니다. 길흉회린은 각자의 생각이나 관점에 달린 것입니다. "우회린자존호개(憂悔吝者存乎介)", 점을 쳐서 회린의 괘가 나왔더라도 꿋꿋이 동요하지 말라는 것입니다. 사람이 불운에 빠지더라도 스스로 바로 설 수 있으며 일체 현상을 바꿀 수 있습니다. "진무구자존호회(震无咎者存乎悔)", 무구(无咎)란 허물을 잘 고치는 것입니다. 인생에서 잘못이 없을 수는 절대 없습니다. 따라서 필요한 것은 뉘우침입니다. 뉘우침의 결과 허물이 보완됩니다.

> 이런 까닭에 괘에는 크고 작은 것이 있고, 사에는 위험한 것과 평이한 것이 있다. 사란 각기 그것이 도달한 곳을 가리킨다.
> 是故卦有大小, 辭有險易, 辭也者, 各指其所之.

여기서 '지(之)' 자에 주의해야 합니다. 앞으로 『역경』에 관한 책을 볼 때 자주 "괘지(卦之)"라는 말을 접할 것입니다. 여기서 '지(之)'는 '이르다〔到〕'는 뜻입니다. 괘가 거기에 이른 것이 바로 "괘지"입니다. 건괘를 예로 들어 봅시다. 건괘의 초구효가 변하면 구(姤)괘가 되는데 이것이 바로 건괘의 "괘지"입니다. 일찍이 어떤 사람들은 "괘지"의 뜻을 알지 못해 이것을 '지괘(之卦)'라 풀이하기도 했습니다. 예를 들면 건괘가 "괘지"한 것을 건괘의 '지괘'라 했는데 이는 틀린 것입니다.

만사에 통하다

앞에서 이미 「계사전」 제3장에 대해 다루었기에 여기서는 계속해서 제4장을 살펴보도록 하겠습니다. 제4장은 아주 중요합니다.

> 역은 천지의 준칙이므로 천지의 도를 모두 포괄할 수 있다.
> 易與天地準, 故能彌綸天地之道.

이 관점은 아주 엄중합니다. 공자는 『역경』의 사상 체계가 우주의 대원칙이라 말합니다. 여기서 표준이란 우주의 어떤 표준일까요? 이에 대해서는 별다른 언급이 없지만 당시로서 가장 정확한 것은 역시 천문 현상의 변화였을 것입니다. 『상서』 중 요, 순, 우의 전환기에 모두 이것을 이야기하고 있습니다. 그러나 폐단도 있었습니다. 한대에 이르러 '참위학(讖緯學)' 또는 '도참학(圖讖學)'이라 하는 예언서들 때문에 더욱 심해졌습니다. 오운(五運)을 추산하여 어떤 시대가 어떻게 변할 것이라 주장하기도 했습니다. 화(火)의 덕을 가진 자가 왕이 될 것이라느니 수(水)의 덕을 가진 자가 왕이 될 것이라느니 하는 식입니다. 이렇게 해서 각 왕조의 조복(朝服) 또한 매번 바뀌었습니다. 지금은 흰옷이 상복이지만 하나라 때는 흰색을 숭상했고 은상(殷商) 시대에는 검은색을 숭상해 예복이 검은색이었습니다. 검은색을 숭상한다는 것은 곧 수(水)를 의미합니다. 때가 이르면 반드시 변화가 나타난다는 것입니다. 이런 예언은 현대 세계에서도 도처에서 유행하고 있습니다. 중국 역대 왕조에 대해서는 모두 예언이 있었습니다. 이런 것들이 바로 참위학 또는 도참학입니다. 참위가 중국 문화에 끼친 영향은 지대합니다. 비단 고대뿐 아니라 앞으로도 마찬가지일 것입니다. 이들은 모두 "역여천지준(易與天地準)"이라는 구절에서부터 파생되었습니다. 중국은 과거 천문 법칙으로 천상(天象)의 변화를 관찰했습니다. 천상의 기후나 우주의 기상 변화에 일정한 법칙이 있다는 것입니다. 그렇지만 동양문화에서는 아직까지도 공자가 말한 "역여천지준"의 이치를 찾아내지 못했습니다. 따라서『역경』을 지나치게 치켜세울 필요가 없습니다. 그렇지만 위의 구절에서는 아주 높이 치켜세우고 있습니다. 역이 "미륜천지지도(彌綸天地之道)" 한다는 것입니다. 미륜(彌綸)의 문자적 의미는 이렇습니다. '미(彌)'는 활을 힘껏 당겨 둥그렇게 된 것입니다. 이렇게 원만해져서 모든 것을 그 속에 포함할 수 있습니다. '륜(綸)'은 명주실입니다. 비단은 명주실을 가로 세로로 빈틈없이 짜서 만듭니다. 미륜이란 말하자면 오늘의 '포괄'이라는 개념에 해당합니다. 한 마디로『역경』의 학문이 천지의 도를 포괄하고 있다는 것입니다. 우주의 어떤 법칙도『역경』의 범위를 넘어설 수 없습니다. 인사든 물리든 일체의 원칙이 모두 마찬가지입니다.

세 가지 중대한 문제

위로는 천문을 관찰하고 아래로는 지리를 살펴 눈에 보이는 것뿐 아니라 보이지 않는 것까지도 그 근원을 안다. 시작과 끝을 알기에 생사의 문제를 알 수 있다. 정기가 물이 되고 유혼이 변화하니 귀신의 정황을 안다.

仰以觀於天文, 俯以察於地理, 是故知幽明之故. 原始反終, 故知死生之說. 精氣爲物, 游魂爲變, 是故知鬼神之情狀.

이 구절에는 유명(幽明)의 원인, 생사의 이론, 귀신의 정황에 대한 세 가지의 중대한 문제가 포함되어 있습니다.

첫 번째 문제는 인류가 수천 년 이래 추구해 왔던 것입니다. '유(幽)'란 보이지 않는 일면으로서 음면(陰面)이며 '명(明)'은 사람들이 볼 수 있는 밝은 면으로서 양면(陽面)입니다. 인류 세계의 일체 활동은 모두 볼 수 있는 것들입니다. 그러나 사람이 어디서 왔는지, 신이 과연 있는지, 귀신이 존재하는지, 우주의 창조자가 존재하는지 하는 보이지 않는 측면에 대해서는 도대체 파악하기 힘듭니다. 이것이 바로 유명(幽明)의 이치입니다. 후에 중국 문화는 유(幽)에까지 발전하게 되었는데 저승이라는 것이 바로 그것입니다. 죽으면 저승으로 갑니다. 비록 이들이 볼 수 없는 세계이지만 우주에는 이런 것들이 아주 많습니다. 이런 것은 『역경』을 읽어야만 비로소 알 수 있습니다.

두 번째 문제는 사람이 어디에서부터 와서 어디로 가느냐 하는 문제입니다. 사람과 만물의 생명은 원래 어디서 와서 어디로 가는 것일까요? 이것은 인류 문화가 아직 해결하지 못한 문제입니다.

세 번째 문제는 귀신이 있는가 하는 문제입니다. 이 문제는 아주 중요합니다. 그래서 현재 전 세계적으로 적지 않은 사람들이 미친 듯이 심령과학을 연구하고 있습니다. 지금까지는 이 세 가지 문제가 해결되지 않았으나 앞으로의 발전 방향에 주의를 기울여야 합니다.

『역경』 문화의 기원은 맹목적 상상이 아니라 과학적인 것입니다. "앙이관어천문(仰以觀於天文)", 역시 공자의 말이지만 팔괘의 도안은 천문 현상에 대한 관찰과 연구가 수억만 년에 걸쳐 누적됨으로써 가능했다는 것입니다. "부이찰어지리(俯以察於地理)", 지구의 지리와 물리도 살핍니다. 현대 과학자들 중에는 지구의 중심에도 인류가 있어 비행접시가 거기서부터 나온다고 생각하는 사람이 있습니다. 현대 과학에서는 지구 외에 생명체가 존재할 수 있다는 것을 받아들이고 그것을 찾으려 하고 있습니다. 이것이 바로 『역경』의 '지리'입니다. 학교에서 배우는 지리도 아니요, 그렇다고 옛사람들이 하던 풍수지리와 같은 것도 아닙니다. 자연지리에 관한 것으로 과학입니다. 『역경』의 문화는 결코 아무렇게나 말한 것이 아닙니다. 이 때문에 보이는 측면뿐 아니라 보이지 않는 측면까지 알 수 있는 것입니다. 보이지 않는 측면에 대해서는 현재로서는 검토해 봐야 합니다. 그러나 『역경』의 원칙에 따르면 검토할 필요도 없이 곧 유명(幽明)의 원인을 알 수 있습니다. 이 원칙이란 과연 어떤 것일까요? 여기서는 말하지 않습니다만 공자 자신은 알고 있었을 겁니다.

두 번째는 "원시반종 고지사생지설(原始反終, 故知死生之說)"입니다. 이 문제는 이론상 비교적 쉬운 것입니다. 주지하다시피 생사는 아주 큰 문제입니다. 『논어』뿐 아니라 『장자』에서도 "생사는 하나의 큰 의문(死生一大疑)"이라 했습니다. 인류에게 생사는 하나의 큰 문제입니다. 사람이 왜 태어날까요? 왜 살아 있을까요? 왜 노쇠해질까요? 왜 반드시 죽어야 할까요? 사람은 아주 불쌍한 존재입니다. 태어나서 어렵게 공부하기 시작해 이제 학문이 무르익을 때쯤 되면 죽어 버립니다. 현대 의학의 연구에 따르면 사람의 지력이 최고도로 발달하는 것은 오륙십 세 때라고 합니다. 그러나 이렇게 성숙하면 그것으로 끝입니다. 마치 사과처럼 땅에 떨어지고 맙니다. 이것 역시 『역경』의 "원시반종(原始反終)"의 법칙입니다. 인류 공동의 목적이 있다면 바로 고통을 피하고 즐거움을 얻는 것입니다. 비단 인류뿐 아니라 세계 모든 생물의 소망이기도 할 겁니다. 그렇지만 인류나 일체 생명이 과연 즐거움을 얻었을까요? 얻지 못했습니다. 태어나면 반드시 죽어야 하기 때문입니다. 이 문제는 아직 해결되지 못했습니다.

생사 문제는 종교로 발전합니다. 종교를 연구해 보면 어떤 종교든 사후세계를 인정하고 있다는 것을 알 수 있습니다. 그렇지만 모든 종교는 관광호텔을 위해 손님을 끌고 있습니다. 기독교는 '천당'이라는 관광호텔을 차려놓고 손님을 끕니다. 일체 설비를 다 갖추고 거기다 가격도 싸고 서비스도 좋다고 선전합니다. 불교는 '서방극락세계'라는 간판을 걸었습니다. 그렇지만 불교는 원체 자금력이 풍부해 호텔도 여러 곳에 동시에 열었습니다. 땅속에는 지장보살이 있고, 천상도 지상도 아닌 인간 세상으로 다시 태어나면 관세음보살이 기다리고 있습니다. 만약 동방으로 가면 약사여래가 기다리고 있습니다. 사면팔방이 모두 완벽하게 준비되어 있으니 사업이 아주 번창할 수밖에 없습니다.

그러나 어찌 되었든 아직 생사는 큰 문제입니다.『논어』에서도 이 문제가 언급되지만 자로(子路)의 질문에 대한 공자의 대답은 아주 간단합니다. "삶도 모르는데 어찌 죽음을 알겠는가〔不知生, 焉知死〕"라는 것입니다. 인류 문화가 아무리 발달했더라도 아직 생사 문제에 대해서는 아무 해결을 보지 못했습니다. 중국에서는 그 나름의 결론을 제시했습니다. "삶이란 잠시 머물다 가는 것〔生者寄也〕"입니다. 세상을 사는 것은 마치 여관에 묵었다 가는 것과 같아서 백 년을 산다 할지라도 잠시 머물다 가는 것일 뿐입니다. 그러니 두려워할 것이 없습니다. 최후의 날이 오면 진정으로 휴식을 취할 수 있습니다. 번거롭게 이사할 필요도 없습니다. 인생이란 바로 이렇습니다. 이런 현상을 이전에는 "원시반종"이라 표현했습니다. 생명이란 마치 아침에 일어나듯 그렇게 생겨났다가 저녁에 잠들 듯 그렇게 되돌아가는 것입니다. 죽음이란 두려워할 만한 것이 못됩니다. "고지사생지설(故知死生之說)", 생사의 이치는 바로 이렇습니다. 역(易)으로 말하면 우리의 삶은 건괘와 같습니다. 한 효를 십 년으로 치면 육십 년에 여섯 효가 모두 변해 곤괘가 됩니다. 곤괘가 되면 다시 양효가 생기기 시작합니다. 음이 극에 이르면 양이 생기고 양이 극에 이르면 음이 생깁니다. 그러니 죽는다고 해서 두려워할 것이 뭐 있겠습니까?

이것은 생사의 현상을 말한 것입니다. 다음에 또 하나의 문제가 제기됩니다. 귀신이 있는가 없는가, 영혼이 존재하는가 하는 문제입니다. 이것은 물질적인 것이 아닙니다. 유심도 유물도 아닙니다. 외국인들은 영혼을 연구하면서 '초전자파'라 이름을 붙이기도 했습니다. 현대 물리학의 범위를 초월한다는 것입니다. 원자니 전자니 원자핵과 같은 것으로는 설명이 불가능합니다. 이런 것이 바로 영혼입니다. 우리는 영혼이 있다고 인정합니다. 그렇지만 그것은 "정기위물(精氣爲物)" 즉 심물일원의 것입니다. 무엇을 정(精)이라 할까요? 무엇을 기(氣)라 할까요? 물질적인 것은 어떻게 구성되는 것일까요? 우리의 신체는 물(物)입니다. 이 우주 세계 중 물리 세계는 모두 물(物)입니다. 유물론자들은 세상의 모든 것이 물(物)이라 생각하지만 그들은 한 면만 알 뿐 다른 한 면을 알지 못합니다. 그들은 정신조차 물질적 측면으로 파악합니다. 서양 철학에는 유심론도 있습니다. 일체의 것이 마음이라 생각하는데 이것 역시 반쪽만 인성한 것입니다. 위의 구절에서 "정기위물(精氣爲物)"은 물질의 이치를, "유혼위변(游魂爲變)"은 정신의 이치를 말합니다. 여기서는 귀신이 있다는 것을 인정합니다. 이 귀신은 심물일원의 작용으로 생겨납니다. 어떻게 귀신의 현상을 알 수 있을까요? 공자는 귀와 신이 모두 존재한다고 말합니다. 그렇지만 공자는 우리에게 단지 원칙만을 밝힐 뿐입니다. 『역경』은 큰 학문으로서 삼라만상을 모두 포괄합니다. 그러나 귀신이 어떻게 존재하느냐에 대해서는 언급하지 않습니다. 아마도 이것을 기록해 남길 만한 여유가 없었을지도 모릅니다. 또는 우리 스스로 이것을 모색하기를 권하고 있는지도 모릅니다.

여기서 말하는 정(精)과 기(氣)란 어떤 것일까요? 여기에 대해서는 도가의 이론이 가장 정치합니다. 도가만이 상세히 설명합니다. 세계의 문화는 모두 죽음을 두려워하지 말라고 가르칩니다. 천당이나 극락과 같은 관광호텔에 가서 살 수 있다는 것입니다. 오직 도가만 지상에서 신선이 되어 수천 년을 살 수 있다고 생각했습니다. 생명이 수련을 통해 장생불로할 수 있다는 것입니다. 실제로 이제까지 신선이 된 사람이 있는지 없는지를 떠나 세계의 어떤 문화에서도 감히 이런 주장을 한 적이 없었습니다. 오직 도가에서만 인간이 수련을 통해 장생불로할 수 있다고 주장했습니다. 그렇다고 이것을 맹목적으로 주장한 것은 아닙니다. 우리 육체가 정(精), 기(氣), 신(神)이라는 세 형태로 존재한다는 이치에 근거합니다. 이른바 장생불사의 약입니다. 일반적인 약이 아니라 도가에서 말하는 "세 가지 상품의 약〔上藥三品〕"입니다. 바로 『황정경(黃庭經)』에 나오는 말입니다. 병을 없애고 생명을 연장시키기 위해서, 그리고 병도 고통도 없이 장생불로하기 위해서는 약을 먹어야 하는데, 이 약은 외부에 있는 것이 아니라 바로 자기 몸에 있는 정, 기, 신이라는 것입니다.

무엇이 신(神)일까요? 구체적으로 설명하기 어렵습니다. 현대 의학에서는 이것을 인정하지 않습니다. 원신(元神)이니 하면 무슨 해괴한 소리냐고 합니다. 단지 체력이 아주 좋은 것 정도로만 생각합니다. 그렇지만 현대 과학자들의 이런 관점도 문제가 있습니다. '체력'이 과연 무엇인가요? 원자인가요, 아니면 전자인가요? 사람들은 과학 용어만 들으면 그럴 듯하게 여기지만 과학 용어라는 것도 파고들어 가면 말문이 막히지 않을 수 없습니다.

정(精) 역시 설명하기 힘듭니다. 흔히 여자의 난소에 해당하는 남자의 정자를 정(精)이라고도 합니다. 여기서 말하는 정은 추상적인 것인 동시에 구체적인 것이기도 합니다. 다소 무리하게 비유해 본다면 정은 에너지 즉 생명의 에너지라 할 수 있습니다. 땅에 넘어졌을 때는 넘어진 자세 그대로 잠시 움직이지 말고 기다려야 합니다. 그런 뒤에 천천히 일어나면 상처를 입지 않습니다. 잠시 움직이지 않고 있는 사이에 생명 본래의 에너지가 서서히 회복되기 때문입니다. 만약 이렇게 하지 않으면 생명 에너지가 회복되지 않아 억지로 일어나려 하면서 상처를 입게 됩니다. 또 어떤 때는 넘어지면서 두 손으로 땅을 짚는데 이렇게 해도 쉽게 상처를 입습니다. 넘어질 때 두 손으로 떠받치려 하기 때문에 두 힘이 부딪혀 상처를 입는 것입니다. 차라리 아무 저항 없이 자연 그대로에 맡겨 버리면 도리어 상처를 입지 않습니다. 이것이 바로 생명 본래의 에너지입니다.

기(氣)는 전기에 비유해 볼 수 있습니다. 과거에는 '기(氣)' 자를 '炁'라 썼습니다. 도가에서는 화(火)가 없는 것[无]을 기(氣)라 생각했습니다.

불가에서는 우리의 신체를 정보(正報)라 하며 물질세계의 산하, 대지, 건물과 의자, 책상 등을 의보(依報)라 합니다. '의보'란 무엇에 부속되어 있다는 뜻입니다. 이 방면에서 불가의 학문은 아주 심오합니다. '의보'는 다시 동물과 식물 그리고 광물로 나누어집니다. 불가에서는 소식(素食)을 하는데 마늘이나 양파 등 자극적인 것을 먹지 않습니다. 이런 것들이 성욕을 자극하기 때문입니다. 육식을 하지 않는 것은 살생을 피하기 위함입니다. 불가는 모든 식물이나 흙에는 생(生)은 있되 명(命)은 없다고 합니다. 명(命)이란 영감이나 감정, 생각이나 감각 등을 말합니다. 생명이란 생과 명이 결합된 것입니다. "정기위물"은 생이지 명이 아닙니다. 신체가 건강한 사람은 사고 능력이 비교적 뒤떨어지며 지혜가 뛰어난 사람은 반드시 병이 많습니다. 공자가 말한 것은 대원칙입니다. 그가 말하는 『역경』에는 이처럼 많은 것이 포함되어 있어서 웬만큼 들여다봐서는 신통(神通)은 고사하고 귀통(鬼通)도 어려울 것입니다.

이상에서 『역경』의 학문을 살펴보았는데 종합해 보면 대략 세 가지입니다. 실제로 상세히 분류한다면 이 세 가지에 그치지 않습니다. 한 마디로 총괄한다면 "미륜천지지도(彌綸天地之道)"입니다. 우주의 일체 사물을 포괄하는 대원리입니다.

자기를 알고 천명을 알다

> 마치 천지와 같아 어긋남이 없다.
> 與天地相似, 故不違.

다음에 이어지는 이 구절은 『역경』의 법칙이 천지와도 비슷하다는 것입니다. 천지란 바로 우주, 태양, 달의 운행입니다. 이것은 일정한 법칙이 있어 변할 수 없습니다. 춘하추동이나 낮과 밤 그리고 남극과 북극 등은 모두 고정된 변화의 법칙입니다. 『역경』의 원칙 또한 마찬가지입니다. 진리 또한 우주의 법칙과 마찬가지로 고정되어 있습니다. 이 때문에 인류의 어떤 학문도 모두 『역경』의 법칙을 어길 수 없고 또 그 범위를 넘어설 수 없습니다. 인류가 오늘에 이르러 달에 발을 디딜 수 있었지만 단지 달에 도달할 수 있었을 뿐 결코 우주의 범위를 넘어설 수 없습니다. 『역경』의 학문은 우주처럼 위대하기 때문에 결코 이것에 어긋나지 않습니다.

지혜가 만물에 두루 통해 천하를 구제할 방도를 갖추니 허물이 없다.

知周乎萬物而道濟天下, 故不過.

왜 우리가 『역경』을 알아야 할까요? 이것을 알아야만 비로소 "만물을 두루 안다〔知周萬物〕"라고 할 수 있기 때문입니다. 지(知)란 지(智)로서 지혜가 충만한 것입니다. 만물의 원리에 대해 알지 못하는 것이 없어야만 "도제천하(道濟天下)" 할 수 있습니다. 그래야만 사람됨뿐 아니라 일 처리나 자기 직무에도 뛰어날 수 있고 어떤 직업에 임하든 잘못 없이 세상 사람을 구하는 목적을 달성할 수 있습니다. 『논어』에서 공자는 탄식합니다. 하늘이 자기를 좀 더 살게 해서 『역경』을 공부할 수 있게 한다면 아마도 큰 잘못이 없으리라는 것입니다. 그의 관점에서 본다면 사람은 수양 과정에서 반드시 『역경』을 배워야 합니다. 그래야만 지혜가 만물에 두루 미쳐 잘못을 범하지 않을 수 있습니다. 세상을 구하려는 사람은 반드시 큰 학문을 해야 하는데 이 대학문의 원칙이 바로 『역경』입니다. 『역경』을 이해해야만 비로소 세상을 구할 수 있습니다. 어떤 학문도 『역경』을 넘어설 수 없기 때문입니다.

온갖 것에 통하면서도 잘못된 곳으로 빠지지 않고 우주와 합일되어 생명의 가

치를 아니 근심이 없다.

旁行而不流, 樂天知命, 故不憂.

"방행(旁行)"이란 무엇일까요? 역수(易數)를 연구할 때 언급한 적이 있습니다만 방행이란 '방통(旁通)'으로서 착종복잡의 '착괘(錯卦)'라 할 수 있습니다. 건괘의 삼효가 동하면 천택리(天澤履)괘가 되는데, 이것은 마치 여기 앉아 있는 사람 중 어느 한 사람이 움직이면 다른 사람 모두에게 영향을 끼치는 것과 같습니다. 이것이 바로 방통 또는 방행입니다. 우주의 만사만물은 종적 관계나 횡적 관계에 있어 영원히 변화하지 않을 수 없습니다. 그러나 "방행이불류(旁行而不流)" 합니다. 여기서 '유(流)'란 흩어진다는 뜻입니다. 거기에는 법칙이 있어 흐트러지지 않습니다. 종횡의 관계에 영향을 미치면서도 흐트러지지 않을 수 있습니다. "낙천지명(樂天知命)"이란 자기를 알고 천명을 아는 것입니다. 영원히 낙관적인 인생입니다. 이전에 불교계 인사에게 말한 적이 있지만 종교는 대부분 비관적입니다. 불가의 대자대비도 역시 비관적(悲)입니다. 단지 유가만이 즐거움을 중시합니다. 『논어』를 한번 보십시오. 비(悲) 자는 보이지 않고 대부분 낙(樂) 자입니다. 명나라 때 어떤 사람은, 『논어』는 온통 낙(樂) 자요 비(悲) 자는 나오지 않는다는 글을 쓴 적도 있습니다. 이것이 바로 유가의 독특한 점입니다. 생명을 논하면서 삶의 측면만을 논할 뿐 죽음을 논하지 않습니다. 사람은 대부분 비관적입니다. 생명이란 원래 아주 가련합니다. 이런 측면에서 보면 비관적이 될 수밖에 없습니다. 그러나 『역경』의 관점은 다릅니다. 『역경』에서는 낙천지명이 부각됩니다. 아주 낙관적이며 우수 같은 것이 없습니다. 따라서 사람이 진정으로 낙관적인 경지에 이르고자 하

면 『역경』의 법칙을 이해해야 합니다.

땅에 대한 애착과 사람에 대한 사랑

> 대지를 본받아 인을 돈독히 하니 능히 사랑을 베풀 수 있다.
> 安土敦乎仁, 故能愛.

먼저 "안토(安土)"의 의미를 해석해 볼 필요가 있습니다. 중국은 우임금의 치수 사업 이후 농업 사회로 진입했습니다. 이 때문에 과거 역사에서 "안토중천(安土重遷)"이라는 표현을 흔히 접할 수 있었습니다. "안토중천"이란 고향에 대한 애착이 강해 다른 곳으로 옮기는 것을 싫어함을 말합니다. 만약 후손 중 고향을 떠나 다른 곳에 살고자 하는 사람이 있다면 이것은 아주 엄중한 일이었습니다. 요즘 상황과는 전혀 다릅니다. 요즘에야 옮겨 다니기를 더 좋아하는 것 같습니다. 교통과 경제가 발달했기 때문일 것입니다. 오늘의 관점에서 안토(安土)를 본다면 진취성이라고는 없는 구식 문화라 생각될 겁니다.

다른 관점에서 볼 수도 있습니다. 오행으로 해석하자면 토는 중앙으로서 사람은 중심 사상이 있어야 한다는 것입니다. 문자적 해석으로아 아주 잘 통하지만 어쩐지 좀 어색한 데가 있습니다. 또 다른 설로는 지구에 중심점이 있듯이 사람에게도 중심적 입장이 있어야 한다는 것입니다. 그래야만 인생의 수양도 인도(仁道)를 걸을 수 있고, 이렇게 해야만 비로소 다른 사람과 사물을 사랑할 수 있습니다. 만약 이런 중심이 없다면 다른 사람을 사랑할 수 없다는 것입니다.

천지의 모든 조화를 포괄하되 어긋남이 없고, 만물을 원만하고 완전히 생성시키되 하나도 빠뜨리지 않으며, 주야의 도에 통달해 알게 된다. 따라서 신은 존재하는 곳도 존재하지 않는 곳도 없으며 역은 고정된 본체가 없다.

範圍天地之化而不過, 曲成萬物而不遺, 通乎晝夜之道而知, 故神无方而易无體.

"범위천지지화이불과(範圍天地之化而不過)"가 하나의 관점이요 "곡성만물이불유(曲成萬物而不遺)"가 또 하나의 관점입니다. "통호주야지도이지(通乎晝夜之道而知)" 역시 한 관점이며 총 결론은 "고신무방이역무체(故神无方而易无體)"입니다. 이 결론은 아주 중요합니다. 역학을 공부하면서 반드시 알아야 할 것은, 이것이 바로 정통 공자 사상이자 『역경』의 정수라는 사실입니다.

생명은 변화로부터 온다

"범위천지지화이불과(範圍天地之化而不過)", '범위(範圍)'란 '미륜(彌綸)'의 의미와 대동소이합니다. 한문에서는 이처럼 뜻이 비슷한 말을 다른 표현으로 나타내기를 즐깁니다. 여기서의 '범위'는 '미륜'에 비하면 약간 좁은 것입니다. 이 구절은 『역경』의 학문이 우주의 화(化)를 포괄하고 있다는 것입니다. 동양 문화에서는 우주의 모든 것이 '화'를 통해 생성된 것으로 파악합니다. 생명은 변화로부터 온 것입니다. 이 때문에 도교에서는 '조화(造化)'라는 말을 쓰기도 합니다. 조화의 '조(造)'는 종교인들이 말하는 주재에 해당합니다. 그리고 '화(化)'란 변화입니다. 우주 일체의 생명은 모두 변화로부터 온 것입니다. 우리가 생사 문제를 담담하게 여기는 것도 이 때문입니다. 사람이 죽는 것을 '물화(物化)'라 합니다. 생사란 뭐 그리 특별할 것도 없습니다. 물리적인 변화일 뿐입니다. 생명이 있으면 자연 노쇠하며 노쇠하면 자연 사망합니다. 사망 이후는 물화의 과정이 있을 뿐입니다. 『역경』의 이치는 순환하고 왕복하는 것입니다. 불교에서는 '윤회'라 하며 문학작품에서는 "새로 변해 하늘로 올라갔다〔羽化而登天〕"라고도 표현합니다.

고서 중에는 사록(沙鹿)이라는 동물이 나옵니다. 담초(譚誚)의 『화서(化書)』에서는 이것을 해변의 상어가 변해 된 것이라 하는데, 물론 현대 자연과학에서는 받아들이지 않을 것입니다. 그렇지만 현대 과학도 동양의 고대 문화를 좋아하게 될 것입니다. 담초는 표고버섯 같은 것도 화생(化生)이라 주장합니다. 나무가 썩은 곳에 종자가 떨어지면 다른 생명이 하나 생기는데 이것이 화생이라는 것입니다. 말하자면 화생은 세균이 배양된 것으로 만물은 모두 세균이 화생한 것입니다. 아마도 여러분은 '화생'이라는 말을 '생화(生化)'라 번역해 놓으면 믿음이 갈 것입니다. 과학적인 것처럼 생각되니까요. 이 '화(化)' 자는 많은 의미를 내포하고 있습니다. 현대의 화학을 비롯한 여러 과학을 포함하고 있습니다. 이 때문에 공자는 『역경』이 천지와 우주 만물의 변화를 포함하고 있으며, 이 모든 것이 『역경』의 원칙을 벗어날 수 없다고 한 것입니다. 어떤 학문도 모두 이 속에 포함되어 있습니다.

구부러지면 온전하다

"곡성만물이불유(曲成萬物而不遺)", 여기서는 '곡(曲)' 자에 유의해야 합니다. 아주 묘합니다. 노자는 "구부러지면 온전하다〔曲則全〕"라고 했습니다. 『도덕경』을 읽으면 음모가나 술수가가 될 수 있다고도 합니다. 이것은 노자가 바른 길을 걷기보다는 구부러진 길을 걸어야 온전하며, 그렇게 해야만 일 처리도 성공할 수 있다고 말하기 때문입니다. 예를 들어 아이들이 불장난을 한다고 합시다. 만약 호되게 꾸짖으면 아이들은 금방 달아나 버릴 것입니다. 그러나 다른 곳에 가서 다시 불장난을 합니다. 이제 방법을 바꿔 재미있는 장난감을 주면 아이들은 불장난을 그만둡니다. 이것이 바로 "곡즉전(曲則全)"입니다. 노자의 '곡(曲)'은 바로 『역경』에서 온 것입니다. 공자도 역시 이 이치를 표방하고 있습니다. 『역경』을 공부해 보면 알겠지만 우주의 법칙에는 직선적인 것이 없습니다. 이것은 현대 과학이 이미 증명하고 있습니다. 행성의 괘도 역시 곡선을 그리며 돕니다. 만물은 모두 곡선의 길을 쫓아가며 성장하고 있습니다. 이 이치를 깨달으면 인생이 너무 곧아서는 안 된다는 것을 알 수 있습니다. 구부러질 수 있어야만 성공합니다. 지금은 아름다움 역시 곡선에서 추구하고 있습니다. 만사만물은 모두 이 원칙에서 벗어날 수 없습니다.

어떻게 잠들고 어떻게 깨어나는가

"통호주야지도이지(通乎晝夜之道而知)"에서 '주야(晝夜)'란 음양입니다.

낮과 밤의 이치를 이해한다면 『역경』에 통할 수 있습니다. 진정으로 연구하고자 하면 주야의 이치는 매우 이해하기 힘듭니다. 저는 참선을 배우는 사람들에게 묻곤 합니다. 어떻게 잠이 들고 또 어떻게 깨어나느냐고요. 오륙십 대 사람들도 이런 질문에 대답을 못합니다. 만약 대답하는 사람이 있다면 그 사람은 도를 깨달은 사람일 겁니다. 선종에서는 "본래 면목"이라는 말을 많이 씁니다. 지금까지 자신의 본래 면목을 본 사람은 아무도 없습니다. 거울 속에 비친 자기 모습은 좌우가 뒤바뀐 것으로 절대 자기 본래 모습이 아닙니다. 이 문제는 아무리 학문이 뛰어나더라도 해결할 수 없습니다. 왜 잠을 이루지 못할까요? 한의학에서는 심장과 신장의 기운이 서로 교류하지 못하기 때문이라고 합니다. 심장의 혈액순환이 정상적이지 못해 신장의 기운, 즉 허리 아래 신장을 포함한 호르몬 계통과 서로 통하지 못해 잠이 오지 않는다는 것입니다. 현대 의학에서는 산소가 부족하면 하품을 하고 산소가 충분하면 잠이 온다고 합니다. 그렇지만 이런 이론만으로는 문제를 해결할 수 없습니다. 어떻게 잠이 들고 어떻게 깨어나는지도 모르는 상태이니 주야가 큰 문제가 아닐 수 없습니다.

　다시 생물 세계를 들여다봅시다. 야간에 활동하는 생물은 매우 많으며 그 움직임도 아주 활발합니다. 밤중에 들판이나 산으로 나가 보면 금방 알 수 있습니다. 수많은 짐승과 곤충들, 아직 한 번도 본 적이 없는 생물들이 밤이 되면 활동을 개시합니다. 이들의 생명은 백색광을 필요로 하지 않습니다. 도리어 흑광(黑光) 즉 자외선을 좋아합니다. 이것만 보더라도 주야의 문제가 얼마나 큰 것인지를 알 수 있습니다. 이런 이치를 모두 이해한 다음에야 비로소 음양의 작용을 알 수 있으며 이렇게 해야만 비로소 『역경』에 입문했다고 할 수 있습니다. 제대로 배우기 위해서는 깊고 넓게 배워야 합니다. 깊이 생각하지 않으면 책벌레가 될 뿐입니다.

신에는 방이 없고 역에는 체가 없다

"고신무방이역무체(故神无方而易无體)." 여기서 '신(神)'이란 종교에서 말하는 신이 아닙니다. 동양 문화적 신입니다. 우리의 원시 문화에는 생명의 주재자나 우주의 주재자에 종교적 색채가 가미되지 않았습니다. 천인합일의 어떤 것, 그것을 바로 신이라 했습니다. 서양 철학에서는 이것을 우주 만물의 '본체'라고도 합니다. 고문에서는 '방(方)'을 '방소(方所)'라고 했는데 방소란 곧 '방위'입니다. '무방(无方)'이란 위치가 없다는 뜻입니다. 존재하는 곳도 존재하지 않는 곳도 없습니다. "신무방(神无方)"이란 우주 생명의 주재자는 어디에도 존재하지 않고 또 어디에도 존재하지 않는 곳이 없다는 것입니다. 이것은 『역경』의 변화 법칙과도 같습니다. 두루 통해 어디에도 구속되지 않습니다. 결코 어느 한곳에 머물러 있지 않습니다. 『역경』 연구의 가장 중요한 핵심도 바로 여기에 있습니다. 예를 들어 건괘 초효가 처음으로 움직였다면 이 움직임은 어디서 온 것일까요? 답은 "신무방"입니다. "역무체(易无體)", 이른바 '본체'라는 것은 추상명사로서 무체(無體)의 체요 무위(無爲)의 위입니다. 그리고 도(道)라는 것도 하나의 추상명사로서 고정되지 않고 매이지도 않습니다. 고정되지도 않고 매이지도 않는 것, 이것이 바로 우주의 법칙입니다. 한번 우주를 보십시오. 얼마나 변화무쌍합니까? 일기예보도 늘 딱 들어맞지 않습니다. "신무방이역무체"이기 때문입니다. 따라서 『역경』이 어떤 한 범위의 것을 말한다고 하면 이는 분명 논리적 모순입니다. 『역경』은 우리에게 "신무방이역무체"라고 뚜렷이 밝히고 있기 때문입니다. 『역경』의 학문은 변화무궁합니다. 예술이라 해도 무방하며 과학이라 해도 좋고 철학이라 해도 맞습니다. "역무체"이기 때문에 어떤 명칭도 가능합니다. "신무방이역무체"라는 구절은 동양 종교철학의 정점입니다. 서양 문화를 연구한 동양인이라면 희랍 사상과 서양 종교 사상을 개관한 뒤 다시 눈을 돌려 자기 문화를 살펴보아야 합니다. 그러면 자기 선조들의 문화가 얼마나 뛰어난지를 알 것입니다. 「계사전」에 대해서는 이만 약술하고 다음은 『역경』의 첫째 괘인 건괘에 대해 살펴보겠습니다.

건은 우주의 본체로 원형이정하다

건괘☰는 삼획괘 건괘가 중복된 것으로, 내외 양 괘 즉 상하 양 괘가 모두 건괘로 구성된 괘입니다. 그렇다면 이 괘가 의미하는 것은 무엇일까요? 여기에 답하기 전에 먼저 『주역』이라는 책에 대해 살펴보기로 합시다. 『주역』은 전하는 바에 따르면 주나라 문왕이 육십사괘에 대해 붙인 주석이라 합니다. 주 문왕은 유리(羑里)에 갇혀 있으면서 온갖 지혜를 다해 『역경』을 주석했습니다. 이 저작이 바로 후세에 『주역』이라 일컬어지는 책입니다. 말하자면 『주역』은 문왕이 『역경』을 연구한 뒤에 쓴 연구 보고서인 셈입니다. 우리는 바로 이런 관점에서 『주역』을 보아야 합니다. 그것을 신성시할 필요는 없습니다. 신성시한다면 많은 문제를 일으킬 수 있습니다. 그의 건괘에 대한 연구 결과는 "원(元), 형(亨), 이(利), 정(貞)"이라는 네 글자입니다. 『역경』에서는 이것을 '계사(繫辭)'라 하는데, 문왕은 이 네 글자로 건괘의 도안을 설명했습니다. 이 네 글자를 우리는 요즈음 글을 읽듯 단숨에 읽고 지나가서는 안 됩니다. 이 한 자 한 자에는 모두 독립적인 의미가 내재되어 있습니다. 건이 원형이정이라는 것은, 건괘가 원(元)적이고 형(亨)적이며 이(利)적이고 정(貞)적이라는 것을 말합니다.

'원(元)'이란 우주의 본래적 작용이라고 할 수도 있고 만물의 시작이라고 할 수도 있습니다. 또는 어떤 것의 내원이라고도 할 수 있습니다. 철학적으로 말하면 건은 우주의 본체입니다. 천지의 모든 것은 건(乾) 또는 원(元)이라 할 수 있습니다. 우주의 만상이 모두 그 작용에 의해 창조되었기에 그것을 원(元)이라 합니다. 이것이 바로 동양 문화의 독특한 관점입니다. 하느님이니 보살이니, 유물이니 유심이니 하는 말은 꺼내지 않습니다. 단지 우주의 본래 작용이라 말할 뿐입니다. 건괘라는 하나의 기호로 그것을 나타내고 있으니 얼마나 과학적입니까? 종교적인 것도 아니요 순수히 사변 철학적인 것도 아닙니다. 다음은 '형(亨)'입니다. 형은 통하는 것 즉 형통하는 것입니다. 나아가 이롭지 않은 것이 없고 도처에 통달하여 장애가 없는 것입니다. 다음은 '이(利)'로서 나아가 이롭지 않은 것이 없습니다. 여기서 말하는 이(利)란 오늘의 이윤이라는 개념과는 다릅니다. 서로 반목하는 것이 없어서 아무런 방해나 피해를 입지 않는 것을 말합니다. 이전에는 '정(貞)'을 "정자정야(貞者正也)"라 해서 바른 것[正]이라 새겼습니다. 바르고 온전하여 파괴되지 않는 것입니다.

이상이 문왕의 괘사입니다.

숨어 있는 용이니 사용하지 않는다

초구, 숨어 있는 용이니 사용하지 않는다.
初九, 潛龍勿用.

이것은 효사로서 전체 괘를 한 효 한 효씩 분석해 나간 것입니다. 우리 선조들이 처음 팔괘를 그렸을 때는 그 밑에 문자로 된 주해가 없었습니다. 문자가 아직 없었기 때문입니다. 최초의 문자는 바로 괘입니다. 세계 어떤 나라의 문자도 처음에는 모두 도안으로부터 시작됩니다. 괘 아래에 붙어 있는 문자는 후세에 더한 것입니다. 『주역』에 문자적 해석이 붙기 시작한 것은 문왕으로부터였는데 괘사니 효사니 하는 것이 바로 문왕의 작품입니다.

'초구'의 의미는 앞에서 이미 설명한 바 있습니다. 9는 양효(陽爻)를 대표합니다. 양의 수 중 가장 큰 것이 9이기 때문입니다. 따라서 '초구'란 건괘의 제일효를 가리킵니다. 이 위의 괘사는 단지 "원, 형, 이, 정" 네 글자뿐이었습니다. 아주 간단하고도 꽤나 추상적인데 이것에 이어 "잠룡물용(潛龍勿用)"이라는 구절이 나왔습니다. 여기서 왜 용이 갑자기 튀어나왔을까요? 우리가 먼저 이해해야 할 것은, 중국 문화는 용의 문화라는 점입니다. 황제 시대로부터 시작해서 용사(龍師)니 용제(龍帝)니 하여 관직명에도 용을 사용해 왔습니다. 중국 문화에서는 수천 년 이래로 용을 가장 위대하고 성스러운 상징물로 숭배해 왔습니다. 서양인, 그 중에서 특히 영국인은 최근 몇백 년 이래 중국을 마음속으로 두려워하고 경계해 왔습니다. 이 점은 많은 자료에 드러나 있습니다. 기독교의 한 파에서는 용을 보거나 용의 이야기를 듣는 것을 두려워합니다. 그들은 『성경』에서 용을 마귀라 했다고 말합니다. 어떤 사람은 고대의 공룡이 바로 『역경』에 등장하는 용이라 생각합니다. 이런 이야기는 모두 잘못된 것입니다.

첫째, 중국의 용 문화는 기독교 『성경』에서 말하는 그런 용이 아니요 마귀도 아닙니다. 중국의 용은 천인(天人)이 믿고 숭배하는 것으로, 종교적으로 말하면 하느님과 같은 존재입니다. 둘째, 중국의 용은 아직까지 아무도 본 사람이 없습니다. 공룡의 화석을 보고 용의 뼈라 하는 것은 잘못입니다. 중국의 용은 물에서 놀 수 있을 뿐 아니라 육지를 달릴 수 있고 공중을 날 수도 있습니다. 여기에 그치지 않습니다. 용은 변화를 부릴 수 있어서 크게는 우주를 가득 채울 수 있고, 작게는 마치 명주실처럼 눈에 띄지 않게 할 수도 있습니다. 어떤 때는 사람으로도 어떤 때는 신선으로도 변합니다. 용이란 원래 고정된 어떤 구체적 형상이 없습니다. 실제로 중국 문화에서의 용은 "변화무상 은현불측(變化無常, 隱現不測)"이라는 존재로 묘사됩니다. 서양인들이 말하는 공룡은 전체 모습을 다 드러냅니다. 그러나 중국의 화가가 용을 그릴 때는 그렇지 않습니다. 공룡처럼 전신이 다 드러나게 그린다면 아무리 이름 있는 화가의 그림이라도 한 푼의 가치도 없습니다. "신룡은 머리를 보이고 꼬리를 보이지 않는다(神龍見首不見尾)"라고 합니다. 용은 지금까지 사람들에게 전신을 보인 적이 없습니다. 곧 "변화무상 은현불측"의 존재인 것입니다. 이런 용의 정신을 이해할 때 우리는 비로소 『역경』의 정신이 어디에 있는지를 알 수 있습니다. 이 정신은 정치의 대원칙이자 철학의 대원칙이며 또 문화의 대원칙이기도 합니다. 우리가 "변화무상 은현불측"의 여덟 자를 이해한다면 곧 『역경』의 전반적 원리를 이해할 수 있습니다. 『역경』은 우리에게 말합니다. 천하의 만사만물은 수시로 변화한다고요. 불변하는 것, 불변하는 사람, 불변하는 일이란 있을 수 없습니다.

『역경』이 왜 여기서 용을 언급하게 되었을까요? 『역경』이 언급한 건괘 중의 용은 우주 생명의 가장 위대한 본래 기능입니다. 건괘는 태양을 대표하기도 합니다. 태양이 동쪽으로 떠오르면 낮이 되고 서쪽으로 지면 밤이 되는데, 이 낮과 밤의 하루는 여섯 단계로 나누어집니다. 첫 단계는 한밤중의 태양입니다. 이 단계에서 태양은 지구의 반대 쪽에 숨어 있어서 우리가 볼 수 없기 때문에 '잠룡(潛龍)'이라 했습니다. 예를 들어 점을 쳐서 건괘 초효를 얻었다면 움직이지 않는 것이 가장 좋습니다. 직장을 찾고 있더라도 이력서를 내밀 필요가 없습니다. 여기서 '물(勿)' 자에 주의할 필요가 있습니다. "쓸 수 없다〔不能用〕"는 뜻일까요, 아니면 "써서는 안 된다〔不可用〕"는 뜻일까요? 아니면 "마땅히 쓰지 않아야 한다〔不應用〕" 또는 "쓰임이 없다〔沒有用〕"는 뜻일까요? 현대어로 정확히 옮기기가 여간 어렵지 않습니다만 '물' 자의 의미는 대략 이들을 모두 포괄하고 있다고 보아야 합니다. 쓸 만한 가치가 없다는 것이 아니라 이 시점에서 사용해서는 안 된다는 말입니다. '잠룡'이란 잠복해 있는 용입니다. 비할 수 없는 능력과 가치를 지니고 있지만 아직 쓸 때가 아닙니다. 제갈량이 남양(南陽)에 은거하고 있을 때 스스로를 와룡선생(臥龍先生)이라 불렀습니다. 이것은 자신의 포부는 범상치 않지만 아직 '잠룡'의 단계에 있다는 것을 말합니다. 인생 수양의 단계라 할 수 있습니다.

용이 대지에 출현하다

> 구이, 용이 대지에 출현하니 대인을 만나 이롭다.
> 九二, 見龍在田, 利見大人.

구이(九二)는 건괘 내괘의 중효(中爻)입니다. 중효는 효 중에서도 가장 좋고 또 가장 중요합니다. "현룡재전 이견대인(見龍在田, 利見大人)"이라는 구절은 그 원의를 현대어로 옮기기가 무척 어렵습니다. "현룡재전(見龍在田)"에서 '현(見)'이란 나타난다는 뜻입니다. 용이 밭에 나타났다는 것입니다. 호랑이도 평지에서는 개에게 물린다는 속담과도 같은 형국입니다. 그렇다면 "이견대인(利見大人)"은 무엇일까요? 이것을 이해하기 위해서는 먼저 '전(田)' 자의 뜻을 알아야 합니다. 한자가 서양의 문자와 다른 점은 한 자 한 자가 단음으로 되어 있을 뿐 아니라 각 글자가 여러 개의 상이한 뜻을 포함하고 있다는 사실입니다. 고대에는 전(田) 자를 ⊞이라 썼습니다. 하나의 도안이었습니다. 이 전 자에서 위가 트이면 유(由)가 되고, 아래가 트이면 갑(甲)이 되며, 위아래가 다 트이면 신(申)이 됩니다. 이 신 자 옆에다 시(示) 자, 즉 하늘로부터의 계시를 붙이면 신(神)이 됩니다. 신(神)은 위아래가 모두 트인 것입니다. 이에 반해 귀(鬼) 자 역시 전(田)에서 유래한 것이나 위로는 통할 수 없게 되어 있습니다. 그래서 아래로만 내닫는데 이것이 바로 귀입니다. 후에 다시 두 올의 머리털이 덧붙어 귀(鬼) 자 모양이 되었습니다. 전(電)이나 뇌(雷)나 모두 전(田) 자로부터 나온 것입니다. 하늘에서는 물이 떨어지고 땅 아래에서는 우뢰가 칩니다. 우뢰(雷)가 아래로 내달으면 전기(電)가 됩니다. 이것이 바로 한자의 구조입니다. 모든 글자가 의미를 지니고 있다는 점에서 알파벳과는 전혀 다릅니다. 이상의 해설로부터 우리는 여기서 말하는 전(田) 자가 지면 즉 대지를 나타낸다는 것을 알 수 있습니다. 이것을 오늘날의 관념으로 씨앗을 뿌려 채소를 재배하는 밭으로만 생각해서는 안 됩니다.

"현룡재전"의 괘상은 새벽에 태양이 막 지평선 위로 떠올라 빛을 뿌리는 것입니다. 바로 그때 "이견대인" 합니다. 만약 점을 쳐서 이 효를 얻었다면 사장이나 장관 또는 어떤 사람을 만나서도 사업을 성공시킬 수 있습니다. 대인(大人)이라고 해서 반드시 큰 인물만을 의미하는 것은 아닙니다. 고대에는 대인 소인 개념이 상대적이었습니다. 귀인도 마찬가지입니다. 귀인이라고 해서 반드시 높은 자리에 있는 사람을 가리키는 것만은 아닙니다. 어떤 사람이 넘어져서 다리를 크게 다쳤다고 합시다. 마침 그 옆으로 청소부가 지나가다 쓰러진 사람을 둘러업고 병원까지 옮겼다고 한다면, 이 청소부가 다리 다친 사람에게는 바로 귀인입니다. 귀하고 귀하지 않은 것은 시간과 공간에 따라 달라집니다. 어느 때 어느 곳이든 꼭 도움이 필요할 때 도와주는 사람이라면 그 사람이 바로 귀인입니다.

하루종일 조심조심하다

구삼, 군자가 온종일 힘을 다하고 저녁에도 조심하고 근신하니 비록 어려움에 처하더라도 허물이 없다.

九三, 君子終日乾乾, 夕惕若, 厲无咎.

제삼효는 내괘의 상효로서 삼획괘만을 가지고 말한다면 이미 정점에 이른 것입니다. 만약 『역경』을 배워서 알게 된다면 점을 칠 필요가 없습니다. 육십사괘 중 어떤 괘도 완전히 좋거나 완전히 나쁘지 않습니다. 모든 괘마다 좋은 가운데 나쁜 것이 있고 나쁜 가운데 좋은 것이 있습니다. 오직 겸(謙)괘 하나만이 모두 좋을 뿐입니다. 겸허하게 물러서고〔謙退〕, 겸허하게 양보하며〔謙讓〕, 여러 사람에게 이익이 되면 취하나 자신은 그것을 원하지 않으니 당연히 좋을 수밖에요. 여섯 효가 모두 길합니다. 이것은 우주의 법칙이자 인생의 이치이기도 합니다. 이제 건괘 제삼효에서 바로 이 문제에 부딪힙니다. 인생의 전 역정을 두고 말한다면 이렇습니다. 아직 박사 학위를 받지 않고 대학에서 공부하고 있는 학생이라면 바로 초구효의 "잠룡물용"에 해당합니다. 그 잠재적 가치는 비할 수 없이 큽니다. 그러다 학위를 받고 사회에 첫발을 내디디면 바로 구이효의 "현룡재전 이견대인"이 됩니다. 그 후 자리를 찾아 지위와 명성을 얻으면 바로 제삼효가 됩니다. 연령으로 말하자면 열 몇 살부터 이십 세까지는 초효에 해당하며, 이십 세에서 삼십 세까지는 이효, 삼십 세부터 중년에 이르기까지는 삼효가 되는데, 이때는 마땅히 "군자종일건건 석척약 여무구(君子終日乾乾, 夕惕若, 厲无咎)"해야 하는 시기입니다.

먼저 문자적 해석을 봅시다. 건괘에 대해서는 앞에서 이미 해석했습니다. 우주의 시작이자 사람이 지켜야 할 도리로서 마치 인생의 본분(本分)과도 같습니다. "군자종일건건(君子終日乾乾)"은 요컨대 사람은 온종일 본분을 지켜야 하며 영원히 변함없이 그렇게 해야 한다는 것을 말합니다. 이렇게 해야 할 뿐 아니라 저녁이 되면 스스로를 두려워하여 방심하지 않고 대낮처럼 조심해야 합니다. 중년에 이르러 어느 정도 성취를 얻었다고 생각될 때라도 사업이든 인생이든 언제 어디서나 조심해야 합니다. 만년에 이르도록 방심해서는 안 됩니다. 『대학(大學)』과 『중용』의 사상이 모두 이것으로부터 나옵니다. 이것이 "척약(惕若)" 즉 두려워하듯 하는 것입니다. '여(厲)'란 정신을 일관되게 하고 집중하는 것입니다. 자신을 계속 갈고닦아 나가면 고질적인 병폐도 없어집니다. 이런 괘라면 좋을까요 나쁠까요? 점을 치는 사람이라면 이것을 아주 좋은 괘라고 할 겁니다. 그러나 조심해야 합니다. 삶에는 첩첩이 위기가 도사리고 있기 때문입니다. 잠시라도 조심하지 않으면 곧 문제가 터집니다. 자신을 엄격히 단속할 때에만 비로소 문제가 생기지 않을 수 있습니다. 모든 것이 자기에게 달려 있습니다. 다른 사람에게 있는 것도 아니요 외부 환경에 있는 것도 아닙니다. 사람은 뜻을 얻었을 때 자칫 객관적 형세를 잊기 쉽습니다. 이럴 때 바로 이 효의 의미를 되새겨야 합니다.

혹 깊은 연못에서 뛰어오르다

> 구사, 혹 깊은 연못에서 뛰어오르기도 하나 허물이 없다.
> 九四, 或躍在淵, 无咎.

제사효에 이르면 아주 묘합니다. 전체 괘를 보면 내외 양 괘는 두 부분으로 뚜렷이 나누어집니다. 사효는 깊은 물에서 용이나 물고기가 뛰어오르는 것은 허물도 없고 문제도 없다는 것입니다. 주의할 것은 "혹약재연(或躍在淵)"의 '혹(或)' 자입니다. 이 효가 진정으로 좋은 것은 주도권이

나에게 있기 때문입니다. 예를 들어 어떤 사람이 사업을 시작해서 정점에 도달했다면, 여기서 한 단계 더 도약해도 좋고 그 자리에 머물러 있어도 좋다는 것입니다. 구사효는 외괘의 초효로서 내괘의 초효와 어울리며, 이들은 모두 비할 데 없는 가치를 지니고 있습니다.

용이 하늘을 날다

> 구오, 용이 하늘을 나니 대인을 만나 이롭다.
> 九五, 飛龍在天, 利見大人.

일반적으로 왕을 '구오지존(九五之尊)'이라 합니다. 여기서 '구오(九五)'란 바로 『역경』에서 말하는 구오효를 가리킵니다. 그러나 이 말에서 주의할 것이 있습니다. 황제를 '구오'라는 두 양수로 표현한 것은 9가 양수 중 제일 높은 위치에 있으며 5는 양수의 중간에 위치해 지극히 높고 지극히 바른 것을 얻었다는 뜻으로, 반드시 여기서 말하는 구오효만을 의미하지는 않습니다. 『역경』 건괘의 제오효와 제사효는 같지 않습니다. 오효에서는 용이 이미 하늘을 자유자재로 날고 있습니다. 이때도 역시 "이견대인(利見大人)" 합니다. 『역경』을 연구해 보면 "이견대인"이라는 효사는 많지 않습니다. 여기서의 "이견대인"이란 어떤 대인을 본다는 것일까요? 한고조(漢高祖)의 예를 들어 봅시다. 고조가 항우를 물리치고 창업을 이루었을 때, 그는 바로 하늘을 자유자재로 나는 용이었습니다. 그런데도 그가 "이견대인" 해야 한다면 이 대인이란 도대체 누구일까요? 이것은 그가 만나는 사람이 모두 좋은 사람이며 또 자신을 도와줄 사람이라는 것을 가리킵니다. 한고조의 일생을 살펴보면 그의 삶 자체가 바로 하나의 건괘입니다. 처음에 불운하게 정장(亭長)을 맡고 있을 때는 하루 종일 술만 마셨습니다. 바로 "잠룡물용(潛龍勿用)"의 형국입니다. 후에 "비룡재천 이견대인(飛龍在天, 利見大人)"의 형국에 이르렀을 때는 그가 우연히 만나는 사람마다 모두 좋은 사람이었으며 모두 쓸모 있는 사람이었습니다. 하나같이 그를 보고 훌륭하다고 했으며 또 그를 돕고자 했습니다.

너무 높이 올라간 용은 불운하다

어떤 괘든 마지막 효는 그것이 양효이면 '상구(上九)', 음효이면 '상육(上六)'이라 하여 '상(上)' 자를 붙이고 첫 효는 '초(初)' 자를 붙입니다. 건괘의 구오효는 외괘의 중효로서 사람이든 사물이든 그 중(中)을 얻으면 바릅니다. 그러나 정점에 이르면 그렇지 못합니다. 설사 나서지 않더라도 바름을 얻지 못합니다. 『역경』에서 중정(中正)의 위치를 강조하는 것도 이 때문입니다. 사람의 운명도 바로 때를 얻었는가, 즉 중(中)을 얻었는가를 가지고 판단합니다. 만약 중을 얻었다면 만나는 것마다 옳지 않은 것이 없을 것이고, 중을 얻지 못했다면 도처에서 옳지 않은 것과 부닥칠 것입니다.

상구, 너무 높이 오른 용은 뉘우침이 있다.
上九, 亢龍有悔.

상구에 이르면 "항룡유회(亢龍有悔)"가 됩니다. '항(亢)'이란 높다는 뜻입니다. 높음이 극에 이르면 높아도 자리가 없으며 귀해도 다스릴 백성이 없어집니다. 옛날에는 황제가 스스로를 '고가(孤家)' 혹은 '과인(寡人)'이라 불렀습니다. 지위가 최정상에 이르면 아주 적막해집니다. 듣는 말이 모두 좋다는 소리뿐이라 듣기도 지겹습니다. 연세 많은 분들은 항상, "대화를 나눌 수 있는 사람도 이젠 거의 없다"고 말하곤 합니다. 바로 이것이 "항룡유회"가 아니고 무엇이겠습니까? 사람이 나이를 먹게 되면 가는 곳마다 영감님 소리를 듣고 가는 곳마다 높은 자리에 앉게 됩니다. 이미 "항룡유회"에 도달한 것입니다. 여기서 '회(悔)'란 후회한다는 뜻이 아니라 불운하다는 뜻입니다. 이 시기에 이르면 불운해집니다. 따라서 어떤 일이든 갈 데까지 가려고 해서는 안 됩니다. 더 이상 갈 데가 없는 곳에 이르면 불운해집니다. 반드시 고통과 번뇌가 뒤따릅니다. 역사를 돌이켜 볼 때 당나라 현종은 얼마나 좋았습니까? 그럼에도 후에 그가 아들에게 양위한 뒤에는 아주 비참한 국면을 맞고 말았습니다.

뭇 용의 우두머리가 없으니 길하다

> 용구, 뭇 용의 우두머리가 없으니 길하다.
> 用九, 見群龍無首, 吉.

여기서 '용구(用九)'라는 글자에 주의해야 합니다. 『역경』에서는 단지 건괘 중에 '용구', 곤괘 중에 '용육(用六)'이라는 표현이 사용되고 있을 뿐 다른 괘에서는 전혀 등장하지 않습니다. 바로 여기에 문제가 있습니다. 우리는 구(九)가 양효를 뜻하며 초구에서부터 상구에 이르기까지 모두 다른 해석이 있다는 것을 알고 있습니다. 그렇다면 여기에 다시 '용구'라고 하는 것은 무엇일까요? 거기다 뒤에 "견군룡무수 길(見群龍無首, 吉)"이라는 구절도 유의해야 합니다. 건괘는 여기에 이르러 비로소 크게 이롭고 크게 길합니다. 이것이 도대체 무슨 말일까요? 이 '용구'에 대한 후세인들의 견해는 정말 다양합니다. 각자 하나의 독자적 이론과 견해를 지니고 있습니다. 그렇지만 공부해서 통하게 되면 아주 간단합니다. 저는 여러분께 한마디만 말하고자 합니다. '용구'란 구(九)에게 사용당하지 않고 여러분이 구(九)를 사용할 수 있다는 것입니다. 그렇다면 '용구'란 어떤 효의 구를 사용한다는 것일까요? 어느 한 효가 아닙니다. 그렇지만 어느 효도 모두 관계가 있습니다. 이 점이 아주 고명합니다. 역사적인 예를 들어 생각해 보도록 합시다. 제가 이전에 『논어』를 강의할 때 설명한 적이 있지만 중국 문화에서는 도가의 은사들이 무척 중시되었습니다. 새로운 역사의 창조 시기에는 언제나 이 은사들의 결정적인 도움이 있었습니다. 그러나 역사의 기록에는 그들의 흔적을 찾을 수 없습니다. 삼국 시대의 제갈량만 해도 그렇습니다. 누가 길러 낸 인물입니까? 그의 장인이었던 황승언(黃承彦)과 스승인 방덕(龐德)은 모두 은사였습니다. 그들은 '용구' 즉 구를 사용하여 역사를 바꾸면서도 자신들은 전혀 그 역사의 영향을 받지 않았습니다.

"견군룡무수(見群龍無首)", 출발점도 없으며 영원히 출발하지도 않습니다. 어떤 결과랄 것도 당연히 없습니다. 무대에 올라가지를 않았으니 내려올 일도 없습니다. '용구'는 제일 고명합니다. 구(九)를 사용하면서도 구에 이끌려 다니지 않습니다. 이것은 일을 처리하는 이치를 말하고 있습니다. 지금 식으로 표현하자면 어떤 일을 처리할 때든 절대 객관적이어야 한다는 것입니다. 시대와 무관한 것이 아니라 도처에서 관계를 맺습니다. 이것이 바로 역사와 시대에 임하는 진정한 지도자의 태도입니다. "군룡무수", 완전한 하나의 원입니다. 그렇기 때문에 크게 이롭고 길합니다. 사람됨에 비유하자면 사람이 더 이상 구하는 것이 없을 때 저절로 높아지는 것과 같습니다. 증자도, "다른 사람에게서 무엇인가를 얻고자 하는 사람은 다른 사람을 두려워한다〔求於人者畏於人〕"라고 했습니다. 얻고자 함이 없는 것, 이것이 바로 '용구'의 이치입니다. 용구는 곧 원, 형, 이, 정입니다. 용구는 결코 "잠룡물용"이 아닙니다. "잠룡물용"에는 가치를 따져 팔고자 하는 생각이 깔려 있습니다만 용구는 이미 자신까지 잊어버린 상태입니다. 말하자면 용구는 동양 문화의 최고 경지입니다. 유가와 도가 사상도 모두 여기에서 나옵니다.

단사, 공자의 『역경』에 대한 비평

앞에서 소개한 적이 있지만 단(彖)은 동물입니다. 전하는 바에 따르면 이 동물은 쇳덩어리도 물어서 끊을 수 있다고 하는데, 이 때문에 이 동물의 이름을 빌린 것입니다.

단사(彖辭)란 단정적인 말이라는 뜻입니다. 단사 역시 공자의 저작으로 알려져 있는데, 단사는 말하자면 공자가 『역경』 육십사괘를 연구한 결론이자 비평이라 할 수 있습니다. 전통적인 견해에 따르면 괘사와 효사는 모두 문왕이 지은 것이라고 합니다. 일설에는 괘사는 문왕이, 효사는 문왕의 아들인 주공이 지은 것이라 하지만 그 진위를 가리기는 현실적으로 아주 어렵습니다.

우주 만물의 창조자

> 위대하도다 만물의 으뜸인 건이여, 만물이 그것에 의지해 시작되고 전 우주를 빠짐없이 포괄하였도다.
> 大哉乾元, 萬物資始, 乃統天.

공자의 연구 결과로부터 인문 문화가 시작됩니다. 앞에서 언급한 적이 있지만 건괘는 신체상에서 머리를 대표합니다. 한의학에서는 건이 머리, 곤이 배, 간이 등, 리가 눈, 감이 귀, 손이 코, 태가 입을 대표한다고 보는데 아주 일리 있는 견해입니다. 공자의 결론은 이런 것에 구애받지 않고 건괘는 아주 위대한 것으로 우주 만유의 근원이라 단정지었습니다. 우주 만물이 건괘로부터 창조되었다는 것입니다. 이 점은 분명 서양의 관점과는 다릅니다. 서양에서는 유일신인 창조주가 우주 만물을 창조했다고 주장합니다. 동양에서는 서구적 관점과는 달리 유물적인 것도 유심적인 것도 아닌 어떤 작용에 따로 이름을 붙이지 않고 단지 하나의 기호로 그것을 나타내고자 했습니다. 이것이 바로 건괘입니다. 건괘는 유심 유물뿐 아니라 하느님이나 귀신, 보살이나 부처 등을 모두 포괄하는 것으로 이미 종교적 색채를 벗어나 있습니다. 말하자면 과학적인 철학이라 할 수 있습니다. 공자가 이렇게 주장했다는 것을 어떻게 알 수 있을까요? 바로 "만물자시(萬物資始)"라는 구절에서 분명히 알 수 있습니다. 우주 만물의 시작이 모두 이 작용에 의한다는 것입니다. 이것이 건(乾)의 첫 번째 개념입니다. 두 번째 개념은 "내통천(乃統天)"입니다. 건은 천체를 포괄하고 있으며 전 우주가 모두 건의 범위에 포함되어 있습니다. 건은 천지와 우주를 통괄합니다. 공자는 문왕과 주공이 제시한 건괘에 주목하여 이것을 우주 만물의 본체이자 생명의 내원으로 생각했습니다.

구름이 흐르고 비가 내리니 만물이 번식하여 형체를 갖춘다.

雲行雨施, 品物流形.

바람은 어떻게 해서 생길까요? 매일 일기를 예측하는 것은 과학입니다. 그러면 시베리아 한류는 왜 생기는 것일까요? 태풍은 또 어떻게 해서 일어나는 것일까요? 태풍이 처음 발생할 때는 단지 미세한 한 방울의 물이 회전할 따름입니다. 이것이 점점 확대되는 것입니다. 그렇다면 이 작은 물방울은 어떻게 해서 생긴 것일까요? 『역경』에서 이 설명을 찾아낼 수 있다면 『역경』은 과학적인 철학이라 할 수 있겠지요. 공자는 말합니다. 구름이 흘러가는 것, 비가 내리는 것, 번개가 치는 것 등 우주 만물의 변화는 모두 건괘의 작용으로부터 왔다는 것입니다. 일단 그것이 움직이면 하나의 현상이 나타나 구름이 생기거나 비가 내리며, 이런 식으로 각양각색의 만물이 구성된다는 것입니다.

옥황상제의 여섯 마리 용마

시간의 흐름은 여섯 단계로 나누어져 여섯 마리 용이 끄는 수레를 타고 천체를 운행한다.

大明終始, 六位時成, 時乘六龍以御天.

여기서 시간의 유래를 설명합니다. 시간이란 인위적이며 상대적인 것입니다. 서양의 현대 과학에서는 아인슈타인이 상대성이론을 정립한 후 비로소 우주의 시간이 상대적이라는 것을 알게 되었습니다. 그렇지만 동양의 유가나 도가, 불가에서는 이전부터 시간이 상대적이라는 것을 말해 왔습니다. 도가에서는 오래전부터 달에서의 하루가 지구에서는 한 달에 해당한다고 말해 왔습니다. 이것은 현대 과학이 증명한 사실입니다. 그러나 우리는 외국인들이 이렇게 말한 것을 듣고서야 비로소 믿기 시작했습니다. 선조들이 줄곧 그렇게 주장해 왔어도 믿을 수가 없었던 것입니다. "대명종시(大明終始)"란 시간을 말하는 것입니다. '대명(大明)'이란 아침부터 저녁까지를 말합니다. "육위시성(六位時成)"이란 이전에 대낮을 여섯 단계로 나누었던 것을 말합니다. 물론 밤도 마찬가지로 여섯 단계로 나누어 하루가 열두 시진이 되었던 것입니다. 한 시진은 지금으로 치면 두 시간에 해당합니다. 여기서 여섯 단계로 나눈 것은 『역경』의 육효로부터 나온 것으로 인위적이고 상대적입니다. 아마도 태양이나 다른 행성에서의 시간은 이와는 달라질 것입니다. 이처럼 시간을 여섯 단계로 나눈 것도 역시 건괘로부터 온 것입니다. "시승육룡이어천(時乘六龍以御天)", 용은 시간의 흐름을 나타냅니다. 한 마리 용이 공중을 날아가듯 그렇게 흐른다는 것입니다. 용은 볼 수 없고 또 날아다닌다는 점에서 시간의 흐름을 대표합니다. 시간은 아침부터 저녁까지 여섯 단계로 나뉘어 영원히 순환합니다. 여섯 마리의 용이 꼬리를 물고 이어진 것처럼 천체상에서 아주 규칙적으로 수레를 끌고 지나갑니다. 후에 문학작품이나 신화 등에서는 옥황상제가 순시를 나갈 때 여섯 마리 용이 수레를 끄는 것으로 묘사됩니다. 이것 역시 이 구절로부터 유래한 것입니다. 사실 이 구절은 우주의 시간 구성과 지구 및 인류 사이에 일정한 법칙이 있다는 것을 말하고 있습니다. 이 법칙이 바로 건괘로부터 온 것입니다.

몸과 마음이 평정하고 조화로워 길하고 이롭다

> 건도의 변화는 성과 명을 각기 바르게 하고 모든 것을 조화롭게 조정하니 크게 길하고 이롭다.
>
> 乾道變化, 各正性命, 保合太和, 乃利貞.

여기서는 우리 생명의 본원이 명백히 언급되어 있습니다. 유가든 도가든 제자백가든 적어도 수양을 논하는 것이라면 모두 여기서부터 유래합니다. 여기서는 생명의 본체인 건의 이치를 뚜렷이 알아야 한다고 말합니다. 이 점을 파악하면 곧 건도(乾道)의 변화가 성명(性命)을 바르게 하는 데 있다는 것을 알게 됩니다. 진정으로 이 이치를 이해할 수 있다면 스스로 수도하여 장생불로할 수 있습니다. 도교에서는 성과 명을 강조하는데, 여기서 '성(性)'이란 정신적 생명이요 '명(命)'은 육체적 생명을 말합니다. 서양의 유심론에서는 단지 성의 작용만 알 뿐 본체에 대해서는 아직 이해하지 못합니다. 그래서 의식이나 생각이 곧 성이라 알고 있는데, 이깃은 잘못되었습니다. 명에 대해 서양 의학은 과학의 경계에 이르렀으나 아직 '기(氣)'의 작용은 이해하지 못합니다. 현재 미국에서는 침술도 유행하고 한의학도 연구하고 있으나 기의 작용은 아직 이해하지 못하고 있습니다. 서양의 병리학은 세균 방면에 초점이 맞춰져 지금까지도 여전히 병원균

만을 중점적으로 연구합니다. 이것은 유물론에 근거한 것입니다. 동양의 병리학은 세균이든 뭐든 모두 추상적인 '기' 위에서 구축됩니다. 기가 쇠약해진 뒤에야 비로소 병이 생기기 때문입니다. 서양의 항생제는 왕왕 기의 흐름을 흩어 버립니다. 제가 친구들에게 종종 하는 말입니다만 서양 의학은 단지 긴급할 때 생명을 구할 수 있을 뿐 병을 치료할 수 없습니다. 그러니 양의한테서 치료를 받고 난 뒤 다시 한의사에게 처방을 받아 신체를 보양해야 합니다. 세균은 어디에서 온 것일까요? 왜 생기는 것일까요? 많은 세균들이 신체 외부로부터 오는 것은 절대 아닙니다. 흰목이버섯은 종자를 참나무에 심어 기르지만 참나무에는 그보다 훨씬 많은 영지버섯류들이 자생적으로 자라납니다. 이 균들은 어디에서 온 것일까요? 이것이 바로 성과 명의 이치입니다.

『역경』을 이해하면 스스로 수양 방법을 깨달아 성과 명을 조절하여 바르게 할 수 있습니다. 정신을 지나치게 많이 쓰면 성을 해치고 노동이 너무 과도하면 명을 해칩니다. 이 둘을 조화시켜 "성과 명을 각기 바르게 함〔各正性命〕"으로써 "모든 것을 조화롭게 조정할〔保合太和〕" 수 있습니다. 도가와 불가에서 정좌를 언급할 때 곧잘 "지영보태(持盈保泰)"라는 말을 씁니다. '지영(持盈)'이란, 예를 들어 컵에 물이 방금 가득 찼다면 이것을 그 상태로 유지하려는 것입니다. 한 방울이라도 더 부으면 흘러넘치고 한 방울이라도 덜어내면 모자라기 때문에 더하지도 덜하지도 않은 상태를 유지하는 것입니다. '보태(保泰)'란 가장 편안한 때에 조화로움을 유지하려는 것입니다. 돈을 쓰는 것에 비유해 봅시다. 만 원을 보존하기로 했을 때, 만약 천 원을 써 버렸다면 곧 천 원을 채워 만 원으로 보존하는 것입니다. 이것이 바로 '보태'입니다. 정좌의 원리는 바로 "보합태화(保合太和)"입니다.

몸과 마음을 모두 평정하게 하여 영원히 정상적이고 조화롭게 하는 것입니다. 마치 천칭과도 같이 어느 한쪽이 기울어서는 안 됩니다. 정치의 원리나 인생의 원리가 모두 이와 같습니다. 그래서 공자는 "건도변화 각정성명 보합태화 내리정(乾道變化, 各正性命, 保合太和, 乃利貞)"이라 한 것입니다. 무엇이 크게 이롭고 길한 것일까요? "보합태화" 하는 것입니다. 『역경』을 연구하면서 공자의 이런 구절을 접하고 나면 점치는 것이 더는 아무 의미가 없습니다. 점을 치지 않고도 이미 압니다. 바로 "보합태화"입니다. 이렇게 해야만 비로소 '이정(利貞)' 즉 크게 길하고 이롭습니다.

> 만물의 으뜸으로서 만국을 모두 평안 무사하게 한다.
> 首出庶物, 萬國咸寧.

이 두 구절은 마땅히 위의 구절에 이어져야 합니다. 건괘 단사의 마지막 구절이 되어야 하는 것입니다. 그런데 송나라 유학자들은 이것을 분리했습니다. 이 여덟 글자는 정치철학의 원리를 말한 것입니다. 정치 이론이야 무수히 많겠지만 "국태민안(國泰民安)"이라는 네 글자만 한 것도 없습니다. 국가가 태평하고 일반 백성들이 모두 평안 무사한 것이 바로 태평천하입니다.

상사, 천행과 천도의 이치

"상왈(象曰)" 하고 나오는 것이 상사(象辭)입니다. '상(象)'이란 현상입니다. 전하는 바에 따르면 상사는 공자가 아니라 주공이 지은 것이라 합니다. 일설에는 상사 역시 공자가 지었다고 합니다. 어느 말이 옳을까요? 이것은 이 분야 전문가들의 소관이요 우리에게 중요한 것은 그 속에 담긴 정신입니다.

> 하늘의 운행은 강건하여 끊임이 없으니 군자는 이것으로써 스스로를 쉬지 않고 강화시킨다.
> 天行健, 君子以自强不息.

여러분은 이 구절이 아주 낯익을 겁니다. 이것 역시 인문 사상입니다. '건(乾)'은 천(天)을 대표합니다. '행(行)'이란 움직임의 뜻입니다. 이것은 우리에게 건괘를 본받을 것을 가르치고 있습니다. 노자 역시, "사람은 땅을 본받고 땅은 하늘을 본받으며 하늘은 도를 본받고 도는 자연을 본받는다〔人法地, 地法天, 天法道, 道法自然〕"라고 했습니다. 사람의 수양도 역시 대지를 본받아야 합니다. 대지는 우리에게 잠자리를 제공하고 만물이 풍성히 자라나도록 해서 우리에게 먹을 것을 제공합니다. 우리는 모든 것을 대지에 의존합니다. 대지가 없다면 인간은 존재할 수도 없겠지요. 그럼에도 우리가 대지에게 되돌려주는 것이라고는 똥오줌과 쓰레기밖에 없습니다. 그러나 대지는 이를 개의치 않고 우리에게 먹고 즐길 것을 제공합니다. 바로 이런 마음을 본받아야 합니다. 대지는 무엇을 본받아 이렇게 할 수 있을까요? 우주 즉 천(天)을 본받습니다. 하늘은 단지 내놓기만 할 뿐 챙겨 가지 않습니다. 태양만 해도 그렇습니다. 태양은 빛을 내뿜기만 할 뿐 결코 지상으로부터 어떤 것도 흡수해 가지 않습니다. 그리고 이 우주

역시 도(道)를 본받습니다. 도란 무엇일까요? 자연입니다. 자연은 더 이상 어떤 것도 본받지 않습니다. 총괄한다면 이 구절은 우리에게 사람됨의 정신을 가르치고 있습니다. 단지 베풀기만 할 뿐 거두어들이지 않는 자연의 법칙을 본받아야 한다는 것입니다. 이것이 바로 노자가 말한 '도'의 정신이자 『역경』의 "천행건(天行健)"입니다. 천체는 부단히 움직이며 영원히 멈추지 않습니다. 예를 들어 천체가 일 초라도 움직이지 않는다면 원자폭탄이 따로 필요치 않을 겁니다. 우주가 모두 끝장이 나고 맙니다. 뒤이어 나오는 "군자이자강불식(君子以自强不息)"은 바로 노자가 말한 뜻과 같습니다. 즉 사람은 마땅히 우주의 정신을 이어받아 자강불식해야 한다는 것입니다. 모든 것은 자기 노력에 달려 있습니다. 다른 사람에게 의지하는 것은 아무 소용없습니다. 일체의 것은 스스로 부단히 노력해야 합니다. 일 초라도 나아가기를 멈춘다면 곧 뒤떨어져 버립니다.

   위의 상사의 첫 구절은 괘사를 해석한 것입니다. 이어 나오는 다음 구절은 효사를 해석합니다.

숨어 있는 용이니 사용하지 않는다는 것은 양이 아래에 있기 때문이다.

潛龍勿用, 陽在下也.

앞에서처럼 태양으로 비유하고 있습니다. 과거의 개념은 현대의 과학적인 개념과는 달랐습니다. 과거의 양(陽) 개념은 추상적이었습니다. 건괘 여섯 효의 초효는 양의 에너지가 아래에 눌려 위로 올라오지 못하고 있습니다. "잠룡물용(潛龍勿用)"을 태양에 비유한다면 아직 지평선 아래에 있는 것과 같습니다.

용이 대지에 출현한다는 것은 군자의 덕을 널리 베푸는 것이다.

見龍在田, 德施普也.

다시 인문 문화에 이르렀습니다. 이효의 상을 말한 것인데, 마치 한 사람의 도덕 행위가 다른 사람의 이익을 위한 보편적 도덕으로 발전하는 것과 같습니다.

온종일 힘을 다하는 것은 반복하는 것이 도이기 때문이다.

終日乾乾, 反復, 道也.

삼효의 해석은 "반복 도야(反復, 道也)"입니다. 『역경』이 우리에게 알려 주는 인과의 이치입니다. 과거에 했던 그대로 되돌아옵니다. 우주의 법칙에서도 볼 수 있듯이 앞으로 나아가더라도 한 바퀴를 돌아서 다시 본래 위치로 돌아옵니다. "종일건건(終日乾乾)"은 우리에게 때를 만났더라도 특히 조심하라고 가르칩니다. 인생은 반복되므로 득의만만할 때가 있으면 반드시 실의에 빠질 때가 있습니다. 이렇게 반복하는 것이 도입니다. 이것은 피할 수 없는 필연적인 자연의 법칙입니다. 여러분이 어떤 사람을 혼내 주려고 생각한다면 반드시 그로 인해 손해를 볼 때가 있습니다.

혹 깊은 연못에서 뛰어오른다는 것은 나아가더라도 병폐가 없다는 것이다.

或躍在淵, 進无咎也.

사효의 효사는 다시 한 걸음 더 나아가더라도 병폐가 없다는 것을 말합니다.

> 용이 하늘을 나는 것은 대인이 장악하는 것이다.
> 飛龍在天, 大人造也.

여기서 '조(造)'는 조(操), 즉 장악한다는 뜻입니다. 이 단계에 이르면 이것을 장악할 필요가 있습니다.

> 너무 높이 올라간 용이 불운하다는 것은 가득 찬 상태가 오래 지속될 수 없다는 것이다.
> 亢龍有悔, 盈不可久也.

여기서 "항룡유회(亢龍有悔)"의 효사를 해설하면서 무릇 어떤 일이든 가득 차기를 원해서는 안 된다고 말합니다. 가득 찬 상태가 오래 지속될 수 없기 때문입니다. 어떤 일이든 아쉬움을 남기는 것이 좋으며 조금의 결함이 있는 것이 좋습니다. 이 사소한 결함마저 없어진다면 그것으로 끝입니다. 가득 찬 것은 오래갈 수 없기 때문입니다. 정치철학의 원칙은 "우환의식이 나라를 흥하게 한다[憂患興邦]"라는 것입니다. 국가가 어려움에 처했을 때 왕왕 다시 일어섭니다. 로마나 당나라처럼 날로 번창해 전성기에 이르렀다면 그것으로 곧 끝장이 나게 마련입니다.

> 용구는 하늘의 덕으로서 으뜸이 될 수 없는 것이다.

用九, 天德不可爲首也.

노자 역시 이런 생각을 가졌습니다. '용구(用九)'란 곧 천도입니다. 사람은 땅을 본받고 땅은 하늘을 본받으며 하늘은 도를 본받고 도는 자연을 본받습니다. 대지는 만물을 생장시켜 우리에게 제공하지만 아무 대가를 요구하지 않습니다. 그저 베풀 따름입니다. '용구'의 이치는 바로 천지의 덕을 본받는 것입니다. 자신이 무엇을 창조할 필요도 없고 또 창조할 수도 없습니다. 역사를 보십시오. 『이십사사(二十四史)』에 누가 결론을 맺은 사람이 있습니까? 우주 역시 그러합니다. 어떤 결론도 있을 수 없습니다. 천덕은 으뜸이 될 수도 시작이 있을 수도 없습니다. 인류의 역사 또한 그래 영원히 변화할 뿐입니다.

『역경』의 단사, 효사, 상사는 모두 천지의 법칙에 따라 세상사를 말합니다. 바로 『주역』의 정신으로서 동양 문화의 출발점이기도 합니다. 하지만 그 응용의 측면은 바깥에 흩어져 있으며 도가의 『연산역』이나 『귀장역』 속에도 남아 있습니다.

「문언전」, 인문적 사상 체계

이제 상수 방면은 잠시 중단하고 다시 역의 이치에 대해 계속해서 살펴보기로 합시다. 앞에서 건괘의 괘사와 효사, 단사 및 상사에 대해 살펴보았는데 세 가지 다른 점이 있었습니다. 첫째는 건괘의 괘사와 효사가 인문적 관점에서 기술되었다는 점입니다. 둘째는 건괘의 괘사와 효사에 대한 해석인 단사입니다. 이 해석으로부터 공자는 『역경』이 본래 과학적인 것이라 생각했으며 이것을 인문 사상으로 전환시키고자 했다는 것을 알 수 있습니다. 셋째는 상사인데 이것 역시 과학적인 것을 인문 사상으로 전환시키려 했습니다. 그러나 여기서는 태양계 내의 천문 현상으로써 상징적인 이치를 설명하고 있습니다. 이것을 보면 『역경』의 문화가 상고에는 적어도 오백 년을 경과하면서 한 번 정도 변화했다는 것을 알 수 있습니다. 오백 년 사이에 『역경』의 법칙이 바뀌는 데서도 알 수 있듯이 어떤 시대의 어떤 사상이든 변하지 않고 그대로 남아 있기는 불가능합니다. 더욱이 현대에 이르면 변화는 더욱 심합니다. 과거 삼백 년 동안 오십만 부의 책이 출간되었다면 지금은 삼 년 만에 오십만 부의 서적이 쏟아지고 있는 실정입니다.

「문언전(文言傳)」은 공자의 저작이라 알려져 있습니다. 공자가 『역경』의 건곤 두 괘를 연구하여 마음으로 얻은 바를 기술한 것입니다. 여기서 「문언전」이라고 하는 것은 고문이니 현대문이니 하는 것과는 상관없는 말입니다. 요즈음 말로 하면 어떤 사상 체계를 문자화한 것입니다. 진(晉)나라 이전에는 「문언전」이 건괘의 내용 속에 들어 있지 않고 「계사전」에 속해 있었습니다. 그러다 왕필(王弼)에 의해 이것이 건괘 속으로 들어오게 되었습니다. 이제 「문언전」의 본문을 연구해 보기로 합시다.

선과 아름다움을 다하는 인생

원이란 뭇 선의 으뜸이다. 형이란 뭇 아름다움의 집합이다. 이란 의리의 평화로움이다. 정이란 일의 중심이다.

元者, 善之長也. 亨者, 嘉之會也. 利者, 義之和也. 貞者, 事之幹也.

아주 간단한 문장으로서 내용도 뚜렷합니다. 공자가 『역경』을 연구하면서 문왕이 지은 건괘의 괘사 원형이정의 네 글자에 포함된 의미를 해석한 것입니다. 그렇다면 당시 문왕이 말한 건괘의 괘사는 과연 과학적인 것이었을까요, 아니면 철학적인 것이었을까요? 이 점은 알 수 없습니다. 앞에서 우리는 상사가 과학적인 것이었고 단사가 인문 사상에 편중한 것임을 살펴보았습니다. 그렇다면 상사와 단사는 같은 시대 작품일까요, 아니면 다른 시대의 것일까요? 이것 역시 문제입니다. 지금 공자가 「문언전」에서 원형이정을 해석하는 것을 보면 완전히 인문적 관점으로서, 우주과학이나 물리적인 것은 전혀 고려하지 않고 있습니다. 이것 역시 유가 사상의 시작이라 할 수 있습니다. 그는 '원(元)'을 선한 것으로 강조합니다. 선한 생각과 선한 행위, 일체의 좋은 측면이 성장할 때라야만 원이라 할 수 있다는 것입니다. 원은 만물의 시작을 나타냅니다. 그 중에서도 좋은 측면만을 원이라 합니다. '형(亨)'은 좋은 것의 집합입니다. 가(嘉)란 좋다는 뜻입니다. 좋은 것이 대량으로 한데 모일 때라야만 비로소 형이라 할 수 있습니다. '이(利)'란 화(和)의 이에 도달한 것이어야 합니다. 화(和)란 평화스러운 것입니다. 어떻게 해야만 평화스럽다고 할 수 있을까요? 사람과 사람 사이, 사람과 사물 사이에 서로 평화로울 수 있을까요? 가장 알맞고 적절한 평화라야만 비로소 진정한 이(利)에 이를 수 있습니다. 예를 들어 나는 이롭지만 다른 사람이 이롭지 않거나 심지어 해로우며, 내가 이익을 얻으면 다른 사람이 반드시 손해를 입는 그런 것이라면 진정한 이(利)가

아닙니다. 진정한 이는 서로 이익이 되는 것입니다. 다음은 '정(貞)'인데, 이것은 어떤 사물의 중심입니다. 어떤 단체든 간사(幹事)라는 것이 있습니다. 이 직책은 핵심 인물을 뜻하는 정간(楨幹)이라는 말에서 유래한 명칭입니다.

군자는 인을 체득하여 다른 사람을 이끌 수 있도록 해야 하고, 가회는 예에 합치될 수 있도록 해야 하며, 사물의 이용은 의리에 조화될 수 있도록 해야 하고, 내면을 닦고 의지를 견고히 하여 일 처리를 원만히 할 수 있도록 해야 한다. 군자는 이 네 덕을 행하기 때문에 건을 원형이정이라 한다.

君子體仁足以長人, 嘉會足以合禮, 利物足以和義, 貞固足以幹事. 君子行此四德者, 故曰乾元, 亨, 利, 貞.

여기서는 다시 위의 네 측면에 대해 보다 구체적인 의미를 끌어냅니다. 이것 역시 유가 사상으로서 공자가 말한 인문 교육의 목적입니다. 사람은 교육을 받아 반드시 원형이정을 갖추어야 합니다. 그래야만 사람이라 할 수 있습니다. 그리고 "인을 체득하여 다른 사람을 이끌어 갈 수 있도록〔體仁足以長人〕" 해야 합니다. 마음속으로 다른 사람을 사랑할 수 있는 넓은 마음이 있어야만 지도자가 될 수 있습니다. "가회족이합례〔嘉會足以合禮〕", 모든 가회(嘉會)는 사람과 사람의 관계가 좋을 때라야만 예에 합치될 수 있습니다. 예에 합치된다는 것은 『예기』에서 표방하는 그런 사회가 실현될 수 있다는 것을 말합니다. "이물족이화의〔利物足以和義〕", 유가에서 말하는 "제인이물〔濟人利物〕"의 '물(物)' 자는 단지 동물이나 식물, 광물만을 말하는 것에 그치지 않습니다. 고대의 '물' 자는 아주 많은 것을 포

괄했습니다. 일종의 추상명사로서 말하자면 지금의 '이것'이라 할 때의 '것'과도 같습니다. "이물족이화의"의 '이물(利物)'이란, 우리 인간이 마땅히 물(物)을 이용해야 하며 인간이 물에 이용당하지 않아야 한다는 것을 말합니다. 근대 이후 서양으로부터 들어온 문화는 사람이 물(物)에 의해 좌우되는 것입니다. "정고족이간사(貞固足以幹事)", 내면을 닦고 의지를 견고히 한 뒤에야 일을 처리할 수 있습니다. "군자행차사덕자 고왈건원 형 이 정(君子行此四德者, 故曰乾元, 亨, 利, 貞)", 군자는 이 네 가지 덕을 행하므로 건을 원형이정이라 한다는 것이 공자의 결론입니다.

공자의 건괘에 대한 연구는 완전히 인문적 관점에서 행한 것입니다. 이것이 당송 이후 『역경』의 연구 방향에 결정적인 영향을 끼쳐 이후 상수 방면이나 과학적 측면에서의 『역경』 연구는 거의 나타나지 않았습니다.

아래에 이어지는 해석 역시 인문적 관점에서 행한 것인데, 이것으로부터 우리는 공맹 유학의 성격을 읽을 수 있습니다.

세속에 휩쓸리지 않고 믿는 바를 행하다

초구효에서 숨어 있는 용이니 사용하지 않는다고 했는데, 무엇을 말한 것인가? 공자는 이렇게 풀이한다. 용의 덕을 지니고 숨어 있는 자로서 세상의 변화에 흔들리지 않고 이름을 떨치지도 않으며 옳은 것을 드러내지도 않아 번민이 없이 은둔해 있는 자이다. 즐거우면 행하고 즐겁지 않으면 행하지 않으니 이런 정신이 확고히 뿌리를 내려 조금도 동요가 없는 것을 일러 숨어 있는 용이라 한다.

> 初九曰: 潛龍勿用, 何謂也? 子曰: 龍德而隱者也, 不易乎世, 不成乎名, 遯世无悶, 不見是而无悶; 樂則行之, 憂則違之, 確乎其不可拔, 潛龍也.

초구효의 효사 "잠룡물용(潛龍勿用)"이란 무엇을 말하는 것일까요? 앞에서 이미 두 가지 해석을 살펴보았는데 여기서는 공자의 관점이 제시됩니다. 용이란 볼 수 없는 것으로 사람에게 그 모습을 완전히 드러내지 않습니다. 이것이 바로 용의 정신입니다. 노자가 말한 것처럼 공을 세워 이름을 떨치면 스스로 물러나는 것입니다. 다른 사람을 도우면서도 누가 그 사람을 돕는지 모르게 합니다. 이것이 바로 "용덕이은(龍德而隱)"의 이치입니다. 주변 환경이 아무리 변하더라도 자신은 그 변화에 이끌리지 않으며 외부의 영향을 받지도 않습니다. 자기만의 독특하고 굳건한 생각이 있으며 사회에 나가 이름을 떨치고자 하지도 않습니다. (공자나 노자, 장자가 모두 이 길을 따랐습니다.) 이 세상에서 좋은 때를 만나기가 불가능하다면 스스로 은퇴합니다. 다른 사람에게 자기를 알리려 하지 않으며, 알아주기를 바라지 않습니다. 낙관적이고 쾌활하여 마음속에 번민이 일지 않습니다. 더욱 중요한 것은 이런 정신이 확고히 뿌리 내려 조금도 동요됨이 없다는 점입니다. 이것이 바로 초구효의 '잠룡(潛龍)'입니다. 공자의 이 해석을 보면 "잠룡물용"의 '물(勿)' 자가 비교할 수 없이 큰 가치를 지니고 있음을 알 수 있습니다. 사용할 수 없다는 것도 아니요 사용해서 안 된다는 것도 아닙니다. 다만 스스로 나아가지 않는 것입니다. 공자의 일생은 바로 "잠룡물용"의 정신을 체현한 것이었습니다.

지도자의 수양과 풍모

구이효에서 용이 대지에 출현하니 대인을 만나 이롭다고 했는데, 무엇을 말한 것인가? 공자의 해석은 이렇다. 용의 덕을 갖춘 중정한 자로서 일상의 말과 행동에 믿음이 있고 부지런하며 사악한 것을 막아 성실함을 보존하고 세상을 교화하면서도 뽐내지 않으니 덕이 두터워 교화가 행해진다. 『역경』에서 용이 대지에 출현하니 대인을 만나 이롭다고 한 것은 군주의 덕을 말한 것이다.

九二曰: 見龍在田, 利見大人, 何謂也? 子曰: 龍德而正中者也, 庸言之信, 庸行之謹, 閑邪存其誠, 善世而不伐, 德博而化. 易曰: 見龍在田, 利見大人, 君德也.

공자는 구이효를 해석하면서 지도자의 품격에는 지극히 중정(中正)한 용의 덕이 있어야 함을 말하고 있습니다. (여기서 말하는 지도자란 최고 지도자만이 아니라 작은 집단의 리더나 심지어 가장까지도 모두 포함합니다.) 이런 지극히 중정한 경지에 이르기 위해서는 먼저 위대한 마음을 길러야 합니다. 말하자면 절대 객관적이어야 하고 평소 대화에 신의가 있어야 하며 모든 행위에 조심을 거듭해야 합니다. 왜곡된 생각이나 부정확한 관념을 갖지 않도록 해야 하며 늘 성실한 마음을 지녀야 합니다. 설사 세상을 구한 공이 있더라도 결코 오만하지 않고 드러내지 않으며, 자기가 훌륭하거나 도덕적이라고도 생각하지 않아야 합니다. 이렇게 해서 다른 사람을 널리 감화시킬 수 있다는 것이 구이효 효사의 의미입니다. 바로 지도자가 수양해야 할 표준이라 할 수 있습니다. 공자는 구이효의 효사를 완전히 인문적 수양의 관점에서 해석하여 적어도 지도자라면 중정과 성실, 신의와 부지런함을 갖추어야 하며, 천하에 공이 있어도 오만하지 않고 널리 천하 사람을 사랑할 수 있어야 한다고 풀이합니다.

때가 이르면 힘써 행하고 떠날 때는 미련없이 떠난다

구삼효에서 군자가 온종일 힘을 다하고 저녁에도 조심하고 근신하니 어려움에 처하더라도 허물이 없다고 했는데, 무엇을 말한 것일까? 공자의 해석은 이렇다. 군자가 덕을 쌓고 학문을 증진시키는 것이다. 충과 신으로써 덕을 쌓고 말이나 행동을 성실히 함으로써 사업의 터전을 마련하는 것이다. 사업이 발전할 때가 되면 기회를 놓치지 않고 발전시키며 그만둘 때가 되면 의리에 합당하게 그만둔다. 이 때문에 높은 지위에 있어도 교만하지 않고 낮은 지위에 있어도 조바심을 내지 않는다. 이처럼 군자가 온갖 힘을 다하고 항상 조심하고 근심하니 비록 위태로운 상황에 처하더라도 허물이 없을 것이다.

九三曰: 君子終日乾乾, 夕惕若, 厲无咎, 何謂也? 子曰: 君子進德修業, 忠信, 所以進德也, 修辭立其誠, 所以居業也. 知至至之, 可與幾也; 知終終之, 可與存義也. 是故居上位而不驕, 存下位而不憂, 故乾乾因其時而惕, 雖危无咎矣.

여기서 공자는 건괘 제삼효의 효사를 모든 사람이 행해야 할 수양과 일처리 및 학문의 표준으로 해석합니다. 여기서 '진덕(進德)'의 의미에 유의해야 합니다. 진한(秦漢) 이전의 서적에서는 '덕' 자와 '도' 자가 오늘처럼 '도덕'으로 쓰이는 경우는 드물었습니다. 오경(五經)에서도 '도'와 '덕' 자가 함께 쓰인 경우는 아주 드뭅니다. 고서(古書)에서 '덕(德)' 자는 행위를 가리키는 것으로 대부분은 어떤 '성과'를 나타냅니다. 따라서 '진덕'이란 곧 진보를 구하는 것이며 '수업(修業)'은 학문과 기능을 포괄한 것입니다. 공자는 제삼효를 연구한 결과 사람이 "진덕수업"을 하려면 반드시 이처럼 조심해야 한다고 생각했습니다.

공자는 또 "충신 소이진덕야(忠信, 所以進德也)"라고 해석했습니다. 공자의 인문적 관점에 따르면 사람의 수양은 '충(忠)'과 '신(信)'의 경지에 도달해야 합니다. 이른바 '충'이란 앞에서 나왔던 "사악한 것을 막아 성실함을 보존하는[閑邪存其誠]" 것입니다. 고대의 '충' 자는 필요하다면 목이라도 내놓아야 했던 당나라 이후 '충신'의 '충' 자와는 다릅니다. 고대의 '충'은, 사람이나 사물을 대함에 마음을 다하지 않음이 없는 것을 의미했습니다. 말에 신의가 있어서 자신뿐 아니라 다른 사람에게도 신뢰감을 줄 수 있는 것이 바로 '진덕'입니다.

'수업'에 이르러서는 "수사입기성(修辭立其誠)" 해야 했습니다. 후세에는 문장을 잘 쓰는 것을 수사(修辭)라 하여 '수사학'이라는 영역까지 생겼지만, 고대에는 어떻게 하면 문장을 아름답게 구사할 수 있는가를 연구하는 것을 '추고(推敲)'라 했습니다. 『역경』 중의 '수사'가 만약 문장을 잘 쓰는 그런 뜻이라면, 옛사람들의 교육이 단지 문장을 매끄럽게 하는 데 국한되었다고 할 것입니다. 물론 절대 그렇지 않았습니다. 『역경』의 '수사' 개념은 언어와 문자뿐 아니라 행위까지를 포함합니다. 말하자면 고대의 '사장(辭章)' 개념과 같습니다. 고대의 '사장'은 결코 먹물로 쓴 저술만을 의미하지는 않았습니다. 사람을 대하고 일을 처리하는 것에서부터 심지어 도시계획에 이르기까지 모든 것이 포괄되어 있었습니다. 요컨대 "수사입기성"은 말이나 행동이 성실해야 한다는 것을 말하며, 이것은 바로 '거업(居業)'의 조건입니다. 어떤 사업을 하든 마찬가지입니다. 공무원이라도 좋고 기술자라도 좋으며 청소부라도 좋습니다. 말에 신의가 있고 품격이 있어야 하며 자기 위치를 지켜야 합니다. 이것이 "진덕수업"에 대한 공자의 해석입니다. 그러나 이것만으로는 부족합니다.

이어서, "지지지지 가여기야 지종종지 가여존의야. 시고거상위이불교 존하위이불우. 고건건인기시이척 수위무구의(知至至之, 可與幾也. 知終終之, 可與存義也. 是故居上位而不驕, 存下位而不憂. 故乾乾因其時而惕, 雖危无咎矣)"라는 구절이 나옵니다. 사실 이것은 매우 어려운 이야기입니다. 그렇지만 이 속에도 깊은 뜻이 담겨 있습니다. 여기서 말하는 것은 자신에게나 다른 사람을 대하거나 혹은 어떤 일을 처리함에 있어 최고도의 지혜를 발휘해야 한다는 것입니다. 그래야만 기회를 놓치지 않고 마땅히 해야 할 것을 행할 수 있습니다. 역사를 보면 곧 알 수 있습니다. 중국 역사상 변법을 행했던 사람은 세 사람이었습니다. 첫째는 춘추 시대 상앙(商鞅)이었고 둘째는 한대 왕망(王莽)이었으며 셋째는 송대 왕안석(王安石)이었습니다. 진나라 이전은 원래 공전제였기 때문에 상앙의 변법은 곧 사유재산제로의 이행이었습니다. 결국 상앙은 사지가 찢겨 죽고 말았지만 그의 방법은 사실 아주 훌륭했습니다. 상앙의 변법이 있고 나서 진한 이후는 사유재산제에 바탕한 자본주의적 사유가 팽배하여 사회가 번영하고 부유해졌습니다. 한대에 이르러 왕망은 다시 변법을 시도했습니다. 사유재산제를 공유재산제로 바꾸려 했던 것입니다. 그러나 이것은 실패로 끝나고 말았습니다. 송대 왕안석 역시 이 노선을 따랐으나 끝내 실패하고 말았습니다. 왕안석의 이른바 신법(新法)이란 어떤 것이었을까요? 후세 사람들은 그를 훌륭한 대정치가라 평가했습니다. 그렇지만 그는 "지지지지(知至至之)" 할 수 없었습니다. 자기가 바라던 시대가 아직 오지 않았던 것입니다. 아무리 그가 고도의 사고와 탁월한 방법을 갖고 있었다 하더라도 아무 소용이 없었습니다. "지지지지(知至至之)" 하기 위해서는 때가 올 때를 기다려야 합니다. 기회를 놓치지 않고 적시에 행할 때 비로소 기(幾)와 함께 할 수 있습니다. '기(幾)'란 기미를 파악하는 것입니다. 비유하자면 텔레비전을 보기 위해 스위치에 손을 대고 막 누르려 할 때, 이 짧은 찰나가 바로 기(幾)입니다. 이런 타이밍을 맞추기 위해서는 고도의 지혜가 필요합니다. 시기를 정확히 파악하고서 마땅히 해야 할 것을 행한다면 역사를 바꿀 수 있습니다.

"지종종지(知終終之)"란 이미 상황이 끝난 것을 알고는, "이만 물러가겠습니다. 그동안 감사했습니다!"라고 선뜻 물러남으로써 좋은 인상을 남기는 것입니다. 그렇지만 이 정도에 이르기는 매우 어렵습니다. 공자나 노자의 관점이 모두 이러했습니다. 노자는 "공을 세워 이름이 나면 물러난다〔攻成 名遂 身退〕"라고 했습니다. 바로 "지종종지"입니다. 그렇지만 '지종(知終)'의 '지(知)'는 아주 어렵습니다. 만약 이것을 이해한다면 비록 제일 높은 자리에 있더라도 오만할 수 없습니다. 마치 위층 아래층과도 같아서 내려오지 않고 영원히 위층에 있을 수는 없는 법입니다. 낮은 자리에 있다 하더라도 역시 근심하지 않습니다. 자신의 시대가 오지 않았기 때문입니다. 인생은 이처럼 어느 때 어느 곳에서든 스스로에 대해 알고 있어야 합니다.

"건건인기시이척(乾乾因其時而惕)"이란 스스로를 잘 파악하여 기회가 왔다고 판단될 때는 과감히 행하는 것입니다. 그리고 그것이 끝나면 다시 편안한 마음으로 물러납니다. 이렇게 한다면 비록 위험이 있더라도 심각한 정도에 이르지 않습니다. 여기서 알 수 있듯이 공자의 사상은 인생에서

'나'를 어떻게 안배할 것이냐 하는 것으로 귀결됩니다. 만약 사람마다 자신을 바르게 안배한다면 온 나라도 바르게 안배될 것입니다. 이 '나'에 대한 안배가 잘못됨으로써 왕왕 많은 일들이 산산조각 나 버리는 경우도 허다합니다.

산중의 재상

구사효에서 혹 깊은 연못에서 뛰어오르기도 하나 허물이 없다고 했는데, 무엇을 말한 것인가? 공자의 해석은 이렇다. 어떤 때는 높은 자리에 어떤 때는 낮은 자리에 있어 위아래가 일정함이 없지만 악삭빠른 생각으로 하는 것은 아니다. 나아가고 물러나는 것은 상황의 변화에 따른 것이지 무리를 떠나고자 하는 것이 아니다. 군자는 덕을 쌓고 학문을 닦는 것을 시대 상황에 맞도록 한다. 그러므로 허물이 없다.

九四曰: 或躍在淵, 无咎, 何謂也? 子曰: 上下無常, 非爲邪也. 進退无恒, 非離群也. 君子進德修業, 欲及時也, 故无咎.

『역경』은 숱한 이야기를 하고서 이제 어느덧 절정에 이르렀는데, 기껏 하는 말은 때와 장소를 잘 파악하라는 것입니다. 때가 이르지 않으면 아무리 노력해도 소용없다는 것입니다. 그렇지만 유의할 것이 있습니다. 역사를 보면 알 수 있지만 어떤 사람들은 자기 앞에 때가 닥치면 결코 순순히 지나가도록 내버려 두지 않았습니다. 그렇다면 "혹약재연 무구(或躍在淵, 无咎)"란 무엇을 말한 것일까요? 여기서의 '혹(或)' 자는 마치 문에 서서

한 발은 안에, 한 발은 바깥에 걸쳐 놓아 나갈 수도 있고 들어올 수도 있는 상태와 같습니다. 이것을 공자는 "상하무상 비위사야(上下無常, 非爲邪也)"라고 한 것입니다. 위든 아래든 어느 쪽으로든 갈 수 있습니다. 그러나 결코 약삭빠른 것은 아닙니다. 약삭빠른 사람이라도 물론 이렇게 할 수는 있습니다.

한 걸음 더 나아가 봅시다. 사람이 처세를 하면서 한 걸음 앞으로 나아갈 수도 있고 혹은 한 걸음 뒤로 물러날 수도 있습니다. 한 자리에 변함없이 머물러 있을 수는 없습니다. 그렇지만 시종 개인을 위한 것이 아니라 국가와 사회를 위한 것이어야 합니다. 절대 약삭빠르게 움직여서는 안 됩니다. 이렇게 가운데 서 있는 것은 때를 기다리는 것입니다. 이렇게 해야만 뒤탈이 없습니다.

당연한 이야기지만 인생은 제사효에 이르러 가장 편안합니다. 역사상 어떤 사람들은 바로 이런 상태에 도달할 수 있었습니다. 예를 들면 남북조 시대의 도가 인물인 도홍경(陶弘景)이 그러했습니다. 그는 아주 유명한 산중의 재상이었습니다. 남북조 시대 몇몇 황제들은 큰 일이 있을 때면 언제나 그에게 가르침을 청했습니다. 그러나 그는 영원히 벼슬길에 나가지 않았습니다. 이런 유의 사람이 "상하무상 진퇴무항(上下無常, 進退无恒)"한 사람으로서 중국의 역사에서도 드물지 않습니다. 이들은 국가와 사회에 공헌해야 한다는 것을 절대 잊지 않았습니다. 결코 개인의 이익을 위한 것이 아니었습니다.

같은 소리는 서로 응하고 같은 기운은 서로 구한다

구오효에서 용이 하늘을 나니 대인을 만나 이롭다고 했는데, 무엇을 말한 것인가? 공자의 해석은 이렇다. 같은 소리는 서로 응하고 같은 기운은 서로 구한다. 물은 습한 곳으로 흐르고 불은 건조한 곳에서 쉽게 일어난다. 구름은 용을 따르고 바람은 범을 따른다. 성인이 출현하니 만물이 모두 우러러본다. 하늘에 뿌리를 둔 것은 위로 친하고 땅에 뿌리를 둔 것은 아래로 친하니 각기 그 유를 따른다.

九五曰: 飛龍在天, 利見大人, 何謂也? 子曰: 同聲相應, 同氣相求; 水流濕, 火就燥; 雲從龍, 風從虎; 聖人作而萬物睹, 本乎天者親上, 本乎地者親下, 則各從其類也.

구이효에서 "이견대인(利見大人)"이라 했는데 이제 구오효에서도 역시 "이견대인"이 나옵니다. 무슨 뜻일까요? 아주 묘한 데가 있습니다. 공자의 해석 또한 묘합니다. "상하무상 진퇴무항(上下無常, 進退无恒)"이란 표현에서도 알 수 있듯이 이 노인네는 어떻게 보면 참으로 뺀질뺀질하기조차 합니다. 이 대목의 영향을 크게 받은 사람이 바로 사마천입니다. 그가 지은 「백이열전(伯夷列傳)」을 보면 알겠지만 사마천의 사상은 모두 이 원칙을 그대로 따르고 있습니다. 이 단락은 묘하기 짝이 없습니다. 상세히 연구하자면 수많은 문제가 내재되어 있습니다. 이 단락은 문장 또한 참으로 아름답습니다. 그러나 이 아름다운 문장에 현혹되어서는 안 됩니다. 옛사람들의 문장은 너무 아름다워 따라 읽다 보면 아름다움에 취해 그 속에 들어 있는 사상적 내용을 등한시하게 됩니다. 「등왕각서(滕王閣序)」만 해도 그렇습니다. "저녁노을이 외로운 오리와 함께 날고, 가을 물길은 광활한 하늘과 한 빛깔이 된다〔落霞與孤鶩齊飛, 秋水共長天一色〕"라는 구절을 읽다 보면, 너무도 아름다운 문장에 정신이 팔려 왕발(王勃)이 이 문장에서 말하고자 한 내용에 대해서는 도리어 소홀하게 됩니다.

이제 "동성상응(同聲相應)"이란 구절의 의미를 살펴보기로 합시다.

"동성상응"이란 구절은 아주 재미있습니다. '동성(同聲)'이란 소가 한 마리 울면 다른 소도 따라 우는 것과 같습니다. 같은 소리〔同聲〕이기 때문에 서로 응합니다〔相應〕. 그렇지만 소가 울어도 닭이 따라 울지는 않습니다. 같은 소리가 아니기 때문입니다. "동기상구(同氣相求)", '동기(同氣)'란 기의 종류가 같은 것입니다. 이 기(氣) 자 역시 묘한 데가 있습니다. 현대 과학의 관점에서 말하면 원소 배열이 같은 물질은 서로 결합하려 한다는 것입니다. 이 구절은 과연 무엇을 의미하는 것일까요?

다음에 이어지는 내용을 보면 문자 이면에 깔려 있는 그의 사상을 알 수 있습니다. "수류습(水流濕)", 물은 당연히 습한 데로 흐르게 마련입니다. "화취조(火就燥)", 불은 건조한 곳일수록 더 쉽게 일어납니다. 이것은 모두 자연현상입니다. "운종룡 풍종호(雲從龍, 風從虎)", 용은 여러분 모두 본 적이 없겠지만 호랑이가 나타나면 바람이 따라서 일어납니다. 대만에는 호랑이가 없지만 대륙의 경우라면 밤에 시골 구릉지대를 걸을 때 조심해야 합니다. 바람이 일면 곧 호랑이가 나타납니다. 이것은 고대의 물리 상식입니다. 이들은 모두 같은 유(類)끼리 상종한다는 것을 말합니다. 공자가 왜 이것을 말하고 있는 것일까요? 이것이 "비룡재천 이견대인(飛龍在天, 利見大人)"과는 무슨 관계가 있을까요? 공자는 여기에 대해 설명하지 않습니다. 요즘 젊은 사람들은 고대 중국에는 문자는 있었지만 사상이 없었다고 주장합니다. 그러나 이런 유의 견해 자체가 참으로 아무 생각 없는 것입니다.

아래에서 그는 또 "성인작이만물도(聖人作而萬物睹)"라고 합니다. 우리는 지금 성인이라는 말만 나오면 공자를 떠올리지만, 여기서 말하는 성인이란 당연한 이야기지만 공자 자신을 말하는 것이 아닙니다. 그렇다고 문왕이나 주공을 가리키는 것도 아닙니다. 이것은 마치 불교의 '부처'나 기독교의 '신'처럼 하나의 대명사에 불과합니다. "성인작이만물도"란 세상에 인문 문화가 나타나기 시작했다는 것입니다. 요순이 인문 문화를 일으킨 후 만물의 이치를 뚜렷이 파악할 수 있었다는 말입니다. 이것은 인간을 논한 것입니다. 아래에서는 다시 물리적 성질을 논합니다. "본호천자친상 본호지자친하(本乎天者親上, 本乎地者親下)", 예를 들어 물건을 불에 태우면 어떤 것은 연기가 되어 상승하고 어떤 것은 땅으로 떨어집니다. 여기에 대한 그의 결론은 "즉각종기류야(則各從其類也)"입니다. 각자 자기와 같은 유(類)를 따른다는 것입니다.

공자는 여기서 도대체 무엇을 말하고자 한 것일까요? 사마천도 「백이열전」에서 역시 이 문제를 거론했습니다. 그는 먼저 몇몇 선인(善人)들을 열거하고 이들이 모두 하늘의 보답을 받지 못했음을 지적하면서 하늘의 이치라는 것을 회의하고 있습니다. 그러나 마지막에는 위의 단락을 인용하여 결론으로 삼고 있는데 역시 아주 묘한 데가 있습니다.

이전의 문학작품 속에서는 "반룡부봉(攀龍附鳳, 힘있는 사람을 따라 같이 출세한다는 뜻-옮긴이)"이란 말이 자주 등장했습니다. 한고조를 예로 들면 진평(陳平)과 소하(蕭何)는 원래 현(縣)의 말단 관리에 불과했지만 한고조를 따라 일국의 재상이 되었습니다. 바로 이런 것입니다. "이견대인(利見

大人)"이라는 것은 각자 같은 유를 따른다는 것입니다. 이것은 각자의 기호, 말하자면 세상 사람들의 심리를 분석한 것이라 할 수 있습니다. 돈을 벌고자 하는 사람은 공무원 자리를 우습게 볼 겁니다. 각자의 기호에 따라 관점이 달라집니다. 바로 이런 이치로써 인생을 살필 수 있습니다. 구오효에서 말하는 "이견대인"이라는 것은 보통의 '대인(大人)'이 아니라 각자가 쫓고자 하는 자기와 종류가 같은 '대인'입니다.

화려한 건물 최상층에는 오르지 않는다

상구효에서 너무 높이 올라간 용은 불운하다고 했는데, 무엇을 말한 것인가? 공자의 해석은 이렇다. 귀하긴 하지만 지위가 없고 높긴 하지만 다스릴 백성이 없고 아래에 어진이들이 있긴 하지만 도움을 받을 수 없으니 움직이기만 하면 좋지 않은 일들이 생긴다.

上九曰: 亢龍有悔, 何謂也? 子曰: 貴而无位, 高而无民, 賢人在下位而无輔, 是以動而有悔也.

사람은 제일 높은 자리에 앉아서는 안 됩니다. 너무 고명해서도 안 됩니다. 너무 고명하면 삶이 재미가 없으며 편안히 앉아 있을 자리조차 없어집니다. 학문이나 인격, 풍채까지 갖추었으나 너무 귀하기 때문에 평범한 자리 하나 얻지 못하는 경우도 있습니다. 너무 높이 올라가면 아래에 사람이 없어집니다. 천하 사람이 모두 자기 사람 아니겠냐고 하겠지만, 천하 사람이 감히 입을 떼지 못해 의견이 있어도 말하지 못하니 어떻게 자기 사람이라 할 수 있겠습니까? 바로 항룡의 단계에 이른 것입니다. 이때가 좋다고 할지 모르지만 결코 그렇지 않습니다. 자칫 끌려 내려올 수도 있으며 자기 주위에 아무도 도와줄 사람이 없습니다. 따라서 이 효가 가장 좋지 않습니다. "동이유회(動而有悔)", 움직이기만 하면 문제가 생겨 좋지 않은 일들이 일어납니다.

공자는 여기서 여섯 효의 효사를 모두 인문적 관점에서 해석하고 있는데 이것이 제3절의 내용입니다.

천지는 만물을 창조하나 거두어들이지 않는다

다음 내용은 또 다릅니다. 만약 이것 역시 공자의 『역경』에 대한 연구 보고서라면 작년의 보고서와 재작년의 보고서가 서로 다릅니다. 먼저 원문을 살펴보기로 합시다.

숨어 있는 용이니 사용하지 않는 것은 아래에 억눌려 있기 때문이다. 용이 대지에 출현한 것은 시기를 기다리는 것이다. 온종일 힘을 다하는 것은 사업을 행하는 것이다. 혹 깊은 연못에서 뛰어오르기도 하는 것은 스스로 시험해 보는 것이다. 용이 하늘을 나는 것은 위에서 나라를 다스리는 것이다. 너무 높이 올라간 용이 불운한 것은 극한에 이르러 더 이상 길이 없는 것이다. 건원 용구는 천하가 잘 다스려지는 것이다.

潛龍勿用, 下也; 見龍在田, 時舍也; 終日乾乾, 行事也; 或躍在淵, 自試也; 飛龍在天, 上治也; 亢龍有悔, 窮之災也; 乾元用九, 天下治也.

"잠룡물용 하야(潛龍勿用, 下也)", '하(下)'란 너무 낮다는 것입니다. "현룡재전 시사야(見龍在田, 時舍也)", '사(舍)'란 머문다는 것으로 시간이 바로 여기에 머문다는 뜻입니다. "종일건건 행사야(終日乾乾, 行事也)", 이것은 일 처리에 대한 것입니다. "혹약재연 자시야(或躍在淵, 自試也)", 스스로 준비해서 한번 실행해 보는 것입니다. "비룡재천 상치야(飛龍在天, 上治也)", 천하가 태평한 단계로서 가장 좋은 상황입니다. "항룡유회 궁지재야(亢龍有悔, 窮之災也)", 극한에 이르러 더 이상 길이 없습니다. "건원용구 천하치야(乾元用九, 天下治也)", 모든 것이 좋아서 천하가 태평합니다. 이 구절에서의 여섯 효에 대한 해석은 이전의 것과 같지 않을 뿐 아니라 내용도 매우 추상적입니다.

숨어 있는 용이니 사용하지 않는 것은 양기가 잠복해 있기 때문이다. 용이 대지에 출현한 것은 천하가 문명화된 것이다. 온종일 힘을 다하는 것은 시대에 맞게끔 나아가는 것이다. 혹 깊은 연못에서 뛰어오르기도 하는 것은 건의 도가 혁신되는 것이다. 용이 하늘을 나는 것은 최고의 위치에 이른 것이다. 너무 높이 올라간 용이 불운한 것은 시기가 극한에 이른 것이다. 건원, 용구는 하늘의 법칙이다.

潛龍勿用, 陽氣潛藏; 見龍在田, 天下文明; 終日乾乾, 與時偕行; 或躍在淵, 乾道乃革; 飛龍在天, 乃位乎天德; 亢龍有悔, 與時偕極; 乾元用九, 乃見天則.

"잠룡물용 양기잠장(潛龍勿用, 陽氣潛藏)", 이것은 최초의 해석과 같습니다. 마치 저녁에 해가 진 후 양기가 지구 아래에 잠복해 있으면서 아직 떠오르지 않은 것과 같습니다. "현룡재전 천하문명(見龍在田, 天下文明)", 마

치 아침에 해가 막 떠오른 것과 같습니다. 우리는 여기서 '문명(文明)'이란 말이 『역경』으로부터 나왔다는 것을 유의할 필요가 있습니다. 실제로 이것은 '문장(文章)'과 '광명(光明)'이라는 두 의미가 결합된 것입니다. '문장'이란 만물이 우주에 배열되어 있는 아름다운 모습을 가리킵니다.

"종일건건 여시해행(終日乾乾, 與時偕行)", 여기서 "여시해행(與時偕行)"에 주의해야 합니다. 바로 앞에서 말했지만 『역경』의 핵심 정신은 바로 시(時)입니다. 따라서 이 구절은 아주 중요합니다. 공자는 우리에게 시대에 따라 변하고 진보할 것을 일러 주고 있습니다. 인격을 닦든 어떤 일을 처리하든 시대를 명확히 파악하고 있어야 합니다. 동시에 시대의 흐름에 발맞추어 퇴보하지 않도록 해야 합니다. 이것이 『역경』의 정신입니다.

"혹약재연 건도내혁(或躍在淵, 乾道乃革)", 제사효에 이르면 내괘로부터 외괘로 바뀌는데 이것은 일종의 개혁입니다. "비룡재천 내위호천덕(飛龍在天, 乃位乎天德)", 지위를 말하는 것으로 최고의 위치에 이르렀습니다. "항룡유회 여시해극(亢龍有悔, 與時偕極)", 이미 자신의 때가 아닙니다. 시간은 정점에 이르렀습니다. "건원용구 내견천칙(乾元用九, 乃見天則)", 이것은 "건원용구(乾元用九)"가 천지의 법칙이라는 것을 말하고 있습니다. 천지는 만물을 창조했지만 만물을 지배하지 않고 만물로부터 어떤 것도 거두어들이지 않습니다. 이 때문에 구(九)를 사용하지만 구(九)에 끌려다니지 않습니다.

여기에 이르러 여러분께 말씀드리고 싶은 것은, 어떤 괘든 고정된 해석이 없다는 사실입니다. 모든 것은 자기가 해석하기에 달려 있습니다. 각자의 견해가 다른 만큼 괘의 해석 또한 달라질 수밖에 없습니다.

이제 계속 건괘의 문언에 대해 살펴보기로 합시다.

『주역』에 나타난 건괘의 해석은 다음과 같은 다섯 종류입니다.

1. 괘사: 乾, 元, 亨, 利, 貞, ……
2. 효사: 初九, 潛龍勿用; 九二, 見龍在田 ……
3. 단사: 彖曰: 大哉乾元, 萬物資始, 乃統天 ……
4. 상사: 象曰: 天行健, 君子以自强不息. 潛龍勿用, 陽在下也 ……
5. 문언: 문언은 다시 여섯 절로 나누어집니다.

    1) "元者善之長也"로부터 "君子行此四德, 故曰乾, 元, 亨, 利, 貞"까지 제1절
    2) "初九曰潛龍勿用"으로부터 "上九曰亢龍有悔, 賢人在下位而无輔, 是以動而有悔也"까지 제2절
    3) "潛龍勿用, 下也"로부터 "乾元用九, 天下治也"까지 제3절
    4) "潛龍勿用, 陽氣潛藏"부터 "乾元用九, 乃見天則"까지 제4절
    5) "乾元者, 始而亨"부터 "雲行雨施, 天下平也"까지 제5절
    6) "君子以成德爲行"부터 "知進退存亡而不失其正者, 其唯聖人乎"까지 제6절

성공하는 것과 이름을 떨치는 것

우리가 만약 의통을 이용해 점을 친다면〔자평(子平)으로 사주를 보거나 자미두수(紫微斗數)로 계산하는 것 등이 모두 의통의 방식임〕, 앞에서 살펴본 각 단계에 따라 해석이 달라질 수밖에 없을 것입니다. 이 중 효사를 제외한 몇

단계의 해석은 이전에는 모두 공자가 지은 것으로 알았습니다. 그러나 후세에 이르러 의문이 제기되면서 이제는 이것이 모두 공자의 저술이라는 것을 더 이상 인정하지 않으려 합니다. 이 중 어떤 것은 공자의 것이지만 나머지는 공자 제자들의 작품이라는 것입니다. 각 단계의 관점이 다른 것을 보면 이 중 어떤 것은 후인의 작품이라 생각해도 무리가 없을 것 같습니다. 옛사람들은 어떤 새로운 생각을 가졌을 때 감히 자기 이름으로 발표하지 못하고 고인을 가탁(假託)하곤 했습니다. 고인의 이름을 빌리면 더 권위가 설 수 있기 때문입니다.

가장 유명한 예로 진(晉)나라 때 『문심조룡(文心雕龍)』을 저술한 유협(劉勰)을 들 수 있습니다. 이 책은 예전엔 문학에 뜻을 둔 사람이라면 읽지 않은 사람이 거의 없었을 정도로 고대 중국의 최고 문법 저술이었습니다. 유협은 절에서 자랐는데, 그가 아직 이름을 떨치기 전 글 한 편을 써 들고 당시 대문호였던 심약(沈約)을 찾아가 추천을 받고자 했습니다. 심약이 그의 문장을 한 번 훑어보고는, "너무 빠르지 않은가? 젊은이, 서둘지 말게나!"라고 했습니다. 유협은 여기서 적지 않은 타격을 받았습니다. 그러나 그는 매우 총명했습니다. 심약의 마음을 알아채고는 가타부타 한 마디 말 없이 돌아갔습니다. 반년이 지나 그는 그 글을 약간 손질해 다시 심약을 찾았습니다. 그러고는 이 글이 고대 대문호의 작품인데 어쩌다 자기가 얻게 되었다고 하면서 비평을 부탁했습니다. 심약은 그 글을 받아 읽으면서 한 자 한 자를 읽을 때마다 탄식을 금하지 못했고, 다 읽고 나서는 장황하게 찬탄을 늘어 놓았습니다. 유협은 끝까지 다 듣고 나서 비로소 입을 열었습니다. 이 글은 다름 아닌 반년 전 자기가 들고 와서 비평해 달라고 부탁했던 바로 그 글이라고요.

다시 근대의 예를 들어 봅시다. 이전에 상해에서 생산되었던 무적표 가루치약 회사의 사장은 젊었을 때 여기저기에 원고를 게재해 겨우 입에 풀칠을 하고 있었습니다. 그는 원고를 들고 갈 때마다 번번이 퇴짜를 맞았습니다. 그러다 후에 가정공업사라는 기업을 세워 상해 상공업계에서 두각을 나타내기 시작하자 각 신문사와 잡지사에서는 거액의 고료를 제의하면서 글을 부탁했습니다. 그는 이전에 퇴짜맞은 글들을 다시 보냈는데, 그 글이 실리자마자 사람들이 다 칭찬을 했습니다. 이 두 사례에서 우리는 유명인과 무명인의 차이가 얼마나 큰가를 실감할 수 있습니다. 옛사람들은 자신의 도가 행해지기 어렵다고 생각될 경우 유협처럼 이전의 유명인을 끌어들이거나 그렇지 않으면 무명씨의 저작이라 하여 비본(秘本)으로 개조했습니다. 비본일수록 더 쉽게 유행할 수 있기 때문입니다. 이것이 바로 인간의 심리입니다. 그렇지만 요즘은 달라진 것 같습니다. 이제는 옛사람의 문장을 베껴 자기 것이라 주장하거나, 심지어 선생이나 동시대 인물의 문장을 슬쩍 베껴 자기 글이라 주장하곤 합니다.

이런 심리 상태를 분석해 볼 때 『역경』 건괘의 효사에 대한 상이한 해석이 과연 한 사람의 손에서 나온 것이며, 또 한 시대의 작품이라 할 수 있겠습니까? 우리는 기존의 주장에 의문을 제기하는 견해에 동의하지 않을 수 없습니다. 그들의 주장이 일리가 없다고 말하기 어렵습니다. 그러나 제가 보기에는 시대가 그리 멀리 떨어져 있지는 않은 것 같습니다. 원칙에서의 변화는 없기 때문입니다. 이제 문언의 제5단계를 살펴보기로 합시다. 이 단계는 가장 중요한 부분입니다.

훌륭한 시작

건을 원이라 한 것은 만물의 시작이면서 동시에 형통하다는 것이다.
乾元者, 始而亨者也.

여기서는 "건 원형이정(乾, 元亨利貞)"을 해석합니다. 건괘의 '원(元)' 자의 의미는 "시이형자야(始而亨者也)", 즉 원래의 시작(元始)을 나타내며 동시에 원래의 시작이 크게 이롭고 길하며 형통하다는 것입니다. 어떤 일을 한다면 일을 시작하자마자 좋다는 뜻입니다. 그러나 주의할 것은 여기서 '원(元)'과 '형(亨)'을 서로 이어서 해석하고 있다는 것입니다. 이것은 원래의 시작이 형통하며 아울러 완전하다는 것을 나타냅니다.

성과 정

이와 정이란 성과 정을 말한다.
利貞者, 性情也.

중국 문화의 철학적 측면이라 할 수 있는 성과 정의 문제가 여기서 세기됩니다. 성(性)이란 인간의 본체 또는 본래적인 것을 나타내며, 정(情)이란 그 후에 발전된 인간의 감정을 말합니다. 중국에서는 원래 인간의 심리를 말하면서 칠정육욕(七情六欲)을 말해 왔습니다. 육욕이란 불교적 개념이며 칠정이란 곧 희(喜), 노(怒), 애(哀), 구(懼), 애(愛), 오(惡), 욕(欲)입니다. 현대적 관념으로 말한다면 성이란 이지적인 것입니다. 예를 들어 어떤 일에 부닥쳤을 때 머릿속으로는 나무라서는 안 된다고 생각하지만 막상 일이 틀어진 것을 보면 나무라고 맙니다. 나무랄 때도 스스로는 내가 이렇게 화를 낼 필요가 있을까 하고 생각하지만 이건 단지 머릿속에 맴도는 생각일 뿐 감정적으로 도저히 참을 수가 없습니다. 정은 생리적인 것과도 관계가 있습니다. 예를 들어 감기에 걸렸거나 뱃속이 불편하면 감정 또한 영향을 받습니다. 정과 성에는 이것 외에 일종의 물리적 측면이라 할 수 있는 것도 있습니다. 감여학(堪輿學)의 몇몇 이치가 그러합니다. 감여학에서는 건물의 전후에 연못이 있으면 독수공방을 하게 된다고 합니다. 연못이 왼쪽에 있는 것은 좋으나 오른쪽에 있으면 젊은 사람이 일찍부터 집을 떠나 살게 된다고 합니다. 또 문 앞에 나 있는 길이 집을 비켜 우회해서 돌아가는 것을 이른바 옥띠로 허리를 둘렀다고 해서 아주 좋은 것으로 칩니다. 그러나 문 앞의 길이 문과 평행하게 지나가는 것은, 활을 뒤집어 놓은 것 같다고 해서 아주 좋지 않은 것으로 여깁니다. 이런 것들이 말하자면 일종의 물리적인 유정(有情)과 무정(無情)의 이치입니다. 그러나 『역경』의 성과 정은 철학적인 관점에도 또 물리적인 관점에도 입각해 있지 않습니다. 바로 이(利)와 정(貞) 두 글자가 정과 성을 나타냅니다. 즉 정(貞)은 성(性)이며 이(利)는 정(情)입니다.

이와 의

건은 아름다운 이익으로써 능히 천하를 이롭게 하지만 자신의 덕을 내세우지 않으니 참으로 위대하다.

乾, 始能以美利利天下, 不言所利, 大矣哉.

이 구절의 해석은 앞의 해석과 차이가 있습니다. 여기서는 건괘에서 말하는 이(利)를 언급하고 있습니다. 주의해야 할 것은, 오늘날 우리가 이(利)를 논할 때면 모두 이해관계를 의미하는 것으로 새기는데,『역경』에서의 이(利)는 자기 이익 추구가 아니라 도리어 다른 사람을 도와주는 것입니다. 위의 구절이 말하는 것은, 건은 가장 훌륭한 이(利)로써 천하를 이롭게 할 수 있으나 스스로는 이(利)를 구하지 않는다는 것입니다. 이런 위대한 마음이라야만 비로소 원형이정의 이(利)를 얻을 수 있습니다. 여기서도 동양 문화의 기본 사상이 모두『역경』으로부터 나왔다는 것을 알 수 있습니다.

심물일원

위대하도다 건이여! 강건하고 중정하니 순수한 정이다.

大哉乾乎! 剛健中正, 純粹精也.

이어서 건괘의 특성을 말합니다. 건괘는 강건하고 중정(中正)한 것으로 순수한 정(精)입니다. 여기서 문제가 하나 제기됩니다. '정(精)'이란 과연 어떤 것인가 하는 점입니다. 이것은 참으로 해석하기 어렵습니다. 여기서 말하는 건괘란 우주 만물의 본체라 할 수 있는데, 이 본체는 물질에 속하는 것이 아닙니다. 물질은 우주 만물의 근본이 될 수 없습니다. 그렇다고 해서 서양의 유심론 또한 옳다고 할 수 없습니다. 『역경』의 철학은 심물일원적입니다. 이 심물일원을 정(精)이라 합니다. 이것은 사실 많은 문제와 연계되어 있습니다. 이것만으로도 별도의 주제가 될 수 있습니다.

여섯 효의 작용으로 온갖 변화가 나타난다

여섯 효가 착종복잡의 관계로 서로 연계된다.
六爻發揮, 旁通情也.

『역경』을 공부하다 보면 간혹 '방통(旁通)'이라는 말을 접하게 됩니다. 한나라 시대의 『역경』을 읽노라면 이 두 글자가 자주 눈에 띕니다. 괘의 착종복잡이 바로 방통입니다. 건괘를 예로 든다면 이 중 어느 한 효가 변해도 모두 다른 괘로 바뀔 수 있습니다. 제일효가 변하면 천풍구(天風姤) 괘가 되고, 제이효가 다시 변하면 천산둔(天山遯)괘가 됩니다. 이런 식으로 각 괘의 여섯 효가 모두 바뀔 수 있는데, 이렇게 여섯 효가 바뀌면서 연출해 내는 온갖 변화가 곧 방통입니다. 방통은 전문용어로 '괘정(卦情)'이라 합니다. 사람이란 결코 물질적인 존재만은 아닙니다. 단체 속의 개인은 마치 머리카락 한 올을 당겨 전신을 움직이게 하듯이 피차 자연스런 연대감으로 결합되면서 방통의 현상이 나타납니다. 방통은 상호관계로서 이것이 바로 정입니다.

> 시간적으로는 여섯 용을 타고 천체를 제어하며, 구름을 움직이고 비를 내림으로써 천하를 태평스럽게 한다.
>
> 時乘六龍以御天也, 雲行雨施, 天下平也.

여기서는 건괘의 정신을 해석하고 있습니다. 시간적으로는 마치 여섯 마리의 용처럼 하루를 여섯 시진으로 나눠 천체를 제어합니다. 이것이 바로 건괘의 작용입니다. 그리고 구름을 움직여 비를 내리게 함으로써[雲行雨施] 천하를 안정시키는 것을 건괘의 작용으로 파악합니다. 건괘를 마치 기독교의 하나님이나 불교의 부처, 또는 도가의 도처럼 해석하고 있습니다.

이어서 효사의 해석이 나옵니다.

이상과 현실

> 군자는 덕을 양성하는 것을 행위의 목표로 삼으며 그 행위는 일상생활에서 그대로 드러난다. '잠'이라는 것은 숨어서 드러나지 않는 것이며 행하더라도 어떤 결과를 얻지 못하는 것이다. 따라서 군자가 쓰지 않는다.
>
> 君子以成德爲行, 日可見之行也; 潛之爲言也, 隱而未見, 行而未成, 是以君子弗用也.

"잠룡물용(潛龍勿用)"에 대한 인문적 해석입니다. 이 해석은 바로 유가나 도가가 근본적으로 서 있는 지점을 말하는 것이기도 합니다. 유가에서는 '행(行)'을 중시합니다. 행위로 옮기지 않는 사상은 아무리 이상적이고 좋은 계획이라 하더라도 소용없습니다. 사회와 국가에 공헌하지 못하는 것은 설사 그것이 훌륭한 덕이라 할지라도 '성덕(成德)'이라 할 수 없습니다. 이것이 바로 지행합일 사상의 바탕입니다. "일가견지행야(日可見之行也)", 그러나 그렇게 고차원적인 철학을 논하지 않습니다. 사람의 덕성과 수양은 매일의 일상생활에서 볼 수 있습니다. 덕행와 덕업을 실현하기 위해서는 작은 일이라도 소홀히 해서는 안 됩니다. 언제 어디서든 자신의 덕업을 쌓아 나가야 합니다. "잠룡물용"이란 "은이미견(隱而未見)" 즉 숨어서 드러나지 않습니다. 비록 지고한 이상과 훌륭한 도덕을 갖추고 있어도 사회와 국가에 대한 공헌이 없으니 다른 사람들이 그 이상을 알 수 없습니다. 이것이 "잠룡물용"입니다. 결코 군자가 필요없다는 것이 아니라 쓰지 않는 것입니다.

지도자의 조건과 수양

> 군자는 배워서 지식을 쌓고 물어서 옳고 그름을 판별하며 평소에 관대하고 인자함을 행해야 한다. 역에서 말하기를 용이 대지에 나타나니 대인을 만나 이롭다고 한 것은 군주의 덕을 말한 것이다.
>
> 君子學以聚之, 問以辨之, 寬以居之, 仁以行之. 易曰見龍在田, 利見大人, 君德也.

건괘 구이효의 "현룡재전 이견대인(見龍在田, 利見大人)"을 임금의 덕이라 해석합니다. 지도자가 반드시 갖추어야 할 조건과 수양이라는 것입니다. 첫째는 학문을 쌓아야[學以聚之] 합니다. 노자는 "학문은 나날이 쌓아 가는 것이며 도는 날마다 덜어내는 것이다[爲學日益, 爲道日損]"라고 했습니다. 학문은 매일 조금씩 쌓아 가는 것이지만 도를 닦는 것은 이와는 다릅니다. 아무것도 필요하지 않습니다. 지식도 학문도 모두 필요 없습니다. 그러나 학문을 하는 데는 한 가지 지식이라도 모두 필요합니다. 이렇게 하나 하나 쌓아 나가야만 지식이 깊고 넓어져 막힘이 없어집니다. "문이변지(問以辨之)", 자주 묻고 누구에게든 가르침을 청해야 합니다. 자기가 모르는 것을 물을 수 있어야 합니다. 유가에서 늘 강조하는 것도 바로 이런 자세입니다. "관이거지(寬以居之)", 그러나 학문만으로는 부족합니다. 사람이나 사물을 접해서 포용력이 있어야 합니다. 만상을 포용할 수 있는 위대한 흉금을 지녀야 합니다. 그런 후에 다시 "인이행지(仁以行之)" 즉 인자함을 갖춰야 합니다. 학(學), 문(問), 관(寬), 인(仁)은 지도자라면 반드시 갖추어야 할 네 가지 덕으로서, 곧 "현룡재전 이견대인"의 네 가지 덕입니다.

위기를 넘기다

구삼은 중첩된 양효 위에 위치하면서 가운데 자리를 얻지 못해 위로는 하늘에 위치하지도 못하고 아래로는 대지에 발을 딛지도 못하다. 이 때문에 항상 노력하고 스스로 경계하니 비록 위험에 처하더라도 허물이 없다.

九三重剛而不中, 上不在天, 下不在田, 故乾乾因其時而惕, 雖危无咎矣.

일인지하 만인지상의 위치에 있는 사람이라면 너무도 위험합니다. 위로는 아직 정점에 이르지 못했고 아래로는 평지에 발을 딛지 못해 안정되지 못합니다. 이러다 보니 위아래 일체의 책임이 모두 자기에게 있습니다. "고건건인기시이척(故乾乾因其時而惕)", 그러니 어느 때 어느 곳에서든 스스로를 경계해서 늘 깨어 있어야 합니다. 이렇게 한다면 비록 위험한 상태에 처하더라도 무사히 넘길 수 있습니다. 여기서도 알 수 있듯이 이 구절은 우리에게 개인의 수양뿐 아니라 처세의 원칙까지도 말해 주고 있습니다.

가능한 것도 불가능한 것도 없다

> 구사는 중첩된 양효 위에 위치하면서도 가운데 자리를 얻지 못해 위로는 하늘에 아래로는 대지에 가운데로는 인간의 위치에도 처하지 못하니 혹지한다. 혹지란 의문을 품는 것이다. 이 때문에 허물이 없다.
>
> 九四重剛而不中, 上不在天, 下不在田, 中不在人, 故或之; 或之者, 疑之也, 故无咎.

구사효는 주위가 모두 강건한 양효로 중첩되어 있는데, 자신은 중간의 위치를 얻지 못하고 한쪽으로 기울어져 있습니다. 하늘의 위치에도 땅의 위치에도 그렇다고 인간의 위치에도 처하지 못합니다. 천지인의 어느 자리도 차지하지 못하고 있습니다. 청년을 예로 들면 대학을 졸업하고 아직 사회에 자리 잡지 못한 것과 같습니다. 이 때문에 "혹지(或之)"합니다. '혹(或)'이란 의문을 품는 것으로 아직 고려의 여지가 남아 있습니다. 이것 역시 은사(隱士)의 사상입니다. 어떤 것도 차지하지 않고 마치 신선처럼 그렇게 세상을 사는 것입니다.

대인의 경계

대인이란 천지와 그 덕을 같이 하고 일월과 그 밝음을 같이 하며 사시와 그 순서를 같이 하고 귀신과 그 길흉을 같이 한다. 우주의 생성 이전부터 존재하여 우주도 그것을 벗어나지 않으며, 우주의 생성 이후에 나타나 우주의 시간을 따른다. 우주조차 그것을 벗어나지 않는데 하물며 사람이나 귀신이겠는가?

夫大人者, 與天地合其德, 與日月合其明, 與四時合其序, 與鬼神合其吉凶. 先天而天弗違, 後天而奉天時. 天且弗違, 而況於人乎? 況於鬼神乎?

구오효를 해석하면서 돌연 '대인(大人)'을 제시했는데, 이 대인은 정말 위대한 존재입니다. 여기에 아주 중대한 문제가 내재되어 있습니다. 이건 제 전매특허이기도 합니다만 이제 여러분께 말씀드리고자 합니다. 수천 년 이래 『대학』 『중용』을 읊조리다 보니 이제는 중국 문화를 언급하기만 하면 마치 『대학』이나 『중용』밖에 없는 것처럼 생각하게 되었습니다. 『대학』 『중용』이 공자 사상을 대표하는 것처럼 생각하나 사실 『대학』은 공자의 제자인 증자가 쓴 것으로 공자의 원래 사상과 다소 거리가 있습니다. 『중용』은 자사의 작품으로 공자 사상과는 더욱 거리가 멉니다. 『대학』의 사상은 어디서 유래한 것일까요? 바로 『역경』 건괘 구오효에서 나왔습니다. 대학(大學)이란 대인의 학문입니다. 역대 유가의 주해, 특히 수회의 주해를 보면 대학을 대인의 학이라 해석하고 있습니다. 고례(古禮)에는 여섯 살에 소학을 배우기 시작하고 열여덟 살에 대학을 배우기 시작한다고 되어 있습니다. 나이를 먹으면 곧 대인이 될까요? 홍콩에서는 아직도 경찰을 대인이라 부릅니다. 그렇다고 경찰이 『대학』을 이해한 사람이라 말하기는 어려울 것입니다.『대학』의 '대인'은 바로 건괘의 이 부분으로부터 나왔습니다. 그리고『중용』의 사상은 곤괘로부터 유래했습니다.

무엇이 대인일까요? 이것은 기독교의 하나님이나 불교의 여래, 유교의 성인, 도교의 신선과도 같은 존재입니다. 여기서 말하는 대인이란 천지의 덕성과 부합하며, 태양과 달처럼 그렇게 밝으며, 춘하추동의 질서처럼 그렇게 분명하며, 귀신과 마찬가지로 변화무쌍한 존재입니다. 성인이나 하나님, 신선이나 부처 외에 누가 능히 이런 경지에 이를 수 있겠습니까? 이전에 저는 청나라 말 어떤 거인(擧人, 지방 과거시험에 합격한 사람 - 옮긴이)에게 우스갯소리 삼아 내가 바로 대인이라고 말한 적이 있습니다. "대인은 천지의 덕성과 부합한다고 하는데, 나는 땅을 땅이라 여기고 하늘을 하늘이라 여겨 결코 땅을 하늘이라 착각하지 않으니, 이것이 어찌 천지의 덕성과 부합하는 것이 아니겠는가? 대인은 일월과 그 밝음을 같이한다고 하는데 나 역시 밤을 낮이라 여기지도 않고 낮을 밤이라 여기지도 않으니 일월과 그 밝음을 같이한다. 또 귀신과 그 길흉을 같이한다고 하는데 내가 감히 가려고 하지 않는 곳은 귀신도 가려고 하지 않는다." 대략 이런 논지였습니다. 사람들은 성인을 너무 높고 알 수도 없는 존재로만 생각하지만 사실 사람은 모두 성인입니다. 성인의 경지는 본래 이처럼 평범합니다. 그런데 사람들이 문자에 사로잡히다 보니 성인을 너무 높은 곳에다 밀어올려 놓은 것입니다. 이런 폐단으로 인해 성인은 높고 틀에 박힌 존재가 되고 말았습니다.

천인합일(天人合一)이란 아주 평범한 것입니다. 다음의 "선천이천불위(先天而天弗違)"라는 구절에서도 알 수 있듯 우주가 아직 시작되기 전에도 그 작용은 존재하고 있으며 우주가 생긴 후에도 그 법칙을 벗어날 수 없습니다. 『역경』의 법칙이란 것도 일단 이 세계에 발을 디딘 이상 이 법칙을 벗어날 수 없습니다. 사람은 태어나면 죽어야 하고 꽃도 피면 떨어져야 합니다. 이것은 자연현상으로서 하나도 신기할 것이 없습니다.

"천조불위(天且弗違)", 『역경』은 말합니다. 최고의 법칙은 우주 또한 어길 수 없는 것인데 하물며 인간이겠는가 하고 말입니다. 귀신 또한 이 법칙을 벗어날 수 없습니다. 후세에는 이 구절을 끌어다 황제에 비긴곤 했습니다. 그러나 그건 어디까지나 아첨에 불과한 것일 뿐 믿을 만한 것이 못됩니다. 황제를 구오(九五)라 하는 것은 구(九)가 양의 최정점이요, 오(五)가 그 한가운데라는 것을 가리킨 것이지 여기서와 같은 구오효를 말한 것은 아닙니다.

여섯 글자의 진언

> 항이란 나아가는 것만 알 뿐 물러서는 것을 모르는 것이요, 사는 것만 알고 죽는 것을 모르는 것이며, 얻는 것만 알고 잃는 것을 모르는 것이다. 오직 성인만이 가능할 뿐이다! 진퇴와 존망을 알아 바름을 잃지 않을 수 있는 사람은 오직 성인뿐이다.
> 亢之爲言也, 知進而不知退, 知存而不知亡, 知得而不知喪. 其唯聖人乎! 知進退存亡而不失其正者, 其唯聖人乎!

제육효의 효사는 "항룡유회(亢龍有悔)"인데 이른바 '항룡'이란 높이 있는 용입니다. 이 부분은 아주 중요하기 때문에 여러분들이 특별히 눈여겨 보아야 할 대목입니다. 『역경』을 배우고 나면 모든 일에 도가 지나쳐서는 안 된다는 것을 알 수 있습니다. 도가 지나친 것이 바로 '항(亢)'입니다. 나아가는 것만 알고 물러서는 것을 모르거나, 사는 것만 알고 죽는 것을 모르거나, 얻는 것만 알고 잃는 것을 모르는 것이 바로 '항'입니다. 사람들은 흔히 이런 잘못을 범하기 쉽습니다. 진퇴와 존망 및 득실의 핵심 관건을 아는 사람이라면 곧 성인이라 할 수 있습니다. 역을 배우면 바로 "진(進), 퇴(退), 존(存), 망(亡), 득(得), 실(失)"이라는 여섯 글자를 알게 됩니다.

곤괘의 연구

이제 다시 돌아가 『주역』의 곤괘를 살펴보기로 합시다.

이야기가 곤괘에 이르면 아주 중요하고도 골치 아픈 문제가 따라 나옵니다. 본래 제가 『역경』 연구는 「계사전」부터 시작해야 한다고 주장한 것은, 여러분들이 괘에 대해 많은 것을 이해한 뒤 다시 돌아가 「계사전」을 본다면 더욱 깊은 단계로 접어들 수 있으리라 생각했기 때문입니다.

건괘는 연구하기가 그럭저럭 괜찮지만 곤괘는 그에 비해 까다로운 편입니다.

곤은 크게 길하고 형통한다. 어미말에게 크게 이롭다. 군자가 먼 길을 나서면 처음에는 어렵더라도 마침내 훌륭한 성취를 얻어 크게 이롭다. 서남쪽으로 가면 친구를 얻으나 동북쪽으로 가면 친구를 잃는다. 비록 그렇다 하더라도 크게

편하고 좋다.

坤, 元亨, 利牝馬之貞; 君子有攸往, 先迷後得, 主利; 西南得朋, 東北喪朋, 安貞吉.

여기서도 역시 원형이정이 나옵니다. 그렇지만 원형 뒤에 이정이 뒤따르지 않고 "이빈마지정(利牝馬之貞)"이란 구절이 옵니다. 어미말은 '정(貞)'하지만 수말은 그렇지 못합니다. 예를 들어 점을 쳐서 이 구절이 나왔다면 부인에게는 이롭지만 남편에게는 이롭지 못합니다. 그렇다면 무엇을 "빈마지정(牝馬之貞)"이라 할까요? "군자유유왕 선미후득(君子有攸往, 先迷後得)", 바깥에 나가면 좋다는 것일까요, 아니면 좋지 않다는 것일까요? 좋다는 것입니다. 그러나 시작에는 어려움이 많습니다. 애매하고 이해가 되지 않는 곳이 많지만 마침내는 훌륭한 성취를 이룹니다. "주리(主利)"는 크게 길하고 이로운 것입니다. "서남득명 동북상명(西南得明, 東北喪明)", 문을 나서 만약 서남 방향으로 가거나 서남 방향에서 사업을 한다면 반드시 성공합니다. 많은 친구들이 나서서 도와줄 것입니다. 그러나 동북쪽은 불리합니다. 그렇다 하더라도 자기와는 무관합니다. 도움을 줄 수 있는 사람을 잃더라도 자신은 크게 길합니다. "안정길(安貞吉)"이란 얼핏 보기에는 따로 해석이 필요할 것 같지 않지만, 그 이치를 진지하게 연구해 보려면 여간 성가신 것이 아닙니다. 곤은 땅인데 땅에 대해 어찌 이렇게 말할 수 있을까요? 상수를 연구하지 않는 일반 학자들은 도교의 과학 사상을 이해하지 못해 『역경』을 보면 짜증이 날 것입니다. 특히 오사운동 이후에는 적지 않은 학자들이 『역경』을 매도하기도 했습니다. 자기 문화에 대한 평가가 여기에 이르렀으니 참으로 통탄스러운 일입니다.

곤괘의 비밀을 파헤쳐 공개한 『참동계』

이제 우리는 한 단계 더 깊이 들어가 보기로 합시다. 주지하다시피 건괘는 태양을, 곤괘는 달 또는 대지를 나타냅니다. 여기서 우리가 유의해야 할 것은, 경방역 계통을 이어받아 한대(漢代)에 나타난 단경(丹經)의 비조(鼻祖)인 『참동계(參同契)』입니다. 단경이란 연단(煉丹)을 위한 서적입니다. 범인의 경지를 넘어 성인의 경지인 신선으로 들어갈 수 있도록 한 것입니다. 『참동계』는 동한(東漢)의 위백양(魏伯陽) 진인이 지은 것인데, 위백양은 일명 화룡(火龍) 진인이라고도 부릅니다. 진인(眞人)이란 불교에서 말하는 부처와 같은 존재입니다. 이른바 '참동(參同)'이란 바로 『역경』, 『노자』, 『장자』 세 책의 이치와 방법이 신선 수련을 위한 측면에서 서로 상통한다는 말입니다. 『참동계』는 천지 우주의 법칙으로부터 시작해 생명의 법칙과 양생의 방법을 논했습니다. 여기서는 경방역 계통의 사상을 활용하여 건곤 양 괘를 설명하고 있는데 태양과 달, 지구와 지구 바깥의 금, 목, 수, 화, 토 오성의 운행이 인간 신체에 내재되어 있는 생명의 법칙과 서로 상통한다는 것입니다. 그 중에 언급된 곤괘 부분은 중대한 문제를 제기합니다.

이야기가 여기에 이르니 여러분께 제가 아주 자랑스럽게 여기는 것 하나를 말씀드릴까 합니다. 이것은 다른 데서는 들을 수 없는 아주 독창적인 이야기입니다. 말하자면 『역경』에 대해 제 나름으로 체득한 이른바 비전이라 할 수 있습니다. 저는 이전에 곤괘를 연구하면서 『참동계』와 경방역을 같이 연구했는데, 이들 방법이 서로 통하지 않는 것 같아 무척 고심했습니다. 더욱이 단도(丹道) 계통의 책에서 말하는 성명(性命)의 수련 방법은 그야

말로 현묘하고 어려웠습니다. 그래서 한 걸음 물러나 일반 학설의 관점에서 살펴보기도 하고 또 근대 대학자들 예를 들면 강유위(康有爲), 양계초(梁啓超), 장태염(章太炎) 등의 견해를 참고하기도 했습니다. 그런데 이들의 논지는 모두 비판적이었을 뿐 아니라 곳곳에서 회의적인 태도를 취하고 있었습니다. 그러나 제 생각은 달랐습니다. 저는 선조들을 대단히 존경하기 때문에 옛사람들도 분명 그 나름의 이치가 있었을 것이라 생각했습니다. 이렇게 오랜 기간을 연구한 끝에 드디어 그 의미를 찾아냈습니다. 『참동계』에서는 경방의 납갑(納甲)을 언급하면서 왜 건괘에다 갑(甲)을, 곤괘에다 을(乙)을 배치시켰을까요? 갑을은 원래 동방에 있는 것으로, 납갑의 원도(圓圖)를 보면 위치가 모두 변했다는 것을 알 수 있습니다. 『참동계』의 설명을 보면 더욱 기묘합니다. 그중 이런 구절이 있습니다.

초삼일이면 눈썹 같은 달이 떠오르는데, 팔괘로는 진괘이며 천간으로는 경이며 방향으로는 서쪽이다. 초팔일은 태괘로서 천간으로는 정이며 반달이 된다. 십오 일은 건괘로서 보름달이 되며, 천간으로는 갑이고 방향으로는 동쪽이 된다. 달빛은 해와 달의 기운이 결합되어 빛나는 것이며〔달은 태양의 빛을 반사하는 것이며〕, 달은 괘상에 따라 정한 절기에 맞추어 빛을 발한다. 십오 일〔七八〕이 되면 양이 극에 달해 서서히 퇴조하기 시작하며, 십육 일이 되면 반대로 음이 서서히 자라기 시작해 손괘가 되어 밝게 빛난다. 천간으로는 신에 해당한다. 간괘는 천간으로는 병이고 방향으로는 남쪽이며 하현달로서 날짜로는 이십삼 일이 된다. 곤괘는 천간으로 을에 해당하며 날짜로는 삼십 일이다. 따라서 달은 동북쪽에서부터 서서히 어두워지기 시작하며 절기가 다하면 다시 처음으로 돌아가 양기〔용〕가 자라기 시작한다.

천간의 임은 갑과 함께 건괘에, 계는 을과 함께 곤괘에 배속되니 건괘와 곤괘는 천간의 처음과 끝을 총괄한다〔三日出爲爽, 震庚受西方, 八日兌受丁, 上弦平如繩, 十五乾體就, 盛滿甲東方, 蟾蜍與兎魄, 日月炁雙明, 蟾蜍視卦節, 兎魄吐生光, 七八道已訖, 屈折低下降, 十六轉受統, 巽辛見平明, 艮値於丙南, 下弦二十三, 坤乙三十日, 東北喪其明, 節盡相禪與, 繼體復生龍, 壬癸配甲乙, 乾坤括始終〕.

처음 이 구절을 접했을 때는 뭐가 뭔지 도대체 알 수 없었습니다. 도교에서 신체를 단련한다는 것은 정을 단련해 기로 변화시키고〔煉精化氣〕, 기를 단련해 신으로 변화시키고〔煉氣化神〕, 신을 단련해 허로 변화시킴으로써〔煉神還虛〕 신선이 되는 것입니다. 도교적 방법에 따르면 대략 십삼 년이면 성공할 수 있습니다. 만약 십삼 년을 투자해 진정으로 신선이 될 수 있다면 이건 정말 수지맞는 일입니다. 우리가 받은 교육을 한번 생각해 보십시오. 초등학교 육 년, 중학교 삼 년, 고등학교 삼 년, 대학교 사 년 모두 십육 년이나 걸렸습니다. 그러고도 대학을 나와 변변한 일자리 하나 구하기 힘든데 십삼 년 만에 신선이 되어 장생불사할 수 있다면 정말 기막히지 않습니까? 서양 문화에서는 감히 생각하지도 못할 일이지만 동양에서는 이런 이상을 지녀왔습니다.

위의 『참동계』 구절을 보고 난 뒤 다시 『역경』 곤괘의 "서남득붕 동북상붕(西南得朋, 東北喪朋)"과 『참동계』의 "동북상기명(東北喪其明)"이란 구절을 대조해 보고서 비로소 이들을 꿰뚫어 볼 수 있었습니다. 여기서 곤괘가 가리키고 있는 것은 달입니다. 중국에서는 수천 년 이래 달이 차고 기우는 것을 표준으로 하는 태음력을 사용해 왔습니다. 이것은 조수의 오르내림

뿐 아니라 지질의 변화와도 관계 있는 것으로, 기후의 변화도 이 방법으로 예측했습니다. 이 예측은 현재의 일기예보 못지 않게 정확했습니다. 태음력에서는 매월 십오 일이면 보름달이 동쪽에서 떠오르는데, 매 오일을 일 후(候), 삼 후를 일 기(氣), 육 후를 일 절(節)이라 합니다. 모두 달의 현상을 근거로 한 것입니다. 우리 선조들은 수천 년의 경험을 통해 이 법칙을 발견했고 이것을 모든 사람이 알 수 있는 과학으로 발전시켰습니다. 그리고 이것으로써 천문이나 인간사를 모두 파악할 수 있어, 위로는 천문을 알고 아래로는 지리를 알 수 있었던 것입니다. 달이 이지러지고 차는 것은 모두 여섯 단계입니다. 십오 일의 달이 가장 둥글며 십육 일이 가장 원만합니다. 십칠 일이 되면 이지러지기 시작하고 이십삼 일에는 반 정도 이지러지다가 이십팔 일이 되면 완전히 없어집니다. 진정한 흑야(黑夜)는 이십팔 일부터 다음 달 이 일까지입니다. 이 기간에 군사를 거느리고 밤길을 이동해야 한다면 특별히 조심해야 합니다. 초삼일이 되면 눈썹 같은 달이 떠오르는데 이것은 새벽에 서쪽에서 볼 수 있습니다. 이렇게 서쪽에서 떠올라 칠 일이나 팔 일쯤이면 밤중에 정남방에서 볼 수 있고, 십오 일이 되면 동쪽에서 보름달을 볼 수 있으니 역시 건괘의 위치입니다. 원만하고 밝기 때문에 건괘인 것입니다. 이 달은 진양(眞陽)입니다. 우리 선조들은 달이 스스로 빛을 내지 못하고 태양 빛을 반사한다는 사실을 알고 있었습니다. 십오 일이 되면 달빛은 음 속의 양(陰中之陽)이 되는데, 이 때문에 건괘에 갑(甲)을 배치시킨 것입니다. 다시 이십칠팔 일이면 달은 동쪽으로 떨어져 사라지는데, 여기서 후천이 간(艮)괘가 되고 선천이 건(乾)괘가 되는 현상을 알 수 있습니다. 『참동계』의 이 구절과 달의 현상을 이해하고 나면 곤괘가 "서남득붕 동북상붕(西南得朋, 東北喪朋)"이 되어서는 안 되며 마땅히 "서남득명 동북상명(西南得明, 東北喪明)"이 되어야 함을 알 수 있습니다. 이로부터 위의 구절이 바로 고대 과학의 한 편린이었다는 사실을 알 수 있습니다.

곤은 왜 유독 암말에게만 유리한가

"원형 이빈마지정(元亨, 利牝馬之貞)", 암말에게 좋고 수말에게는 좋지 않다는 것은 무슨 의미일까요? 『역경』을 읽기 위해서는 동양 문화 전반에 대한 풍부한 상식이 필요합니다. 서북으로 가면 무리를 지어 다니는 야생마들을 볼 수 있는데 말은 이처럼 무리 지어 다니기를 좋아합니다. 이 수많은 무리 중에는 우두머리가 한 마리 있는데 반드시 수말입니다. 이 우두머리가 어디를 가든 말 무리는 암말이든 수말이든 모두 그를 따르며 또 극진히 보호합니다. 소의 무리 역시 마찬가지입니다. 소떼들이 잠잘 때는 암소가 반드시 가운데 안전한 곳에서 잠잡니다. 수소들은 예외 없이 바깥쪽에서 자면서 암소들을 보호합니다. 이처럼 남자가 여자를 돌보는 것은 자연의 법칙입니다. 또 싸울 때는 반드시 수말이 앞장섭니다. 여기서 우리가 알 수 있는 것은 대략 다음과 같은 사실입니다. 첫째는 암말이 수말을 따른다는 사실입니다. 다음으로는 이 세상에서 가장 위대한 것이 모성애라는 사실입니다. 어떤 종교든 최후에는 여성을 숭배합니다. 천주교의 성모나 불교의 관세음보살은 모두 여성입니다. 가장 자비롭고 인자하며 위대한 것이 모성애이기 때문입니다. "여자는 약하지만 어머니는 강하다"는 것은 비단 사람뿐 아니라 동물도 마찬가지입니다. 암탉을 한번 보십시오.

보통 때는 무척 약해 보이지만 소리개가 병아리라도 채갈라치면 목숨을 내놓고 격렬히 저항합니다. 이것이 바로 모성애입니다. 자신을 희생하는 정신입니다. 이처럼 암말은 수말을 따르면서 동시에 무리를 사랑하는 인자한 정신을 발휘합니다. 곤괘의 상을 암말로 나타내는 것도 이 때문입니다. 아주 묘한 데가 있습니다. 세 번째는 이렇습니다. 우리는 문학작품 속에서 "목마시풍(牧馬嘶風)"이란 구절을 접할 수 있는데, 그 뜻은 말이 바람을 맞으면서 달리기를 좋아한다는 것입니다. 소가 물이 흘러가는 것을 따라 걷기 좋아하는 것이나 마찬가지입니다. 이처럼 『역경』의 상을 연구하려면 고대에 통용되던 이런 상식을 알아야 합니다. 예를 들면 겨울에 들판에서 풍향을 알고 싶다면 새 둥지가 나무의 어느 쪽에 있는지를 보면 알 수 있습니다. 만약 동쪽 나뭇가지에 있다면 동풍이 붑니다. 반대로 서쪽 나뭇가지에 둥지가 있다면 서풍이 붑니다. 새 역시 바람과 마주 대하는 것을 좋아하기 때문입니다. 반대로 바람이 불어 가는 쪽으로 머리를 향하고 있다면 깃털이 들고일어나 얼어죽고 말 겁니다. 아주 당연한 이치입니다. 말이 바람을 맞으면서 달리는 것은 뛰면서 많은 공기를 흡입할 수 있기 때문입니다. 털 역시 거꾸로 서지 않으니 한결 편하겠지요.

곤괘는 달을 나타내기도 합니다. 달은 태양 빛을 받아 반사하며 대지를 대표하기도 합니다. 지구의 움직임 역시 태양을 쫓아 태양과 반대 방향으로 움직입니다. 이것을 이해하고 나면 곤괘의 괘사가 대단히 과학적 이치에 근거하고 있다는 것을 알 수 있습니다. 동양 문화의 장점도 바로 여기에 있습니다. 즉 물리나 천문과 같은 자연과학이 인간사의 법칙으로 귀결되고 있다는 점입니다. 천지인이 모두 인문 문화로 귀결됩니다. 이 때문에 과학의 출발이 서양보다 훨씬 빨랐지만 물질적 발전을 선호하지 않고 인문 방향으로만 발전해 왔던 것입니다. 이것이 지금까지의 역사입니다. 그렇다면 앞으로의 역사는 어떨까요? 동양 쪽이 불리할까요, 서양 쪽이 불리할까요? 대답하기 어려운 문제입니다. 그러나 우리는 자신감을 가져야 합니다. 제가 생각하기에 이전처럼 그렇게 고전하지는 않을 겁니다.

이제 다시 돌아가 곤괘의 괘사를 보면 쉽게 이해할 수 있을 것입니다. "곤 원형(坤, 元亨)", 원(元)은 후천의 시작이며 형(亨)은 형통입니다. 마치 대지처럼 달처럼 그렇게 밝게 빛납니다. "이빈마지정(利牝馬之貞)", 어미말처럼 그렇게 유순한 것이 이롭습니다. 어미말처럼 유순하다는 것은 하늘에 순응하는 것이며, 달리 말해 건괘나 양(陽)에 순응하는 것입니다. 여기에서 동양의 인생철학이 도출됩니다. 남녀가 부창부수(夫唱婦隨)해서 화목해야만 비로소 가정이 일어나고 사업도 발전하며 사회도 번영한다는 것입니다. 부창부수라 해서 결코 여성의 권리를 억누르겠다는 것이 아닙니다. 도리어 이것은 여권을 최고로 존중하는 것입니다. 앞에서도 말했지만 말의 무리나 소의 무리는 밤에 들판에서 휴식을 취할 때 어미말이나 어미소가 한가운데에서 잠을 잡니다. 수말이나 수소는 모두 바깥에서 이들을 보살피는 책임을 맡습니다. 남성의 위대함은 바로 이런 희생 정신에 있습니다. 부창부수라는 것은 여성을 억압하기 위한 것이 아니라 여성의 천성적인 조건을 보호하기 위해서입니다. 곤괘의 괘사가 가르치고 있는 것도 바로 이런 곤괘의 정신을 본받아야 한다는 것입니다. 고대에는 곤괘를 왕후의 괘라 했습니다. 점을 칠 때도 이런 현상으로써 길흉화복을 판단했습니다.

"군자유유왕 선미후득 주리(君子有攸往, 先迷後得, 主利)", 마치 달처럼 처음에는 어둡더라도 후에는 계속 밝아지리라는 것입니다. 그렇지만 원만해졌을 때 주의해야 합니다. 그 후는 계속 내리막길이기 때문입니다. '주리(主利)'란 이처럼 달이 가득 찰 때를 가리킵니다. "서남득붕 동북상붕(西南得朋, 東北喪朋)"은 앞에서도 살펴보았지만 "서남득명 동북상명(西南得明, 東北喪明)"이라 새기는 것이 옳습니다. 그러나 이 이치를 이해했다면 구태여 다시 고칠 필요까지는 없습니다. "안정길(安貞吉)"이란 편안하고 좋은 것입니다. 우리 삶은 바로 이 곤괘의 정신을 이어받아야 합니다. 곤괘는 지구가 그러하듯 영원히 편안합니다. 아무리 자동차를 몰고다니며 짓누르고 폭파시켜 허물고 구멍을 파헤쳐도 대지는 화를 내지 않습니다. 우리는 바로 이 포용력을 배워야 합니다. 편안하고 공정하기에 결과는 크게 길하고 이롭습니다.

대지의 문화

이상이 곤괘에 대한 저의 전매특허적 관점입니다. 다음은 단사인데 견해가 또 다릅니다. 여기서는 곤괘를 완전히 대지 즉 지구라 해석합니다. 건은 천이요 곤은 대지라는 것입니다.

> 단사에서 말하기를 지극하도다 곤의 시작이여, 만물이 의지해 살아가며 하늘을 본받아 따르는구나!
> 彖曰: 至哉坤元, 萬物資生, 乃順承天.

건괘에 "지재건원(至哉乾元)"이라는 표현이 있는데 공자의 찬탄입니다.

이제 공자는 다시 돌아와 곤원(坤元)을 찬탄합니다. 공맹의 유가 사상은 이 노선을 걸었습니다. 도가 역시 이 노선을 따랐습니다. 노자 역시 우리에게 천지를 본받을 것을 가르칩니다. 우리가 왜 천지를 본받아야 할까요? "만물자생(萬物資生)", 만물은 지구에 기대어야만 생존이 가능하지만 지구는 우리에게 아무런 보상도 바라지 않습니다. 오직 베풀기만 할 뿐 회수해 가려 하지 않습니다. 이 때문에 인간은 이런 도덕적 정신을 본받아야 합니다. 그렇다면 대지는 어떻게 이런 정신을 가질 수 있을까요? 하늘을 본받기 때문입니다. 하늘은 빛을 비추어 생명 에너지를 제공하지만 파괴할 생각을 하지 않습니다. 이런 천지 자연의 법칙을 이어받았기 때문에 대지의 정신을 이루었습니다. 이것이 바로 공자의 곤괘 즉 대지의 정신에 대한 찬탄입니다.

> 대지는 두터워 만물을 빠짐없이 싣고 그 덕은 끝이 없어 원만하고도 광대하니 만물이 모두 형통한다.
>
> 坤厚載物, 德合无疆, 含弘光大, 品物咸亨.

공자는 대지의 정신을 찬탄하면서 우리에게 이처럼 위대한 대지와 또 이처럼 밝은 달을 본받아야 한다고 가르칩니다. 옛사람들은 마음이 넓고 뛰어난 큰 인물을 비유해 "광풍제월(光風霽月)"이라 했습니다. 달처럼 그렇게 광명정대하고 대단히 훌륭하다는 것입니다. 대지는 또 얼마나 포용력이 있습니까? 만물을 하나도 빠짐없이 실을 수 있어 그 덕성은 한계가 없습니다. 옛사람들은 "하늘은 둥글고 땅은 네모지다[天圓地方]"라고 했는데 비과학적인 것이 아닙니다. 단지 해석에 문제가 있었습니다. 옛사람들이라 해서 땅이 사각형으로 생겼다고 여긴 것은 아닙니다. 땅이 사각형으로 생긴 것이 아니라 동서남북의 방위가 있다는 뜻입니다. 공자의 제자인 증자만 해도 땅이 둥글다고 주장하고 있습니다. 그뿐만 아니라 한대(漢代)에도 이미 우주가 계란과 같이 둥글며, 지구는 그 속의 노른자와 같다는 주장을 한 사람이 있었습니다. 단지 후세인들의 견문이 부족해 전통문화에 대한 해석에 문제가 있었을 뿐입니다. 지금 여기서도 "덕합무강(德合无疆)"이라 했는데, 지구 어디에 끝[疆]이 있습니까? 지구는 둥근데 어디에 기점이 있겠습니까? 경도와 위도라는 것은 모두 인위적인 것입니다. 중국의 입장에 선다면 중국이 기점이 될 것이요, 영국의 입장에 선다면 영국이 기점이 될 것입니다. 우리의 삶도 바로 이런 대지의 정신을 본받아야 합니다. 덕은 두텁고 원만하고 광대해야 하며 또 위대한 빛을 품고 있어야 합니다.

> 어미말은 대지와 같은 유로서 대지를 끝없이 달리며, 유순하기 때문에 크게 이롭고 길하다.
>
> 牝馬地類, 行地无疆, 柔順利貞.

과학 정신을 또다시 인문적 관점에서 해석합니다. 어미말은 대지와 마찬가지로 바람을 거스르며 움직입니다. 이것은 지구와 태양과의 관계입니다. 지구는 태양의 반대 방향으로 움직이며 그 움직임은 끝이 없습니다〔行地无疆〕. 지구는 영원히 움직입니다. 말 또한 마찬가지입니다. 말은 잠을 잘 때도 서서 잡니다. 사물의 이치를 이해하고 나면 이처럼 책에서도 한층 더 깊은 의미를 느낄 수 있습니다. 절에서는 왜 목어(木魚)를 두드릴까요? 물고기는 눈을 감을 수 없기 때문입니다. 목어를 두드리는 것은 수

행하는 사람은 물고기처럼 항상 깨어 있어야 한다는 것을 가르치기 위해서입니다. 지구의 움직임이 끝이 없다는 것은 바로 건괘의 "천도는 강건하여 끊임없이 운행하니 군자는 이것을 본받아 쉬지 않고 힘쓴다〔天行健, 君子以自强不息〕"라는 이치와 같습니다. 사람은 일분일초라도 나태해서는 안 됩니다. 공부하는 사람이든 도 닦는 사람이든 모두 마찬가지입니다. 게다가 "유순이정(柔順利貞)"해야 합니다. 건곤이나 천지와 같은 아량을 본받아 만상을 포용하며 자강불식(自强不息)해야 합니다.

> 군자가 먼 길을 가면서 처음에는 혼미하여 길을 잃으나 나중에는 순조롭게 정상을 회복한다. 서남쪽에서 친구를 얻는다는 것은 같은 무리끼리 함께 하기 때문이다. 동북쪽에서 친구를 잃더라도 마지막에는 경사스러운 일이 있다.
> 君子攸行, 先迷失道, 後順得常, 西南得朋, 乃與類行, 東北喪朋, 乃終有慶.

여기서도 두 '붕(朋)' 자가 '명(明)' 자가 되어야 한다는 것을 알 수 있습니다. 공자는 여기서 말합니다. 처음에는 길을 찾지 못해 헤매지만 이후 천체에 순응함으로써 자연히 정상으로 회복된다는 것입니다. 서남에서는 왜 '득붕(得朋)'하며 동북에서는 왜 '상붕(喪朋)'할까요? 이것은 반드시 같은 종류끼리 무리를 지어 함께 움직여야 한다는 것을 가리킵니다. 그렇게 하면 결과는 경사스러운 것으로 끝날 수 있습니다.

> 편안하고 곧아서 길한 것은 대지처럼 끝이 없다.
> 安貞之吉, 應地无疆.

문왕의 괘사를 해석한 것입니다. 무엇을 "안정길(安貞吉)"이라 할까요? 사람은 먼저 편안하고 곧아야 합니다. 편안하고 곧아야만 크게 이롭고 길 하며 대지와 마찬가지로 평정할 수 있습니다.

> 상사에서 말하기를 대지의 형세가 곤괘의 상이니 군자는 이를 본받아 덕을 두 텁게 하여 만물을 포용한다.
> 象曰: 地勢坤, 君子以厚德載物.

곤괘의 현상이 대지와 같다는 것을 명확히 설명합니다. 대지는 곤괘입 니다. 인문적 관점에서 말하자면 사람은 대지를 본받아 자신의 학문과 도 덕을 수양해야 한다는 것입니다. 더욱이 지도자라면 포용력과 책임감이 있어야 합니다. 다른 사람의 고통을 감싸안을 수 있어야 합니다. "후덕재 물(厚德載物)"은 유가와 도가에서 최고로 치는 학문입니다.

『역경』을 공부할 때는 각자 온갖 지혜를 다 발휘해야 합니다. 학문을 하 기는 아주 어렵습니다. 오늘 옳다고 생각하는 것도 내일이면 새로운 것이 나타나 뒤바뀔지 모릅니다. 제가 지금 말씀드리고 있는 것도 참고자료가 될 뿐입니다. 단지 『역경』의 연구 방법일 뿐이니 너무 여기에 의존하려 해 서는 안 됩니다. 어떤 때는 옛사람의 견해에 대해서도 회의해야 합니다. 물론 어떤 한 부분에 대한 회의 때문에 전체적인 관점까지 폐기해서는 안 됩니다. 그것은 너무 경솔한 태도입니다.

이제 곤괘의 효사에 대해 살펴봅시다.

소강절의 보물 도자기

초육은 서리를 밟으면서 곧 대지가 단단히 얼어붙으리라는 것을 추단하는 것이다. 상사에서 말하기를 서리를 밟으며 단단한 얼음을 추단하는 것은 음기가 응결되기 시작하기 때문이다. 점차 음기가 응결되면 마침내 단단한 얼음이 된다.

初六, 履霜堅冰至. 象曰: 履霜堅冰, 陰始凝也, 馴致其道, 至堅冰也.

여기는 건괘와는 다릅니다. 과거 천문학에서는 십이벽괘로 열두 달을 나타냈습니다. 십이벽괘는 건곤 양 괘의 변화입니다. 곤괘는 시월이자 순음(純陰)의 괘로서 상고 시대에, 어쩌면 그보다 훨씬 이전에 형성된 것입니다. 저는 줄곧 『역경』의 문화가 이전의 빙하 시기로부터 전해 온 것이 아닌가 생각합니다. 한 빙하 시기의 것이라 보기엔 과학적 철학적 이치가 너무 고명하기 때문입니다. 우리는 곤괘가 시월을 나타낸다는 것을 알고 있습니다. 일 년 이십사절기 중 상강(霜降)이라는 절기가 있습니다. 이때가 되면 밤에 서리가 생기는데, 새벽에 대문을 열고 나가 발 밑에 서리가 밟히면 곧 월동 준비를 해야 합니다. 곧이어 입동, 소설, 대설이 다가오며 눈이 내리고 강이 얼어붙습니다. 위의 구절은 『역경』을 배운 사람이라면 어떤 사태의 원인과 결과를 미리 알 수 있다는 것을 말하고 있습니다. 어떤 일을 처리할 때는 그것으로 밀미암을 결과가 어떠할지를 자신의 지혜로써 미리 알 수 있어야 합니다. 서리를 밟으면 이내 대지가 꽁꽁 얼어붙게 됩니다. 어떤 상황이든 원인과 결과가 있습니다.

상사(象辭)의 해석은 효사의 "이상견빙(履霜堅冰)"을 인용합니다. 이것은 겨울철에 음기가 응결되기 시작하는 것으로 곧 원인입니다. 그렇다면 결과는 무엇일까요? "순치기도 지견빙야(馴致其道, 至堅冰也)"입니다. 시간의 흐름을 그대로 따라가면서 하늘이 차가워지고 땅이 얼어붙습니다. 만약 점을 쳐서 곤괘 초효를 얻었다면 앞으로의 상황이 더욱 어려워지리라는 것을 알 수 있습니다. 그렇지만 북방에서 작전을 수행하는 중에 이 효를 얻었다면 황하가 곧 얼어붙을 것임을 알 수 있습니다. 그러면 황하를 불과 며칠이면 건널 수 있겠지요. 중국이 일본의 침략군과 맞서 싸우던 시기에는 국운이 나쁘지 않아 팔 년 동안 계속 황하가 얼지 않았습니다. 만약 얼어붙었더라면 일본군이 순식간에 강을 건너 내려왔을 텐데 말입니다. 일본인은 계속 이런 기회를 노렸으나 하늘의 보살핌 때문인지 팔 년 내내 황하가 얼어붙지 않았습니다. 이런 예에서도 알 수 있듯이 동일한 괘도 상황에 따라 유리하거나 불리하게 해석될 수 있습니다. 운용의 묘는 바로 자신에게 달려 있습니다. 그렇지만 이것은 어디까지나 지혜의 활용을 말하는 것입니다. 미신에 빠져 우연히 판단한 것에 주관적 해석을 마구 덧붙여서는 안 됩니다.

이전에 점을 아주 잘 치는 사람이 있었습니다. 하루는 점을 쳐 보니 자기가 애지중지하던 보물 도자기가 모월 모일 정오에 산산조각 난다는 것이었습니다. 그는 도무지 믿기지 않아 도자기를 탁자 중간에 조심스레 옮겨 놓고 그 옆에 붙어 앉아 어떻게 박살나는지 지켜보기로 했습니다. 정오가 가까워지자 아내가 점심 식사를 준비하고는 남편을 불렀습니다. 몇 번을 불렀는데도 아무 대꾸가 없자 아내가 와 보니 남편이 꼼짝도 않고 멍하니 도자기만 바라보는 것입니다. 장난기가 동한 아내가 먼지털이를 들고 "당신, 도자기만 보면서 뭘 해요?" 하면서 도자기를 툭툭 쳤습니다. 그러다 그만 잘못 건드려 깨뜨려 버렸습니다. 지켜보고 있던 남편이 "어!" 하다가 갑자기 깨달았습니다. 무엇을 깨달았을까요? 점을 칠 때는 자기를 잊어버려야 한다는 것입니다. 주관적인 감정을 배제해야 합니다. 이것은 아주 유명한 이야기입니다. 이 이야기에는 깊은 철학적 이치가 내재되어 있습니다. 사람은 어떤 일을 처리하든 자기를 잊어버리지 못합니다. 바로 자기를 너무 귀하게 생각하는 것입니다. 이것은 개인적 수양의 측면뿐 아니라 어떤 일을 처리할 때에도 반드시 주의해야 할 점입니다. 『역경』을 이해하고 나면 이처럼 사람됨의 이치를 알 수 있고 공맹 사상뿐 아니라 노장 사상도 알 수 있습니다. 이들은 모두 『역경』으로부터 나온 것입니다. 제자백가의 사상 역시 모두 『역경』에 뿌리가 있습니다.

익히지 않아도 불리할 것이 없다

> 육이효는 곧은 상현달이 남방에서 밝게 빛나 익히지 않아도 불리함이 없는 것이다. 상사에서 말하기를 육이효의 움직임은 남방에 떠오른 달과 같아 익히지 않아도 불리함이 없으니 대지가 밝게 빛나기 때문이다.
> 六二, 直方大, 不習无不利. 象曰: 六二之動, 直而方也, 不習无不利, 地道光也.

이 구절은 해석하기 아주 어렵습니다. 두 가지 측면 즉 곤괘가 대지를 대표한다는 것과 대지에 직(直), 방(方), 대(大)의 형태가 있다는 것을 생각해 볼 수 있지만 여기서는 전혀 해당되지 않습니다. 곤괘는 대지뿐 아니라 달도 나타낸다는 것을 생각해야 합니다. 방금 초효에서의 달은 『참동계』에서는 남쪽에 있는 상현달이라 했습니다. 제이효의 달은 곧은[直] 상

현달입니다. '방(方)'이란 방위로서 남쪽이며 '대(大)'는 빛이 크다[光大]
는 것입니다. "불습무불리(不習无不利)", 옛사람들은 '습(習)'자가 새가
날아가는 모습을 본뜬 것이라 말합니다. 위에는 두 개의 날개가 있고 아래
에는 태양이 있습니다. 역시 하나의 그림입니다. '습'이란 연습한다는 뜻
입니다. 초칠일과 초팔일의 상현달은 남쪽에서 떠오를 때 직(直), 방(方),
대(大)합니다. 불리함이 없다는 것은 좋은 것입니다. 반쪽이지만 밝기 때
문입니다. 익히지 않아도 불리함이 없다는 것은 점치는 측면에서 말하면
좋은 것입니다. 그렇지만 수양의 측면에서 말한다면 달라집니다. 또 다른
해석은 『논어』에서 공자가 말한 "본성은 서로 가깝지만 습관은 서로 멀어
진다[性相近也, 習相遠也]"라는 관점입니다. 사람이 막 태어날 때는 본성
이 도에 가깝습니다. 습(習)이란 후천적인 교육이나 습관입니다. 사람은
후천적 환경이나 교육에 의해 더 많은 것이 덧붙을수록 본성은 도로부터
더욱 멀어집니다. 이런 관점에서 본다면 "익히지 않아도 불리한 것이 없
다[不習无不利]"라는 구절의 의미는 분명합니다. 즉 후천적인 습관을 보태
지 않으면 크게 이롭고 길하며 또 밝다는 것입니다. 상사의 해석은 이렇습
니다. 육이효의 움직임은 정남쪽의 방위로서 익히지 않아도 불리함이 없
습니다. "지도광야(地道光也)", 달이 이미 떠올라 대지를 밝게 비추고 있
기 때문입니다.

이루지는 못하지만 좋은 결과를 남기다

> 육삼은 빛을 속으로 머금고 있어 매우 곧다. 혹 국가대사에 참여한다면 비록

이루지는 못하지만 좋은 결과를 남긴다. 상사에서 말하기를 속에 밝은 빛을 품고 있다가 때가 되면 바깥으로 발한다. 혹 국가대사에 참여하는 것은 지혜가 뛰어나기 때문이다.

六三, 含章可貞, 或從王事, 无成有終. 象曰: 含章可貞, 以時發也. 或從王事, 地光大也.

달이 곤괘라는 것을 이해한다면『참동계』에서 "십오 일은 건괘로서 보름달이 되며 천간으로는 갑이고 방향은 동쪽이다〔十五乾體就, 盛滿甲東方〕"라고 한 의미를 알 수 있습니다. 달이 가득 차면 동방으로부터 떠오르는데 이 때가 바로 '함장(含章)'입니다. 함장에 관해서는 두 가지 의견이 있습니다. 옛날 문학작품에서는 해와 달을 금오(金烏)와 옥토(玉兎)라 불렀습니다. 원곡(元曲)이나 경극(京劇) 중에도 "옥토는 솟아오르고 금오는 떨어진다〔玉兎升金烏墜〕"라는 구절을 자주 볼 수 있습니다. 달에 토끼가 살고 있다는 전설도 있지만 고서에는 달에 토끼가 있다는 말이 등장하지 않습니다. 달의 검은 그림자로부터 토끼의 모양을 형상화한 것일 뿐입니다. 태양도 마찬가지입니다. 태양의 흑점 속에서 까마귀의 모습을 형상화시킨 것입니다. 곤명(昆明)의 금마(金馬), 벽계방(碧鷄坊)에서는 태양이 떨어지기 전에 보름달이 떠올라 거리 중간에 서면 한쪽으로는 태양을, 다른 한쪽으로는 달을 동시에 볼 수 있습니다. 이것이 '함장'의 첫 번째 해서입니다.

두 번째 해석은 이렇습니다. 고대에도 달에 대해 지금과 마찬가지로 스스로 빛을 발하지 못하고 태양 빛을 흡수해 다시 방사한다고 생각했습니다. 이 때문에 달이 속으로 함장한다고 한 것입니다. '장(章)'이란 빛과 아름다움을 의미합니다. '가정(可貞)'이란 아주 바른〔正〕 것입니다. 육삼은 음효로서 가운데 자리를 얻지 못하긴 했으나 내괘의 정점에 있습니다. 빛을 속으로 머금고 있기 때문에 밝게 빛이 납니다. "혹종왕사(或從王事)", 점을 예로 들어 봅시다. 어떤 사람이 점을 쳐서 이 효를 얻었다면 장래가 밝을 것입니다. 아주 큰 사업을 하거나 다른 사람의 대업을 도와 완성할 것입니다. 마치 한신(韓信)과 장량(張良)이 한고조를 보필해 오랜 세월 이름을 남긴 것과 같습니다. 비록 스스로 성공하지는 못했으나 좋은 결과가 있었습니다. 이것이 도대체 무슨 이치일까요? 예를 들어 중학생이 작문 시간에 이런 글을 썼다면 선생님은 뜻이 통하지 않는다고 지적했을 것입니다. 이룬 것도 없이 끝맺음이 있다고 하니 모순이지요. 만약 곤괘가 달을 나타내는 것을 안다면 이 비유로부터 인간사를 살펴 아주 뚜렷이 이해할 수 있을 것입니다. 나이가 들어 다시 『역경』을 본다면 아주 또렷해질 것입니다. 공자의 경험에 비추어 보면 사십구 세에 역을 배우고 나서 많은 인생 경험과 지식을 보탠 후에 비로소 통할 수 있었습니다.

유백온(劉伯溫) 같은 사람은 주원장을 도와 천하를 손아귀에 넣었지만 결국 동료에 의해 독살되었습니다. 이것이 바로 이룬 바가 없는[无成] 것입니다. 그렇지만 천고에 이름을 남겼으니 끝맺음[終]이 있는 것입니다. 지난 이야기는 접어두고 오늘날만 하더라도 국가와 민족을 위해 이 정신을 본받을 만합니다. "혹종왕사 무성유종(或從王事, 无成有終)", 혁명은 반드시 자기 눈으로 그 성공을 보아야만 하는 것은 아닙니다. 인생에는 두 가지 길이 있습니다. 하나는 현재의 사업을 성공시키는 것이요, 또 하나는 송대의 주희나 정호, 정이 형제처럼 높은 관직에 오르지는 못했지만 만고 불멸의 이름을 남기는 것입니다. 부동산이나 현금을 많이 갖고 있다고 해서 성공했다고 볼 수는 없습니다. 상사에서 "함장가정 이시발야(含章可貞,

以時發也)"라 해석한 것도 이해가 될 것입니다. 왜 "함장가정(含章可貞)"이라 하여 속에 밝은 빛을 품고 있다고 했을까요? 달은 매월 십오 일이 되어야 때를 얻기 때문입니다. 때를 얻지 못하면 무리하게 행하려 해서는 안 됩니다. "혹종왕사(或從王事)"라 한 것은 달이 태양의 빛을 받아 빛을 발하기 때문입니다.

주머니 속에 갈무리해 두니 허물이 없다

> 육사는 자루의 입구를 단단히 조이는 것이니 허물도 명예도 없다. 상사에서 말하기를 자루의 입구를 단단히 조이는 것이니 신중하여 폐단이 없다.
>
> 六四, 括囊, 无咎, 无譽. 象曰: 括囊无咎, 愼不害也.

고서에서 자주 볼 수 있는 글입니다. 재상이나 대신 같은 사람이라면 나이가 들어 고향에 돌아가서는 자칭 "괄낭무구(括囊无咎)"라 했습니다. 이것은 현금을 주머니 속에 몰래 감추어 두고 쓰지 않는다는 그런 의미는 결코 아닙니다. 이전에는 '낭(囊)'과 유사한 것으로 '탁(橐)'이 있었는데, '낭'이란 한쪽에 입구가 있는 자루요 '탁'은 양쪽이 모두 트인 자루로서 어깨에 걸어지고 다니던 것이었습니다. '괄낭'이란 자루의 입구를 단단히 조이는 것이요, '무구'는 허물이 없는 것입니다. 그렇지만 '무예(无譽)' 즉 다른 사람이 알아주지도 않습니다. 다른 사람이 더 이상 비방하지도 않지만 반면에 알아주지도 않습니다. 옛날 지식인들은 한평생 사업을 하다 마침내 물러나서는 자신을 갈무리하여 폐단이 없도록 했습니다. 그래서 "영웅은 늙어 불법에 귀의하고 늙은 장수는 산으로 들어가 군사를 논하지 않는다〔英雄到老皆歸佛, 宿將還山不論兵〕"라고 한 것입니다. 바로 자기 입을 묶어 버리는 것입니다. 그러니 허물이 없지요. "괄낭무구"는 참으로 신중한 것으로 이렇게 한다면 해로움이 없습니다.

황상원길

> 육오는 황색 치마로서 크게 길하다. 상사에서 말하기를 황색 치마로서 크게 길하다는 것은 문자의 찬란함이 그 속에 들어 있는 것이다.
>
> 六五, 黃裳, 元吉. 象曰: 黃裳元吉, 文在中也.

'상(裳)'이란 고대의 복장입니다. 고대 복장으로서 장포(長袍)는 겉에 입는 긴 옷입니다. 윗도리에 입는 무릎까지 내려오는 옷이 의(衣)이며, 아랫도리에 입는 치마 같은 것이 상(裳)입니다. 이것이 나중에 바지로 바뀌었습니다. 바지로 바뀌기 시작한 것은 북방에서부터였습니다. 북방은 날씨가 추워 치마로는 보온을 하기 어려웠기 때문입니다. "황상(黃裳)"에서 상(裳)은 하반신에 입는 옷으로 월로 따지면 매월 하반기가 됩니다. 매월 하반기에 아침 일찍 일어나 하현달을 보면 담황색입니다. 황상이란 바로 이런 현상으로서 더 많은 해석을 덧붙일 필요가 없습니다. 그러나 고서에서의 해석은 분분합니다. 중앙의 무기(戊己) 토가 황색이라는 등 수많은 견해가 있습니다. 모두 그 나름의 이치가 있고 또 훌륭한 해석이지만 원서(原書)의 본래 해석을 따르는 것이 더 타당하리라 생각됩니다. 건괘의 구오효는 "비룡재천 이견대인(飛龍在天, 利見大人)"으로서 아주 좋았는데, 곤괘의 육오효 역시 아주 좋습니다. "황상원길(黃裳元吉)"에 대한 상사의 해석은, 문자의 찬란함이 그 속에 있다는 것입니다.

극에 이르면 되돌아간다

> 상육은 용이 대지에서 싸우는 것으로 그 피가 현황색이다. 상사에서 말하기를 용이 대지에서 싸우는 것은 그 도가 다했기 때문이다.
>
> 上六, 龍戰于野, 其血玄黃. 象曰: 龍戰于野, 其道窮也.

건괘의 여섯 효는 모두 용으로써 설명되었는데 곤괘는 그렇지 않습니다. 곤괘는 처음에는 괘사가 어미말로 시작되고 그다음에 대지의 현상으로 나타내며, 육효는 달의 현상으로 설명됩니다. 이제 상육(上六) 즉 최후의 한 효에 이르러 건괘가 인용되고 또 용이 등장합니다. 우리는 곤괘에 종괘(綜卦)가 없다는 것을 알고 있습니다. 그리고 착괘(錯卦)는 여섯 효가 모두 양효입니다. 음이 극에 이르면 양이 생깁니다. 이 효는 이제 막 변하려 합니다. 곤괘가 여기에 이르면 변하지 않을 도리가 없습니다. 그러면 곧 양효가 나타납니다. 용이 들판에서 싸우면 피가 흐릅니다. 현(玄)은 청색이요 황(黃)은 황색입니다. 이것을 간단히 자연의 모습으로 새기면 뜻이 명쾌합니다. 다른 수많은 견해는 따를 필요가 없습니다. 매월 이십팔구 일쯤, 특히 아침 일찍 일어나 한번 관찰해 보십시오. 하늘은 푸르고 들은 망망한 것이 바로 현황(玄黃)의 색입니다. 『역경』이 자연의 현상에 근거해 인간사를 논한 것이라면 자연계의 현상을 관찰하는 것이 가장 좋은 『역경』 해석의 방법일 것입니다. 상사는 "용전우야(龍戰于野)"에 대해, 곤괘가 극에 이르면 "궁즉변 변즉통(窮則變, 變則通)"의 원리가 적용되는 것으로 해석합니다. 전쟁은 인류에게 반드시 화가 되는 것만은 아닙니다. 전쟁 역시 일종의 혁신입니다. "궁하면 변하고 변하면 통하기〔窮則變, 變則通〕" 때문입니다. 어느 시기에 이르면 변하지 않으면 안 되고 혁명을 거치지 않으면 안 됩니다. "그 도가 다했기〔其道窮也〕" 때문입니다. 도가 다하면 변해야 합니다. 변할 때는 자연 용이 들판에서 싸우는 현상이 나타납니다. 이것은 필연적 현상입니다.

용육은 영원히 좋다

> 용육은 이롭고 영원히 좋다. 상사에서 말하기를 용육이 영원히 좋은 것은 위대한 결과가 있기 때문이다.
>
> 用六, 利永貞. 象曰: 用六永貞, 以大終也.

곤괘 전체를 말한 것입니다. 주의할 것은 육십사괘 중 건괘와 곤괘에서만 용구(用九)와 용육(用六)을 말하고 있다는 것입니다. 기타 육십이괘에는 '용구'와 '용육'이라는 말이 나오지 않습니다. '용육'이란 건괘의 '용구'와 마찬가지로 육에 의해 끌려다니지 않고 전체 괘를 사용하는 것으로, 자신을 어떤 한 효에 국한시키지 않는 높은 경지입니다. 그래서 크게 길하고 이롭습니다. 영원히 좋습니다. 상사에서 용육이 영원히 좋다고 하는 것은 위대한 결과가 있기 때문이라 했습니다.

이제 곤괘의 효사를 다 끝냈습니다. 다시 여러분께 주의를 환기시키고 싶은 것은, 저의 『역경』 연구 방법은 다른 사람들의 주해와 무관하다는 것입니다. 유명한 주해로서는 『주역집주(周易集注)』를 들 수 있습니다. 이 책은 주희가 당시 각가(各家)의 주해를 이것저것 모아 놓아 초학자들이 편리하게 이용할 수 있도록 한 것입니다. 그러나 아쉽게도 이 속에는 잘못된 주해가 적지 않게 섞여 들어갔습니다. 이 책은 명나라 국자감의 감본(監本), 요즘으로 치면 국립대학교의 교재와도 같은 것인데 참고할 수 없는 곳들이 아주 많습니다. 우리는 현재 천상(天象)의 관찰을 통해 『역경』을 연구하고 있는데 이는 원시적 방법이긴 해도 비교적 정확합니다. 그러나 설사 우리가 전통 천문학을 다시 연구한다 하더라도 그것만으로는 안 됩니다. 새로운 길을 다시 개척해야 합니다. 아쉽게도 국내에는 전통 천문학을 이해하고서 이것을 현대 서양 천문학과 결합해 낼 만한 사람이 이미 많지 않은 것 같습니다.

음양 전도

뭔어에서 말하기를 곤괘는 지극히 부드럽지만 움직임은 강하며, 지극히 고요하지만 그 덕은 방정하다. 천도를 쫓아 행하지만 일정한 궤도가 있고 만물을 포용하여 빛을 이룬다. 곤의 도는 참으로 유순하다! 천도를 이어받아 수시로 행한다.

文言曰: 坤, 至柔而動也剛, 至靜而德方, 後得主而有常, 含萬物而化光, 坤道其順乎! 承天而時行.

이제부터 말하려고 하는 것은 사상의 문제로서 공자의 문언에 대한 것입니다. 문언은 아주 중요합니다. 중국의 문화는 유가의 공맹 사상이든 도가의 노장 사상이든 모두 『역경』의 원리로부터 나온 것입니다. 이제 각 괘의 점과 관련된 문제는 잠시 접어두고 문언에 대해서만 살펴보기로 합니다. 문언이란 『역경』을 문화적 관점에서 해석한 것입니다. 여기서 공자는 곤괘의 덕성을 말하고 있습니다. 곤은 순음괘로서 지극히 부드러운데 이것이 바로 곤괘의 본래 모습입니다. 그렇지만 이것이 움직일 때는 아주 강합니다. 노자는 이 개념을 인용하여 "부드러운 것이 강한 것을 제압할 수 있다〔柔能克剛〕"라고 말합니다. 세상에서 가장 부드러운 것은 물입니다. 물은 뼈대가 없습니다. 가열하면 기체로 되어 그림자도 없이 사라져 버립니다. 물은 천하에서도 지극히 부드러운 것이지만 세상에서 가장 강한 것도 제압할 수 있습니다. 아무리 두꺼운 강철판이라도 끊임없이 떨어져 내리는 물방울에는 구멍이 뚫리고 맙니다. 지금은 공업용 '물칼'도 사용되고 있습니다. 물을 가속화시키면 강철판까지도 자를 수 있습니다. 그래서 유가와 도가에서는 사람들에게 너무 강해서는 안 된다고 가르칩니다. 강하면 쉽게 부러집니다. 너무 강한 사람은 쉽게 좌절합니다. 곤괘 자체는 지극히 부드럽지만 이것이 움직이지 않을 때나 그렇지 일단 움직이기 시작하면 아주 강합니다. 마치 태극권과도 같아 훈련할 때는 천천히 움직여 아주 부드럽지만 실제로 활용할 때는 지극히 빠르고 강합니다. "지정이덕방(至靜而德方)", 곤괘는 지극히 고요하지만 절대 죽은 것도 뼈대가 없는 것도 아닙니다. 겉은 부드럽지만 속은 그렇지 않습니다. 속은 영원히 방정

(方正)합니다. 사람의 정신이나 인격 수양이 높아지면 자연 겉은 부드럽고 속은 방정하게 되어 "지정이덕방" 합니다. 여기에 또 하나의 조건이 덧붙어 "후득주이유상 함만물이화광(後得主而有常, 含萬物而化光)"이 됩니다. 이것은 달의 이치로서 일정한 궤도가 있으며 대지와도 같이 일체의 것을 포용하여 빛을 이룹니다. 바로 사람의 수양을 말하는 것이기도 합니다. 어떤 사람이 이렇게 수양할 수 있을까요? 건괘는 임금의 도로서 지도자의 수양이며, 곤괘는 신하의 도로서 일인지하 만인지상의 사람이 행하는 수양입니다. 작게는 이장(里長)이 임금의 도를 행하고 그 밑의 간부가 신하의 도를 행해, "곤도기순호 승천이시행(坤道其順乎, 承天而時行)" 합니다. 곤도(坤道)는 유순해야 하며 위의 가르침을 받들어 아래를 계몽시켜야 합니다. 하늘 또는 건괘의 작용을 이어받아 행해야 합니다. 이것은 우리의 수양이 곤도의 입장에 서야 함을 가르쳐 주고 있습니다. 곤도는 신하의 도이자 아내의 도이기도 합니다. 이 때문에 이전에는 부녀자의 덕을 말하면서 "부창부수(夫唱婦隨)"라고 했습니다. 그러나 지금은 건곤이 전도되고 말았습니다. "부창부수(夫唱婦隨)"가 아니라 "부창부수(婦唱夫隨)"가 되고 말았습니다.

이제 계속해서 곤괘의 문언을 살펴보기로 합시다.

공자의 인과관

선행을 쌓은 집에는 반드시 경사가 있고 악행을 쌓은 집에는 반드시 재앙이 있다.

積善之家, 必有餘慶; 積不善之家, 必有餘殃.

이 네 구절은 동양 문화의 대원칙입니다. 동양 문화에서는 인과응보를 말하기를 가장 좋아합니다. 이전에 『역경』을 연구한 적이 없다면 아마도 인과응보가 인도로부터 건너온 불교 사상이라 생각할 것입니다. 그렇지만 인도든 중국이든 동양에서는 모든 문화가 인과응보라는 기초 위에서 건립되었습니다. 중국의 과거 오천여 년의 교육과 정치, 도덕 등도 모두 인과응보라는 기초 위에 세워진 것이었습니다. 여러분이 좋지 못한 보응을 받을까 봐 두려워하는 것이나, 관직에 있는 사람이 후손들이 복받을 수 있도록 배려하는 것도 모두 인과를 두려워하기 때문입니다. 인과는 사실 종교철학에서 아주 중대한 문제 중의 하나입니다. 이것만 하더라도 따로 한 권의 책이 필요하며 한 편의 훌륭한 박사 학위 논문 재료가 될 것입니다. 불교의 인과는 자기 자신의 삼세 즉 전생과 현재 및 내세를 말하지만, 유가의 인과는 조상과 자신 그리고 후손의 삼대를 말합니다. 바로 『역경』의 이 부분에서 유래한 것입니다. 이것 역시 하나의 역사철학입니다. 위의 구절은 우리가 이미 잘 알고 있는 것으로 수천 년 동안 변하지 않고 내려온 것입니다. 이제는 물론 사회나 도덕이 바뀌었지만, 제가 관찰한 바에 따르면 젊은 세대들이 아무리 변한다 하더라도 이 관념은 여전히 남아 있을 것입니다. 인과의 관념은 우리의 피 속에 녹아 있다고 해도 과언이 아닙니다.

여기서 주의할 것은 '여경(餘慶)', '여앙(餘殃)'에서의 '여(餘)' 자입니다. '여'란 나머지로서 반드시 자기 자신에게 돌아오는 것은 아닙니다. 이것이 중국의 인과응보관입니다. 중국 문화는 모두 이 기초 위에 서 있습니다. 유비는 임종 시 아들에게 "작은 선이라도 행하지 않으려 해서는 안 되며, 작은 악이라 해도 행해서는 안 된다〔毋以善小而不爲, 毋以惡小而爲之〕"라고 했습니다. 유비와 같은 일세의 영웅이 자기 아들에게 행한 이 교육은 중국의 옛 문화로부터 나온 것입니다. 우리는 역사나 전기 속에서 윗대에서 좋은 일을 하여 후대에 좋은 결과가 생겼다는 언급을 자주 접합니다. 장래 동서 문화가 한데 어우러진 후에는 어떻게 변할지 아직 알 수 없습니다. 그러나 제가 아는 바로는 최근 미국에서도 하버드 대학교를 시작으로 해서 이미 종교 활동이 변화하고 있습니다. "하나의 큰 종교"라는 구호 아래 종교가 서로 분리되어서는 안 된다고 주장하고 있습니다. 그리고 미국의 일반 학자나 청년 지식인들이 삼세인과에 대해 깊은 믿음을 표하고 있습니다. 그러니 우리도 이제는 아래 세대를 교육하면서 이런 민족 문화의 정신을 살릴 수 있도록 해야 합니다. 이 관념은 앞으로도 변할 수 없는 것입니다.

공자는 계속해서 이 관념을 설명합니다. 이것으로부터 우리는 공자가 왜 『춘추』라는 역사책을 저술했는지를 알 수 있습니다. 역사의 법칙이 바로 여기에 있기 때문입니다.

신하가 임금을 죽이고 자식이 아버지를 죽이는 것은 일석일조에 이루어진 일이 아니다. ? 유래가 오래전부터 조금씩 쌓여 온 것이나 그것을 일찍 알아채지 못했기 때문에 문제가 생긴 것이다. 역에서도 말하기를 서리를 밟으면서 장차 대지가 굳게 얼어붙을 것을 추단한다고 했으니 이것은 자연의 점진적인 추이를 말한 것이다.

臣弑其君, 子弑其父, 非一朝一夕之故. 其所由來者漸矣, 由辯之不早辯也.

易曰: 履霜堅冰至, 蓋言順也.

춘추 전국 시대 공자는 극도로 혼란해진 사회를 보았고 수없이 많은 불효 불인한 인물들을 목격했습니다. 그가 효(孝)와 인(仁)을 내세운 것도 이 때문입니다. 사회 문화란 약품과도 같아서 어떤 병이 유행하면 그것에 맞는 약이 뒤따라 나옵니다. 예를 들어 감기가 한창 유행한다면 약국마다 감기약이 날개 돋친 듯 팔리는 것이나 마찬가지입니다. 교육 또한 그렇습니다. 사회에서 어떤 인재가 필요하면 대학에서는 그에 맞는 강좌가 개설됩니다. 이런 관점에서 사서오경을 보면 참으로 착잡한 마음을 금할 수 없습니다. 우리 민족이 얼마나 불효, 불인, 불의했으면 공자가 그처럼 인이니 효니 의니 하면서 부르짖었겠습니까? 그리고 수천 년이 지났지만 과연 진정한 효자, 인인(仁人), 의인은 몇이나 있었습니까? 공자는 여기서 또 다른 측면을 제시합니다. 부하가 윗사람을 죽이고 아들이 아버지를 죽이는 것은 춘추 전국 시대의 경우 비일비재한 일이었습니다. 특히 이해관계가 대립되면 형제 자매라도 서로 죽였습니다. "비일조일석지고(非一朝一夕之故)", 돌연 나타난 것이 아닙니다. 사회 문화의 변천은 돌연히 발생하지 않습니다. "기소유래자점의(其所由來者漸矣)", 그것은 점진적으로 나타납니다. 『역경』의 법칙처럼 한 효 한 효가 누적되면서 서서히 변화합니다. 『역경』의 이런 이치에 근거한다면 우리의 최근 역사, 더 멀리는 19세기로부터 시작해서 지금에 이르기까지 우리 사회는 한 걸음 한 걸음씩 발전해서 오늘에 이른 것입니다. 오늘의 사회에 대해 많은 사람들이 개탄을 금하지 못하고 있으나 제가 보기에는 사실 별것 아닙니다. 이들은 모두 서서히 나타난 것으로 두려워할 게 없습니다. 때가 되면 하나의 큰 변화가 생겨

곧 좋아집니다. "기도궁지(其道窮也)", 이미 이 지경에 이르렀습니다. 이제 바뀌지 않을 수 없습니다. "유변지부조변야(由辯之不早辯也)", 여기서 '변(辯)'이란 변론 또는 변별의 변입니다. 가정으로 말하면 아이가 나쁘게 변했는데도 미리 그것을 알지 못한 것이요, 역사로 말하면 지도자가 무능해 일찍 문제를 파악하지 못한 것입니다. 결국은 동란이 일어납니다. 이것 역시 역사철학이자 사회사요 문화 발전사이기도 합니다. 중국 문화를 예로 들어 봅시다. 중국에서는 왜 지금까지도 계속 자연과학을 제창해야 할까요? "기소유래자점의(其所由來者漸矣)", 변화는 조금씩 진행됩니다. 현대의 과학 수준이 이미 정점에 달했다고 생각해서는 안 됩니다. 계속 변화해야 합니다. 당연한 이야기지만 앞으로도 또 새로운 과학 시대가 열릴 것입니다. 『역경』은 "이상견빙지 개언순야(履霜堅冰至, 蓋言順也)"라고 말합니다. 이것은 초육효의 효사를 인용해서 해석한 것입니다. 『역경』을 배우면 발 밑에 서리가 밟히는 것을 보고 곧 날씨가 추워지리라는 것을 압니다. 봄이 와서 날이 풀리기 시작하면 여름에 입을 옷을 꺼내어 준비를 해 두어야 합니다. 이런 것들이 모두 전인후과(前因後果)로서 동양 문화의 중요한 핵심이 바로 여기에 있습니다.

속은 바르고 겉은 의로우며 사해를 일가처럼 여기다

곧은 것은 바른 것이요 방정한 것은 의로운 것이다. 군자는 경으로써 마음을 곧게 하고 의로써 행동을 방정하게 하니 경과 의가 확립되면 덕이 외롭지 않다. 곧고 방정하고 포용력이 있다면 익히지 않아도 이롭지 않음이 없으니 그의 행위에 대해 아무도 의문을 품지 않는다.

直其正也, 方其義也. 君子敬以直內, 義以方外, 敬義立而德不孤. 直方大, 不
習无不利, 則不疑其所行也.

이것이 바로 공자의 유가 사상입니다. 『역경』의 천문 법칙으로 인간사와 수양의 이치를 말하고 있습니다. 이른바 '직(直)'이란 '정(正)'을 말하며 '방(方)'이란 '의(義)'를 말합니다. 중국 사람들은 관상을 볼 때도 이 원칙을 따릅니다. 얼굴 모양이 길쭉하면 어질고 각이 지면 의롭다는 것입니다. "군자경이직내(君子敬以直內)", 마음의 수양이 완전히 공정합니다. 마음이 곧아 뱃속에 다른 음험한 생각이 들어 있지 않습니다. "의이방외(義以方外)", 외부에 대해, 또 사람에 대해서든 일에 대해서든 어디에든 적합하며, 말에 믿음이 있고 모든 행위가 어긋남이 없습니다. 이 때문에 "경의립이덕불고(敬義立而德不孤)" 합니다. 외로워할 것도 없고 불운해할 것도 없습니다. "직방대 불습무불리(直方大, 不習无不利)", 공자는 이 두 구절로 효사를 해석합니다. 사람이 직(直), 방(方), 대(大) 즉 공정하고 의로우며 어질어 대지와도 같이 일체의 것을 포용할 수 있다면, "즉불의기소행야(則不疑其所行也)" 즉 천하 사람이 모두 그의 덕으로 돌아올 것입니다.

가마를 메다

음은 비록 아름다움을 속에 품고 있더라도 국가대사에 종사하면서 감히 어떤 성과를 얻으려 하지 않는다. 그것이 대지의 도리요 아내의 도리요 신하의 도리이기 때문이다. 대지의 도리가 어떤 성과를 거두지 못해도 하늘이 대신해서 좋은 결과를 얻는다.

陰雖有美含之, 以從王事, 弗敢成也; 地道也, 妻道也, 臣道也. 地道无成而代有終也.

조금 전에 제삼효의 "빛을 속으로 머금고 있어 매우 곧다〔含章可貞〕"에 대한 해석은 바로 공자의 이 관점으로부터 온 것입니다. '음(陰)'이란 곧 달입니다. "수유미함지(雖有美含之)", 달빛은 아주 아름답습니다. "이종왕사(以從王事)"는 곧 신도(臣道)입니다. 신하로서 "불감성야(弗敢成也)" 즉 감히 자기가 성공하려 해서는 안 됩니다. 진정한 대신이라면 성공은 자기 몫이 아닙니다. 이것이 신도(臣道)요 지도(地道)이며 천지의 법칙입니다. 비유하자면 가마를 메면서 조심조심 잘 메야 하는 것과 같습니다. 그렇지 않으면 가마를 탄 사람이 곤두박질칠 수도 있습니다. 가마를 탄 사람 역시 잘 앉아야 합니다. 그렇지 않으면 가마를 메는 사람이 힘듭니다. 어떤 지위에 있든 어떤 일을 하든 모두 대지의 법칙을 벗어나지 않습니다. "처도야(妻道也)", 마치 아내와 같습니다. 남편을 잘 간수해야 하지만 남편이 자기 말을 고분고분 잘 듣도록 만드는 것보다 자기가 남편 말을 잘 듣는 편이 본인으로서도 훨씬 더 재미있을 겁니다. "지도무성이대유종야(地道无成而代有終也)", '지도(地道)'는 스스로 이루지 못하지만 자기가 이루지 못한다고 해서 아무 결과가 없을 것이라 생각해서는 안 됩니다. 반드시 자기가 성공해야 되는 것은 아닙니다. 다른 사람의 성공 역시 자신의 성공입니다. 역사를 보면 알 수 있습니다. 역사상 성공한 인물들은 그를 도운 사람까지 모두 이름을 남깁니다. 솔직히 말해 옆에서 돕는 사람이 스스로 성공하지 못할까 두려워한다면 이름을 남기기는커녕 모두 도태되고 말 것

입니다. 가마에 탈 사람을 찾아 천천히 들어올리면 재미도 있을 테고 마침 내 모두가 다 성공할 수 있을 겁니다.

언행을 삼가다

> 천지가 소통되어 변화하면 초목이 무성해지지만 천지가 서로 소통되지 않으면 현인도 은거한다. 역에서 말하기를 자루 입구를 단단히 조이니 허물도 명예도 없다고 했으니 이것은 조심하고 삼가할 것을 말한 것이다.
>
> 天地變化, 草木蕃, 天地閉, 賢人隱. 易曰: 括囊无咎无譽, 蓋言謹也.

제사효의 해석입니다. 송대 이학가(理學家)들은 공자가 도가를 반대하고 은사를 반대했다고 강조했습니다. 그러나 제가 볼 때 공자는 반대하지 않았을 뿐 아니라 도리어 두둔했습니다. 『논어』에서 많은 증거를 찾을 수 있습니다. 공자는 여기서 "천지변화 초목번(天地變化, 草木蕃)"이라 말합니다. 봄이 와서 날씨가 따뜻해지고 시운(時運)이 돌아오면 초목들은 모두 쑥쑥 자랍니다. 그러나 가을이 되어 천지가 막히면 만물은 시들어 떨어집니다. 현인과 달인 또는 군자라도 이런 시기를 만나면 방법이 없습니다. 상황을 돌이키려 해도 방법이 없습니다. 어쩔 수 없이 물러나서 은거하게 됩니다. 제사효의 효사는 "괄낭무구무예(括囊无咎无譽)", 자기가 스스로를 거두어들여 주머니 속에 집어넣는 것입니다. 바로 황석공(黃石公)이 『소서(素書)』 제2장의 마지막 부분에서 언급한, "몰신이이(沒身而已)"의 뜻입니다. 자기 시대가 아닐 때는 소리없이 물러나서 초목처럼 살아야 합니다.

이렇게 해서 마치 진흙 덩어리처럼 변했을 때, 이때가 바로 '괄낭(括囊)'의 시기입니다. 아무리 뛰어난 학문이 있다 하더라도 주머니 속에 집어넣고 입구를 묶어 버립니다. 이렇게 하면 "무구무예(无咎无譽)" 즉 세상과 무관해집니다. 왜 이렇게 해야 할까요? 말을 조심해야 하기 때문입니다. 고인의 시 중에, "절세미인이야 원래 요물이지만 난세에 재산이 많은 것도 화의 근원이다〔美人絶色原妖物, 亂世多財是禍胎〕"라는 구절이 있습니다. 세상 모든 화의 근원은 바로 이 두 글자, 재(財)와 색(色)에 있습니다. 역사상 사람을 비판하는 것도 모두 이 두 글자를 벗어나지 않습니다. 그러나 난세에는 재주가 많은 것도 화근이 되니 '괄낭'해야 합니다. 그렇지 않으면 곧바로 가마에 앉을 사람을 찾아 가마를 메어 올려야 합니다. 하지만 마구잡이로 해서는 안 됩니다. 그렇게 한다면 사회와 국가에 아무런 공헌도 할 수 없습니다.

황중통리, 지극히 높은 인생 경지

> 군자는 황중통리하여 바른 자리에 처하며 내면의 아름다움이 사지로 뻗쳐 사업에서 발현되니 아름다움의 극치를 이룬다.
>
> 君子黃中通理, 正位居體, 美在其中, 而暢於四肢, 發於事業, 美之至也.

육오효의 해석입니다. 이것이 바로 중용 사상입니다. 앞에서도 이야기한 적이 있지만 『대학』의 사상은 건괘로부터 나왔고, 『중용』의 사상은 바로 이 구절에서 나왔습니다. 이런 주장은 저의 전매특허입니다. "황중통리 정위거체(黃中通理, 正位居體)", 이것이 중용의 도입니다.『중용』제1장의 "중화에 이르니 천지가 제자리를 잡고 만물이 자란다〔致中和, 天地位焉, 萬物育焉〕"라는 구절이나, 맹자의 양기(養氣) 즉 "나는 호연지기를 잘 기른다. (중략) 지극히 크고 강해 방해받지 않고 계속 키워 나가면 천지간을 가득 채운다〔吾善養吾浩然之氣, (中略) 至大至剛, 以直養而無害, 充塞於天地之間〕"라는 구절은 바로 여기서 나왔습니다. 도교에서는 신선이 되기 위해 반드시 임독양맥을 타통해야 한다고 주장합니다. 임독양맥을 타통하려면 "황중통리(黃中通理)" 해야 합니다. '황중(黃中)'이란 추상적으로 말하면 천지의 가운데요, 구체적으로 말하면 인체 내부의 위나 장 일체를 가리키는 것입니다. '황(黃)'이란 중앙의 색깔이지만 '이(理)'는 '이치'의 뜻이 아니라 한의학에서 말하는 '주리(腠理)', 즉 피부와 모공을 의미합니다. 수양이 경지에 이르면 내부뿐 아니라 외부 역시 통합니다. 모공마다 모두 통합니다. 이때가 바로 천인합일의 경지입니다. 여기에 이르면 안면에 광채가 가득해 참으로 아름답습니다. 사지가 충만하고 전신이 모두 툭 트입니다. 이런 높은 내면적 수양이 어떤 기회에 외부의 사업과 연계되면 내외가 합일되고 천인이 합일되어 아름답기 그지없습니다.

양이 없는 것을 싫어하다

> 양을 앞에 두고 음이 극에 이르면 반드시 싸움이 벌어진다. 양이 없는 것을 혐오하기 때문이다. 그래서 용이라 한다. 그렇지만 그 유를 벗어나지 않으므로 혈이라 한다. 무릇 현황이란 천지가 뒤섞인 것으로 천이 현이고 지가 황이다.

> 陰凝於陽必戰, 爲其嫌於无陽也, 故稱龍焉. 猶未離其類也, 故稱血焉. 夫玄黃者, 天地之雜也, 天玄而地黃.

상육효의 해석입니다. 도치법을 사용한 것으로 분석적 주해입니다. 곤괘는 음의 괘인데 왜 상육효에 이르러 "용전우야(龍戰于野)"라 했을까요? 양을 두고서 음이 극에 이르면 반드시 싸움이 벌어집니다. 예를 들어 한 무리의 여자들이 표류하다 외딴 섬에 다다랐다고 합시다. 몇 년 동안 남자 구경도 못하다가 우연히 남자가 한 명 나타났다면 서로 차지하려고 싸움이 벌어질 것입니다. 곤괘에는 양이라고는 전혀 없습니다. 그러다 제육효에 이르러 음이 극에 달해 양이 생기려 하니 싸움이 일어나는 것입니다. 용이라 한 것은 음양이 뒤섞여 싸우기 때문입니다. 용은 눈으로 볼 수 없습니다. 아무런 표시도 없이 나타나기도 하고 사라지기도 하며 변화가 무상합니다만 아직 그 유(類)를 벗어나지 않습니다. 곤과 건이 천지와 같은 종류이기 때문입니다. 이 때문에 피〔血〕라 했습니다. 혈맥이 서로 이어진다는 것입니다. 천현지황(天玄地黃)이라는 것은 천지의 색깔이 서로 뒤섞인 것을 가리킵니다.

둔괘

지금부터는 둔(屯)괘에 대해 살펴보겠습니다. 둔괘는 아주 좋은 괘입니다. 힘들고 어려운 가운데서 새롭게 기상을 세워 나가는 그런 괘입니다. 목전의 중국 국운과도 관계가 있는 괘입니다.

이 괘를 연구하다 보면 여러분은 『주역』을 어떻게 연구해야 할지를 알 수 있을 겁니다. 앞에서 건괘와 곤괘를 살펴볼 때도 여기에 대해 언급하지 않은 것은 아니지만 그렇게 분명하지 않았습니다. 이제 둔(屯)괘와 몽(蒙)괘를 살펴보고 나면 그 나머지 괘를 어떻게 연구해야 할지 대략 이해할 수 있을 것입니다.

우리는 동양 문화의 원조격인 『역경』을 너무 신비하게만 보아서도 안 되며 그렇다고 경시해서도 안 됩니다. 『역경』은 처음엔 점치는 책이었습니다. 후에 문왕과 주공, 공자에 의해 발전되면서 점의 작용이 문화적 이치로 변했습니다.

둔괘의 의미

괘를 연구할 때는 그 괘를 그림으로 그려 볼 수 있어야만 합니다. 둔괘는 수뢰둔(水雷屯)䷂으로서 위는 감괘☵, 아래는 진괘☳입니다. 상하괘는 내외괘라고도 하는데, 내(하)괘는 진괘로서 번개나 벼락을, 외(상)괘는 감괘로서 물을 나타냅니다. 이 괘를 그림으로 그려 보면 큰 바다 밑에서 벼락 같은 진동이 일어나는 그림이 될 것입니다. 내면에서 거대한 에너지가 폭발해 변화하고 진동하는 것이 바로 이 괘입니다. 이런 식으로 먼저 전반적 현상을 이해할 필요가 있습니다. 다음으로는 둔괘라는 괘명입니다. 둔괘의 상괘는 감(坎)으로서 물이며 하괘는 진(震)으로서 벼락입니다. 우리는 "둔적거기(屯積居奇)"라는 관용어를 알고 있습니다. 물건을 쌓아 둔다는 것입니다. 고대에는 창고를 '둔(屯)'이라 했는데 이것은 『삼국연의』에 나오는 말입니다. 당시 강동(江東)의 오나라는 경제가 매우 어려웠던 것 같습니다. 고대 역사 기술에서 큰 문제점은 경제 방면에 대해서는 아예 기록을 남기지 않았다는 사실입니다. 전쟁의 경비는 어디서 나왔을까요? 여기에 대해서는 거의 언급이 없습니다. 어쨌든 이런 경제적 어려움은 노숙(魯肅)을 만남으로써 해결되었습니다. 노숙은 아주 돈이 많은 사람이었는데, "노지둔(魯指屯)" 즉 노숙은 둔(屯)을 가리키면서, "우리집에 와서 가져가십시오. 우리집 창고에 있는 것은 모두 가져가도 좋습니다"라고 했습니다. 이로 인해 동오(東吳) 정권의 경제적 기반이 확보되었습니다. 여기서 우리는 둔괘가 창고를 나타낸다는 사실을 알 수 있습니다. 사실 옛날에는 '둔' 자를 "屯"이라 썼습니다. 옆으로 그은 횡선은 천지를 나눈 것이고, 나머지 열십자처럼 교차된 것은 풀을 나타냅니다. 풀은 땅속에서 뿌리를 내리고 지상으로는 조금만 내밀고 있다가 봄이 되면 싹을 틔우기 시작합니다. 이것이 바로 둔괘입니다.

우리는 먼저 둔괘의 이런 평이한 의미부터 이해해야 합니다. 높고 심오한 의미부터 보려 해서는 안 됩니다. 물론 이런 평이한 측면으로만 보려 해서도 안 됩니다. 세상의 높고 심오한 학문은 모두 평범합니다. 평범한 것으로부터 진정한 것을 찾을 수 있습니다. 앞에서 이미 우리는 둔괘의 평범한 의미를 살펴보았는데 이제 다시 괘문(卦文)을 보기로 합시다.

둔은 원형이정이다. 굳이 사용할 필요가 없지만 멀리 나아가는 바가 있으니 제후를 세우면 이롭다.

屯, 元亨, 利貞; 勿用有攸往, 利建侯.

둔(屯)은 괘명이요 원형이정은 괘의 덕입니다. 이 네 글자가 둔괘의 덕을 나타냅니다. 말하자면 이 괘의 작용에는 크게 네 가지 측면이 있는데 이것이 모두 좋다는 뜻입니다. 원형이정은 건괘에서 사용된 것으로 다른 괘에서는 잘 쓰지 않습니다. 이 네 가지 좋은 측면을 둔괘는 모두 다 갖추었습니다. 원형이정의 해석은 건괘에서 살펴보았기 때문에 여기서 되풀이하지는 않겠습니다. 그러나 유의해야 할 것이 있습니다. 원형이정은 건괘를 대표하는 것입니다. 곤괘에서도 이정(利貞)이 등장하지만 "이빈마지정(利牝馬之貞)"이라는 단서가 붙습니다. 그런데 어떻게 둔괘에 우주의 근원이라 할 수 있는 건괘의 덕이 똑같이 적용될까요? 둔괘가 어떻게 해서 원형이정과 같은 훌륭한 덕을 가질 수 있을까요? 이것은 둔괘가 건괘로부터 변화되어 나온 것이기 때문입니다. 그렇기 때문에 건괘의 성질과 작용을 갖습니다. 용이 용을 낳고 봉황이 봉황을 낳은 것과도 같습니다. 건괘는 여섯 효가 모두 양효입니다. 건괘로부터 둔괘에 이르는 과정을 살펴보면, 외괘의 두 효가 바뀌었고 내괘 역시 두 효가 변했으니 내부와 외부가 모두 바뀌었습니다. 귤이 속에서부터 썩기 시작하고 종자 내부에 발아가 시작되었다면 이미 내부의 변화가 시작된 것입니다. 외괘의 중심이 아직 변하지 않았지만 바깥은 이미 변했습니다. 이제 더 이상 변하지 않을 도리가 없습니다. 이런 경우라면 반드시 내부가 변해야 합니다. 그렇지 않으면 더 이상 생존할 수 없습니다. 외부의 환경도 변하려 하지만 아직은 중심까지 변하지 않았습니다. 바로 이런 측면에서 둔괘는 건괘와 관계 있다는 것을 알 수 있습니다.

예를 들어 마음속에 의혹이 있어 선뜻 결정을 내리지 못한다고 합시다. 귀신에게 물어봐도 사람에게 물어봐도 해결할 수 없습니다. 단지 괘를 뽑아 볼 수밖에 없는데 이때 둔괘가 나왔다면 문왕의 판단은 "물용 유유왕 이건후(勿用, 有攸往, 利建侯)"입니다. 여기서 문제는 '물용(勿用)'이라는 두 글자에 있습니다. 앞의 건괘에서 이미 살펴본 바 있지만, '물용(勿用)'은 사용할 수 없다는 것도 사용할 능력이 없다는 것도 마땅히 사용하지 말아야 한다는 것도 아닙니다. 이것은 절대적인 부정이 아니라 아주 융통성 있는 것으로 애써 사용할 필요가 없다는 뜻입니다. 잠시 그대로 내버려 두는 것입니다. 사업을 한다면 어떤 기회를 감지했다 하더라도 적극적으로 나서지 말라는 것입니다. 그렇게 하면 도리어 문제가 생기기 때문입니다. 조금 더 기다렸다 기회가 제 발로 걸어 들어올 때 행하라는 것입니다. 그러나 "유유왕(有攸往)" 즉 나아가는 바가 있습니다. 앞으로 한 줄기 길이 나 있고 멀리서 아주 밝은 빛이 비칩니다. 제후를 세우기에 가장 유리합니다. "이건후(利建侯)", 제후를 세우는 것은 고대의 제도입니다. 지방에 제후를 세워 봉건적 영토를 확장하는 것입니다. 사업을 한다면 장차 크게 번성할 것입니다. 새로운 사업 영역을 창출해 내거나 기존의 범위를 확대할 것입니다. 각지에 지점을 세워 사업이 날로 확대될 것입니다. 이것이 둔괘에 대한 문왕의 해석입니다.

둔괘의 창업 정신

단사에서 말하기를 둔은 강유가 교류하기 시작하여 어려움이 생기는 것이다. 험난함 속에서 움직이나 곧으면 크게 형통한다. 억수같이 쏟아지는 빗속에 번개가 치고 초목이 싹트기 시작하니 마땅히 제후를 세워야 하나 평안하지는 못하다.

> 彖曰: 屯, 剛柔始交而難生; 動乎險中, 大亨貞; 雷雨之動滿盈; 天造草昧, 宜建侯而不寧.

이것은 둔괘에 대한 공자의 평가인데 모두 좋습니다. 사업을 한다면 좋은 운이 다가옵니다. 여기에는 철학이 하나 있습니다. 좋은 일이 생기려면 반드시 어려움이 있습니다. 세상 일이란 그런 것입니다. 어려움을 겪지 않고 성공하는 것은 절대 좋은 일이 아닙니다. 쉽게 얻은 것은 빨리 잃어버립니다. 둔괘는 사업의 진정한 성공이 곤란을 겪지 않고서는 얻을 수 없는 것임을 말하고 있습니다. 공자는 "단왈 둔 강유시교이난생(彖曰: 屯, 剛柔始交而難生)"이라고 말합니다. 둔괘는 강유가 처음 교류하는 상입니다. 강유는 상반되고 모순되는 것입니다. 내괘인 진괘는 번개로서 양강(陽剛)의 기운이며 외괘인 감괘는 물로서 음유(陰柔)의 기운입니다. 이처럼 상호 모순된 강유가 교류하면 모순 속에서 새로운 것이 나옵니다. 이것은 필연적 법칙입니다. 강유가 이제 막 교류하기 시작하면, 마치 남녀가 연애를 할 때처럼 처음에는 아주 많은 어려움이 따릅니다. 혹은 사업을 시작하면서 파트너와 성격 차이 때문에 심한 어려움을 겪는 것과 같습니다. "강유시교이난생(剛柔始交而難生)"이라는 구절을 꿰뚫어 볼 수 있다면 개인의 수양이나 일 처리의 이치를 이해할 수 있습니다. 좋은 일이 하나 생긴다는 것은 그리 간단하지 않습니다. 한 시기의 훌륭한 역사적 국면을 완성한다는 것은 결코 간단한 일이 아닙니다. 혁명의 완성 역시 "강유시교이난생"입니다. 혁명을 완성하기 위해서는 얼마나 많은 어려움을 겪어야 하는지 모릅니다.

왜 공자가 이런 말을 하고 있을까요? 그는 계속해서 "동호험중(動乎險中)"이라 해석합니다. 이 괘의 움직임이 아주 험하다는 것입니다. 말하자면 이 괘는 진정한 혁명의 괘입니다. 온갖 어려움 속에서 새로운 사업 하나를 일으켜야 하기 때문입니다. 상(象)으로 말하면 바다 밑으로부터 온갖 힘을 다해 거대한 압력을 뚫고 나가고자 하는 것입니다. 그러니 어려움이 말할 수 없이 큽니다. 사람은 이런 어려움에 직면하지 않고는 분발하지 않습니다. 어려움과 위험이 따라야만 도리어 분발하여 쟁취하게 됩니다. 그러나 노력하면서도 특별히 조심해야 합니다. 방심하면 반드시 문제가 생깁니다. 이 때문에 문왕은 이 괘를 "대형(大亨)" 즉 크게 이롭고 길하다고 한 것입니다. 그러나 반드시 '정(貞)' 해야 합니다. 위험 속에서도 흔들림 없이 바른 길을 가야 합니다. 잘못된 길을 들어서서는 안 됩니다.

이 괘는 억수같이 쏟아지는 빗속에서 번개가 치는 형상이기도 합니다. 높은 산이나 비행기에서 내려다보면, 아래에 시커먼 먹구름이 몰려 비가 내리는데 구름 아래에서 섬광이 번쩍번쩍 비치는 것과 같습니다. 비와 번개의 움직임이 산과 들을 남김없이 가득 채워 온통 물입니다. 이것은 인류 역사의 시작을 나타냅니다. 천지가 개벽될 때처럼 도처가 황폐합니다. 아무런 문명의 흔적도 없는 혼돈의 천지에 터전을 닦아 사업을 시작하려 하니 마땅히 곳곳에 제후를 세워야겠지요. 그러나 영원히 편안한 날이 없을 것입니다. 우리는 여기서 하나의 교훈을 끌어낼 수 있습니다. 사업에 성공하려면 영원히 편안하려고 생각해서는 안 됩니다. 복을 누리면서 사업에도 성공한다는 것은 불가능합니다. 새롭게 무언가를 세우고자 한다면 편안함은 영원히 단념해야 합니다. 사람들은 모두 부귀와 공명, 성공을 바라면서도 가급적 어려움은 피하려 합니다. 그러나 이것은 불가능합니다. 소동파(蘇東坡)와 같이 대단히 총명한 사람도 이런 잘못된 생각을 했습니다. 그는 총명했기 때문에 일생을 숱한 좌절 속에서 살아야 했습니다. 소동파가 이런 시를 남겼습니다.

사람들은 하나같이 총명이 좋다고 하나	人人都說聰明好
나는 총명함 때문에 일생을 망쳤도다	我被聰明誤一生
이제 원하는 것은 돼지같이 미련한 자식을 낳아	但願生兒蠢如豕
아무 어려움 없이 공경의 지위에 이르는 것이다	无災无難到公卿

이 시구 중 앞의 세 구절은 그런대로 이치에 닿으나 마지막 한 구절은 그렇지 못합니다. 또 너무 총명해져 버렸습니다. 세상에 이런 일이 어디 있습니까? 이런 이야기가 있습니다. 아주 훌륭하게 일생을 산 사람이 죽자 염라대왕은 이 사람을 다시 세상으로 보내야겠다고 생각했습니다. 그런데 막상 환생시켜 사람으로 만들고자 하니 어떤 사람이 좋을지 얼른 생각이 나지 않았습니다. 그래서 본인의 결정에 따르기로 하고 물으니 이렇게 대답했습니다. "천 묘(畝)의 옥토에 굽이굽이 물이 흐르고, 방마다 아름다운 처첩이 가득하며, 아버지는 재상에 자식은 제후에 봉해지고, 저는 앞마당 나무그늘에 한가로이 누워 뒹굴기만 했으면 합니다." 염라대왕이 그 소리를 듣더니 자리에서 일어서며 말했습니다. "노형! 세상에 그런 일이 있을 수 있다면 노형이 염라대왕 맡아서 하시구려. 내가 노형 대신 그렇게 살리다." 이 이야기를 듣고서 다시 『역경』을 보면 인생이 잘 이해될 것입니다. 무릇 어떤 것을 새로 세우기 위해서는 평생 수고로움이 뒤따라야 합니다. "의건후이불녕(宜建候而不寧)", 이렇게 새로운 사업을 일으키

기 위해 수고로움은 불가피한 것입니다.

상사에서 말하기를 구름과 번개가 둔이니 이것으로 군자는 경륜을 행한다고 했다.

象曰: 雲雷, 屯, 君子以經綸.

상사에서는 둔괘☷를 구름과 번개로 묘사하고 있습니다. 화가가 그린다면 한 폭의 훌륭한 그림이 되겠지요. 그러나 주의할 것이 있습니다. 둔괘는 분명 수뢰둔(水雷屯)인데 왜 상사에서는 '운뢰둔(雲雷屯)'이라 했을까요? 그것은 구름 속에 물이 있기도 하지만 감괘의 성질이 물이면서도 큰 역량을 나타내는 것이기 때문입니다. 이런 상황에서 군자는 경륜을 행합니다. 군자란 도덕과 학문, 기상과 수양을 고루 갖춘 사람을 일컫는 말입니다. 이런 군자라면 사방을 둘러봐도 아득할 뿐인 주변 상황을 타파해 나갈 수 있습니다. 자연의 압박뿐 아니라 세상사의 온갖 압력을 헤쳐 나갈 수 있습니다. 이것이 바로 인간이 행해야 할 바입니다. 인간은 바로 이런 정신을 이어받아 경륜을 행해야 합니다. '경륜(經綸)'이라는 말은 바로 『역경』의 이 부분에서 유래한 것입니다. 이 말은 경영이나 창업 또는 관리 등 많은 의미를 포함하고 있습니다. 베를 짤 때 가로가 '경(經)'이요 세로가 '륜(綸)'이듯이 그렇게 종횡으로 얽혀 있습니다. 상사는 우리에게 둔괘의 정신을 본받아야 한다고 말합니다. 그렇게 해서 사업을 새롭게 일으키고 경영해야 한다는 것입니다.

괘사와 단사, 상사는 쉽게 해석할 수 있지만 상세히 파고들면 반드시 그렇지만은 않습니다. 각자의 다양한 주장이 가능합니다. 그러나 우리는 옛사람들의 견해가 모두 훌륭하다고 말할 필요는 없습니다. 옛사람들이 많은 저서를 남겼지만 각자의 관점이 모두 달라 그 중 어떤 것이 옳고 어떤 것이 그르다고 말하기는 어렵습니다. 저는 저대로의 관점에서, 여러분 또한 여러분의 학식이나 수양에 따라 자기 관점에서 기술할 수 있습니다. 심지어 둔괘의 단사와 상사에 대해서라면 창업의 철학에 관한 매우 훌륭한 저술이 가능할 것이며, 공업이나 상업 관리뿐 아니라 행정 관리 등에 관한 저술도 가능할 것입니다. 이런 『역경』의 해석을 보면서, '아! 이렇게 볼 수도 있겠구나' 하고 느끼겠지요.

아래에 나오는 효사는 얼핏 보기에는 매우 복잡한 듯하나 그렇게 까다롭고 이해하기 힘든 것은 아닙니다. 이제 여러분께 소개해 드리는 방법에 따라 공부해 나간다면 별다른 어려움 없이 통할 수 있을 것입니다.

서서 기다리다 기회 봐서 움직이다

> 초구는 바위 옆으로 자라나온 초목들이 뒤엉킨 것으로, 그 자리에서 가만히 기다리는 것이 이로우며 또 제후를 세우는 것이 이롭다. 상사에서 말하기를 비록 바위 옆으로 자라난 초목들이 뒤엉켜 있으나 뜻과 행동이 바르다. 아랫사람들을 귀하게 여기니 크게 백성을 얻는다.
>
> 初九, 磐桓, 利居貞, 利建侯. 象曰: 雖磐桓, 志行正也; 以貴下賤, 大得民也.

둔괘의 제일효는 양효로서 점을 쳐 이 효를 얻었다면, 또 점을 친 목적이 창업에 대한 것이었다면, 그러면 그것은 "반환 이거정 이건후(磐桓, 利

居貞, 利建侯)"입니다. 사업은 장래 반드시 성공할 것입니다. 계속해서 상사를 보면 공자는 이 괘를 새로운 정치 국면이 전개되는 상황으로 파악하고 있습니다. 이제 한 걸음 더 나아가 살펴보기로 합시다. 무엇을 '반환(磐桓)'이라 할까요? 지금의 문자는 한 글자 혹은 몇 글자가 결합되어 하나의 뜻을 나타내지만, 고대의 문자는 한 글자가 몇 개의 관념을 나타냈습니다. '반(磐)'이란 큰 바위요 '환(桓)'이란 초목입니다. 큰 돌이 땅 위를 누르고 있어 이 토지를 이용하지 못합니다. 이런 경우 초목이라면 어떻게 할까요? 바위 옆으로라도 자라 나올 겁니다. '환'이란 초목들이 이처럼 어지럽게 뒤엉킨 것입니다. 큰 돌이 내리누르고 있어 초목들이 옆으로 자라 나오면서 뒤엉킨 것이 바로 '반환'입니다. 문학작품에서는 친한 친구와 며칠 동안 같이 어울려 노는 것을 "며칠 간 반환했다[磐桓幾日]"고 표현하는데, 초목이 뒤엉키듯 며칠 동안 서로의 우정이 교류되었음을 말하는 것입니다. 여기서는 양효인 초구를 밑에 머물러 있는 생명력의 뿌리로 설명합니다. 비록 위에서 많은 음효가 바위처럼 내리누르고 있지만 생명력의 근원인 초구를 영원히 누르고 있을 수는 없습니다. 결국은 바위 옆으로 자라 나옵니다. 이 현상은 좋긴 하지만 많은 시간이 필요합니다. 서둘지 말고 기다려야 합니다. "이거정(利居貞)"의 '거(居)'는 그 자리에서 가만히 기다리는 것입니다. 정정당당하게 기다려야지 머리를 굴려 옆으로 빠지려 해서는 안 됩니다. 바위 주변의 초목이 자라 숲을 이루고, 이 바위가 도리어 유람객들이 식사를 할 수 있는 휴식 공간이 될 때까지 기다려야 합니다. 공자는 말합니다. 비록 뒤엉켜 바르지는 못하지만 괘상으로 말하면 생각이 곧고 행동 또한 발라 아무 문제가 없다는 것입니다. 바르지 않으면 문제가 생깁니다.

그러나 이 괘상을 정치적 이치로 말한다면 "낮고 천한 것을 귀하게 여기는 것[以貴下賤]"으로, 참으로 실천하기 어려운 것입니다. 중국 역사에서 지도자에게는 "예현하사(禮賢下士)"라는 네 글자가 있었습니다. 옛날에는 어진 사람에게는 아랫사람이라 해도 예를 다했습니다. 자신을 낮추어 자기보다 못한 사람에게 가르침을 청했습니다. 이렇게 하다 보니 자연 사람들의 지지를 받게 되어 민심을 크게 얻기에 이르렀습니다. "낮고 천한 것을 귀하게 여기는 것"이 어떤 것인지에 대해서는 「계사전」에서 이미 밝힌 바 있습니다. 양괘에는 음이 많고 음괘에는 양이 많습니다. 둔괘는 음효가 많고 양효가 적습니다. 양효는 단 두 개밖에 없습니다. 사물은 드문 것이 귀한 법입니다. 그러나 이때 가장 조심해야 할 것은 오만입니다. 이 때문에 제후를 봉하는 일이나 혁명적 사업에는 낮고 천한 사람을 귀하게 여겨야 합니다. 이렇게 해야 대중의 지지를 얻을 수 있습니다. 이것이 공자의 상사인데 문왕의 효사를 진일보해 해석했습니다.

앞길이 아득해 머뭇거리다

육이는 어려움이 첩첩이 쌓여 망설이는 것 같고, 보초를 서듯 늘어선 장애물 사이로 말을 타는 것 같다. 비적이 나타나 결혼을 강요해도 여자가 곧아 정혼하지 않으며 십 년이 지난 뒤에야 정혼을 허락한다. 상사에서 말하기를 육이의 어려움은 강한 것을 탔기 때문이다. 십 년이 지난 뒤에야 정혼을 허락한 것은 상리에 어긋난다.

六二. 屯如邅如, 乘馬班如; 匪寇, 婚媾, 女子貞不字, 十年乃字. 象曰: 六二之難, 乘剛也, 十年乃字, 反常也.

이 구절은 아주 해석하기 어렵습니다. 얼핏 보아서는 도대체 무슨 말을 하는지 알 수가 없습니다. 어릴 때 저는 『역경』을 읽다가 이런 부분을 맞닥뜨리면 차라리 그것을 불태워 버리고 싶은 생각이 들기도 했습니다. "둔여(屯如)", '둔(屯)'이면 '둔'이지 그 밑에 '여(如)' 자는 왜 붙였을까요? "전여(邅如)", 다리가 부들부들 떨린다는 것일까요? "승마반여(乘馬班如)", 말을 탔다는 것일까요? "비구(匪寇)", 토비가 몰려온다는 것일까요? "혼구(婚媾)", 토비가 강제로 결혼하려 한다는 것일까요? "여자정부자(女子貞不字)", 붙잡힌 여자가 대답을 하지 않는다는 것일까요? "십년내자(十年乃字)", 남자가 십 년을 기다리니 마침내 감동해서 결혼을 승낙했다는 것일까요? 그렇다면 이건 토비의 로맨스를 다룬 소설이 아니겠습니까? 이게 도대체 무슨 해괴한 소리입니까? 무엇을 근거로 이런 이야기를 하는 것일까요? 이런 식이라면 성황묘 앞에 앉아서 골상이나 보는 사람과 무엇이 다르겠습니까? "선생은 명(命)이 좋습니다. 길쭉하게 생긴 것이 원숭이상이군요." 기껏 돈까지 쓰고 원숭이 같다고 욕까지 얻어먹습니다. 이제 다시 공자의 견해를 살펴볼까요? 상사에서는 "육이지난 승강야(六二之難, 乘剛也)"라고 했습니다. 육이효는 곤란에 빠져 있지만 그 속에서도 성공한다는 것일까요? "십년내자 반상야(十年乃字, 反常也)", 십 년 있다가 결혼하는 것이 상리에 어긋난다는 것도 의미가 통하지 않습니다. 만약 그렇다면 지금 대학에 줄줄이 앉아 있는 박사 과정 여학생들도 상리에 어긋난 것입니다. 언제 결혼을 해야 정상적인 것일까요? 과거에는 여자가 십사 세, 남자가 십육 세면 보통 결혼을 했습니다. 그렇다고 이십오

세가 되도록 결혼하지 않는 것이 상리에 어긋난 것이라 말할 수 있을까요? 이건 사실 표준이 없습니다. 그렇다면 이 구절은 도대체 무엇을 말하고자 한 것일까요? 만약 국어 선생이라면 학생이 써낸 이런 문장을 보고서 붉은 펜으로 이치에 맞지 않다고 '불통(不通)'이라고 쓸 것입니다.

우리는 지금 『역경』의 이치를 연구하고 있습니다. 이제 육이효 그러니까 둔괘의 제이효를 찬찬히 살펴보도록 합시다. 그러기 위해서는 먼저 괘 모양 전체를 볼 필요가 있습니다. 제이효의 아래에 있는 초효는 양효지만 그 위는 음효이며, 다시 그 위로도 음효가 줄줄이 중첩되어 있습니다. 이런 그림도 가능할 것입니다. 눈 앞은 온통 우거진 숲인데 뒤에는 양효 즉 불도저가 한 대 있어 앞으로 나아가려 합니다. 이런 상황을 그려 보면서 자세히 한번 보십시오. 문장이 아주 기막히게 표현되었음을 알 수 있습니다. "둔여(屯如)"의 '여(如)'는 "어떠어떠한 모양이다"라는 뜻으로 마치 무엇과 같다는 것입니다. "둔여"란 "그곳에 쌓여 있는 것 같다"는 것이요, "전여(邅如)"란 마치 자신이 거쳐 가야 할 한 줄기 긴 길이 있는 것과 같습니다. "승마반여(乘馬班如)", 불교에서는 대승과 소승의 구별이 있는데 이 '승(乘)'자는 원래 산스크리트어에서는 수레(車)의 뜻이었습니다. 그래서 서양에서는 이것을 '수레'라고 그대로 번역했는데 이건 참 정취가 전혀 없는 번역이었습니다. 기술이 발달하면 수송 수단이 바뀌기 마련입니다. 앞으로 수레가 '대형 비행기'나 '소형 비행기'로 바뀌지 말란 법도 없습니다. 이렇게 본다면 중국인의 번역은 빼어납니다. '수레'를 '탈것'으로 번역해 놓음으로써 수레를 타든 배를 타든 말을 타든 비행기를 타든 우주선을 타든 다 가능하게 해 놓았습니다. 이렇게 함으로써 불법의 진정한 의미를 그대로 나타내고 있습니다. 그런데 여기서 왜 말을 탄다고 했을까요? 수레를 탄다거나 소를 탄다고 하면 안 될까요? 「설괘전(說卦傳)」에서는 진괘를 번개의 상징으로, 동물로는 말을 나타내는 것으로 봅니다. 둔괘의 내괘가 진괘이기 때문에 제이효에 이르러 말을 탔다고 한 것입니다. 공자는 또 상사에서는 "승강야(乘剛也)"라고 했는데 이는 아래 초효가 양효로서 밀어붙이는 힘이 아주 강하기 때문입니다. 바로 말을 탄 것입니다. 그런데 그 아래 '반여(班如)'란 표현이 골치 아픕니다. 옛사람들의 주해를 보면 이것을 '반점'의 '반'으로 새긴 경우가 많은데 그 이유도 구구합니다. 그러나 사실 '반여'는 '반여'일 뿐입니다. 앞에 있는 음효들이 마치 보초를 서듯 늘어서 있는 것입니다. 더 이상 어지럽게 해석할 필요가 있을까요? 제가 자주 탄식하는 바이지만 평생 학문을 하다 보면 그만 책벌레가 되고 맙니다. 책벌레는 폐물입니다. 고서를 연구하면서는 고서 자체에 통용되는 뜻으로 문자를 해석해야지 자의적으로 해석해서는 안 됩니다. '반여' 역시 마찬가지입니다. 이것을 반점이 박힌 말이라 해석해서는 안 됩니다. 옛날에는 반점이 박힌 말이 없었기 때문입니다. "비구 혼구(匪寇, 婚媾)", 갑자기 왜 비구가 튀어나왔을까요? 거기다 결혼까지 강요하면서요? 옛사람들의 해석은 구구합니다. 그렇지만 해석을 하면 할수록 더욱 모호해집니다. 정신조차 오락가락합니다. 단지 이 괘만을 보면 충분합니다. 이렇게 많은 해석을 참고할 필요가 없습니다. 『역경』은 우리에게 아주 분명히 말해 주고 있기 때문입니다. 이 괘에서 보면 이것은 단지 음양의 이치를 말한 것일 뿐입니다. 그 이치를 상징적으로 설명하고 있는 것입니다. '비구' 역시 마찬가지입니다. 초구 이후에 음효가 계속되다가 제오효에 이르러 바르지 못한 상(象)이 나타납니다. 왜 '혼구(婚媾)'라 했을까요? 교호괘의 내괘가 곤괘인데 곤괘는 순음으로 여자입니다. 여기서 우리는 다음과 같은 그림을 떠올릴 수 있습니다. 길을 가는 도중에 갑자기 제오효에서 소인(小人)이 뛰쳐나와 곤괘의 여자에게 결혼을 해 달라고 졸라댑니다. 이 괘는 원래 두 남자가 많은 여자들 사이에 끼어 있는 상입니다. 그런데 이 중 한 남자가 여자를 보고서는 달려든 것입니다. 그렇지만 여자의 본성은 아주 군고도 곧습니다. 곤괘 자체가 비록 음이지만 지극히 중정(中正)하기 때문입니다. 그래서 '부자(不字)'합니다. 원래 고대의 『역경』에는 '자(字)'가 아니라 '잉(孕)'으로 되어 있습니다. 고대의 『역경』을 많이 접해 보면 "부자(不字)"가 "불잉(不孕)"으로 되어야 한다는 것을 알 수 있습니다. 이것이 잘못되어 "정부자(貞不字)"가 되었습니다. 여기서 '자(字)'를 시집간다는 뜻으로 해석하나 고례(古禮)를 제대로 연구했다면 '자'가 시집간다는 뜻이 아니라 정혼(定婚)을 의미한다는 것을 알 수 있습니다. 따라서 여기서는 마땅히 '정불잉(貞不孕)'이라 해야 합니다. "십년내잉(十年乃孕)"이란 십 년 동안이나 임신하지 않았다는 것입니다. 여기에는 모두 음효밖에 없어 가운데가 비어 있습니다. 그래서 여자가 임신하는 것을 들어, 또 다른 새 생명이 탄생되는 이치로써 십 년 이후에야 비로소 임신할 것임을 설명합니다. 이 때문에 공자는 상리에 어긋난다고 한 것입니다. 공자가 상리에 어긋난다고 한 것은 일리가 있습니다. 공자는 "육이의 어려움"을 연구하면서 이 괘의 본 모습을 망각하지 않았습니다. 인생이란 한 걸음 한 걸음이 모두 고난의 연속입니다. 육이의 고난은 강한 것을 탄 데[乘剛] 있습니다. 마치 앞에는 여섯 여자들이 줄줄이 걸어가고 있는데 뒤에서 강한 자가 추격해 오고 있는 것과 같습니다.

괘에 관한 문제는 잠시 덮어 두더라도 이 구절에는 많은 인생 철학이 내재되어 있습니다. 학문은 스스로의 지혜를 계발하기 위한 것입니다. 동양의 교육은 사람들에게 어떤 것을 알도록 하는 데 그치지 않았습니다. 서양에서는 피교육자의 지혜를 계발시키도록 하는 것이 최신 교육 방법이라 생각하고 있지만, 동양에서는 이미 오래전부터 이런 교육법을 시행해 왔습니다. 어디서든 마찬가지이지만 교육은 단지 지식의 주입이 아니라 자신의 지혜를 계발하는 것이어야 합니다. 이런 교육법이 이 구절에서도 나타나고 있습니다. 예를 들어 볼까요? "둔여전여(屯如邅如)", 어떤 사람의 인생이든 모두 이 네 글자입니다. 인생의 첫 시작은 모두 어렵습니다. 어느 누가 자기 앞날을 알 수 있겠습니까? 어떤 사람의 인생도 어려움에 처해 있기는 마찬가지입니다. 앞이 막막해서 어찌할 바를 모릅니다. "승마반여(乘馬班如)", 제대로 풀릴 때는 행운이 따르지만, "비구 혼구(匪寇, 婚媾)", 도처에서 사기를 당하고 억지로 결합될 수 있습니다. 그렇기 때문에 "여자정불잉(女子貞不孕)", 마치 여자가 정절을 지키듯 항상 자기 몸가짐을 바르게 해야 합니다. 어떤 때는 십 년을 하루같이 기다려야 합니다. 이 때문에 공자는 육이의 어려움이 강한 것을 탔기 때문이니 지극히 강하고 지극히 중정해야 한다고 말한 것입니다.

이후의 괘는 모두 이처럼 아주 골치 아픕니다.

더 이상 쫓지 않고 기미를 보아 움직이다

육삼은 사슴을 쫓아 길 안내자도 없이 숲속으로 들어가려고 하는 것이다. 군자는 기민하여 더 이상 쫓지 않고 내버려둔다. 계속 쫓다 보면 위험에 처한다. 상사에서 말하기를 사슴을 쫓다 길 안내자가 없으면 군자는 더 이상 쫓지 않고 포기한다. 쫓아간다면 위험에 처할 것이다.

六三, 卽鹿无虞, 惟入于林中, 君子幾, 不如舍, 往吝. 象曰: 卽鹿无虞, 以從禽也, 君子舍之, 往吝, 窮也.

제삼효에 이르면 또다시 달라집니다. 마치 무협 소설을 보는 것 같습니다. 먼저 글자 그대로 해석해 보기로 합시다. '즉(卽)' 자는 반 정도는 의미가 있고 반 정도는 의미가 없는 그런 글자입니다. 그리고 '록(鹿)'은 여러분이 잘 알 듯이 머리에 뿔이 달린 짐승입니다. 뒤에 어떤 『역경』에서는 이 글자를 산기슭을 의미하는 '록(麓)' 자로 새겼습니다. 산기슭에 펼쳐진 숲이라는 것입니다. 이 글자에 대해서는 많은 사람이 논쟁을 벌여 왔습니다. '우(虞)'는 고대의 관직입니다. 요즘으로 치면 미국 야생동물공원의 원장쯤 되는 그런 자리입니다. 여기서 서술하고 있는 것은 마치 한 폭의 수렵도 같습니다. 한 무리의 수렵인들이 산자락에 이르니 울창한 숲이 펼쳐집니다. 무협 소설에서는 늘 숲을 만나면 더 이상 쫓지 말라고 합니다. 적을 쫓다가도 적이 수풀 속으로 몸을 숨기면 더는 따라 들어가지 않아야 한다는 것입니다. 안에 매복하고 있을지도 모르기 때문입니다. 위의 구절도 마찬가지입니다. 사냥을 하다가 산자락 숲에 이르렀을 때 산림 관리인이라도 있어서 안내하지 않으면 뒤쫓아 들어가지 말아야 한다는 것입니다. "군자기(君子幾)", 식견이 있는 사람이라면 이런 상황에 맞닥뜨리면 스스로 생각해 경계할 것입니다. 함부로 들어가다간 목숨을 잃을지도 모릅니다. '기(幾)'란 마치 스위치처럼 켜고 끄는 그 짧은 순간에 판단하는 것입니다. '사(舍)'란 포기하는 것입니다. "왕인(往吝)", 만약 들어간다면 반드시 좋지 않을 것입니다. 제가 보기에는 여기서는 '록(鹿)' 자가 맞습

니다. 위에다 다시 '임(林)' 자를 덧붙일 필요가 없습니다. 사냥을 하다가 사슴 한 마리를 발견하고는 온 힘을 다해 뒤쫓다 숲 앞에까지 이른 것입니다. 여기에 무엇하러 다시 '임(林)' 자를 덧붙여 괜히 사서 고생할 필요가 있겠습니까? "즉록(卽鹿)"이란 사슴을 뒤쫓는 것입니다. 그렇게 뒤쫓다 보니 전혀 낯선 곳에 이르렀습니다. 길을 아는 사람도 없습니다. 상황이 이렇다면 아주 불리합니다. 차라리 그냥 달아나도록 내버려 두는 것이 낫습니다. 세상을 살다 보면 분명 잡을 수 있는 것인데도 조금의 차이로 잡지 못하는 것이 있습니다. 어떻게 할까요? 상황은 불투명합니다. 목숨을 내어 놓고 쫓아가 붙들어야겠다면 『역경』의 이치까지 들먹일 필요가 없습니다. 스스로 결과를 한번 생각해 보십시오. 주공이나 문왕, 공자에 의지할 것까지도 없이 지혜가 있는 사람이라면 억지로 전진하는 것이 얼마나 위험한지 잘 알 겁니다. '인(吝)'이란 '인색'의 '인'으로서 좋은 현상이 아닙니다. 온갖 어려움이 모두 닥칩니다.

  괘상을 보면 앞으로 나아가면 음효로서 암흑입니다. 물러나 되돌아가면 양효 즉 광명이 있습니다. 공자가 건괘에서 우리에게 말한 것이지만 인생의 최대 관건은 바로 '존망(存亡)', '진퇴(進退)', '득실(得失)'의 여섯 글자에 있습니다. 가장 고명한 사람이라면 이 여섯 글자 사이에서 가장 적절하게 행동할 수 있습니다. 역사의 진보라는 것도 모두 이 여섯 글자를 벗어나지 않습니다. 나아갈 때는 나아가고 물러날 때는 물러나야 합니다. 만약 이것이 분명하지 않다면 지혜가 없거나 인생을 도대체 이해하지 못하는 것입니다. 이런 관점에서 공자의 상사를 음미해 보면 그 의미를 곧 알 수 있습니다. "즉록무우 이종금야(卽鹿无虞, 以從禽也)", 사슴을 잡아야 하지만 길을 안내하는 사람이 없습니다. "이종금야(以從禽也)", 날짐

승을 금(禽)이라 하고 들짐승을 수(獸)라 합니다. 한자는 판에 박힌 것이 아니어서 고문에서는 금(禽)과 금(擒)이 어떤 때는 서로 같은 뜻으로 쓰이기도 했습니다. 그러나 여기서는 금(禽)을 구태여 금(擒)이라 바꿔 새길 필요는 없을 것 같습니다. 금(禽)은 금(禽)입니다. "이종금야", 날아가게 내버려 두는 것입니다. 훨씬 간단하지 않습니까? 왜 구태여 복잡하게 글을 써 가며 토론을 해야 합니까? 이 한 글자를 위해 수백 자의 문장으로 주석을 달고, 여기다 공자의 말을 시작으로 해서 여기에서 베끼고 저기에서 갖다 붙인다면 이것으로 박사 학위 정도는 받아 낼 수 있을 것입니다. 그러나 학위를 주는 사람도 차마 어쩔 수 없어 주긴 하겠지만 주고 나서는 하느님 앞에 좀 부끄러울 겁니다. 도대체 말이 안 되기 때문입니다. 시간이 있으면 자기 수양이나 할 일이지 무엇하러 한 부분에 그렇게 집요하게 매달립니까? 참으로 가련한 일입니다. 그렇지만 이런 저작은 너무도 많습니다.

"이종금야"란 그냥 날아가도록 내버려 두는 것입니다. 공자는, "조수는 같은 무리가 될 수 없다〔鳥獸不可以同群〕"라고 말한 적이 있습니다. 높이 날려고 하는 것은 높이 날게 하고 달리고자 하는 것은 달리게 합니다. 한 인간으로서 나는 높이 날거나 멀리 달리려고도 하지 않고 단지 인간의 자리를 지키고자 할 뿐이라는 것입니다. 이것이 바로 『논어』의 관점입니다. 이 관점에서 본다면 이 구절은 아주 평이한 이야기입니다. "군자사지 왕인궁야(君子舍之, 往吝窮也)", 만약 이런 상황을 만났다면 그냥 내버려 두라고 공자는 말합니다. 억지로 나아가는 것은 반드시 좋지 못합니다. 결국 궁지에 빠지게 만들 뿐입니다.

풍운이 따르니 만사가 마음먹은 대로 풀리다

육사는 무리를 거느리고 기세당당하에 말을 타고 가서 구혼하는 것이니 길하다. 이롭지 않은 것이 없다. 상사에서 말하기를 구혼을 하러 가니 앞길이 밝다고 했다.

六四, 乘馬班如, 求婚媾, 往吉, 无不利. 象曰: 求而往, 明也.

육사효에 이르면 외괘가 됩니다. "승마반여(乘馬班如)"에 대해서는 이미 설명했습니다. "구혼구 왕길 무불리(求婚媾, 往吉, 无不利)", 『역경』이 우리에게 말해 주는 것은 여섯 효는 인생의 여섯 단계이며, 어떤 단계는 불운하지만 어떤 단계는 이익을 얻을 수도 있다는 것입니다. 그것이 뜻을 이룬 것일까요, 도리어 또 불운한 것일까요? 다른 단계에 이르면 모든 것이 변합니다. 만약 천리와 인심 그리고 국법이 모두 맞아떨어지는 경우라면 크게 이롭고 길할 것입니다. "승마반여", 여기서도 역시 말을 타고〔乘馬〕 뒤에는 일군의 수행원들이 따릅니다〔班如〕. 이렇게 기세 있게 가서 구혼을 하니 반드시 성공합니다. 좋지 않은 것이 없습니다. 이 효에 이르면 앞이 양효로서 앞부분에서 광명이 비칩니다. 이런 경우라면 뒤로 되돌아갈 이유가 없겠지요. 공자는 상사에서 "구이왕 명야(求而往, 明也)"라고 말합니다. 앞에 양효가 있어 광명이 비치고 음양이 서로 합치니 혼인의 움직임이 있습니다. 이것은 이 효의 좋은 측면을 해석한 것입니다. 가장 좋은 것을 남녀의 결혼으로 비유합니다. 만약 다른 세상사로 비유하자면 상관과 의기 투합한 것이라고도 할 수 있습니다. 그러니 이롭지 않은 바가 없지요. 고지식하게 단지 결혼만을 말하는 것이라 생각해서는 안 됩니다. 음양의 결합에서 가장 좋은 비유가 남녀 결합이기 때문입니다.

인정에 통달한 것과 융통성이 없는 것

> 구오는 기름을 쌓아 둔 것으로 적절히 곧으면 길하나 너무 고지식하면 흉하다. 상사에서 말하기를 기름을 쌓아 두었으나 아직 불을 붙이지 못한 것이라 했다.
>
> 九五. 屯其膏, 小貞吉, 大貞凶. 象曰: 屯其膏, 施未光也.

여기 또 하나의 그림이 등장합니다. 먼저 글자대로 풀어 봅시다. "둔기고(屯其膏)"란 기름을 쌓아 두는 것이며, "소정길(小貞吉)"은 큰 돈벌이가 아니라 약간의 돈을 버는 것입니다. "대정길(大貞吉)", 너무 많이 쌓아 두면 위법입니다. 길거리에다 판을 벌여 놓고 점을 본다면 이 정도 해석으로도 가능합니다. 그러나 진정으로 『역경』을 연구하자면 이래서는 안 됩니다. '고(膏)'란 기름이며, '둔(屯)'은 쌓아 두는 것 또는 풀(草)이라고도 해석할 수 있습니다. 둔괘는 본래 초목이 싹트는 현상입니다. 초목은 제오효에 이르면 이미 다 자라 튼튼해지고 광택도 납니다. 그렇지만 아직까지 다 자란 것은 아닙니다. 『역경』을 볼 때 주의할 것은 무릇 크게 길하고 이로운 데에는 반드시 정(貞) 자가 따라다닌다는 것입니다. 바른 길을 걷지 않으면 결국 망하고 맙니다. 세상에는 진정으로 크게 길하고 이로운 것이란 없습니다. 육십사괘는 모두 바른 길을 걷고 바르게 행동하기를 요구합니다. 그렇게 한다면 모든 것이 좋습니다. 그러나 그렇지 못하면 결국 문제가 생기게 마련입니다. 이 때문에 소길(小吉)에는 貞(=正)이 있어야 합니다.

그러나 "대정흉(大正凶)" 즉 여기에 다시 문제가 생깁니다. 설마 크게 바른 것이 잘못된 것일까요? 어떤 것이든 판에 박힌 듯 바르기만 하다면, 마치 도학자들처럼 그렇게 굳어 있다면 절대 좋은 일이 아닙니다. 이 때문에 크게 바르면 흉하다고 한 것입니다. 인생에 통달해야 한다는 것을 말합니다. 통달하지 못하면 잘못된 것입니다. 어떤 역할이든 좋습니다. 문화 사업을 하는 장사를 하든 변화를 모른다면 "대정흉(大貞凶)"입니다. 이 때문에 상사에서는 "둔기고 시미광야(屯其膏, 施未光也)"라고 한 것입니다. 제 오효인 양효가 외괘의 중앙에 있으며 전후가 모두 음효이지만 아직 머리를 내밀지 못하고 있습니다. 마치 불을 켤 수 있는 기름이 쌓여 있으나 아직 빛을 발하지 못한 것과 같습니다. 이것 역시 하나의 인생입니다. 위로부터 어떤 것에 눌려 자기의 이상과 계획을 실현할 수 없는 것입니다. 만약 참모라면 포부는 훌륭하지만 지휘관이 도대체 말이 통하지 않는 것과 같습니다. 어쩔 수 없이 "기름을 쌓아 둘〔屯其膏〕" 수밖에 없습니다.

피눈물이 끊이지 않으니 오래갈 수 없다

상육은 무리를 거느리고 말을 타는 것 같고 피눈물이 끊이지 않는 것 같다. 상사에서는 이것을 피눈물이 끊이지 않으니 어찌 오래갈 수 있겠느냐고 했다.

上六, 乘馬班如, 泣血漣如. 象曰: 泣血漣如, 何可長也!

둔괘에는 말을 타는 것이 세 차례나 등장합니다. 그리고 말을 타는 것도 모두 한 무리의 사람을 거느리고 활기에 넘친 것이었습니다. 그러나 이번에는 아주 참혹합니다. 상심하지 않았다면 눈물을 흘리지 않을 것입니다. 상심해서 눈물이 흐르다가 마침내는 눈물마저 말라 버립니다. 그러고는 피가 흐릅니다. 그것도 끊이지 않고 흐릅니다〔漣如〕. "승마반여(乘馬班如)"에 대해서는 이미 살펴보았으니 모두 이해하리라 생각합니다. 그렇다면 이 '피〔血〕'는 어디에서 온 것일까요? "감위혈(坎爲血)", 감괘로부터 온 것입니다. 예를 들어 점을 쳐서 둔괘 상육효를 얻었다면 어떤 것도 불가능합니다. 무리해서 하려고 한다면 눈물을, 그것도 피눈물을 흘리고 상처까지 입게 됩니다. 상사는, "어찌 오래갈 수 있겠느냐!"고 말합니다. 만사는 성공할 수 없고 오래갈 수 없습니다.

『역경』을 연구하는 것은 대략 이런 식입니다.

여기 또 하나의 큰 문제가 있습니다. 앞에서 여러분에게 『역경』 육십사괘의 순서를 모두 암기하라고 했습니다. 건위천(乾爲天), 천풍구(天風姤), 천산둔(天山遯)의 분궁괘의 순서는 뇌택귀매(雷澤歸妹)에서 끝납니다. 그렇지만 『주역』의 차례는 분궁괘의 차례와는 상관없이 건, 곤, 둔, 몽으로 시작해서 미제로 끝납니다. 왜 그럴까요? 여기에 대해서는 아직까지 만족할 만한 답이 나와 있지 않습니다. 고금의 저작들에도 모두 각자의 논리가 있지만 자세히 보면 만족스러운 것은 하나도 없습니다. 공자의 「서괘전(序卦傳)」에도 역시 그 나름의 해석이 있으나 공자의 해석을 높이 받들면서도 동의하기 어려운 부분이 있는 것도 사실입니다. 공자는 어디까지나 공자요 나는 나입니다. 그렇다면 『주역』의 차례가 왜 이렇게 배열된 것일까요? 솔직히 말씀드리면 저는 고금 인물들의 해석에 모두 동의할 수 없습니다. 그래서 아직까지도 그 원인을 각 방면에서 찾고 있는 중입니다. 이것은 『역경』의 큰 문제 중 하나입니다.

『주역』괘의 배열에 대해서는 여러분들이 "상하경괘명차서가(上下經卦名次序歌)"를 통해 암기할 수 있기를 바랍니다. 또 여러분 스스로의 지혜를 다해 괘가 배열된 이유를 찾아보기 바랍니다.

몽괘

둔괘 다음으로 몽(蒙)괘가 이어집니다. 어째서 몽괘가 이어 나올까요? 수뢰둔(水雷屯)괘를 위아래로 뒤집으면 산수몽(山水蒙)괘☶☵가 되기 때문입니다. 몽괘는 둔괘의 종괘(綜卦)입니다. 앞에서도 이미 강조한 바 있지만 종괘에 대해 잘 알아두어야 합니다. 『역경』은 우리에게 사물을 객관적으로 대할 것을 가르칩니다. 세상일이란 입장이 다르면 관점이 달라지고, 관점이 달라지면 현상 또한 변하기 마련입니다. 이것이 『역경』이 우리에게 말하고 있는 삶의 이치입니다. 최근 어떤 사람은 헤겔의 변증법 즉 정반합의 논리로 『역경』을 설명하려 했습니다. 저는 웃기지 말라고 했지요. 헤겔의 변증법으로 어찌 『역경』을 풀 수 있겠습니까? 헤겔의 관점은 삼단논법에 불과하지만 『역경』은 사물을 팔방십면(八方十面)에서 파악합니다. 둔괘와 몽괘의 경우라면 상황을 완전히 전도시켜 파악한 것이므로 이단이라 할 수 있습니다. 그리고 둔괘의 착괘는 화풍정(火風鼎)괘로서 또 다른 하나의 현상이고, 둔괘의 교호괘인 박(剝)괘 역시 또 한 측면입니다. 그뿐 아니라 다시 이 괘들의 교호괘를 뽑아 볼 수 있습니다. 이런 많은 측면을 이해한 후에야 비로소 『역경』의 팔괘를 연구할 수 있습니다. 이런 이치들을 건성으로 보아 넘긴다면 더 이상 괘를 연구할 다른 방법이 없습니다.

앞에서 말한 "군자기 불여사(君子幾. 不如舍)"가 더 현명한 방법일 것입니다. 다시 연구할 필요 없이 그만두는 것이 낫습니다.

몽괘는 지금까지 줄곧 교육 방면으로 활용되어 왔습니다. 요즘은 어린 아이를 유치원에 보내 교육시키는데, 과거에는 어린아이를 교육하는 것을 '계몽(啓蒙)' 혹은 '발몽(發蒙)'이라 했으며 어린아이들이 책 읽는 곳도 '몽관(蒙館)'이라 했습니다. 이들은 모두 몽괘로부터 나온 것입니다. 이처럼 몽괘는 교육 방면에 자주 활용되었던 괘이기도 하며 또 사법적 측면에서 활용되기도 했습니다. 과거의 사법과 형법들은 모두 예(禮)의 범주에 속해 있었습니다. 중국 법철학의 정수가 바로 몽괘에 있었던 것입니다. 법은 사람을 죽이고 살리는 서슬퍼런 것이라기보다 하나의 교육이었습니다. 법을 집행하는 사람들은 범법자에 대해 형을 내리면서도 내심으로는 괴로워했습니다. 교육이 제대로 되지 못해 법을 어겼으니 교육의 임무를 완수하지 못한 자기에게도 책임이 있다고 생각했기 때문입니다. 고대의 사법은 이처럼 교육과 그 궤를 같이하는 것이었습니다. 이들은 모두 몽괘에 들어 있습니다.

주지하다시피 몽괘는 수뢰둔괘의 종괘입니다. 수뢰둔괘를 위아래로 뒤집은 것이 산수몽괘입니다. 어떤 괘든 또 다른 측면에서 관찰할 필요가 있습니다. 『역경』을 배우면서 특히 이 점을 유의해야 합니다. 어떤 일을 처리하든 어떤 사람을 대하든 여러 측면에서 파악해야지 주관적으로 처리해서는 안 됩니다. 그렇게 간단한 것이란 없습니다. 상반된 관점이 어떤 것인가에 대해서도 잘 알아야 합니다. 둔괘를 뒤집으면 몽괘가 되는 것과 같습니다.

몽괘의 유래를 살펴보았습니다. 점을 쳐서 몽괘가 나왔다면 이것이 과연 좋은 것일까요, 그렇지 못한 것일까요? 괘사의 설명은 다음과 같습니다.

몽은 형통한다. 내가 어린아이를 구하는 것이 아니라 어린아이가 나를 찾는다. 첫 점에는 일러주지만 두세 번 반복하는 것은 모독하는 것으로, 모독하면 일러주지 않는다. 크게 길하고 이롭다.

蒙, 亨. 匪我求童蒙, 童蒙求我; 初筮告, 再三瀆, 瀆則不告, 利貞.

형(亨)은 좋은 것입니다. 형으로 시작해서 마지막 이정(利貞)으로 끝납니다. 건곤 양 괘에는 원형이정의 덕이 있는데, 모두 좋은 것이었습니다. 그렇지만 몽괘는 좋은 것이 단 세 가지에 불과합니다. 그것도 좋긴 하지만 한편으로 아주 고통스러운 것입니다.

종교로써 삶을 교화하다

위의 괘사는 문자 그대로 보면 도대체 무슨 말을 하는지 알 수 없습니다. 보통 사람들이 흔히 『역경』에 대해 가지고 있는 관점은 두 가지입니다. 하나는 아주 신성한 어떤 것이요 또 하나는 말도 안 된다는 것입니다. 그러니 이런 관점에 입각해서는 『역경』이 무슨 말을 하는지 이해할 수 없습니다. 지혜가 뛰어난 사람이라도 우주의 불가지한 부분에 대해서는 아무리 해도 알 수가 없습니다. 예를 들어 말하면 내일 내가 밥을 몇 공기나 먹을지 누가 알겠습니까? 이건 저 자신도 알 수 없습니다. 우리는 모두 이런 알 수 없는 일들을 알고 싶어 합니다. 그리고 이것을 해결하기 위해 많은 방법을 고안했습니다. 『역경』은 원래 복괘(卜卦)를 연구한 것으로, 이런 방법을 통해 미래의 일을 미리 알고자 한 것입니다. 그러다가 후에 인문 문화가 발전하면서 주공, 공자에 이르러 신비적 색채를 띤 점에 인생철학적 의미가 더해지기 시작했습니다. 그 결과 이 두 측면이 서로 뒤섞여 뚜렷이 구별할 수 없게 되었습니다. 『역경』은 서양의 문화와는 다릅니다. 솔직히 말해 서양의 종교는 사람들에게 어떤 이치를 설명하기보다 맹목적인 믿음을 강조합니다. 『역경』은 그렇지 않습니다. 『역경』 역시 종교적 측면이 없지는 않으나 맹목적 믿음이 아니라 어떤 이치를 말하고자 합니다. 『역경』이 골치 아프게 느껴지는 것도 바로 나중에 덧붙인 이런 측면 때문입니다. 먼저 이 괘는 좋다고 말합니다. 이어서 그것이 왜 좋은지 이유를 설명합니다.

괘사의 설명은 이렇습니다. 몽괘는 내가 어린아이를 구하는 것이 아니라 어린아이가 교육을 받기 위해 나를 찾는 현상이라고 합니다. 이 두 구절을 곰곰이 뜯어 보면 이 괘가 표현하고 있는 상황을 알 수 있습니다. 산수몽(山水蒙), 그러니까 몽괘의 위는 산이요 아래는 물입니다. 새벽녘 물안개가 자욱히 피어오르니 길이 보이지 않습니다. 마치 어린아이처럼 도무지 길을 찾을 수 없으니 나이 든 사람을 찾아 길을 물어보는 수밖에 없습니다. 여기서 상황은 교육적 국면과 정치적 국면으로 전환됩니다. 내가 가서 다른 사람을 찾는 것이 아니라 상대방이 나를 찾습니다. 그렇지만 한 가지 조건이 있습니다. 신이나 부처에게 기도를 드리듯 그렇게 간절하게 구해야 합니다. 그렇게 한다면 처음 물을 때 바로 답을 말해 줍니다. 만약 답을 말해 줬는데도 믿지 않고 거듭 묻는다면, 이것은 이미 장난기가 섞인 것으로 이런 불성실한 태도에는 대답해 주지 않습니다. 여기서 우리는 하나의 이치를 읽어 낼 수 있습니다. 지극한 정성을 다하면 상대방도 역시 정성을 다한다는 것입니다. 처음 물을 때 정성을 다해 간절히 묻는다면 반드시 대답을 들을 수 있습니다. 그러나 처음부터 농담삼아 불성실하게 묻는다면 결과는 정반대일 것입니다. 이것은 종교에 있어서나 상관과 부하의 관계에 있어서나 친구 사이에서나 가족 간에서도 마찬가지입니다. 마지막 결론은 이 괘가 이정(利貞)으로서 좋다는 것입니다. 이 결과는 어떻게 해서 나온 것일까요? 성실하고 간절한 마음에서 온 것입니다. 선생님께 가르침을 청하는 어린아이처럼 성실하고 간절한 마음, 바로 이런 겸허함으로부터 형통하고 이로울 수 있습니다. 이렇게 본다면 구태여 점을 칠 필요도 없습니다. 겸허하고 간절한 태도로 임한다면 일 처리든 대인관계든 문제가 있을 수 없습니다. 부처 앞에 가서 기도할 필요가 뭐 있겠습니까? 이처럼 『역경』은 종교적 미신을 넘어서 인생의 이치를 말해 주고 있습니다.

동양 문화의 교육 정신

> 단사에서 말하기를 몽은 산 아래에 위험이 있는 것이니 위험하여 멈추는 것이 몽이다.
>
> 彖曰; 蒙, 山下有險, 險而止, 蒙.

여기서 지혜가 필요합니다. 험한 곳에 이르면 걸음을 멈춰야 합니다. 만약 무시하고서 함부로 뛰어든다면 죽음의 길이 있을 뿐입니다. 이것이 몽괘의 상입니다.

몽은 형통하며, 형통함으로써 시중을 행하는 것이다. 내가 어린아이를 구하는 것이 아니라 어린아이가 나를 찾는다는 것은 뜻이 통하는 것이다. 첫 물음에 대답한다는 것은 양효가 가운데 자리를 얻었기 때문이다. 두세 번 묻는 것은 모독하는 것으로, 모독하면 대답하지 않는다는 것은 모독하는 것이 어리석기 때문이다. 어리석은 자를 가르쳐 바르게 하는 것은 성인의 공덕이다.

蒙, 亨, 以亨行時中也. 匪我求童蒙, 童蒙求我, 志應也. 初筮告, 以剛中也. 再三瀆, 瀆則不告, 瀆蒙也. 蒙以養正, 聖功也.

공자는 앞의 괘사를 해석합니다. 몽괘는 형통합니다. 이는 행위나 생각이 적절한 시기에 이루어져 중도를 얻음으로써 가능합니다. 그렇다면 이 괘는 어떻게 시중(時中)을 행할 수 있을까요? 양괘는 음이 많고 음괘는 양이 많습니다. 몽괘는 여섯 효 중에서 단 두 효만이 양으로서 양괘입니다. 남녀로 비유하자면 네 명의 여자 가운데 단 두 명의 남자밖에 없습니다. 그 중 한 명은 상구(上九)로서 노인네이며, 또 한 명은 구이효로서 나이도 젊고 또 가운데 자리를 얻었습니다. 바로 감괘의 가운데 효로서 이십 대 청년처럼 한창일 때이며 거기다 가운데 자리까지 얻었습니다. 『역경』은 우리에게 어떤 것이든 그 자리를 얻으면 형통하다는 것을 말해 주고 있습니다. "비아구동몽 동몽구아(匪我求童蒙, 童蒙求我)"에 대해 공자는 "지응야(志應也)"라고 말합니다. 의지나 생각, 감정이 서로 통한다는 것입니다. 괘상으로 본다면 상하의 교효(交互)와 서로 잘 연계됩니다. 이처럼 상하가 잘 통하니 좋은 겁니다. "초서고 이강중야(初筮告, 以剛中也)", 하괘인 감괘에서 양효가 가운데 자리를 얻어 간절하고 성실하며 솔직담백하니 당연히 첫 물음에 대답을 얻을 수 있습니다. "재삼독 독즉불고(再三瀆, 瀆則不告)", 구이효를 다른 어떤 위치에 두어도 옳지 않습니다. 공자는 최후로 결론짓습니다. "몽이양정 성공야(蒙以養正, 聖功也)", 이 때문에 동양 문화의 교육이나 정치사상이 모두 이 몽괘를 활용하는 것입니다. 고대의 교육이 인격 교육을 위주로 한 것도 이 때문입니다. 현재는 그렇지 못합니다. 현재의 교육은 생활 교육이자 기술 교육이지만 고대의 교육은 양정(養正), 곧 개인의 인격 완성이었습니다. 이것은 성인의 사업으로서 일종의 공덕이었습니다. 오늘날 걸핏하면 내세우는 '가치'와는 비교할 수 없습니다.

몽괘에는 동양의 교육이나 철학 사상이 많이 들어 있습니다. 몽괘의 교육철학은 현대의 교육철학처럼 그렇게 좁은 범위에 국한되지 않습니다. 몽괘의 교육 사상에는 정치도 포함되어 있습니다. 고대에는 정치와 교육이 분리되지 않았습니다. 이것은 군사부일체라는 말에서도 볼 수 있습니다. 국가 지도자는 곧 대가족의 가장으로서 모든 백성을 교육시킬 책임을 지고 있었습니다. 몽괘에서는 정치와 교육이 분리되지 않았을 뿐 아니라 현대의 법률까지 그 속에 포함되어 있었습니다. 법률에 따른 처벌 역시 일종의 교육으로 생각했습니다. 마치 어린애가 잘못을 범하면 꾸짖고 매를 때리는 것과도 같습니다. 이것 역시 단사의 "몽이양정(蒙以養正)"의 관점입니다.

공이 있어야만 비로소 덕이라 할 수 있다

상사에서 말하기를 산 아래에 샘이 솟아나니 몽이다. 군자는 이것으로써 결과가 있는 행위, 즉 가르치고 길러 좋은 결과를 얻는다.

象曰: 山下出泉, 蒙, 君子以果行育德.

이 괘는 위가 간괘〔山〕요 아래는 감괘〔水〕로서, 그림으로 표현해 본다면 높은 산 아래에 호수가 펼쳐져 있는 것과 같습니다. 마치 항주(杭州)의 서호(西湖)나 호남(湖南)의 동정호(洞庭湖)처럼 새벽에 물안개가 자욱이 피어올라 온통 앞을 가리고 있는 것과 같은 현상입니다. 이처럼 몽괘를 자연현상으로 파악한 것을 '상(象)'이라 합니다. 단사에서는 호숫가를 말하지 않고 산 아래에서 물이 나오는 것을 말합니다. 이 물은 지하로부터 솟아오릅니다. 이런 현상을 통해 과행(果行), 육덕(育德)이라는 문화적 관점이 도출됩니다. 행위에는 바람직한 성과가 있어야 합니다. 언행이 일치해야 하며 지행이 합일되어야 합니다. 이처럼 결과가 있는 행위를 과행(果行)이라 합니다. 지식인들은 늘 구국구민(救國救民)을 말하고 천지로써 마음을 삼는다고 말하지만 이것이 단지 말로만 끝난다면 과행이라 할 수 없습니다. 그렇다면 몽괘의 과행이란 어떤 것일까요? 바로 육덕(育德)입니다. 교육하고 양육하는 것입니다. 사람에 대해서든 사물에 대해서든 베풀고 양육하여 성과를 얻는 것입니다. 옛날에는 '덕(德)'을 '득(得)'이라 했습니다. 덕이란 훌륭한 성과를 의미하는 것으로 바로 이 괘상으로부터 도출된 것입니다. 사람은 이런 몽괘의 정신을 본받아 과행, 육덕을 행해야 한다는 것입니다. 우임금의 치수 사업도 바로 과행이고 육덕입니다.

이런 인문적 관점이 과연 자연의 괘상과 어떤 관계가 있는 것일까요? 어쨌거나 옛부터 이처럼 자연현상과 인문적 관점은 자연스럽게 결합되어 내려왔습니다. "산처럼 숭고하고 물처럼 깊다〔山高水深〕"라거나 "근원이

멀면 흐름도 길다〔源遠流長〕" 또는 "물을 마시면서도 그 근원을 생각한다〔飮水思源〕" 등도 모두 이런 관점에서 나왔습니다.

그러나 단사와 비교해 보면 완전히 다릅니다. 이 문제는 앞으로 검토되어야 할 부분입니다. 다시 효사를 보면 이들이 하나의 계통에 속하는 것이 아님을 알 수 있습니다. 예로부터 『역경』에 대한 주해는 "『역경』이 옳다"라는 전제하에 수행된 것입니다. 설사 『역경』의 해석이 뚜렷하지 못하더라도 온갖 방법을 동원해서 그것을 합리화하고자 했습니다.

형법의 교육적 작용

> 초육은 물안개가 피어올라 흐릿해진 것으로, 형벌로써 사람을 다스리는 것이며 질곡에 빠뜨리고 기뻐하는 것이니 나아가면 재난이 있다.
>
> 初六, 發蒙, 利用刑人, 用說桎梏, 以往吝.

형법에 관한 것입니다. "발몽(發蒙)"이라는 표현은 참으로 일리가 있습니다. 산 아래 물이 있고 물이 있으면 물안개가 피어오르기 마련입니다. 바로 이어서 "이용형인(利用刑人)"이 나오는데 이것은 정치나 법률의 이치를 말한 것입니다. 잘못을 저지른 사람을 더 이상 교화할 방법이 없을 때 어쩔 수 없이 형벌을 사용합니다. "이용형인"에서의 '이용(利用)'이라는 말은 현대적 의미의 '이용'과는 차이가 있습니다. 우리가 어떤 사람을 이용한다고 하면 이건 도덕적 측면에서 바람직하지 못합니다. 그러나 『역경』에서 자주 등장하는 '이용'이라는 말은 이런 뜻이 아닙니다. 『역경』에 나오는 '이용'이란 사람들에게 이롭도록 활용한다는 뜻입니다. "이용형인", 형법을 사용하는 것은 좋은 일이 아니지만 이익이 될 수도 있습니다. 사람들 중에는 때리지 않으면 말을 듣지 않는 사람도 있습니다. 그렇지만 이것이 제일효의 '발몽(發蒙)'과 무슨 관계가 있을까요? 물론 옛사람들은 갖은 방법을 동원해 이들을 서로 연결시키고자 했습니다. 우리는 옛사람들의 주해와 상관없이 먼저 "용열질곡(用說桎梏)"이라는 원문을 보기로 합시다. 여기서 '열(說)'은 『논어』의 "불역열호(不亦說乎, 또한 기쁘지 아니한가)"의 '열'입니다. 사람을 질곡에 빠뜨리면서 즐거움이란 무슨 즐거움일까요? 교화이기 때문입니다. 형벌을 받고 난 뒤 교화될 수 있다면 이것은 즐거운 일입니다. "이왕인(以往吝)", 점을 쳐서 이 괘가 나오면 아주 불운합니다. 어떤 일이든 그만두는 것이 좋습니다.

몽괘가 인문적 관점으로 전환되면 이렇게 변합니다. 이 효사는 문왕이 지은 것입니다. 한 사람이 중간에 있는데 위아래가 모두 곤란한 상황이며 모두 음입니다. 이효에 이르면 진(震)이 발동해 개발되는 형국이지만 다시 앞으로 나아가면서 첩첩이 어려움에 부닥칩니다. 효사의 논조가 좋지 않은 것도 이 때문입니다. 여기에 대해 상세히 연구하고자 한다면 초공(焦贛)의 『역림(易林)』이라는 책을 참고할 필요가 있습니다. 그는 이 효를 설명하면서 소강절의 하락이수(河洛理數)를 빌려 설명하고 있습니다. 옛사람들의 고명한 점도 바로 여기에 있습니다. 『주역』을 뒤집어 자기 나름의 새로운 틀을 만들어 냈습니다. 제가 연구한 바에 따르면 이들은 이미 이 괘의 효사를 어떤 식으로 해석하든 모두 일리가 있음을 알고 있었습니다. 그러나 옛사람들은 성인을 지극히 공경했기에 감히 한 마디 반대되는 말을 할 수 없었습니다. 결국 방법은 스스로 새로운 틀을 만들어 내는 것입니다. 다만 이것은 『주역』의 계통에 근거한 것입니다. 단지 해석이 다를 뿐입니다. 수많은 사람들이 온 힘을 다해 역학을 연구해 왔음에도 그 가운데 혁명적 창작이 있었다는 사실에 대해 등한시한 것 같습니다.

> 상사에 말하기를 형벌로써 사람을 다스리는 것은 법을 바로잡는 것이라 했다.
>
> 象曰: 利用刑人, 以正法也.

당송 이후 범인을 잡아 사형에 처하는 것을 '정법(正法)'이라 했는데, 바로 『역경』의 이 부분에서 유래한 것입니다. 그러나 여기서 말하는 '정법'이 결코 사형에 처하는 것만을 의미하는 것은 아닙니다. 사람이 잘못을 범했으면 처벌 받아야 합니다. 이것은 법으로 사람의 잘못을 교정하는 것입니다. 교육적 의미를 띤 것입니다. 몽괘는 교육적 관점에 입각해 "이용형인(利用刑人)" 즉 형벌을 사람을 바르게 하는 도구로써 활용하고자 한 것입니다. 이것이 몽괘의 제일효입니다. 이것을 흉하다고 한 것은 형벌로 세상을 다스리고자 하는 법치의 정신을 주장하기 때문입니다. 만약 이 부분만 따로 떼어 놓고 본다면 몽괘의 제일효는 법치를 주장한 것이라 할 수 있습니다. 그렇지만 괘 전체를 놓고 본다면 문제는 달라집니다. 제이효에 이르면 논조가 다시 변하기 때문입니다. 계통이 서로 같은 것이라 보기 힘듭니다.

역리의 평범함과 신비함

> 구이는 양이 음 속에 둘러싸여 있어 길하다. 신부를 맞아들여 길하며 자식이

집안을 이룬다. 상사에서 말하기를 아들이 집안을 이루는 것은 강유가 서로 접해 있기 때문이라 했다.

九二, 包蒙, 吉, 納婦吉, 子克家. 象曰: 子克家, 剛柔接也.

만약 점을 쳐서 이 효를 얻었다면 크게 이롭고 길합니다. 아내를 맞아들이는 좋은 괘입니다. 좋은 아내를 맞아들이는 데 그치지 않습니다. 훌륭한 아들을 낳아 장래 집안을 일으키며, 앞길이 창창하고 복덕이 한량없는 그런 좋은 효로서 앞의 제일효와는 완전히 다릅니다. 당연한 이야기지만 이 효는 양효로서 남성이며, 그 앞에는 네 개의 음효 즉 네 여자가 기다리고 있으니 좋은 여자를 얻는 것은 당연한 이치입니다. 『역경』이 대단한 학문이라고들 하지만 어떤 때는 어린애들 장난 같기도 합니다. 사실 세상의 제일 신비한 학문은 모두 이처럼 어린애 장난 같습니다. 제가 볼 때 어떤 사람의 일생도 그의 유년시절 환상의 범위를 벗어나지 못하는 것 같습니다. 첫돌맞이 아이가 장난감 중에서 칼을 고른다면 이 아이는 자라서 무인이 될 겁니다. 어떤 사람은 이것을 미신이라 하지만 미신의 외피를 한 껍질만 벗기면 그 속에는 심오한 이치가 숨어 있습니다. 이것은 무의식 속에 있는 본성이 드러난 것입니다. 최고로 심오한 이치는 이처럼 모두 어린애 장난 같습니다. 불교에서는 세상의 학문을 '희론(戱論)'이라 합니다. 아이들 놀이 같다는 것입니다. 따라서 우리가 학문을 연구하면서도 결코 그것을 성인의 경지로까지 너무 높이 밀어 올려서는 안 됩니다. 성인의 것에 대해 단지 숭배만 하다 보면 자신의 지혜는 그 속에 묻혀 버리고 말기 때문입니다.

그렇다고 경시해서도 안 됩니다. 몽괘의 "포몽(包蒙)"만 해도 그렇습니다. 몽괘의 내괘는 감괘인데, 후천괘 중에서 리(離)괘는 양성이요 감(坎)

괘는 음성입니다. 양괘에는 음효가 많다는 관점에서 본다면 감괘는 차남으로서 그 앞에는 많은 음효가 늘어서 있습니다. "포몽"이란 이처럼 양효가 음효에 둘러싸여 있는 것을 말합니다. 그 때문에 길합니다. "자극가(子克家)", 상사는 이것을 해석하면서 강유가 서로 접해 있고 음양이 서로 합하기 때문이라 합니다. 또 다른 설로는 이 양효가 위의 두 효와 결합해 교호괘인 진(震)괘로 변하기 때문에 장자(長子)가 된다고도 합니다.

정부를 가진 아내

> 육삼은 여자를 취해서는 안 된다. 정부가 나타나 몸을 보존하지 못할 것이니 끝내 이로울 것이 없다. 상사에서 말하기를 여자를 취하면 안 된다는 것은 행동이 불순하기 때문이다.
>
> 六三, 勿用取女, 見金夫, 不有躬, 无攸利. 象曰: 勿用取女, 行不順也.

여기에 이르니 옛사람들 중에 대가 한 분이 생각납니다. 바로 송대의 유명한 주희 선생입니다. 선생은 참으로 뛰어난 인물로서 옛날 같았다면 저처럼 이렇게 마음대로 주희를 비판하는 사람은 벌써 목이 달아났을 것입니다. 명나라 이후 과거시험에는 주희의 주해를 표준으로 삼기도 했습니다. 주희는 평생 『역경』을 연구했는데 이 효에 대한 그의 해석은 아주 묘한 데가 있습니다. 그는 이렇게 말합니다. 만약 점을 쳐서 이 효를 얻으면 여자를 취해서는 안 된다는 것입니다. "견금부(見金夫)", 여자 뒤에 정부(情夫) 한 명이 도사리고 있기 때문입니다. 말하자면 그 여자의 전 남편인 셈입니다. 주희가 이런 말을 한 근거는 어디에 있을까요? 왜 "견금부"라고 했을까요? 여기에 대해서는 견강부회도 참으로 많습니다. 우리는 감괘가 서방의 괘이며 또 서방은 금(金)에 속한다는 것을 알고 있습니다. '부(夫)'라고 한 것은 제삼효가 음효이며 그 뒤의 제이효가 양효이기 때문입니다. 여자 뒤에 남자가 있다고 한 것도 이 때문입니다. 이런 아내를 얻어 무엇 하겠습니까? 뒤에 있는 남자는 서북인이거나 여자의 서쪽에 있는 이웃입니다. 이런 식의 해석을 계속 밀고 나가면 마침내 여자가 돈 때문에 이 남자와 정을 통했다는 데까지 발전할 것입니다. 그러나 법률상으로는 증거가 부족하니 기껏해야 불기소처분밖에 받을 것이 없습니다. "불유궁(不有躬)", 만약 기어이 이 여자를 얻는다면 목숨도 보존하지 못할 것입니다. 여기서 '궁(躬)'이란 신체를 말합니다. 목숨도 보존할 수 없으니 좋은 것이라고는 없습니다.

몽괘는 분명 산 아래 물이 있는 형상이지만 그로부터 이처럼 다양한 이야기들이 나오며 각 효 또한 모두 다릅니다. 효 하나마다 새로운 이야기가 등장하니 참으로 재미있기도 합니다. 송나라 때 양만리(楊萬里)란 사람이 있었습니다. 시인이기도 했던 이 사람은 역사적 상황으로써 『역경』을 해석했는데 읽어 보면 아주 재미있습니다.〔양만리의 자(字)는 성제(誠齊)로서 『성제역전(誠齊易傳)』이라는 이십 권의 저서가 있습니다.〕

상사의 "물용취녀(勿用取女)"라는 구절은 이 효가 어디를 가든 순조롭지 못하며 그 앞에는 수많은 험로가 놓여 있다는 것을 말합니다.

육사는 몽매해서 곤란을 당하는 것이니 좋지 않다. 상사에서 말하기를 곤란을 당해 좋지 않다는 것은 홀로 현실생활과 멀리 떨어져 있기 때문이라고 했다.

六四. 困蒙. 吝. 象曰: 困蒙之吝, 獨遠實也.

왜 "곤몽(困蒙)"이라 했을까요? 시간이 변하면 위치도 달라집니다. 하나씩 올라가면서 여섯 효가 변동하는데 이것은 우리에게 인생의 변화를 말해 주고 있습니다. 육사효에 이르면 곤몽(困蒙) 즉 곤란을 당합니다. 위아래가 모두 음으로서 좋지 않습니다. 마치 산과 물 사이에 물안개가 가득 피어올라 아무것도 보이지 않는 것과 같습니다. 이 때문에 상사에서는 이 효가 좋지 않다고 말합니다. 음양이 서로 조화와 균형을 이룰 수 없기 때문입니다. 위에 있는 노양(老陽)은 미칠 수가 없고 아래에 있는 양효 역시 떨어져 있습니다.

육오는 어린아이가 길한 것이다. 상사에서 말하기를 어린아이가 길한 것은 장차 손괘로 변하기 때문이라 했다.

六五. 童蒙吉. 象曰: 童蒙之吉, 順以巽也.

앞에서 각 효를 살펴보았습니다. 처음에는 형벌을 받았으나 뒤에는 처를 얻어 아이를 낳고 또 그 사이에 여자와 정부도 나타나고, 걷기 힘든 길도 걸었습니다. 그러다 이 효에 이르러서는 아이가 나타납니다. 이 괘는 젊은 사람에게 좋은 괘입니다. 젊은 사람이라면 크게 이롭고 길합니다. 그러나 나이 든 사람이라면 어울리지 않습니다. 어린 사람이라야 비로소 길합니다. 상사에서는 "동몽지길(童蒙之吉)"이라 해석했는데 이것은 아주 순조롭고 이롭다는 것입니다. 그리고 이 효가 움직이면 음이 양으로 변해 상괘는 손괘로 변합니다. 그래서 "순이손(順以巽)"이라 했습니다.

상구는 몽매함을 공격하는 것이니 토구에게는 불리하며 토구를 방어하는 것
이 이롭다. 상사에서 말하기를 토구를 방어하는 것이 이롭다는 것은 상하가 순
응하기 때문이라 했다.

上九, 擊蒙, 不利爲寇, 利御寇. 象曰: 利用御寇, 上下順也.

토구로서 다른 사람을 공격하는 것은 안 됩니다. 토구를 방어하는 것은 유리합니다. 만약 전투를 하는 경우라면 주동적인 공격은 안 되며 단지 공격에 대한 방어만 할 수 있을 뿐입니다. 다른 사람이 공격해 오더라도 실패할 것이며, 또 자기가 다른 사람을 공격하더라도 역시 실패할 것입니다. 이럴 때는 안정을 취해 움직이지 않는 것이 좋습니다. 상사의 해석은 아주 간단합니다. 상하가 순조롭기 때문입니다. 상(象)의 측면에서 본다면 방어를 하기 위한 공사는 이미 완성된 상태입니다.

이제 다시 돌아와서 검토해 보면 몽괘의 단사와 상사 간에는 상호 모순이 있습니다. 양자는 일치되지 않습니다. 여섯 효의 해석은 이만큼 서로 다른 다양한 견해가 있어 하나의 계통으로 묶을 수 없습니다. 우리가 반드시 알아두어야 할 것은, 초기에는 『역경』에 이런 설명이 덧붙어 있지 않았다는 사실입니다. 단지 양효와 음효로 구성된 괘가 있었을 뿐입니다. 상고 시대에는 인문 문화가 발달하지 못해 불가지한 것에 대해 알고 싶을 때 이것에 의존했습니다. 이렇게 해서 오늘에 이르기까지 전해 내려온 것인데, 사실 인류 문화는 이런 미신으로부터 기원한 것입니다. 인류의 어떤 문화에도 이런 미신적인 요소가 내재되어 있습니다. 중국은 하, 상, 주 삼대를 거치면서 인문 문화가 형성되었는데 인문 문화가 만들어지자 여기에 입

각해 기존의 괘에 새로운 해석을 하기 시작했던 것입니다.

수괘

세 번째 괘는 수(需)괘입니다. 첫 번째 괘는 수뢰둔(水雷屯)괘였는데, 수(需)괘의 상괘 역시 수(水)로서 아직 변하지 않았습니다. 하괘는 건괘입니다. 먼저 수(需)라는 글자를 살펴보기로 합시다. 수(需) 자는 위에는 비가 내리고[雨] 아래에는 이(而) 자가 있습니다. 고대의 상형문자에서 '需' 자는 위쪽과 아래쪽 모두 비가 내리는 형상이었습니다. 한 층 한 층 비가 내리는 것입니다. 그런데 이 글자가 왜 필요하다[需]는 뜻이 되었을까요? 인류에게는 태양의 광선과 공기, 물은 필요불가결한 것들이기 때문입니다. 더욱이 농업 사회에서는 형체가 있는 것으로는 물이 가장 중요했습니다. 그렇다면 이런 괘명은 누가 붙여 놓은 것일까요? 알 수 없습니다. 심지어 괘명이 어느 시대에 정해졌는지에 대해서도 정확히 알지 못합니다. 이 점에 대해서도 우리는 주의해야 합니다.

수는 믿음이 있는 것이다. 빛나고 형통하며 곧고 길하다. 큰 강을 건너면 이롭다.
需, 有孚, 光亨, 貞吉, 利涉大川.

건곤 양 괘의 원형이정이라는 네 가지 덕은 뒤에 나오는 괘에서는 '원(元)'이 모두 빠져 버립니다. 가장 좋은 것이 형이정의 세 가지 덕이 동시에 등장하는 것입니다. 어떤 괘에서는 이 중 하나 혹은 둘밖에 나오지 않는 경우도 있습니다. 수괘에서는 둔괘와 마찬가지로 형이정 세 글자가 등장합니다. "유부(有孚)"란 무슨 뜻일까요? 옛사람들은 "부자신야(孚者信也)"라 해서 '부(孚)' 자를 믿을 신(信) 자로 새겼습니다. 말에 믿음이 있다는 것입니다. 그러나 이 해석은 의미가 통하지 않습니다. 부(孚) 자는 원래 어미닭이 알을 품고 있는 모습입니다. 부(孚)의 윗부분에는 닭의 발톱〔爪〕이 있고 아랫부분에는 아이〔子〕가 있습니다. 새끼닭들이 이제 막 부화되어 나오려 합니다. 이 글자를 빌려 후인들이 믿을 신(信) 자의 의미로 사용한 것입니다. 후에 여기에다 다시 '란(卵)' 자를 붙여 부(孵)라고 했습니다. "광형(光亨)", 빛은 당연히 형통합니다. 빛이 한 번 비치면 모든 것을 다 볼 수 있습니다. "정길(貞吉)", 바르면 크게 길합니다. 그렇다면 이(利)는 있을까요, 없을까요? 있기는 있지만 단서가 붙습니다. 강을 건너야 합니다. 큰 강을 건너거나 바다를 건너야 합니다. 예를 들어 해운 회사나 운수 회사가 점을 쳐서 이 괘를 얻었다면 큰 돈을 벌 것입니다. 왜 그럴까요? 외괘가 수(水)로서 물이 외면을 둘러싸고 있고 천(天, 여기서의 천은 추상적인 것임)이 그 속에 있기 때문입니다.

> 단사에서 말하기를 수는 필수적인 것이다. 눈앞에 위험이 닥쳤지만 강건해서 위험에 빠지지 않는다. 수는 믿음이 있는 것으로 빛나고 형통하며 곧고 길하다. 하늘의 자리에 위치해서 가운데 자리를 얻었다. 큰 강을 건너면 이롭다는 것은 나아가면 공을 세울 수 있기 때문이다.
>
> 彖曰: 需, 須也, 險在前也, 剛健而不陷, 其義不困窮矣. 需, 有孚, 光亨, 貞吉. 位乎天位, 以正中也; 利涉大川, 往有功也.

수(需)란 필수적이라는 뜻입니다. 이것은 공자의 「계사전」을 보면 알 수 있습니다. 이 괘의 앞에는 험난함이 가로놓여 있습니다. 평면적으로 말한다면 앞에는 감괘가 자리 잡고 있는데, 감괘는 경사지고 패인 길이거나 넓게 펼쳐져 있는 물입니다. 그러나 "강건이불함(剛健而不陷)", 자신의 몸에는 본래 양강(陽剛)의 기운이 넘쳐흐릅니다. 뒤에 있는 건괘는 세 효가 모두 양효이고 감괘의 중간에도 역시 양효가 있어서 비록 위험한 상황이 전개되기는 하더라도 곤란을 당하지 않을 수 있습니다. 왜 "유부 광형 정길(有孚, 光亨, 貞吉)"일까요? 이 괘가 좋은 괘이기 때문입니다. 뒤에 있는 괘는 앞 괘의 하늘로서, 바다는 넓고 하늘은 높으며 감괘의 양효가 가운데 자리를 얻었습니다. "이섭대천(利涉大川)", 물을 건너 앞으로 나아가기만 하면 아주 좋은 성과가 있습니다. 이것이 단사의 해석입니다.

단사와 상사의 모순

> 상사에서 말하기를 하늘 위에 구름이 덮인 것이 수로서, 군자는 이때가 되면 먹고 마시면서 즐긴다고 했다.
> 象曰: 雲上於天, 需, 君子以飮食宴樂.

이것은 단사와 다릅니다. 구름이 하늘 위로 올라가는 것이 수(需)라는 말은 단사의 그림과는 전혀 다릅니다. 앞에서 살펴본 단사의 해석은 단지 물로만 구성된 평면도였습니다. 그러나 상사의 그림은 입체적입니다. 하늘이 구름으로 뒤덮여 있어 군자는 머물 데를 찾아 쉬면서 즐깁니다. 우리는 여기서 단사와 상사의 내용이 서로 모순된다는 것을 알 수 있습니다. 이 이야기는 여기서 잠시 접어 두기로 합니다.

수괘의 효사

> 초구는 교외에 비가 내리는 것이니 변하지 않는 마음을 가지면 허물이 없다. 상사에서는 이렇게 말한다. 교외에 비가 내리니 어려운 일을 무모하게 행하지 않는다. 변하지 않는 마음을 가져 허물이 없다는 것은 평상심을 잃지 않았기 때문이다.
>
> 初九, 需于郊, 利用恒, 无咎. 象曰: 需于郊, 不犯難行也; 利用恒无咎, 未失常也.

"수우교(需于郊)"는 상사의 "운상어천(雲上於天)"에 근거한 것입니다. 후덥지근한 여름날 비라도 한바탕 쏟아졌으면 했는데 마침 비가 쏟아집니다. 그러나 적시에 내리기는 했지만 도심이 아니라 외부 들판만 적시고 말았습니다. "수우교"는 이처럼 비가 교외에 내린 것을 말합니다. 이것을 인문적 관점에서 해석한 것이 "이용항(利用恒)"입니다. 만사에 변하지 않는 마음을 가져야 한다는 것입니다. 점을 쳐서 이 효를 얻었다면 곧 소식이 있습니다. 그러나 천천히 오기 때문에 항상 변하지 않는 마음으로 임해야만 좋은 결과가 있습니다. "무구(无咎)", 아무런 폐해도 잘못도 없습니다. 상사는 효사에 대해 인생철학의 관점에서 해석합니다. 교외에 비가 내리더라도 변함없는 마음으로 서둘지 말아야 한다는 것입니다. "불범난행(不犯難行)", 유달리 어려움에 맞닥뜨렸을 때 무모하게 뚫고 나가려 하지 말고 한 걸음 뒤로 물러나 기회를 보아야 합니다. "이용항무구 미실상야(利用恒无咎, 未失常也)", 허물이 없는 것은 평상심을 잃지 않았기 때문입니다. 이 괘의 초구효가 동하는 것은 지극히 정상적입니다. 점을 쳐서 초구효가 동(動)하면 수풍정(水風井)괘가 되는데 처음에는 곤란을 당하지만 그렇게 나쁘지는 않습니다.

구이는 모래사장에 비가 떨어지는 것이니 말썽이 조금 있더라도 끝내 길하다. 상사에서는 이렇게 말한다. 모래사장에 비가 떨어지니 얼마든지 수용할 수 있어 비록 다소 말썽이 있더라도 끝내 길하다.

九二, 需于沙, 小有言, 終吉. 象曰: 需于沙, 衍在中也, 雖小有言, 以吉終也.

제이효에서는 비가 모래사장에 내리니 떨어지자마자 스며들어 버립니다. 점의 뜻은 구설수가 있으나 작은 일이라 아무 상관없다는 것입니다. 다른 사람이 비방하고 비판하더라도 결국 좋을 것이니 두려워할 필요가 없습니다. 상사에서는 "수우사 연재중야(需于沙, 衍在中也)"라고 합니다. 모래 위로 빗방울이 떨어지니 얼마든지 수용할 수 있습니다. "수소유언(雖小有言)", 사람들의 숙덕거림은 마치 빗방울처럼 모래 위를 때리나 마침내 아무렇지도 않게 됩니다. 왜 최후에는 좋다고 했을까요? 제이효가 동하면 수화기제(水火旣濟)괘가 되기 때문입니다. 이처럼 점에서는 어떤 때는 동하는 것을 취하고 어떤 때는 동하지 않는 것을 취하기도 합니다. 이 중 어떤 것을 취해야 할까요? 이것은 각자의 지혜에 달려 있습니다. 만약 한밤중에 칠흑같은 방으로 들어가 불을 켜려 한다면 동하는 것을 취할 것이고, 날씨가 추워져 냉기를 막기 위해 문을 꼭 걸어 잠궈야 한다면 움

직이지 않는 고요한 상을 취할 것입니다.

> 구삼은 진흙땅 위로 비가 쏟아지니 강도가 활개친다. 상사에서 말하기를 진흙 땅 위로 비가 쏟아지니 재난이 바깥에 있다. 스스로 강도를 불러들인 것이니 신중하고 조심스럽게 대처한다면 실패하지 않을 것이다.
>
> 九三, 需于泥, 致寇至. 象曰: 需于泥, 災在外也, 自我致寇, 敬愼不敗也.

제삼효에 이르면 어려운 상황으로 변합니다. 비가 흙 땅 위로 쏟아져 온통 진흙탕이니 길을 걷기도 힘듭니다. 아주 위험한 상태입니다. 전방에서 작전을 수행하고 있다면 적이 공격해 올 것에 대비해야 합니다. 좀도둑이라 하더라도 달이 밝을 때보다는 바람이 불 때, 눈이 내릴 때보다는 비가 올 때 움직일 것입니다. 진창이 사람을 묶어 두니 강도는 바로 이럴 때 행동을 개시합니다. 상사에서는 "수우니 재재외야(需于泥, 災在外也)"라 풀이합니다. 왜 재난이 바깥에 있다고 했을까요? 제삼효가 동하면 내괘가 태(兌)괘로 변해 수택절(水澤節)이 되는데 이렇게 되면 물 위에 물을 더하는 형국이 되어 절제가 필요하기 때문입니다. "자아치구 경신불패야(自我致寇, 敬愼不敗也)", 적이 공격해 오는 것 역시 자기 내부 문제로 인해 적을 끌어당겼기 때문입니다. 따라서 신중하고도 조심스럽게 처리한다면 실패하지 않습니다. 그러나 이렇게 대응하지 못한다면 실패하고 말 것입니다.

> 육사는 피로 얼룩진 곳에 있다가 그곳을 벗어난 것이다. 상사에서 말하기를 피로 얼룩진 곳에 있으니 강자의 말에 순응한다고 했다.
>
> 六四, 需于血, 出自穴. 象曰: 需于血, 順以聽也.

점을 쳐서 이 효가 나오면 유혈 사태가 일어납니다. 어디에 피가 날까요? 대부분 귀에서 나옵니다. 감괘는 귀를 대표하기 때문입니다. 이것은 외괘인 감괘의 초효가 동한 것입니다. 이 때문에 상사에서는 "수우혈 순이청야(需于血, 順以聽也)"라 했습니다. 어떻게 해서 "순이청(順以聽)"이 되었을까요? 제사효가 동한 후 외괘를 뒤집어 놓으면 손(巽)괘가 되기 때문입니다. 이것은 지나친 견강부회라 할 수 있습니다. 그러나 옛사람들의 『역경』 연구는 이런 견강부회를 보배로운 것으로 여겨 그것에 평생을 쏟아부었습니다.

구오는 술자리를 차려놓고 청하는 것이니 크게 길하다. 상사에서 말하기를 술자리가 크게 길한 것은 중정한 자리에 있기 때문이라 했다.

九五, 需于酒食, 貞吉. 象曰: 酒食貞吉, 以中正也.

구오효에 이르면 좋습니다. 술자리를 차려놓고 청하는 사람이 있으니 크게 길하고 이롭습니다. 상사에서는 "주식정길(酒食貞吉)"이라 했습니다. 구오효는 양효로서 전후에 모두 음효가 있으며, 외괘의 가운데 자리이자 전체 괘의 제오효로서 지극히 중정(中正)한 위치에 있기 때문입니다.

상육은 위험한 곳으로 들어가는 것이다. 불청객이 세 명 찾아오니 잘 대접하면 마침내 길하다. 상사에서 말하기를 불청객이 찾아와 잘 대접해서 마침내 길하다는 것은, 비록 정당한 자리에 있지 않더라도 큰 잘못이 없는 것이다.

上六, 入于穴, 有不速之客三人來, 敬之終吉. 象曰: 不速之客來, 敬之終吉,雖不當位, 未大失也.

이 효는 아주 묘합니다. 고서에서 보면 수많은 사람이 아침에 점을 쳐서 이 효를 얻으면 집안사람들에게 불청객이 찾아올 것이니 준비하라고 시킵니다. 이 세 사람의 불청객에게는 정성을 다해야 합니다. 그래야만 크게 길합니다. 상사의 해석은 이렇습니다. 상육효가 동하면 비록 정당한 위치는 아니지만 본래의 감괘 자리를 벗어나지 않아 큰 잘못이 없다는 것입니다. 그렇다면 세 명의 손님은 어디에서 온 것일까요? 그것은 아래에 있는 건괘의 세 양효입니다.

『역경』은 이런 식입니다. 별달리 뛰어난 점도 없는 것 같습니다. 이 때문에 많은 사람들이 『역경』 본문을 제쳐 두고 육십사괘의 상수만을 발전시켜 왔습니다. 역시 그 나름의 이치가 있습니다. 본문을 다 이해하고 나서는 장씨라면 '장역(張易)'을, 이씨라면 '이역(李易)'을 쓸 수도 있습니다.

다시 돌아가서 만약 우리가 괘사와 효사에 대해 진일보한 연구를 하고자 한다면 초공이 지은 『역림』을 참고할 필요가 있습니다. 상무인서관(商務印書館)에서 나온 판본이 비교적 좋습니다. 그는 육십사괘의 괘사와 효사에 대해 전혀 다른 견해를 제시합니다. 『역경』에 통달한 뒤 문왕의 참뜻을 다시 풀어 본 것입니다. 어떤 사람은 정확한 점을 위해 『역림』의 내용을 이용하기도 합니다. 호적(胡適)도 『역림』을 고증한 적이 있는데, 문장이 아주 아름답고도 묘해 참고할 만한 책입니다.

역을 배우는 것과 역을 활용하는 것

 각 괘를 한 효씩 깊이 있게 연구한다는 것은 그렇게 간단하지 않습니다. 반드시 고대 천문학을 공부해야 합니다. 고대의 천문학은 성상학(星象學)이라고도 합니다. 이십팔수의 운행이나 각 괘가 대표하는 별자리, 각 별자리가 다른 별자리에 미치는 영향 등을 연구하는 학문입니다. 북두칠성을 예로 들어 봅시다. 이 일곱 별이 어떻게 해서 하나의 별자리로 묶이게 되었을까요? 인류가 천문을 관찰하면서 이 일곱 별을 서로 연결해 하나의 그림으로 만들어 낸 것입니다. 서양인들은 천녀성(天女星)을 말하는데 이것은 신화에 등장하는 천녀를 몇 개의 별로써 그린 것입니다. 실제로 존재하는 것은 아니며 단지 별과 별 사이를 보이지 않는 선으로 이어 본 것입니다. 마치『역경』에서 말하는 상(象)과 같은 것입니다. 현대 서양 천문학은 매우 발달했지만 아직 성상(星象)을 완전히 벗어나지 못했습니다. 성상학은 지금의 우주과학과는 다른 방향으로 발전했습니다. 우주과학이 천체 속에서 각 행성의 상호관계를 실제로 연구 조사해 나갔다면, 성상학은 추상적으로 구성된 특정 별자리가 인류 활동에 미치는 작용을 연구해 나갔습니다. 성상학은 인도나 이집트, 중국이나 서양이 모두 다릅니다. 이처럼 계통은 서로 다르지만 대체적인 원칙은 동일합니다.『역경』의 각 괘와 각 효의 늦도 성상학으로부터 나왔습니다. 한나라 때 유명했던『경방역전(京房易傳)』에서는 뚜렷하지는 않지만 이런 요점이 그 속에 포함되어 있습니다. 후인들에게 남겨진 부분이라 할 수 있습니다. 나중에 송대에 이르러『역경』의 대가 소강절은 앞으로는 오천 년, 뒤로는 육만 년을 알 수 있다고 큰소리쳤습니다. 바로 성상학 계통으로부터 나온 것입니다.

천간, 지지, 오행, 팔괘도 모두 지극히 복잡한 성상학을 일반 사람들도 알 수 있게끔 간략화한 것입니다. 일반인들은 천간이나 지지 등을 단지 시중에 나도는 술수쯤으로 생각하지만 실제로 그 이면에는 심오한 문화적 배경이 깔려 있습니다.

이런 까닭에 저는 단지 『주역』의 테두리 안에만 집착해서 해석하려는 것은 아무 쓸모가 없다고 생각합니다. 최근 『역경』 연구에 사람들이 몰리고 있지만 이런 식이라면 죽도록 연구해도 아무런 공헌도 할 수 없을 것입니다. 유일한 용도가 있다면 할 일 없는 사람의 소일거리 정도일 것입니다. 진정으로 활용하려면 과학적인 태도가 필요합니다. 그러나 과학이라 해서 현대의 자연과학과 같은 것이어서는 안 됩니다. 이것은 제가 지금까지 절실히 느낀 점입니다. 역학은 심오한 것이지만 진정으로 활용하기 위해서는 반드시 과학적 정신이 있어야 합니다. 실용성 없는 사상은 공허합니다. 『역경』을 연구하면서 해결할 수 없는 문제를 붙들고 늘어져서는 절대로 안 됩니다. 옛사람들의 태도 역시 이러했습니다. 『역경』이라는 저작은 그 자체로 훌륭한 것이지만 먹어 봐야 배도 부르지 않습니다. 그 정도일 뿐입니다. 고인들의 서적을 읽고 이해한 뒤 다시 본문을 찾아 읽는다면 혹시 어떤 쓸모가 있을지도 모르겠습니다. 그렇지만 송대의 이학가들처럼 『역경』의 도리만 말하는 데 그쳐서는 안 됩니다. 한 효 한 효를 들어가며 해석하자면 끝이 없습니다. 한 효만 가지고도 책 한 권을 쓸 수 있겠지만 써 봐야 무슨 소용 있습니까? 어떤 때는 도리어 사람을 잘못되게 할 수도 있습니다. 적어도 문화와 관련된 일을 하는 사람이라면 사소한 글이라도 함부로 써서는 안 됩니다. 쓰는 사람이야 재미있을지 모르지만 만약 잘못되면 결과는 심각합니다. 옛사람들의 저작 활동은 이처럼 신중

했지만 지금은 전혀 결과를 생각하지 않고 글을 씁니다. 바로 고금의 차이이기도 합니다.

「서괘전」, 육십사괘의 순서 문제

  앞에서 둔괘를 설명하면서 『주역』의 육십사괘 배열 순서에 대해 언급한 적이 있지만, 왜 그렇게 배열되어야 할까요? 큰 문제가 아닐 수 없습니다. 저는 아직까지 이런 문제에 대한 명쾌한 설명을 들어 본 적이 없습니다. 다음 괘를 살펴보기 전에 여기서 먼저 「서괘전」의 내용을 검토해 볼 필요가 있습니다. 「서괘전」은 예로부터 공자가 『역경』 연구를 돕기 위해 지은 것으로 알려져 있습니다. 공자는 이 외에도 『역경』에 관한 아홉 편의 저술을 남겼다고 하는데 이것이 바로 『십익(十翼)』입니다. 여기에는 건곤 양괘의 「문언전」, 「계사전」 상하편, 「단전(彖傳)」(이전에는 상하 두 권이었음), 「상전(象傳)」(역시 이전에는 상하 두 권이었음), 「서괘전」, 「설괘전」, 「잡괘전(雜卦傳)」이 포함됩니다. 전통적 관점은 이들이 모두 공자의 작품이라는 것입니다. 이 중 「서괘전」은 괘의 순서에 대한 것으로 아주 중요합니다. 비록 상수(象數)와의 관계는 그리 크지 않지만 철학 사상과는 아주 밀접한 관계가 있습니다. 과거에는 이 점을 모두 소홀히 했습니다. 제가 거듭 육십사괘의 순서를 언급하는 것은 이 문제가 대단히 중요하기 때문입니다. 천고 이래 수많은 사람들이 연구해 왔으나 제가 생각하기에는 아직 그 성과가 미흡합니다. 그리고 「서괘전」을 보아도 알 수 있듯이 공자 역시 단지 『역경』의 이치를 말할 뿐 상수에 대해서는 언급하지 않았습니다. 공자의 「서괘전」은 인문적 관점에서 『역경』의 이치를 논한 것입니다. 왜 '둔'괘라 했는가, 왜 '몽'괘라 했는가 하는 식입니다. 그러나 주의해야 할 것은 복희가 팔괘를 그릴 당시에는 이런 문자 자체가 없었다는 사실입니다.

저는 육십사괘 배열에 관한 소강절의 도가(道家) 역학 계통의 해석에 아주 만족합니다. 건위천(乾爲天), 천풍구(天風姤), 천산둔(天山遯)의 차례로 주욱 배열된 것이 아주 논리적입니다. 그러나 『주역』은 이런 차례로 배열되어 있지 않습니다. 그렇다면 『주역』의 계통은 어디서 왔을까요? 이런 기본적인 문제조차 해결되지 않은 상태라면 사실 학문이라고 하기 어렵습니다. 제가 내심 큰 문제라고 생각하는 이유도 바로 여기에 있습니다.

육십사괘에 대해 도가는 다른 배열 방법을 갖고 있습니다. 그러나 제가 연구해 본 바에 따르면 역시 부정확한 점이 있습니다. 그렇긴 해도 그 방법은 올바릅니다. 도가에서는 일 년 열두 달을 십이벽괘와 결합합니다. 이렇게 하면 십이벽괘 중 각 괘는 한 달을 대표합니다. 그리고 한 달의 삼십일에 다시 괘를 배열합니다. 매월 초하루 새벽이 둔괘라면 저녁이 몽괘가 됩니다. 초이튿날 새벽은 수괘, 저녁은 송괘가 됩니다. 이렇게 『주역』의 차례대로 배열해 나가면 건곤감리 네 괘를 제외한 육십괘가 한 달에 배열됩니다. 이것이 도가의 상수 배열 방법입니다. 후세에 천문 지리를 미루어 미래의 일을 추측해 낸 것도 모두 이 방법으로부터 나왔습니다. 사용해 보면 제법 잘 들어맞지만 그 이치에 대해서는 저는 동의할 수 없습니다. 인류의 문화란 모두 이렇습니다. 과학은 현실을 중시하는 것이지만 지금은 이미 이론적 과학으로 발전했습니다. 과학이 철학으로 변한 것입니다. 철학은 현실이 아니라 이론을 말합니다. 실제로는 잘 들어맞지만 이론적으로는 문제가 있습니다. 세상일이란 항상 그렇습니다. 어떤 현상이 존재해도 그 이치를 알지 못하며, 어떤 때는 그 이치는 존재하지만 현상이 없을 때도 있습니다. 경험이 아직 거기에까지 이르지 못한 것입니다. 현상과 이치가 합일될 때에야 비로소 진정한 학문이라 할 수 있습니다. 이런 까닭에 괘의 순서 문제에 대해서는 여러분 스스로 연구해 보아야 합니다.

유물사관

이야기가 여기에 이르렀으니 먼저 1930년대를 풍미했던 유물사관에 대해 살펴보도록 하겠습니다.

1930년대를 지배했던 철학은 역사철학입니다. 이른바 유물사관으로 유물론의 관점에서 역사를 비판한 것입니다. 몇십 년 전만 하더라도 우리는 이 철학으로부터 심대한 영향을 받았습니다. 이제는 한물가긴 했지만 이것이 서양에 끼친 영향은 적지 않습니다. 지금까지도 일부 대학의 역사학과에서는 역사철학을 강의하고 있으며 유물사관이 역사철학의 중요한 한 분야로 받아들여지고 있습니다.

역사철학은 인류 문화사나 학술사 방면에서 보면 아직까지도 걸음마 단계입니다. 역사철학의 목적은 천지만물이 생긴 후 인류의 역사가 어떻게 해서 지금에 이르도록 복잡하게 진개되었는지를 탐구하는 것입니다. 역사철학에서 드러나는 문제는 정치사에서 문제되고 있는 몇 가지 측면과도 유사합니다. 민주제든 군주제든 독재든 어떤 것도 좋습니다. 자유주의도 좋고 무정부주의도 좋습니다. 각양각색의 정치 이념들이 실행되었지만 이 중 과연 어느 것이 인류에게 영원한 안정과 행복을 가져다주었습니까? 우리가 볼 때 어느 것도 그것을 실현하지 못했습니다. 이런 정치적 주장들은 이론상 그 나름의 이치가 있지만 현실적으로 모두 결함이 있었습니다. 바로 역사철학상의 철학적 문제입니다. 경제 방면만 해도 그렇습니다. 화폐가 생긴 후 조개껍데기에서 지금의 지폐에 이르도록 왜 화폐가치가 자꾸 떨어지기만 하고 다시 회복될 기미가 보이지 않을까요? 무엇 때문일까요? 역사철학상의 경제학적 문제입니다. 예전에 어떤 사람들은 엉뚱하게도 이런 문제를 붙들고 늘어져 겉만 그럴듯하게 꾸며 선전을 하기도 했습니다. 아주 선동적이었습니다. 인류 사회가 왜 평안하지 못한가? 왜 평등이 실현될 수 없는가? 그 원인을 그들이 주장하는 적들에게로 돌려 가차없는 공격을 퍼붓기도 했습니다.

지금 돌이켜 보면 역사철학은 우리에게도 일찌감치 있었습니다.『역경』에서 이미 언급되었습니다. 게다가 다른 어떤 것보다 많이 나왔습니다. 안타까운 것은 누구도 그것을 되살리지 못했다는 점입니다. 만약 서양의 유물사관과 고유의 역사철학을 깊이 있게 연구해 낼 수 있는 사람이 있다면, 진정으로 그 속의 함의를 깨달아 세계 경제나 정치 발전과 융회 관통시킬 수 있다면 틀림없이 훌륭한 저작이 될 것입니다. 그렇게 할 수 있다면 인류의 사상에도 막대한 공헌을 할 것입니다.

이제 우리의 역사관을 다시 보기로 합시다. 정확하게는 공자의 역사관입니다. 공자의 역사관은 서양의 유물사관과 유심사관을 모두 포괄한 것으로, 심물일원의 대단히 고명한 관점입니다. 그러나 이것을 제대로 되살리려면 고문에 밝아야 합니다. 이 시대에 고문을 이해할 수 있는 사람은 이미 많지 않습니다. 이런 점에서 여러분의 끊임없는 노력이 필요합니다.

공자가 여기서 말하는 것은『주역』육십사괘의 순서에 관한 것입니다.

왜 그렇게 배열되어야 하는 것일까요? 깊이 생각해 보아야 할 점입니다.

공자가 말하는 창세기의 시작

천지가 있은 후에 만물이 생겨난다. 천지에 가득 차 있는 것이 만물이므로 둔괘로 이어진다. 둔이란 가득 찬 것이다. 둔이란 사물이 처음 생겨나는 것이다.
有天地, 然後萬物生焉. 盈天地之間者唯萬物, 故受之以屯. 屯者, 盈也, 屯者, 物之始生也.

첫 구절이 아주 묘합니다. "유천지 연후만물생언(有天地, 然後萬物生焉)"은 아주 자연스럽습니다. 이렇게 말하면 충분합니다. 이것이 동양 문화의 특징입니다. 공자 사상이 고명한 것도 바로 이렇게만 말한 데 있습니다. 종교철학의 문제로 비약하지 않습니다. 종교철학이라면 천지를 누가 만들었느냐, 만물은 누가 길렀느냐 물어야 할 것입니다. 그리고 나서는 어떤 주재자가 그것을 창조했다고 합니다. 그러나 공자는 이런 이야기를 하지 않습니다. 중국인들은 주재자가 만물을 창조했다면 그 주재자는 누가 창조했느냐 하는 식의 영원히 결론 나지 않을 문제를 말하지 않습니다. 한때 사람들은 동양에는 철학이 존재하지 않는다고까지 했습니다. 실제로는 없는 것이 아니라 아주 뛰어납니다. 이것은 불학의 이론과 유사한 데가 있습니다. 석가모니는 네 종류의 설법을 행했습니다. 그 중의 하나가 '치답(置答)'입니다. 어떤 문제를 토론할 필요가 없을 때는 한쪽으로 제쳐 놓는 것입니다. 공자의 위의 첫 구절은 이해하지 못한 것이 아니라 바로 석가모

니가 말한 '치답'의 방법입니다. 첫 구절부터 바로 인문 문화로 시작합니다. 이것이 바로 동양 문화의 특색입니다.

"영천지지간자유만물(盈天地之間者唯萬物)", 천지간에 가득 차 있는 것이 만물이라는 뜻입니다. 고문에서 말하는 '만물'에 주의할 필요가 있습니다. 상고 시대에 사용한 '물(物)' 자는 현대 유물 사상의 물질만을 의미한 것이 아니라 '것(東西)'이라는 추상적인 뜻까지를 지칭했습니다. 만물이란 심물일원(心物一元)의 추상적인 어떤 것으로 천지에 가득 차 있습니다. 여기서는 건곤 양 괘로부터 시작합니다. 건곤이 천지를 대표하기 때문입니다. 건곤 이후에 둔괘가 나옵니다. '둔(屯)'의 뜻이 바로 '영(盈)' 즉 충만이기 때문입니다. 두 번째 뜻인 "물지시생야(物之始生也)"에 대해서는 앞에서 이미 설명했습니다. 둔(屯) 자는 뿌리를 내린 풀이 땅 위로 막 머리를 내민 맹아의 모양으로서 만물의 생장이 시작되는 것을 나타냅니다.

몽괘로부터 사괘까지, 인간 세상의 첫 대란

> 사물이 생겨나면 반드시 몽매하기 때문에 몽괘가 이어진다. 몽이란 몽매하다는 것으로 만물의 유치한 단계이다.
>
> 物生必蒙, 故受之以蒙. 蒙者蒙也, 物之稚也.

이 때문에 모두가 고문을 읽기 싫어합니다. 특히 지금의 젊은 사람들이라면 읽지 못할 뿐 아니라 짜증까지 낼 것입니다. 만물이 생긴 뒤 마치 둔(屯) 자 모양처럼 땅 위로 고개를 내밀면 반드시 발몽(發蒙)이 시작됩니다. 그렇기 때문에 둔괘에 이어 몽괘가 나온다는 겁니다. 몽(蒙)이란 어떤 것일까요? "몽자몽야(蒙者蒙也)", 오늘의 관점에서 본다면 이 구절은 사실 아무것도 말하지 않은 것이나 다름없습니다. 그러나 옛사람들은 공부를 시작하면서 먼저 글자부터 연구했습니다. 고례(古禮)에는 공부를 시작하면서 소학을 읽도록 했습니다. 당시의 소학은 지금의 소학과는 달리 글자의 뜻을 익히는 과정까지 포함되어 있었습니다. 글자마다 그 글자가 왜 그렇게 쓰이는지를 익혔습니다. 한자는 자음과 모음으로 나누어지는 것이 아니라 뜻글자입니다. "몽자몽야"에서 앞의 몽은 괘명이요 뒤의 몽자는 그 괘에 대한 해석입니다. 몽이란 만물이 이제 막 발아한 것입니다. 말하자면 만물이 여전히 유치한 단계〔物之稚也〕에 있다고 할 수 있습니다.

> 만물이 유치한 관계에 있으면 길러 내지 않을 수 없으므로 수괘가 이어진다. 수란 음식의 도이다.
> 物稚不可不養也, 故受之以需. 需者飮食之道也.

만물이 유치한 단계에 있다면 반드시 그것을 길러 내야 합니다. 그래야만 인류 사회가 발전합니다. 중국 역사를 보면 천지가 개벽된 후 우임금까지는 여전히 홍수의 단계였다가 우임금의 치수사업 이후에야 비로소 농업 사회의 기초가 마련됩니다. 이로부터 천하가 구주로 나누어졌는데 이 시기가 바로 길러 내는 단계입니다. "물치불가불양야(物稚不可不養也)", 사회가 발전하면서 점차 양육이 중시됩니다. 이 때문에 몽괘 아래에 수괘가 이어집니다. 인류 사회를 양육하는 데 어떤 것이 가장 절실히 필요할까요? 먼저 배불리 먹어야 합니다. 만물도 마찬가지입니다. 개미든 개든 먼저 배가 불러야 합니다. 사회와 인류의 발전이란 것도 생명을 유지하며 살기 위해서인데 생활의 첫 번째 조건이 바로 배불리 먹는 것입니다. "수자음식지도야(需者飮食之道也)", 이처럼 배불리 먹는 것이 바로 수괘입니다.

먹고 마시다 보면 반드시 다툼이 생기므로 송괘가 이어진다.

飮食必有訟, 故受之以訟.

사회 발전이 여기에 이르면 문제가 생깁니다. 생활의 전제 조건이 먹는 것인데, 나도 먹고 너도 먹고 그도 먹으려 합니다. 오늘 먹으면서 혹시 내일 굶지 않을까 두려워합니다. 그래서 '네가 조금 적게 먹으면 그걸로 내일 먹을 수 있을 텐데' 하는 이기적인 마음이 생깁니다. 이렇게 되면 싸움이 일어납니다. 수괘 아래에 송(訟)괘가 이어지는 것도 이 때문입니다.

다투게 되면 반드시 무리를 짓게 되므로 사괘가 이어진다. 사란 무리를 말한다.

訟必有衆起, 故受之以師. 師者, 衆也.

송괘 아래는 사(師)괘입니다. 사괘는 『역경』에서 대중을 나타냅니다. 인류 사회가 이기심이 생기는 단계에 이르도록 발전하면 투쟁이 일어납니다. 투쟁이 생기면 자연 세력이 연합되어 서로 다른 입장끼리 대립합니다. 입장이 같은 사람끼리는 연합하여 하나의 무리가 됩니다. 이 때문에 그 아래에 사괘가 이어집니다. 사(師)란 스승의 뜻이 아닙니다. 고대에는 출사(出師)라 하면 군대를 출동해 전투를 하는 것이었습니다. 사란 군중이라는 뜻입니다.

비괘와 태괘 사이에서 번영하는 모습

> 무리가 형성되면 반드시 비슷한 사람끼리 뭉치게 되므로 비괘가 이어진다. 비란 서로 연합하는 것이다.
>
> 衆必有所比, 故受之以比. 比者, 比也.

군중이 일어난 이후라면 반드시 성질이 가까운 것끼리 몰리는 현상이 생깁니다. '비(比)'란 열을 짓는 것입니다. 자기와 유사한 데가 있으면 그것을 쫓아갑니다. 중국 옛 글자의 비(比) 자는 한 사람이 앞서 가고 뒤에 또 한 사람이 따라가는 모습을 나타낸 것입니다. 두 사람이 서로 반대 방향으로 간다면 '비(比)'가 아니라 '북(北)'이 될 것입니다. 즉 배(背)가 되어 서로 등을 집니다. 군중이 모이는 곳이면 어디서든 이런 현상이 일어납니다. 의견이 다르면 이해가 다르고 의견이 같으면 이해 또한 같습니다. "비자비야(比者比也)", 비괘는 사람들이 하나로 연합하는 상입니다. 이로 인해 서로 다른 의견과 파벌이 생겨납니다.

> 서로 연합하면 반드시 축적하므로 소축괘가 이어진다.
>
> 比必有所畜, 故受之以小畜.

공자는 비괘에서 나타나는 의견의 대립이 잘못된 것이라 생각하지 않았습니다. 군중이 생기면 어쩔 수 없이 나타나는 현상입니다. 많은 사람이 마음을 합쳐 하나로 뭉치면 반드시 축(畜) 즉 축적이 생깁니다. 공동의 이익을 도모하기 위해서입니다. 비록 그것이 이기심이기는 해도 모두를 위한 것이면 공적이라 할 수 있습니다. 요즘의 보험 제도처럼 사회의 안전을 위해 가장 좋은 제도입니다. 이 보험 제도의 기원은 해적들이 물건을 약탈한 후 그 중에서 일부를 모아 뒤에 사고가 생긴 동료의 유족들에게 주기 위한 데서 생겼습니다. 이것이 발전해 오늘의 보험 제도가 되었습니다. 이처럼 원래 좋지 않은 것이라도 좋은 결과를 낳을 수 있고, 어떤 때는 좋은 것이라도 나쁜 결과를 빚을 수 있습니다. 비괘 이후 소축(小畜)괘가 이어지는 현상도 바로 그렇습니다.

물건이 축적된 후에야 예가 생기므로 리괘가 이어진다.
物畜然後有禮, 故受之以履.

소축괘 다음은 리(履)괘입니다. 리는 명사일 때는 신발을 뜻하며 동사일 때는 길을 걷다라는 뜻입니다. 공자는 여기서 한 사회가 물질적으로 안정되면 그다음으로는 반드시 예(禮) 즉 질서가 있어야 한다고 말합니다. 이것이 없으면 안 됩니다. 여기서 법률, 교육, 군사, 문화와 같은 것들이 시작됩니다. 이 구절에서는 관자(管子)의 사상도 볼 수 있습니다. 관자는 "창고가 차야 예절을 알고 의식이 족해야 영욕을 안다[倉凜實則知禮節, 衣食足則知榮辱]"라고 했습니다. 물질문명이 발달하면 이기심이 싹틉니다. 이 시기가 되면 반드시 문화가 있어야 합니다. 법률도 있어야 합니다. "고수지이리(故受之以履)", 마땅히 따라야 할 길이 있어야 합니다. 모든 사람이 따르고 지켜야 할 질서가 있어야 한다는 말입니다.

따라야 할 길이 있고 그것이 막힘없이 잘 통한 뒤에야 편안하므로 태괘가 이어

진다. 태란 통하는 것이다.

履而泰, 然後安, 故受之以泰. 泰者, 通也.

리(履)괘 아래는 태(泰)괘입니다. 사회가 발전하고 정치도 발전해서 모든 사람이 아주 편안히 길을 걸을 수 있습니다. "리이태(履而泰)", 천하가 태평해서 모두가 편안합니다. 모두가 자유롭고 평등합니다. 이 때문에 리괘 다음에 태괘가 있습니다. 태(泰)란 막힌 데가 없이 잘 통하는 것입니다. 아무 문제도 없습니다.

비괘, 인류의 두 번째 문명 퇴조

사물은 영원히 잘 통할 수 없으므로 비괘가 이어진다.

物不可以終通, 故受之以否.

그렇지만 문제가 생깁니다. 속담에, "사람은 천 일을 좋을 수 없고 꽃은 백 일을 붉을 수 없다〔人無千日好, 花無百日紅〕"라는 말이 있습니다. 아무리 좋은 친구라도, 특히 부부 사이라면 다투지 않고 천 일을 보내기 어렵습니다. 백 일 동안 지지 않고 피어 있는 꽃도 없습니다. 옛사람들이 역사를 보는 눈은 이처럼 밝았습니다. 가장 좋은 시기가 바로 좋지 못한 시기의 시작이라 본 것입니다. 이 때문에 태괘 다음에 비(否)괘가 나옵니다. 중국의 한나라나 당나라 또는 서양의 로마를 보더라도 가장 융성한 시기에 쇠퇴하기 시작합니다. 가정도 마찬가지입니다. 흥하는 시기에 가족들은 하나같이 거들먹거리게 되며 이것이 극에 이르면 비괘가 찾아옵니다. 사람뿐 아니라 역사 또한 마찬가지이고 사회 발전 역시 그러합니다. 인생도 통하고 보면 바로 이와 같습니다. 배고프면 먹고 먹으면 배부르며, 뱃속이 차면 배설하고 그러고 나면 또 배가 고픕니다. 그러면 또 먹어야지요. 이런 것입니다. 모든 것이 순환합니다.

동인과 대유, 인류 문명의 보다 높은 곳

> 사물은 영원히 어그러질 수 없으므로 동인괘가 이어진다.
> 物不可以終否, 故受之以同人

나쁜 것도 극에 이르면 좋아집니다. 지극히 재수없는 시기, 마치 우리가 현재 부닥치고 있는 비괘와 같은 상황에 처해 있더라도 사람은 영원히 나쁠 수 없습니다. "물불가이종비(物不可以終否)", 실패는 성공의 어머니입니다. 바로 이런 이치입니다. "고수지이동인(故受之以同人)", 비괘 다음은 동인(同人)괘입니다. 사람은 어려움에 부닥치면 친구를 찾습니다. 마음이 통하는 동지를 만나 다시 새롭게 창업을 합니다. 이것이 대동 사상이며 자유와 평등의 원칙입니다.

> 다른 사람과 마음을 같이 하면 만물이 반드시 모여들게 되므로 대유괘가 이어진다.
> 與人同者, 物必歸焉, 故受之以大有.

뜻이 맞고 길이 같은 사람을 찾았다면, "여인동자(與人同者)" 즉 다른 사람과 더불어 할 수 있어야 합니다. 나를 생각할 뿐 아니라 너까지 생각하며 자기 혼자 독차지하려 하지 않습니다. 사심이 없지는 않지만 이것은 어디까지나 많은 사람을 위한 보다 큰 사심입니다. 단체를 위한 것이나 국가를 위한 것 그리고 천하를 위한 것입니다. 이것이 바로 "여인동자(與人同者)"입니다. 이런 마음을 지니고 있다면 "물심귀언(物必歸焉)" 즉 천하 만물이 모두 모여들 것입니다. 이 때문에 동인괘 다음에 대유괘가 옵니다. 공정하고 사심이 없는 사람에게는 수많은 친구가 있고 수많은 부하들이 돕습니다. 이 때문에 동인괘의 종괘는 대유입니다. 좋다는 것이 모두 모여 있습니다.

좋은 것이 모두 모여 있으면 더 이상 채울 것이 없으므로 겸괘가 이어진다.

有大者不可以盈, 故受之以謙.

대유괘 다음에는 겸(謙)괘가 이어집니다. 역시 우리에게 인생철학과 역사철학을 말하고 있습니다. 최고의 자리에 이르러 자만해서는 안 된다는 것입니다. 다시 거기에 더해 봐야 넘쳐흐를 뿐입니다. 이 때문에 대유괘 다음에 겸괘가 이어집니다.

좋은 것을 모두 갖추고도 겸허할 수 있다면 반드시 편안할 수 있다. 그러므로 예괘가 이어진다.

有大而能謙, 必豫, 故受之以豫.

부귀와 공명이 극에 이르러도 겸허할 수 있다면 자연 편안히 즐길 수 있습니다. 따라서 겸괘 뒤에 예(豫)괘가 옵니다.

편안하면 반드시 이를 쫓는 무리가 생기므로 수괘가 이어진다.

豫必有隨, 故受之以隨.

예괘 다음은 수(隨)괘가 옵니다. 이것 또한 인생철학입니다. 역사 또한 마찬가지입니다. 로마가 번성할 때는 날마다 가무를 즐겼는데, 이것이 예(豫)이고 뒤이어 쇠퇴했습니다. 사람은 편안할 때 위험을 생각해야 한다는 이치가 바로 여기서 나옵니다. 편안함에 취해 있다 보면 수(隨)가 뒤따릅니다. 내부에 문제가 생기기 때문입니다. 수(隨)란 뒤쫓는 것입니다. 정반대의 국면이 뒤따라옵니다. 또 아무렇게나 한다는 뜻도 있습니다. 자기중심이 없어서 다른 사람이 뭐라고 하기만 하면 그대로 따라합니다. 여유 있고 풍족한 사람은 점점 나태해져 머리 쓰는 것조차 싫어합니다. 이 때문에 뒤에 수괘가 이어집니다.

고괘에서 박괘로, 인성의 타락

즐겨 쫓는 무리가 생기면 반드시 말썽이 생기므로 고괘가 이어진다. 고란 말썽을 말한다.

以喜隨人者必有事, 故受之以蠱, 蠱者事也.

돈도 권력도 지위도 다 갖춘 천하의 제일인자라면 그 뒤에는 덕이라도 좀 볼까 해서 쫓아다니는 사람이 생기며, 이런 사람은 갈수록 많아집니다. 이럴 때 조심하지 않으면 문제가 생깁니다. 한고조가 천하를 통일하고 나니 모두가 떠들썩했습니다. 장량(張良)이 한고조에게 말하기를, 천하 호걸들이 당신 뒤를 쫓아 목숨을 건 것은 천하가 평정해지기를 바랐기 때문입니다. 이제 천하가 통일되니 마치 고기 한 덩이를 얻었으나 아직 나누지 않은 것과도 같습니다. 당연히 떠들썩할 만합니다. 이 말을 듣고 한고조는 공신을 봉했습니다. 인생을 꿰뚫어 본 것입니다. 어떤 지위에 이르면 마땅히 해야 할 일은 해야 합니다. 다른 사람의 아첨이나 고맙다는 말을 듣기 좋아해서는 안 됩니다. 자기가 조금이라도 거기에 관심을 보인다면 사람들이 그에 영합하려 하기 때문입니다. "이희수인자필유사 고수지이고(以喜隨人者必有事, 故受之以蠱)", 고(蠱)란 일종의 벌레입니다. 귀주(貴州)나 운남(雲南)의 변방 소수 민족들은 이것으로 사람을 마취시키기도 합니다. 고(蠱) 역시 벌레이기 때문에 벌레가 많으면 마치 집 속에 있는 흰개미나 몸속의 세균처럼 말썽을 일으킵니다.

말썽이 생긴 후에야 커질 수 있으므로 임괘가 이어진다. 임이란 크다는 것이다.
有事而後可大, 故受之以臨. 臨者, 大也.

그러나 사람은 일을 두려워하지 않습니다. "유사이후가대 고수지이임. 임자 대야(有事而後可大, 故受之以臨. 臨者, 大也)", 이 이치를 이해하고 나면 일이 생겨도 두려워하지 않고 사람이 나타나도 역시 두렵지 않습니다. 단지, "내가 가지고 있는 것은 바로 여러분이 가지고 있는 것"이라는 생각

만 하면 됩니다. 이렇게만 한다면 훌륭합니다. 따라서 그다음은 임(臨)괘입니다. 확대되는 것입니다.

크게 된 후에야 볼 만한 것이 있으므로 관괘가 이어진다.

物大然後可觀, 故受之以觀.

임괘 다음은 관(觀)괘입니다. 씨앗 하나가 길가에 떨어졌다고 해서 누가 쳐다보기나 하겠습니까? 그러나 몇백 년이 지나 신목(神木)이 되면 모두 보러 옵니다. 이처럼 크게 된 후에야 볼 만한 것이 됩니다. 그래서 관괘가 이어집니다.

볼 만한 것이 있은 뒤에나 합쳐질 수 있으므로 서합괘가 이어진다. 합이란 합쳐진다는 것이다.

可觀而後有所合, 故受之以噬嗑, 嗑者合也.

관괘 다음은 서합(噬嗑)괘입니다. 이른바 서합이란 입을 벌리고 씹는 모양입니다. 왜 관괘 이후에 서합괘가 올까요? 볼 만한 것이 있어서 우연히 마주치기 때문입니다.

사물은 아무렇게나 합쳐질 수 있는 것이 아니므로 분괘가 이어진다. 분이란 꾸미는 것이다.

物不可以苟合而已, 故受之以賁, 賁者飾也.

여기에서 이야기가 문화와 사상에 이릅니다. 사회 발전이 이 단계에 이르면 원시적인 것은 가공해야 합니다. 인문적으로 가공되는 것입니다. 예를 들어 앞에 있는 플라스틱 대야 같으면 요소를 사용하여 만듭니다. 제조 과정에서 반드시 인문 문화의 산물인 과학적 처리 과정을 거쳐야 합니다. 아무렇게나 만들 수 있는〔구합(苟合)〕것이 아니라 반드시 인문 문화가 있어야 합니다. 그래서 분(賁)으로 이어집니다. "분자식야(賁者飾也)", '분(賁)'은 장식입니다. 예술적이고 문명적인 것입니다.

꾸민 뒤에 형통하면 이미 극에 이른 것이므로 박괘가 이어진다. 박이란 침식당하는 것이다.

致飾然後亨則盡矣, 故受之以剝. 剝者, 剝也.

문명이 정점에 이르면 예술이 발달하고 사회가 편안해집니다. 개인도 마찬가지입니다. 집안이 부유해지면 벽에 예술 작품도 가득 걸리고 만사가 형통합니다. 이렇게 해서 앞에 더 이상 길이 없어지면 분괘 다음으로 박(剝)괘가 이어서 나옵니다. 사물은 극에 이르면 되돌아갑니다. 박(剝)이란 서서히 추락하는 것입니다. 또 하나의 순환입니다.

사물은 영원히 침식당할 수 없다. 위로 올라가면서 모두 침식당하면 반대로 아래로부터 다시 시작한다. 그러므로 복괘가 이어진다.

物不可以終盡, 剝窮上反下, 故受之以復.

박괘의 다음은 복(復)괘입니다. 시대 역시 이러합니다. 박(剝)이 극에

이르면 다시 회복됩니다. "물불가이종진(物不可以終盡)", 끊어지는 법이 없습니다. "박궁상반하(剝窮上反下)", 위로 가는 길이 다하면 다시 방향을 돌립니다. 바로 복괘입니다.

복괘로부터 리괘까지, 인생의 흥망성쇠

다시 시작하면 새로운 각오로 임하므로 무망괘가 이어진다.
復則不妄矣, 故受之以无妄.

사람이 재난을 당하면 반성할 수 있어 다시 일어설 수 있으니 이것은 바람직한 것입니다. 따라서 복괘 다음에 무망(无妄)괘가 이어집니다.

잘못이 없어진 뒤에야 축적될 수 있으므로 대축괘가 이어진다.
有无妄, 然後可畜, 故受之以大畜.

잘못이 없다면 새로운 상황이 전개되어 크게 발전합니다. 따라서 대축(大畜)괘가 이어집니다.

만물이 축적된 뒤에야 사람을 부양할 수 있으므로 이괘가 이어진다. 이란 부양하는 것이다.
物畜然後可養, 故受之以頤. 頤者, 養也.

사회적 물자가 충분한 단계에 이르러 재화가 고루 나누어지고 만물이 모두 풍족히 갖추어지면, 그런 다음에 사람을 편안히 부양할 수 있습니다. 이 때문에 대축괘 다음에 이(頤)괘가 이어집니다. 이(頤)란 아주 편안한 것입니다. 그래서 우리는 노인네가 정년퇴직을 하고 집에서 쉬는 것을 덕담으로 "이양천년(頤養天年)"이라 하는데, 바로 이 이(頤)입니다.

부양하지 않으면 움직일 수 없으므로 대과괘가 이어진다.

不養則不可動, 故受之以大過.

천지간에 편안함이 극에 이르면 머지않아 문제가 생깁니다. 어떤 사람은 이렇게 말하기도 합니다. "저토록 나쁜 사람도 잘만 먹고사는데, 우리는 지킬 것 다 지키면서도 왜 이렇게 고생만 해야 하지? 보응이라는 게 과연 있기는 한 건가." 속담에, "하늘은 장차 그 복을 두텁게 해서 보답한다〔天將得厚其福而報之〕"라는 말이 있습니다. 기독교에서, "하나님이 어떤 사람을 벌하고자 하면 먼저 그를 미치도록 한다"라는 말과 같습니다. 죄인을 극도로 득의만만하게 해서 빨리 악이 넘치도록 한 다음 징벌하는 것입니다. 편안함이 극에 이르면 죄악, 낭비, 사치가 극에 이르러 문제가 발생합니다. 그러므로 이양(頤養) 다음에 대과(大過)괘가 나옵니다.

영원히 허물만 있을 수 없으므로 감괘가 이어진다. 감이란 함몰하는 것이다.

物不可以終過, 故受之以坎. 坎者, 陷也.

우주와 인생, 역사와 사회에는 모두 하나 하나의 마디가 있습니다. 운이

라 하는 것도 단계가 있습니다. 이 때문에 대과괘 다음에 감(坎)괘가 이어
집니다. 계단이 있어 아래로 한 칸 더 떨어집니다.

함몰하면 반드시 아름다운 것이 있으므로 리괘가 이어진다. 리란 아름다움이다.
陷必有所麗, 故受之以離. 離者, 麗也.

아래로 곤두박질친다고 해서 두려워할 필요는 없습니다. 고난 속에서도
다시 일어설 수 있습니다. 이 때문에 그 다음 리(離)괘가 이어집니다. 리
괘는 떠오르는 태양처럼 아주 아름답습니다. 새로운 시대가 이제 막 시작
되려 합니다.

이상이 상경(上經)입니다. 육십사괘의 괘 순서는 두 줄로 배열되어 있는
데, 상경의 배열은 건 곤 둔 몽 수 송 사 비 소축 이 태 비 동인 대유 겸 예
수 고 임 관 서합 분 박 복 무망 대축 이 대과 감 리 등 서른 개 괘입니다.
이상은 간단히 그 개략만 살펴본 것입니다. 만약 부연 설명한다면 괘와 괘
사이에만 해도 수많은 이치를 찾아낼 수 있을 것입니다. 인류의 모든 역사
철학이 이 속에 빠짐없이 들어 있습니다. 아쉬운 것은 이처럼 풍부한 문화
유산을 방치해 두고 도리어 스스로 아무것도 아는 게 없다고 생각하고 있
다는 겁니다. 참으로 조상들께 면목이 없습니다.
   상경의 괘 순서는 인류 사회와 역사 발전의 관계를 설명한 것이었는데,
하경에 이르면 인생에 대해 언급합니다. 하경 역시 아주 묘합니다. 상경은
건곤 양 괘로 시작하지만 하경은 함(咸)괘와 항(恒)괘로 시작합니다. 항괘
는 뇌풍항(雷風恒)☳☴입니다. 위는 진괘☳요 아래는 손괘☴입니다. 뒤집

어 놓으면 종괘는 택산함(澤山咸)괘가 됩니다. 하경이 왜 함괘와 항괘로 시작할까요? 함(咸)은 말하자면 평등이라 할 수 있고, 항(恒)은 늘 변하지 않는 것입니다. 상경에서 건곤 양 괘의 이름을 한 번도 언급하지 않고 단지 천지로써 말하듯이 하경에서는 함괘와 항괘를 한 번도 언급하지 않고 단지 남녀로써 나타내고 있습니다. 이제 하경의 괘를 검토해 보기로 합시다.

공자의 혼인관

> 천지가 있은 후에 만물이 있고, 만물이 있은 후에 남녀가 있으며, 남녀가 있은 후에 부부가 있고, 부부가 있은 후에 부자가 있다. 부자가 있은 후에 군신이 있고, 군신이 있은 후에 상하가 있으며, 상하가 있은 후에 예의가 시행될 수 있다. 부부의 도는 오래가지 않으면 안 되므로 항괘가 이어진다. 항이란 오래가는 것이다.
>
> 有天地然後有萬物, 有萬物然後有男女, 有男女然後有夫婦, 有夫婦然後有父子, 有父子然後有君臣, 有君臣然後有上下, 有上下然後禮義有所錯, 夫婦之道不可以不久也, 故受之以恒. 恒者, 久也.

함괘의 함(咸)은 모두 그러하다는 뜻입니다. 대학에서 강의할 때 어떤 학생이 연애하는 데도 철학이 있느냐고 물었던 적이 있습니다. 저는 이렇게 대답했습니다. 내가 너를 사랑하면 사랑하는 것이요 사랑하지 않으면 사랑하지 않는 것이니, 이런 이기적인 마음에 무슨 철학이 있겠느냐고요.

그러나 공자는 묘하게 말합니다. 천지가 있으면 만물이 있고 만물이 있으면 남녀가 있다는 것입니다. 하느님이 남자를 만든 것도 아니요 남자의 늑골 하나를 떼어 내어 여자를 만든 것도 아닙니다. 만물이 있으면 그 중에 남자와 여자가 있습니다. 인류사란 바로 남녀 두 사람이 엮어 낸 한 편의 드라마라 할 수 있습니다. 남녀가 있으면 자연 결합합니다. 연애를 하다가 마침내는 부부가 됩니다. 결코 사과를 몰래 훔쳐먹다가 부부가 되는 것이 아닙니다. 인류 사회에는 단지 '음식', '남녀'의 두 가지 일밖에 없다고도 할 수 있습니다.

　『역경』에서도 이 두 일을 명확히 밝힙니다. 상경에서는 세상사와 역사의 관련을 설명하고 이어서 하경에서는 남녀관계를 설명합니다. 남녀가 있으면 부부가 있고, 부부가 있으면 자연 가정이 형성되어 아이가 생기며, 아이가 있으면 부자관계가 생겨 오륜이 생깁니다. 오사운동 때는 공자를 타도하기 위해 오륜이 인간을 잡아먹는 예교(禮敎)라고도 했습니다. 그러나 앞에서 말한 것은 모두 자연현상입니다. 사람이 점차 많아져 사회가 확대되면 그 중 좀 더 나은 사람이 선택되어 지도자가 됩니다. 그가 바로 군(君)이고 우리는 그의 말을 듣게 됩니다. 곧 우리는 신(臣)이 되는 것입니다. 이렇게 해서 사회 질서가 형성됩니다. 『역경』은 여기서 오륜이 억지로 조성된 것이 아니라 자연발생적이라는 것을 말합니다. 법률이나 규정으로부터 나온 것이 아니라 본래 인성으로부터, 즉 인성이 바른 도리를 따라갈 때 자연스럽게 나온다는 것입니다. 남녀가 있으면 자연 부부가 있고, 부부가 있으면 자연 부자가 있으며, 많은 부부와 부자가 사회를 형성하고, 사회 조직이 형성되면 자연 계층이 생긴다는 것입니다. 지금 서양에서는 남녀가 결혼을 하지 않으려 합니다. 피차가 모두 책임을 지려 하지 않습니다. 아주 심각한 문제입니다. 동양 문화에서는 부부가 서로 손님처럼 존경해야 한다고 했습니다. 그래야만 오래갈 수 있습니다. 즉 항(恒)입니다.

상경은 천지개벽에서부터 시작해 사회 발전에 이르기까지 언급했으며, 지금 하경에서는 개인으로부터 시작해 가정, 부자, 군신의 인륜 관계를 말하고 있습니다. 여기서 또 하나의 철학적 문제가 대두됩니다.

공을 세워 이름을 떨치면 스스로 물러난다

> 사물은 한자리에 오랫동안 머물 수 없으므로 둔괘가 이어진다. 둔이란 물러나는 것이다.
>
> 物不可以久居其所, 故受之以遯. 遯者, 退也.

노자는 "오래되면 반드시 늙고 늙으면 반드시 쓰러진다(物壯必老, 老者必倒)"라고 했습니다. 이것은 자연의 법칙입니다. 공맹이나 노장의 사상은 모두 『역경』으로부터 나온 것입니다. 천지간의 만물은 장대하고 무성해지면 반드시 노쇠하며, 노쇠하면 곧 변화합니다. 이는 역사철학을 말하고 있습니다. "물불가이구거기소 고수지이둔(物不可以久居其所, 故受之以遯)", 여기서 가리키는 '물(物)'은 당연한 말이지만 사람과 사물을 모두 포함한 것입니다. 어떤 것이든 영원히 존재할 수 없습니다. 서서히 퇴화합니다. 그래서 다음에 둔(遯)괘가 옵니다. "공을 세워 이름을 떨치면 스스로 물러나야 하는 것이 자연의 법칙이다(功成, 名遂, 身退, 天之道也)"라고 한 노자의 관점도 바로 『역경』의 이곳에서 유래합니다. 이 「서괘전」의 입장에서 본다면 사람이 늙으면 마땅히 물러나서 아래 세대에게 넘겨줘야 합니다. 「서괘전」으로부터 우리는 『주역』 각 괘의 배열 순서에도 수많은 이치가 들어 있고 그 가운데 수많은 지식이 숨어 있음을 알 수 있습니다. 그렇기 때문에 지혜를 다해 연구해야 합니다. 외국에서 유행하는 의학 연구에 따르면 부부간의 정이 좋은 시기는 불과 삼 년에서 오 년 정도라고 합니다. 어떤 경우는 이보다 더 짧다고 합니다. 이후의 몇십 년은 단지 도덕심이나 법률적 책임 때문에 부부관계를 이어간다는 것입니다. 결코 연애 초기처럼 눈이 멀다시피 하는 그런 관계가 아니라는 것입니다.

사물은 영원히 물러날 수 없으므로 대장괘가 이어진다.
物不可以終遯, 故受之以大壯.

말이 다시 되풀이됩니다만 늙은 사람은 물러나고 젊은 세대가 이어받아야 합니다. 이것이 대장(大壯)입니다.

만물은 영원히 장대해질 수 없으므로 진괘가 이어진다. 진이란 진보하는 것이다.
物不可以終壯, 故受之以晉. 晉者, 進也.

대장괘 뒤에 왜 진(晉)괘가 나올까요? 공자는 진괘를 진보의 현상으로 해석합니다. 어떤 것이든 강대해지면 자연 진보를 추구해 새로운 한 세대가 등장합니다.

진보하면 반드시 상해를 입으므로 명이괘가 이어진다. 이란 상해를 입는 것이다.

> 進必有所傷. 故受之以明夷. 夷者, 傷也.

여기서 다시 역사철학이 등장합니다. 진보의 단계에는 반드시 상해(傷害)가 있습니다. 사회 발전은 원대한 이상을 가지고 법령을 개혁하면서 나아가야 하지만 이 과정에서 기존에 있던 것들을 파괴하지 않을 수 없습니다. 이것은 혁명의 철학이기도 합니다. 혁명 과정에서는 반드시 상처를 입게 됩니다.

> 바깥에서 상처를 입은 자는 반드시 집으로 돌아가므로 가인괘가 이어진다.
> 傷於外者必反其家, 故受之以家人.

명이(明夷)괘 다음은 가인(家人)괘입니다. 공자는 바깥에서 상처를 입으면 반드시 집으로 돌아갈 것이라 해석합니다. 비단 사람뿐 아닙니다. 가축 역시 마찬가지입니다. 중국 문화는 한 세기가 넘게 서양 문화의 자극을 수용해 오늘에 이르렀습니다. 그러나 이제는 서서히, 심지어 서양인들까지도 중국 문화를 배우기 시작합니다. 이것 역시 바깥에서 상처받은 자가 반드시 집을 찾는 것과 같습니다. 다음에 가인괘가 오는 것도 이 때문입니다.

> 가도가 다하면 반드시 괴리되므로 규괘가 이어진다. 규란 괴리되는 것이다.
> 家道窮必乖, 故受之以睽. 睽者, 乖也.

규(睽)의 원래 뜻은 부부가 서로 반목하여 의견이 일치하지 않는 것입니다. 가도(家道)가 '궁(窮)'하다는 것은 가난하다는 뜻이 아니라 가도가 극에 이르러 다 소진되고 말았다는 말입니다. 돈많은 집안은 자꾸만 사치가 심해져 그것이 극에 이르러 문제가 발생합니다. 부부의 감정이든 국가의 정치든 마찬가지입니다. 반드시 서로 뒤틀립니다.

괴리되면 반드시 어려움이 있어 건괘가 이어진다. 건이란 어려움을 말한다.

乖必有難, 故受之以蹇. 蹇者, 難也.

'괴(乖)'란 서로 어긋나는 것입니다. 개인이나 가정, 사회나 정치의 문제도 마찬가지이지만 과도하게 어긋나면 곧 어려움이 닥칩니다. 이것이 건(蹇)괘입니다. '건(蹇)'은 다리를 다쳤다는 뜻입니다. 다리를 다치니 한 걸음을 내딛기도 몹시 힘듭니다.

영원히 어려울 수는 없으므로 해괘가 이어진다. 해란 완화되는 것이다.

物不可以終難, 故受之以解. 解者, 緩也.

어떤 것이든 영원히 곤란한 것은 없습니다. 이것 역시 자연의 법칙입니다. 곤란이 오랫동안 지속되면 결국은 그것을 벗어날 방법을 찾게 됩니다. 이 때문에 건괘 아래에 해(解)괘가 옵니다. 곤란이 완화되고 없어진다는 것입니다.

완화되면 반드시 잃는 바가 있으므로 손괘가 이어진다.

緩必有所失, 故受之以損.

성질이 급한 사람은 쉽게 문제를 일으키며 느긋한 사람은 곤란을 질질 끌면서 해결합니다. 그러나 너무 느린 것도 문제가 있어서 반드시 손해를 입게 됩니다. 조급한 사람은 일을 망쳐 버리기 쉽고 느긋한 사람은 일을 그르치기 쉽습니다. 의사가 좋은 약을 처방해도 시기를 놓쳐 버리면 먹어 봐야 효과를 보지 못하는 것과 같습니다. 해괘 다음에 손(損)괘가 오는 것은 이 때문입니다.

『역경』은 만사가 상대적이라는 것을 말합니다. 어떤 것도 절대적인 것은 없습니다. 어떻게 되어야만 옳고 또 어떻게 되면 반드시 나쁘다는 것도 없습니다. 어떤 때는 약간 잘못된 것이 도리어 옳을 때도 있습니다.

계속 손해를 보다 보면 반드시 이익이 생기게 되므로 익괘가 이어진다.
損而不已必益, 故受之以益.

손(損)의 반면이 바로 익(益)입니다. 여기서 이만큼 손해를 보면 다른 곳에 그만큼 이익을 봅니다. 화와 복은 서로 의지합니다.

계속 이익을 보다 보면 반드시 붕괴되므로 쾌괘가 이어진다. 쾌란 붕괴되는 것이다.
益而不已必決, 故受之以夬. 夬者, 決也.

이익이 생길 때 득의만만해서는 안 됩니다. 『역경』은 우리에게 진퇴와 존망의 도리를 일러 주고 있습니다. 이익을 보고서 물러설 줄 모른다면 정점에 이르러 무너집니다. 이 때문에 익괘 다음에 쾌(夬)괘가 나옵니다.

붕괴되면 반드시 만나는 바가 있으므로 구괘가 이어진다. 구란 만나는 것이다.

決必有所遇, 故受之以姤. 姤者, 遇也.

『역경』의 관점에서 사물을 관찰하고 역사와 문화를 논한 것입니다. 인생에는 완전히 단절된 길이란 있을 수 없습니다. 지혜롭게 처리한다면 중간에 길이 끊어지더라도 반드시 또 다른 길이 열립니다. 이 때문에 쾌괘 다음에 구(姤)괘가 옵니다. 구괘는 음양이 서로 교류하는 괘입니다.

서로 만난 후에 결합이 이루어지므로 췌괘가 이어진다. 췌는 결합하는 것이다.

物相遇而後聚, 故受之以萃, 萃者, 聚也.

새로운 것과 만나면 새로운 결합이 이루어집니다. '췌(萃)'란 결합이라는 뜻입니다. 췌(萃) 자는 원래 무성한 풀들이 하나로 뭉쳐 있는 것을 말합니다. 청춘의 사랑스런 모습입니다.

결합하여 상승하는 것을 승이라 하므로 승괘가 이어진다.

聚而上者謂之升, 故受之以升.

한번 모이면 위로 향해 서서히 피어오르기 시작합니다. 사회나 역사의 발전 또한 마찬가지입니다. 아무 밑천도 없는 사람들이 모여 십여 년간 꾸준히 힘을 합쳐 경영한 결과 지금은 모두 내로라하는 사장들이 되었습니다. 바로 서로 결합해서 발전한 것입니다.

계속 상승하면 반드시 곤란에 부딪치므로 곤괘가 이어진다.

升而不已必困, 故受之以困.

승(升)괘의 반대 측면이 곤(困)괘입니다. 계속 상승을 거듭하다 보면 반드시 새로운 곤란에 부딪치게 됩니다.

상승하다 곤란에 부딪치면 반드시 아래로 하강하므로 정괘가 이어진다.

困乎上者必反下, 故受之以井.

위로부터 부딪치는 곤란이 극에 달하면 자연 아래로 향하여 우물 속으로 떨어집니다. 사람도 좋고 가정도 좋으며 또 자기가 처한 시대 환경도 좋은데 우물 속에 떨어졌다면 얼마나 가련하겠습니까? 위로 기어오를 수도 없고 땅 속으로 들어갈 수도 없어 꼼짝없이 갇혀 있어야 합니다. 이로부터 혁(革)괘의 시기가 서서히 도래합니다.

우물에 빠져 있어 혁신하지 않을 수 없으므로 혁괘가 이어진다.

井道不可不革, 故受之以革.

시대 환경을 혁파할 방법을 생각하니 바로 혁명입니다.

사물을 혁신하고자 할 때 가마솥만 한 것이 없으므로 정괘가 이어진다.

革物者莫若鼎, 故受之以鼎.

혁명을 이야기하면서 항상 '정혁(鼎革)'이라는 말을 합니다. 그렇다면 정괘와 혁괘에 대해서도 연구해 볼 만한 가치가 있을 것입니다. 어떤 것이든 진보하고자 하면 한편으로는 반드시 손실을 입습니다. 송나라 왕안석(王安石)의 변법은 그 결과가 아주 비참했습니다. 그의 사상은 지금에 이르러 도리어 높이 평가받고 있지만 당시 그가 입은 손실은 막대하였고 역사적으로도 그에게는 많은 죄명이 따랐습니다. 현대에 이르러서야 비로소 역사적인 대정치가로 평가받게 됩니다. 『역경』의 원칙에는 단지 점진적인 변화가 있을 뿐 돌변적인 것은 없습니다. 돌변적인 것처럼 보여도 사실은 서서히 일어난 것입니다. 정혁의 이치는 이런 점에서 상당히 일리가 있습니다. 옛것을 변화시키려 할 때는 반드시 역사적 경험에 따라 한 걸음 한 걸음 추진되어야 합니다. 왕안석은 당시 자기 눈으로 성공을 확인하려 했습니다. 어떤 것을 실현하고자 한다면 그것을 자기가 직접 확인하고자 해서는 안 됩니다. 점진적인 방법으로 서서히 바뀌기 시작한다면 그것으로 족합니다. 많은 사람들이 이런 잘못을 범합니다. 자기 눈으로 성공을 확인하려 든다면 반드시 실패하기 마련입니다. 여기서는 급작스럽게 바꾸고자 할 때 개혁의 도구로서 정(鼎)만 한 것이 없다는 것을 말합니다. 정이란 솥입니다. 어떤 것이든 솥 속에 들어가면 변화합니다. 녹여서 다시 만들어 세울 수 있습니다. 이 때문에 정혁 양 괘가 연이어 있습니다.

가정을 다스리는 데는 큰아들만 한 사람이 없으므로 진괘가 이어진다. 진이란 움직이는 것이다.

> 主器者莫若長子, 故受之以震. 震者, 動也.

고대 중국의 가족 제도에서는 큰아들이 가정을 맡아 다스렸습니다. 동생들은 그를 마치 아버지처럼 대했습니다. 그래서 가정을 다스리는 데는 큰아들만 한 사람이 없었습니다. 이 때문에 진(震)괘가 이어집니다. 『역경』의 상수 중 진괘는 장남을 나타내며 동시에 움직임을 뜻합니다. 또 혁명의 소용돌이를 나타내기도 합니다.

> 영원히 움직이는 것은 없어 반드시 그칠 때가 있으므로 간괘가 이어진다. 간이란 그치는 것이다.
> 物不可以終動, 止之, 故受之以艮. 艮者, 止也.

일종의 정치철학입니다. 혁명을 이끌 때는 시기를 잘 파악해서 동란을 정지시켜야 합니다. 그래서 간(艮)괘입니다. 간은 산을 대표하는 것으로 마치 산처럼 정지시킨다는 것입니다.

> 영원히 멈춰 있을 수는 없기에 점괘가 이어진다. 점이란 진보하는 것이다.
> 物不可以終止, 故受之以漸. 漸者, 進也.

그렇지만 세상일이란 영구히 멈추어 있을 수는 없습니다. 『대학』에서도 "나날이 새롭게 한다〔苟日新, 日日新〕"라고 했습니다. 부단히 진보하여 눈앞의 성취에 만족하지 않아야 합니다. 이 때문에 다음에 점(漸)괘가 이어집니다.

나아가면 반드시 되돌아오는 것이 있으므로 귀매괘가 이어진다.

進必有所歸, 故受之以歸妹.

『역경』의 귀매(歸妹)괘는 결혼의 괘입니다. 여기서는 진보가 있으면 반드시 수확이 있다는 것을 말하고 있습니다. 이 때문에 다음에 귀매괘가 이어집니다.

되돌아오는 것이 있으면 반드시 커지므로 풍괘가 이어진다. 풍이란 크다는 것이다.

得其所歸者必大, 故受之以豐. 豐者, 大也.

수확이 있으면 집안이 흥기하고 번성합니다. 바로 풍(豐)괘입니다.

큰 것이 궁해지면 반드시 그 거처를 잃게 되므로 여괘가 이어진다.

窮大者必失其居, 故受之以旅.

가정이 확대되고 인구가 많아지면 거처가 부족해 바깥으로 나갈 수밖에 없습니다. 마치 중국 민족이 거대해지면서 세계 도처로 나가 지금은 화교가 없는 곳이 없는 것과 같습니다. 그러나 과도하게 확대되다 보면 본래의 자리를 잊어버리게 됩니다.

떠돌아다니면 마음 붙일 데가 없어 손괘가 이어진다. 손이란 되돌아오는 것이다.

> 旅而无所容, 故受之以巽. 巽者, 入也.

바깥으로 뛰어다니다 실패해서 입에 풀칠하기도 어려우니, 어쩔 도리 없이 비행기표 한 장 사들고 되돌아오는 수밖에 없습니다. 이것이 손(巽)괘입니다.

> 되돌아와서 기뻐하므로 태괘가 이어진다. 태는 기뻐하는 것이다.
> 入而後說之, 故受之以兌. 兌者, 說也.

여기서의 '열(說)'은 곧 『논어』의 "불역열호(不亦說乎)"의 '열'입니다. 되돌아오니 기쁩니다.

> 기쁜 뒤에는 다시 흩어지므로 환괘가 이어진다. 환은 분리되는 것이다.
> 說而後散之, 故受之以渙. 渙者, 離也.

기쁨이 과도하면 다시 흩어집니다. 너무 득의만만해서는 안 됩니다. 이 때문에 태(兌)괘 다음에 환(渙)괘가 이어집니다. 환(渙)이란 물처럼 흩어지는 것입니다.

> 영원히 흩어질 수 없으므로 절괘가 이어진다.
> 物不可以終離, 故受之以節.

계속 흩어질 수만은 없습니다. 절제를 해야 합니다.

절제하면 믿음이 생기므로 중부괘가 이어진다.
節而信之, 故受之以中孚.

절제가 있으면 중화의 작용이 생깁니다.

믿음이 있는 자는 말한 것을 반드시 실행하므로 소과괘가 이어진다.
有其信者必行之, 故受之以小過.

믿음이 있으면 왕왕 구부러진 것을 펴려다 도리어 잘못될 수 있습니다. 그래서 소과(小過)괘가 이어집니다.

과도한 것이 있는 자는 반드시 다시 이루어야 하므로 기제괘가 이어진다.
有過物者必濟, 故受之以旣濟.

이미 정도를 지나쳤다면 정(正)과 반(反)이 있어 다시 새로운 접촉이 이루어질 것입니다. 그래서 소과괘 다음에 기제(旣濟)괘가 이어집니다.

영원히 그침이 없다

사물은 다할 수 없으므로 미제괘가 이어진다. 이것이 육십사괘의 마지막이다.
物不可窮也, 故受之以未濟. 終焉.

최후의 괘는 미제(未濟)괘입니다. 영원히 한 군데로 모을 수 없습니다. 여기서 하나의 철학적 문제가 제기됩니다. 『역경』에서 공자는 우리에게 역사철학을 말하고 있는데 이해하고 나면 한바탕 웃음이 나올 것입니다. 세상사란 영원히 결론을 내릴 수 없다는 것입니다. 영원히 미제입니다. 우주는 항상 이렇게 발전해 갑니다. 지구가 없어지면 또 다른 지구가 나타나 영원히 정지하지 않고 운행할 것입니다. 위대한 역사철학입니다. 우리의 역사 속에는 이런 보배로운 역사철학이 있습니다. 아쉽게도 이것을 창고 속에서 책벌레들이 뜯어먹고 있습니다. 참으로 가련한 현실입니다.

우리는 일생을 통해 보람 있는 일을 해야 한다고 하지만 이것은 단지 우리의 바람일 뿐입니다. 최후는 미제괘로서 영원히 완성될 수 없습니다. 이것이 미제괘의 교훈입니다.

끊임없는 연구와 검증

앞에서 살펴본 괘의 순서에 대한 공자의 견해가 과연 정확한 것일까요? 역사철학이나 인문 문화의 관점에서 본다면 이유는 충분합니다. 엄격히 말한다면 공자의 「서괘전」은 단지 괘명만을 해석한 것입니다. 예를 들면 무엇을 수(需)라 하는가라는 물음에 대해, 수는 꼭 필요한 것이라고만 해석합니다. 사람이 살아가는 데 꼭 필요한 것이 음식인데 이것이 수(需)라는 것입니다. 그리고 필요한 것이 있으면 이것을 쟁취하기 위해 서로 싸우기 시작하므로 수괘 아래에 송괘가 이어진다는 식입니다. 공자가 설명하는 이유는 충분합니다. 그렇지만 『역경』은 원래 상수로부터 나왔습니다.

만약 상수의 관점에서 수괘를 본다면 공자가 말하는 이유에 문제가 있습니다. 단지 말할 수 있는 것은 인문 문화적 관점에서 본다면 공자의 견해는 아주 원만하다는 것입니다. 그러나 육십사괘의 배치와 관련한 과학적 이치에 대해서는 「서괘전」에 충분한 설명이 없습니다. 우리는 공자가 성인이기 때문에 그의 말이 옳을 것이라 생각할 필요는 없습니다.

『사고전서(四庫全書)』에는 옛사람들의 『역경』에 대한 해석이 대단히 많아서 그것 자체가 하나의 독자적 체계를 이루고 있습니다. 후세의 주해, 그러니까 진한 이후에서부터 현재에 이르기까지의 모든 해석서에서 공통점이 하나 있습니다. 그것은 『주역』에 나오는 견해가 모두 옳다는 전제입니다. 어떤 사람들은 도저히 해석되지 않는 부분까지 온갖 방증을 다 들어 『주역』의 내용이 옳은 것임을 밝히고자 합니다. 이렇게 하는 것이 과연 올바른 것인지는 한번 생각해 보아야 합니다.

예를 들어 『주역』에서는 왜 건곤 양 괘 뒤에 둔괘를 배치했는지를 생각해 봅시다. 둔괘가 건곤 양 괘로부터 변화되어 나왔기 때문이라 대답할 수 있습니다. 즉 수뢰둔(水雷屯)괘에서 위의 감괘는 곤괘의 중간 효가 음에서 양으로 바뀐 것이요, 아래의 진괘는 건괘 이효와 삼효가 음효로 바뀌었다는 것입니다. 그렇다면 왜 이효와 삼효 두 효가 바뀌게 되었을까요? 이것을 파고들면 또 하나의 사상이 정립될 것입니다.

다시 한 번 생각해 봅시다. 서양 문화의 내원은 종교철학입니다. 서양철학의 발단은 그리스인데 우주의 근원이 무엇인가 하는 형이상학에서부터 출발했습니다. 그리하여 우주의 가장 근본적 물질이 물이라고 주장했습니다. 물론 이것은 지금 우리가 생각하는 물과는 다릅니다. 지구과학자들은 지구가 형성되기 전, 우주 가운데서 돌연 태풍과도 같은 한 줄기 에너지가 나타났다고 생각합니다. 우리 표현을 빌리면 이른바 '기(氣)'라 할 수 있습니다. 이 기는 액체 상태의 것으로, 이것이 서서히 회전하기 시작해 수억 년을 지나면서 점차 주위 것들이 응결되어 지구가 형성되었다는 것입니다. 이 과정에서 돌출한 것이 산이 되고 움푹 들어간 곳이 바다가 되었습니다. 바다에 있는 물은 이차적인 '물'입니다. 말하자면 후천의 '물'입니다. 지구가 형성된 후 지구를 둘러싼 기체들이 만들어 낸 산물입니다. 인도에서도 역시 지수화풍이 수로부터 시작되었다고 생각해 왔습니다. 중국 역시 마찬가지입니다. 오행의 이치에 따르면 천일(天一)이 수를 생성하고 지이(地二)가 화를 생성합니다. 역시 수로부터 시작합니다. 그렇다면 『역경』의 건곤 양 괘, 즉 우주는 어디서 온 것일까요? 수뢰둔(水雷屯)으로부터 온 것입니다. 우주의 시작 혹은 후천 세계의 시작은 둔괘로부터 유래합니다. 괘사를 보아도 역시 이렇게 말합니다. 건괘의 바깥쪽이 한 번 움직이면 진괘로 변하는데, 진은 일종의 에너지로서 과학에서 말하는 우주 최초의 동력과도 같은 것입니다. 이것이 움직이기 시작하면서 지구가 형성됩니다. 이 현상을 하나의 기호로 표현한 것이 '수뢰둔'입니다. 지구가 형성되어 아직 만물이 생성되지 않은 상태에서 수뢰둔이 뒤집어진 산수몽이 서서히 나타납니다. 지구의 낮은 부분은 온통 물이요 높은 곳은 산으로 여기에 서서히 초목이 생장하기 시작하면서 인류 역시 생장합니다. 그러나 인류의 내원은 어디에서도 언급하지 않습니다. 이렇게 해석하다 보면 꽤나 일리가 있는 것 같기도 합니다. 그렇지만 스스로는 이런 해석에 만족하지 못합니다. 얼핏 듣기에는 일리가 있을지 모르지만 정말 그런지 스스로에게 반문해 보면 저 역시 석연치 못합니다. 그렇다면 도대체 어디에서 유래한 것일까요? 역시 큰 의문 중 하나입니다. 저는 단지

『역경』을 연구한 경험을 여러분께 말씀드리는 것이지 『역경』 자체를 강의하는 것은 아닙니다. 만약 자기가 생각하는 『역경』의 관점이 진리라 여긴다면 그것은 착각입니다. 문왕과 공자는 모두 죽었습니다. 그들에게 물어볼 방법은 없습니다. 그러므로 공부할 때는 객관적 태도를 취해야 합니다. 『주역』의 육십사괘 순서가 왜 그렇게 배열되었는지에 대해서는 옛사람들에게 물어봐야 해답을 얻을 수 없습니다.

『역경』에 대해서는 어떤 대가도, 위로는 천문과 아래로는 지리를 통한 사람이라도 우리에게 원만한 해답을 제시하지 못하고 있습니다. 이 점을 주의해야 합니다.

육십사괘는 어떤 때는 서로 모순된 곳도 많습니다. 공자의 「십익」 안에서도 마찬가지입니다. 예를 들면 단사와 상사 간에도 해석이 상반된 경우가 적지 않습니다. 모두 연구하고 검증해 보아야 할 문제들입니다. 단사와 상사의 작자가 다르다고 생각해 볼 수도 있습니다. 그래서 어떤 사람들은 단사는 공자가 지은 것이지만 상사는 주공이 지은 것이라 주장하기도 합니다. 분명 원인이 있기는 하겠지만 아직 그 원인을 찾아내지 못하고 있습니다. 주공이라도 좋고 공자라도 좋습니다. 단사와 상사의 정의는 어떤 때는 상반되기도 하고 어떤 때는 일치하기도 합니다. 온통 문제 투성이입니다. 진리를 구하기 위해서는 의문을 품어야 합니다. 물론 아무 근거도 없는 의심이어서는 안 됩니다. 그리고 반대를 위한 회의여서도 안 됩니다. 마음을 비워야 합니다. 의심이라는 것 역시 일종의 마음을 비우는 태도입니다. 옛사람의 말이면 다 옳을 것이라 무조건 숭배해서는 안 됩니다. 이것은 과학적인 태도가 아닙니다.